北京师范大学人文社科创新群体发展计划

中国中小学生
学习与心理发展状况报告

申继亮 主编

REPORT ON CHINESE ADOLESCENTS'
LEARNING AND PSYCHOLOGICAL
DEVELOPMENT

北京师范大学出版集团
BEIJING NORMAL UNIVERSITY PUBLISHING GROUP
北京师范大学出版社

图书在版编目(CIP)数据

中国中小学生学习与心理发展状况报告/申继亮主编.
—北京：北京师范大学出版社,2008.1
ISBN 978－7－303－08867－6

Ⅰ. 中… Ⅱ. 申… Ⅲ. 中小学－学生生活－研究报
告－中国 Ⅳ. G635. 5

中国版本图书馆 CIP 数据核字(2007)第 150894 号

出版发行：北京师范大学出版社 www. bnup. com. cn
北京新街口外大街 19 号
邮政编码：100875
印 刷：唐山市润丰印务有限公司
经 销：全国新华书店
开 本：170 mm×240 mm
印 张：27.5
字 数：516 千字
版 次：2008 年 3 月第 1 版
印 次：2008 年 3 月第 1 次印刷
定 价：48.00 元

责任编辑：周雪梅 装帧设计：高 霞
责任校对：李 菡 责任印制：马鸿麟

目录

第一部分 研究背景

从 20 世纪下半叶现代科学技术革命以来，知识经济时代涌现出的科学发现和科技成果比人类 2000 多年来发展的总和还要多，科技成果或科学理论转化为产品的周期也越来越短，科技创新已经成为当今时代的主旋律。中国科协 2000 年学术年会上，杨振宁谈到，从基本原理转变成工业化生产的速度，100 多年来已经大大提升。例如，电机原理在 1821 年被发现，出成品则是在 1886 年，其间相隔 65 年；无线电原理 1887 年发现，1913 年出成品，相隔 18 年；雷达原理 1935 年发现，1940 年出成品，相隔 5 年；而半导体、激光从原理发现到出成品，只相隔两三年时间；至于芯片容量的变迁，就更不用说了。随着科技的一次次飞跃，对人的素质要求越来越高，"终身学习""学习化社会"的观念日益深入人心。《学会生存》一书中提出："我们能够预见多种多样的未来，我们必须选择和需要某种未来。这种未来及其选择，于教育而言，最简明的图式就是学习化社会，其主旨就是增强社会的学习成分和教育性质"。

在信息技术迅猛发展，尤其是网络化快速推进的过程中，新的学习形式与学习理念向传统学习提出强有力的挑战，有效学习的问题凸现为心理学中的热点问题。正如国家自然科学基金委员会心理学发展规划调研组在《心理学学科发展和优先领域调研报告》中指出的："……学习心理过程非常复杂，涉及多个环节和内外诸多因素。曾经提出过一些理论，但没有一个能为多数心理学家所接受。随着认知心理学的发展，曾有研究者就学习过程提出了从动机到贮存到迁移的信息加工过程。近年来，建构主义认为知识的获得是以社会文化为中介的内部建构过程。学习心理过程至今仍是研究重点。"可见，如何促使学习者有效地学习，是时代赋予心理学工作者的任务。

我国是一个人口大国，但高素质人才却相对缺乏。最近的研究发现，中国学生在儿童时期是具备一定创新精神的，但是这种创新精神随着年龄的增长逐渐被扼杀了。有研究者（陈会昌，2006）对 6～13 岁儿童内在兴趣进行的发展性研究发现，个体的挑战性、内在兴趣和独立性随着年龄的增长呈现逐年下降的趋势。另有研究者（申继亮，2005）以 476 名小学五年级到高中二年级的学生为研究对象，考查了青少年创造性倾向的发展特征，结果表明青少年的创造性倾向在总体上呈倒 V 型发展，从小学五年级到初中一年级，个体创造性倾向逐年增高，到初中一年级达到最高点，之后青少年的创造性倾向逐年下降。因此，在倡导自主创新的今天，如何培养出具有创造性的人才已经成为学校教育面临的最大挑战。这将直接影响到中华民族在未来世界竞争中的地位。

近年来的调查发现，我国 18 岁的青少年中有 23% 不能达到阅读标准，约 80% 的小学生和 90% 的中学生学习方式为被动接受式。反思这种现象，我们不难发现，现行的教育存在诸多不利于人才成长的因素，教育、教学中的"少慢差费"现象还在相当范围和程度上存在，学校和教师的教育观念、教育方式仍然较为传统。这与知识以几何级数增长的现实构成尖锐的矛盾。同时，随着我国社会的发展，需要越来越多的学生具备主动学习、自觉学习和创造性学习的能力，这也为中小学生提出了更高的要求。

另一方面，当今时代对学生的学习能力提出更高要求的同时，学生的心理发展也受到了越来越多的关注。据联合国世界卫生组织的定义，心理健康不仅指个体没有心理疾病或变态，社会生活适应良好，还指人格的完善和心理潜能的充分发挥，亦即在一定的客观条件下将个人心境发挥成最佳状态，心理健康是一个协调内外统一并使之适应和发展的过程。中小学生的心理健康是保证其努力学习、在学习中发挥主观能动性的基础。健康的心理状态能够促进学生形成适合自身的学习方法以及端正的学习态度，从而促进学生学习状态的良好发展。从更广泛的角度说，全球化的时代里，竞争日趋激烈，全面提高青少年的心理素质已成为社会发展的要求。为了实现心理发展的最佳状态，青少年要从小养成良好的生活习惯，具备协调人际关系的能力、情感调控的能力等等。"国际21世纪教育专业委员会"郑重提出21世纪教育的四大支柱：学会求知、学会做事、学会共同生活、学会生存。因此，国际现代化教育强调：人需要适应社会，适应生活，适应发展，开发人的潜能，塑造人的品格与个性。

我国正处于社会与经济的转型期，社会生产方式的改变，经济结构的变革，产业结构的调整，影响着个体的生存状态。一方面，这对人的适应能力提出了越来越高的要求，对人的抗压能力提出了新的挑战，这种时代的压力已经波及到中小学生身上，尤其体现在学生的考试升学压力上。另一方面，变革的时代提供了一个日趋开放的环境，新的思潮、新的事物，带着前所未有的诱惑力蜂拥而至。中小学生的心理正处于不断发展和完善的过程，尚未达到成熟，加之独生子女自身特有的弱点，他们往往不能理性地把握自我，自我调节能力也产为薄弱。在各种压力与冲突面前，他们出现了发展过程中的各种心理与行为问题，并且该现象有日益突出的趋势。

有资料显示，总体来看，近10年来学生心理问题呈逐渐加重的趋势。1997～1998年中科院心理所的专家对北京市8869名青少年的调查发现，33.2%的学生有强迫现象，24.8%的学生偏执多疑，23.1%有敌对情绪，32.6%有抑郁表现，28.6%的学生感到焦虑，34.6%存在适应不良问题，35.7%情绪不稳定，有学习压力感的学生占36.6%，33.4%的学生心理不平衡。北师大课题组2000年在北京、河南、重庆、浙江、新疆五个地区，考查了16472名中小学生的心理健康问题，结果显示：小学生有异常心理问题倾向的比例是16.4%，有严重心理行为问题的比例是4.2%；初中生有异常心理问题倾向的比例是 14.2%，有严重心理行为问题的比例是 2.9%；高中生有异常心理问题倾向的比例是 14.8%，有严重心理行为问题的比例是 2.5%。

同时，考试焦虑、厌学情绪和网络成瘾成为近年来在中小学生群体中日益突出的三大问题。有研究者（何梅，2006）对 419 名 11~20 岁小学生、初中生和高中生进行调查分析，结果 24.1% 的调查对象存在问题性考试焦虑，其中小学、初中和高中的检出率分别为 14.2%、32.1% 和 26.7%。据调查（施承孙，2002），在小学生中有厌学情绪的比例为 5%~10%，而在中学生中可达 20%~30%，而农村更甚。2005 年中国青少年网络协会发布的《中国青少年网瘾报告》中显示，目前我国 1.11 亿网民中 82% 为青少年，未成年网民为 1650 万，其中网瘾青少年约占青少年网民总数的 13.2%，另有约 13% 的青少年存在网瘾倾向。处于 13~18 岁年龄段的中学生是网络成瘾的重灾区。因此，如何帮助青少年摆脱上述问题的困扰，促进其心理健康的发展，是心理、教育工作者面临的紧迫任务。

教育部 2006 年全国教育事业发展统计公报显示，2005 年全国共有小学 36.62 万所，在校生 10864.07 万人；初中学校 62486 所，在校生 6214.94 万人；高中学校 31532 所，在校生 2409.09 万人；共计中小学生 19488.1 万人。然而，对这近两亿人群的大规模全国性调查却非常缺乏。对如此庞大的群体的生存状态，尤其是其学习与心理发展状况，我们尚缺乏一个整体和全面的认识。近两亿人群的中小学生，是未来中国发展的生力军，他们目前的学习、生活、交往、情感和行为表现，将决定中国未来几十年的人力资源状况，在一定程度上影响到国家的综合实力和国际竞争力。因此，为了从总体上把握我国中小学生的发展状况，为教育政策的制定提供翔实可靠的科学依据，开展全国中小学生学习与心理发展的调查具有重大的现实意义。

基于以上原因，在北京师范大学人文社会科学创新研究群体发展计划的资助下，我们组建了"学习与发展"创新群体。课题组组长为申继亮教授，群体成员为刘翔平教授、方晓义教授、沃建中教授、王建平教授、姚梅林教授、伍新春教授、刘儒德教授、陈英和教授和辛涛教授。从 2003 年 6 月立项至今，在组长申继亮的组织协调下，经过群体成员的共同努力，课题组编制了《全国中小学生学习与心理发展调查问卷》，并且已经顺利完成了全国中小学生学习与心理发展现状的大规模调查。本次调查系统收集了翔实的数据和访谈资料，通过科学的数据整理和统计分析，统计结果揭示了中小学生学习与心理发展的规律和现状。综合学生学习和心理健康情况及父母、教师对其学习和心理健康水平的影响，本研究力求揭示中小学生学习与心理发展的规律及其影响因素。

《全国中小学生学习与心理发展调查问卷》由学生问卷、父母问卷构成。学生问卷由194道题目构成，其中客观题180道，主观题即填空题14道。客观题全部采用二择一到五择一的单项选择的形式。父母问卷除基本信息外，共有24道客观题组成，也采用二择一到五择一的单选形式。整个调查由五部分组成，分别从中小学生的学习、生活、交往、情感和行为五方面来考查其学习与心理发展状况。

第一部分，中小学生的学习状况调查。我们将对其学习的考查划分为学习过程和学习体验两个板块。学习过程板块包括学习方法、课堂学习、课外学习、考试与评价和班干部、三好学生情况；学习体验板块包括中小学生的学习感受、学科态度、学习动机、学习压力、学习挫折和厌学情况。

第二部分，中小学生的生活状况调查。我们将对其生活的考查划分为生活习惯和文化生活两个板块。生活习惯板块包括中小学生的身体锻炼、睡眠、营养品、零花钱、看电视、上网、电子用品、书刊和通讯状况调查；文化生活板块包括中外节日、影视歌曲和中外时事的调查。

第三部分，中小学生的交往状况调查。我们将对其交往的考查划分为亲子交往、师生交往和同伴交往三个板块。亲子交往板块包括亲子关系感知、亲子沟通、亲子冲突和父母期望；师生交往板块包括师生关系感知、教师行为感知和学校惩罚感知；同伴交往板块包括对知心朋友和小帮派的调查。

第四部分，中小学生情感状况调查。我们将对其情感的考查划分为人生感受、人生观念、人生需求和情绪状况四个板块。人生感受板块包括身体健康感、形体满意感、人身安全感和生活满意感；人生观念板块包括价值观、助人态度、崇拜对象和职业兴趣的调查；人生需求板块包括中小学生的生活愿望、最快乐的事件、最担忧的事件、最不希望的事件、对父母的高期望和对父母的低期望。

第五部分，中小学生的行为调查。我们分别考查了中小学生的吸烟、饮酒、性行为、过失行为、自杀和人身安全。其中对于吸烟的考查，我们细分为了吸烟状况、吸烟观念和吸烟态度；对于饮酒的考查，我们细分为了饮酒状况和醉酒状况；对于性行为的考查，细分为性知识、性观念、性行为和性教育的调查；对人身安全的考查细分为安全状况、安全感和安全教育的调查。

我们从2003年年底启动到2004年年底完成了在全国范围内的大型取样调查。依据教育部关于教育分区的情况，本项目从三片地区依照3:4:3抽取了10个省、直辖市、自治区样本。第一片地区是北京、广东和浙江，第二片地区是黑龙江、江西、河南和四川，第三片地区是内蒙古、贵州和甘肃。取样力求遵循以下原则：①各省市或直辖市取样年级均为小学四、五、六年级，初中一、二、三年级和高中一、二、三年级；②每省取样地点为省会城市及中等发达县城，取样的学校在其所在的城市或农村基本为中等水平；③在县城取样时，小学、初中尽可能到乡及乡以下地点取样。鉴于县内高中学校较少且集中于县城的现状，对高中学校的取样可以只在县城或镇上的中学进行。最终我们共收集全国各省市中小学生和中小学生家长的有效数据共 52366 份，具体取样情况统计表见表 1～表 11。

表 1　北京市中小学生取样情况统计表

年级＼性别＼城镇	城市			乡镇			总计
	男	女	总计	男	女	总计	
小学四年级	93	84	177	102	70	172	349
小学五年级	86	86	172	88	70	158	330
小学六年级	113	94	207	105	105	210	417
初中一年级	74	78	152	76	75	151	303
初中二年级	55	69	124	73	80	153	277
初中三年级	81	76	157	90	84	174	331
高中一年级	81	96	177	98	93	191	368
高中二年级	72	93	165	87	96	183	348
高中三年级	81	74	155	71	112	183	338
总计	736	750	1486	790	785	1575	3061

表 2　广东省中小学生取样情况统计表

年级＼性别＼城镇	城市			乡镇			总计
	男	女	总计	男	女	总计	
小学四年级	*	*	190	*	*	95	285
小学五年级	*	*	158	*	*	28	186
小学六年级	*	*	169	*	*	80	249
初中一年级	86	90	176	52	46	98	274
初中二年级	98	93	191	46	51	97	288
初中三年级	94	97	191	37	50	87	278
高中一年级	91	107	198	77	114	191	389
高中二年级	62	116	178	71	90	161	339
高中三年级	91	91	182	119	50	169	351
总计	522	594	1633	402	401	1006	2639

注：＊表示广东省小学生在性别变量上的数据部分缺失

7

表3　浙江省中小学生取样情况统计表

城镇 性别 年级	城市			乡镇			总计
	男	女	总计	男	女	总计	
小学四年级	120	123	243	101	99	200	443
小学五年级	142	121	263	110	108	218	481
小学六年级	118	122	240	110	115	225	465
初中一年级	78	92	170	61	69	130	300
初中二年级	77	94	171	94	98	192	363
初中三年级	109	111	220	100	94	194	403
高中一年级	112	112	224	91	94	185	418
高中二年级	58	55	113	112	89	201	314
高中三年级	75	98	173	82	102	184	357
总计	889	928	1817	853	874	1727	3544

表4　黑龙江省中小学生取样情况统计表

城镇 性别 年级	城市			乡镇			总计
	男	女	总计	男	女	总计	
小学四年级	96	98	184	70	59	129	313
小学五年级	88	93	181	88	103	191	372
小学六年级	83	71	154	97	80	177	331
初中一年级	104	111	215	113	97	210	425
初中二年级	107	95	202	77	86	163	365
初中三年级	84	111	195	75	124	199	394
高中一年级	105	105	210	88	93	181	391
高中二年级	67	118	185	67	104	171	356
高中三年级	70	83	153	90	98	188	341
总计	804	875	1679	765	844	1609	3288

表5　江西省中小学生取样情况统计表

年级 \ 性别 \ 城镇	城市			乡镇			总计
	男	女	总计	男	女	总计	
小学四年级	*	*	254	*	*	236	490
小学五年级	*	*	275	*	*	158	433
小学六年级	*	*	277	*	*	232	509
初中一年级	110	80	190	122	104	226	416
初中二年级	105	95	200	95	81	176	376
初中三年级	111	92	203	135	111	246	449
高中一年级	131	107	238	95	84	179	417
高中二年级	103	113	216	134	69	203	419
高中三年级	72	111	183	133	98	231	414
总计	674	624	2036	715	547	1262	3923

注：＊表示江西省小学生在性别变量上的数据部分缺失

表6　河南省中小学生取样情况统计表

年级 \ 性别 \ 城镇	城市			乡镇			总计
	男	女	总计	男	女	总计	
小学四年级	103	103	206	103	95	198	404
小学五年级	96	99	195	110	98	208	403
小学六年级	100	91	191	101	112	213	404
初中一年级	98	91	189	82	82	164	353
初中二年级	83	100	183	89	130	219	402
初中三年级	96	104	200	87	128	215	415
高中一年级	109	86	195	87	113	200	395
高中二年级	70	116	186	95	98	193	379
高中三年级	107	75	182	81	100	181	363
总计	862	865	1727	835	956	1791	3518

表7　四川省中小学生取样情况统计表

城镇 性别 年级	城市			乡镇			总计
	男	女	总计	男	女	总计	
小学四年级	102	103	205	116	105	221	426
小学五年级	95	92	187	85	76	161	348
小学六年级	107	119	226	123	105	228	454
初中一年级	98	112	210	104	93	197	407
初中二年级	115	83	198	118	82	200	398
初中三年级	87	87	174	61	86	147	321
高中一年级	133	120	253	100	60	160	413
高中二年级	117	90	207	86	96	182	389
高中三年级	94	102	196	98	70	168	364
总计	948	908	1856	891	773	1664	3520

表8　内蒙古自治区中小学生取样情况统计表

城镇 性别 年级	城市			乡镇			总计
	男	女	总计	男	女	总计	
小学四年级	38	38	76	26	46	72	148
小学五年级	98	80	178	115	90	205	383
小学六年级	37	27	64	*	*	*	64
初中一年级	84	84	168	89	59	148	316
初中二年级	89	71	160	78	66	144	304
初中三年级	96	87	183	58	71	129	312
高中一年级	54	54	108	65	90	155	263
高中二年级	28	56	84	66	43	109	193
高中三年级	42	34	76	84	55	139	215
总计	566	531	1097	581	520	1101	2198

注：＊内蒙古自治区乡镇级小学均为五年制，无六年级学生

表9　贵州省中小学生取样情况统计表

年级 \ 性别 \ 城镇	城市			乡镇			总计
	男	女	总计	男	女	总计	
小学四年级	73	67	140	46	45	91	231
小学五年级	51	50	101	18	21	39	140
小学六年级	57	31	88	102	65	167	255
初中一年级	54	43	97	81	99	180	277
初中二年级	41	45	86	65	112	177	263
初中三年级	44	41	85	82	110	192	277
高中一年级	41	57	98	44	56	100	198
高中二年级	46	52	98	39	57	96	194
高中三年级	34	76	110	32	48	80	190
总计	441	462	903	509	613	1122	2025

表10　甘肃省中小学生取样情况统计表

年级 \ 性别 \ 城镇	城市			乡镇			总计
	男	女	总计	男	女	总计	
小学四年级	89	84	173	66	76	142	329
小学五年级	122	90	212	89	77	166	390
小学六年级	95	89	184	*	*	*	184
初中一年级	123	79	202	67	66	133	326
初中二年级	99	110	209	70	57	127	282
初中三年级	92	116	208	60	65	125	360
高中一年级	106	114	220	47	59	106	329
高中二年级	79	79	158	66	48	114	279
高中三年级	96	62	158	67	39	106	284
总计	901	823	1724	580	479	1059	2762

注：*甘肃省乡镇级小学均为五年制，无六年级学生

表 11　全国各省市家长取样情况统计表

省　份	小学家长		初中家长		高中家长		总计
性别	父亲	母亲	父亲	母亲	父亲	母亲	
北　京	410	557	294	604	393	581	2839
广　东	434	373	174	160	514	444	2099
浙　江	430	609	549	723	196	179	2686
黑龙江	305	539	441	755	240	393	2673
江　西	215	267	466	428	437	365	2178
河　南	414	593	475	545	511	469	3007
四　川	334	607	326	429	392	413	2501
内蒙古	143	208	264	439	185	216	1455
贵　州	185	216	428	493	354	369	2045
甘　肃	242	381	301	326	339	341	1930
总计	3112	4350	3718	4902	3561	3770	23413

　　本次报告我们所提供的只是依据原始数据进行的最基本的描述统计分析，我们希望通过此项报告，能够客观地呈现目前我国中小学生学习与心理发展的基本状况。提交这项报告，并不是说我们已经把学生学习与心理发展的内容详述无遗了。在未来较长的时间里，我们将投入更大的精力在该领域做进一步研究和更长远的思考。我们将对此进行更深入和更详尽的推论统计分析，从而对目前我国中小学生学习与心理发展的状况进行解释和预测，并进一步制定与实施科学有效的干预方案。

第二部分 研究结果

第一章 学习

第一节 学习过程

一、学习方法

我们拟从以下四个方面来分析学生学习方法的使用状况：一是教师对学习方法的教授情况，二是学生使用学习方法的情况，三是学生对不同学习和教学方式的喜好程度，四是学生使用几种具体的学习方法的状况。

（一）教师对学习方法的教授情况

从总体上看，大部分（85.5%）学生认为教师教授了学习方法，仅有少数学生（5.0%）认为教师没有教授任何学习方法。

1. 十省市基本情况

进一步分析各省市情况发现，省份间存在着一定的差异，其中四川（88.4%）、甘肃（88.1%）、河南（87.3%）的学生认为教师教授学习方法的情况较好。

2. 年级特征

分析年级特征发现，随着年级的升高，认为教师教授了学习方法的学生比率显著下降。小学生认为教师教授学习方法的人次比率比较高（小四89.4%、小五89.6%、小六89.6%），而高中三个年级的学生比例有所下降（如图1-1所示）。这可能是因为随着年级增高，学习经验增多，学生已经掌握了一些基本的学习方法，因而教师在对学习方法的教授方面不是那么直接、明显。也有可能是学生需要更高级的学习方法指导，但教师并未给予相应地教学。

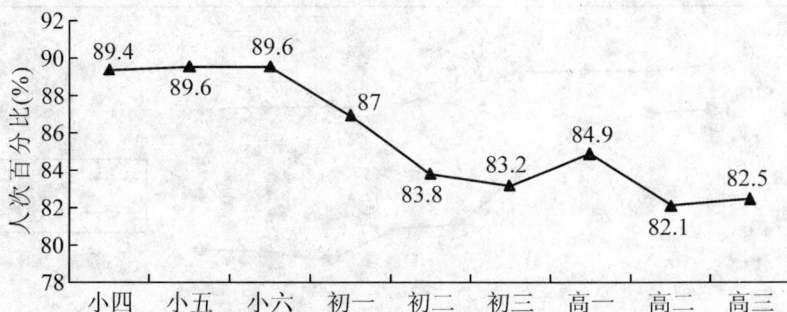

图1-1 不同年级学生认为教师教授学习方法的人次百分比

3. 学校类型差异

此外，重点学校与非重点学校间也存在着一定的差异，重点学校学生认为教师讲授学习方法的人次比率（86.8%）略高于非重点学校（84.6%），而性别之间以及学校所在地之间并无显著差异。

（二）学生使用学习方法的情况

总体上，有八成以上（82.8%）的学生认为自己能够有意识地使用某种学习方法，同时，一半以上（51.4%）的学生认为自己目前使用的方法是有效的。这也说明，虽然学生能够有意识地使用某些学习方法，但仍有将近30%的学生认为目前所用的方法并没有什么明显的效果。

1. 十省市基本情况

各省市间在学习方法的使用性与有效性上存在着一定的差异。具体表现在：四川、河南、内蒙古的学生使用学习方法的比率较高（四川85.54%、河南85.30%、内蒙古83.54%），相应地，这三个省份在学习方法的有效性上也位居前三（河南59.3%、内蒙古56.3%、四川55.3%），比率略高于其他省份；而江西省学生在方法的使用与有效性上其比率均为最低。

表1-1 不同省市学生使用学习方法及认为学习方法有效的人次百分比（%）

	北京	广东	浙江	黑龙江	江西	河南	四川	内蒙古	贵州	甘肃
使用性	80.9	83.5	80.6	80.4	79.8	85.3	85.5	83.5	80.7	80.2
有效性	54.5	46.7	48.6	51.6	37.6	59.3	55.32	56.3	42.1	51.0

2. 年级特征

表1-2 不同年级学生使用学习方法及认为学习方法有效的人次百分比（%）

	小四	小五	小六	初一	初二	初三	高一	高二	高三
使用性	89.0	86.6	87.6	87.0	82.4	76.5	76.8	76.4	76.2
有效性	75.9	74.9	71.3	57.4	41.5	40.4	30.4	33.7	34.3

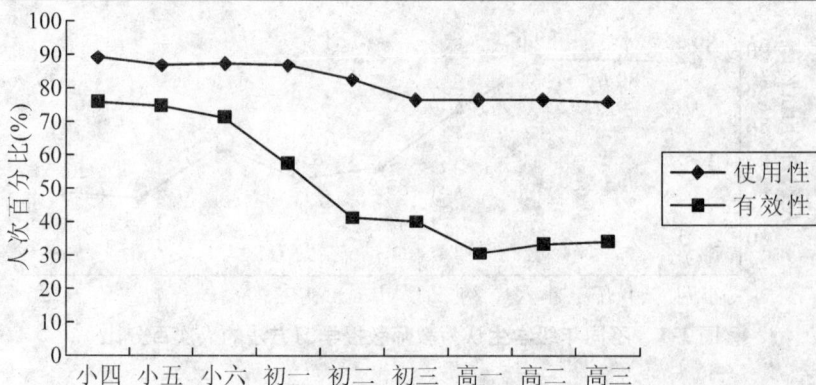

图1-2 不同年级学生使用学习方法及认为学习方法有效的人次百分比

　　进一步对学习方法的使用情况进行发展性分析表明，随着年级的升高，学生使用学习方法的人次比率有下降趋势，到高中时渐趋平稳。同时对学习方法有效性的评价也随着年级了的升高呈现出明显的下降趋势。虽然各个年级的学生都在不同程度上使用了某些学习方法，但相对而言，随着年级的升高，学习难度也有所增加，这就需要学生掌握更为有效的学习方法才能应对复杂的问题解决活动。由于高年级教师对学习方法的教学或多或少有些淡化，加之学生面对困难问题时主动生成有效学习方法的能力比较欠缺，所以在学习方法的有效使用方面，高年级学生的表现不容乐观。（见表1-2，图1-2）

　　3. 性别、学校所在地及学校类型差异

　　不同性别、学校所在地、学校类型学生使用学习方法以及认为学习方法有效的人次比率间并无显著性差异与总体趋势较为一致（见表1-3）。

表1-3　不同性别、学校所在地、学校类型学生使用学习方法及认为学习方法有效的人次百分比（%）

	男生	女生	城市	县郊区	重点	非重点
使用性	81.8	78.9	83.7	76.3	82.5	77.5
有效性	51.5	50.5	52.1	50.7	53.4	49.7

（三）学生对不同学习与教学方式的喜好程度

　　听课法是教学中最常用的一种方法，82.5%的学生认为自己是通过听课的方式进行学习的，其次是采用自学方法、讨论方法、竞赛方法。相对而言，探究法的使用人次比率较低，约为48.5%。当问及"偏爱何种学习方法"时，选择听课法（83.3%）和讨论法（79.4%）的人次比率比较高，同时，选择探究法的比率也达到了68.4%。这说明，虽然有接近三分之二的学生喜欢使用探究法，但是在实际的学习与教学活动中，因多种原因学生未能充分地使用该方法。

　　1. 年级特征

表1-4　不同年级学生学习方法使用情况的人次百分比（%）

	小四	小五	小六	初一	初二	初三	高一	高二	高三
听课法	84.6	85.2	82.7	79.4	80.3	80.1	83.7	84.3	83.3
讨论法	77.7	78.9	72.5	71.9	65.9	50.8	47.9	41.5	36.0
探究法	70.8	69.1	67.1	64.2	60.6	54.8	48.4	47.1	46.3
竞赛法	56.1	54.0	55.0	52.4	47.7	38.3	36.1	31.2	31.8
自学法	64.8	66.6	65.1	64.3	60.3	60.2	64.0	64.6	67.9

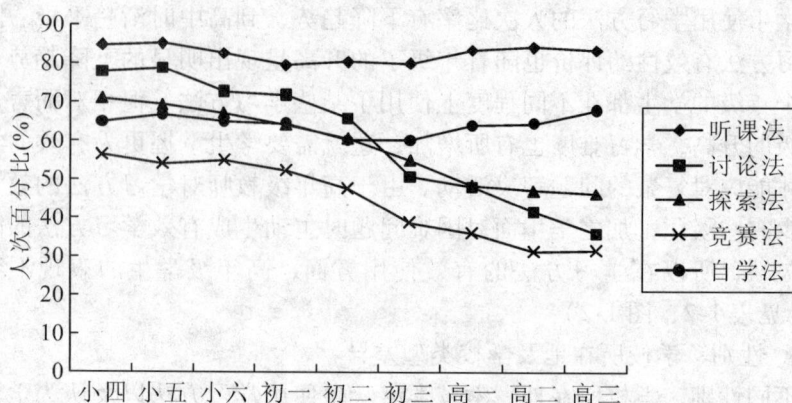

图1-3　不同年级学生学习方法使用情况比较

对不同年级学生使用各种学习方式的情况进行分析发现，听课法和自学法随年级变化的程度不是特别明显，而讨论法、竞赛法、探究法的使用都有随年级升高而降低的趋势。由此可以看出，听课法和自学法是两种常规的学习或教学方式，因此年级差异并不太明显。讨论、探究、竞赛等方法在小学阶段的使用相对较多，这可能反映出小学阶段比较重视多种教学方式的使用；而中学阶段或许更为关注教学内容，对教学方式有些淡化。（见表1-4，图1-3）

就学生对学习方式的喜爱程度来看，随着年级的增高，学生对五种方式的偏爱均有不同程度的下降。这或许说明随着年级的升高，学生对学习方式或教学方式的要求越来越高。（见表1-5，图1-4）

表1-5　不同年级学生选择偏爱学习方法情况的人次百分比（%）

	小四	小五	小六	初一	初二	初三	高一	高二	高三
听课法	89.9	88.4	84.5	83.6	81.1	80.2	81.8	82.0	78.8
讨论法	71.3	73.7	72.5	73.0	67.0	62.6	63.0	59.1	57.1
探究法	75.3	78.2	81.8	76.3	74.0	74.4	79.3	79.0	80.7
竞赛法	69.0	69.8	73.0	71.6	66.6	60.8	60.5	57.5	57.8

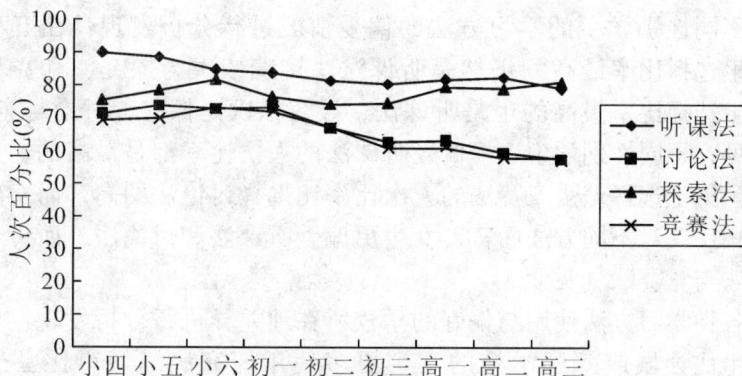

图1-4 不同年级学生选择偏爱学习方法的人次百分比

2. 性别、学校所在地及学校类型差异

表1-6 不同性别、学校所在地、学校类型的学生
选择使用学习方法的人次百分比（%）

学习方法	男生	女生	城市	县郊区	重点	非重点
听课法	79.1	83.7	82.1	83.1	82.8	82.4
讨论法	57.4	59.6	60.6	59.9	62.1	53.3
探究法	61.2	58.4	68.0	62.4	59.8	60.3
竞赛法	45.7	42.7	41.0	48.6	46.1	43.5
自学法	67.5	62.9	63.1	65.2	65.4	61.9

　　分析不同性别学生学习方法的使用情况发现，在五种方法中，男生选择比率最高的是听课法，接着依次是自学、探究、讨论和竞赛法；女生选择比率最高的也是听课法，接着依次为自学、讨论、探究和竞赛法。由此可见，不同性别的学生选择使用听课法的人次比率都是最高的，其次是自学法。男生选择使用探究的人次比率比选择讨论的高，而女生的选择与之相反。此外，男生更多使用自学法、探究法，而女生更多使用听课法、讨论法（见表1-6）。

表1-7 不同性别、学校所在地、学校类型的学生选择
偏爱学习方法的人次百分比（%）

学习方法	男生	女生	城市	县郊区	重点	非重点
听课法	81.5	85.9	83.9	82.6	83.7	82.8
讨论法	64.3	71.7	70.5	67.1	79.5	67.1
探究法	80.7	78.1	63.3	68.1	89.9	78.1
竞赛法	68.2	65.4	65.3	68.1	67.0	66.3

对不同性别学生的学习方法的偏爱情况进行分析发现：在五种方法中，男生选择比率最高的仍然是听课法，接着依次为探究、竞赛和讨论法；女生选择比率最高的也是听课法，接着依次是探究、讨论与竞赛法。由此可见，不同性别学生选择偏爱听课法的人次比率都是最高的，其次是探究法。男生选择偏爱竞赛法的人次比率比选择讨论法的高，而女生的选择与之相反。对不同方法而言，女生更偏爱听课法和讨论法，而男生更偏爱探究法与竞赛法（见表1-7）。

对各种学习方法使用与偏好的学校所在地差异进行分析发现：城市学校的学生比县城或郊区学校的学生更多使用探究法（城市比县郊区多5.6%），喜欢讨论法（城市比县郊区多3.4%），而县郊区学生则更多使用并偏好竞赛法。这种使用偏向与喜好可能与现实中城市与县郊区学校的学生的学习环境及学习压力有一定关系（见表1-6，表1-7）。

最后，对不同类型的学校学生方法使用情况进行分析表明，重点学校学生更多使用讨论法和自学法，而对于其他传统学习方法，两类学校间并不存在显著差异。同时，重点学校学生较之非重点学校学生更偏爱没提及和讨论法，这个结果可能与重点学校对学生学习方法的积极引导有关（见表1-6，表1-7）。

（四）两种具体的学习策略

1. 学业求助策略

当学生在学习中遇到困难时，究竟是求助于家长还是教师、同学？或者不向任何人求助？调查结果发现：39.6%的学生选择向同学请教，25.5%的同学选择教师，12.9%的选择家长。还有21.9%的学生选择不向他人请教。这个结果在一定程度上反映出大部分学生在遇到困难时还是会寻求他人帮助的。其中在向同学请教的时候，学生会选择不同成绩的同学作为讨论对象，总的看来，57.2%的学生选择比自己成绩好的同学，35.8%的学生选择和自己成绩相当的，较少学生（2.1%）选择比自己成绩差的，还有部分学生（4.9%）选择不与别人讨论。可见大多数学生更愿意选择与比自己成绩好的同学讨论。在学业求助策略的调查中，有近二成的学生不向任何人请教，对不请教的原因进行分析发现：47.8%的学生选择"不好意思向他人求助"，12.7%的学生是"怕同学笑话"，9.5%的学生是因为怕老师训斥。也就是说，有将近七成的学生由于害羞或者处于保护自尊心的目的不愿意向他人求助。对于这部分学生，教师可以尽量通过打消他们的顾虑，培养其自信心，以保证他们能够得到及时的支持。值得注意的是，还有10%的学生会认为"别人即使知道了也不会说"，这种心理可能与应试教育过分强调竞争的氛围有一定的关系。

（1）十省市基本情况

从地区间的差异来看，选择向老师请教的比率中，最高的是河南，最低的是江西；选择向其他同学请教的比率中，最高的是江西，最低的是内蒙古；选择向家长请教的比率中，最高的是河南，最低的是贵州；不请教的比率最高的是内蒙古，最低的是广东。在向同学请教的学生中，选择比自己成绩好的同学讨论的比率最高的是北京，最低的是江西；选择和自己相当的同学讨论的比率最高的是江西，最低的是黑龙江；在不愿意请教的原因中，不同省市之间也有差异。不好意思的比率最高的是广东，最低的是甘肃；怕同学笑话的比率最高的是广东，最低的是浙江；怕老师训的比率最高的是四川，最低的是广东；因为别人也不知道的比率最高的是河南，最低的是广东；别人不会说的比率最高的是甘肃，最低的是河南。

表1-8　不同省市学生选择不同学业求助对象的人次百分比（%）

	北京	广东	浙江	黑龙江	江西	河南	四川	内蒙古	贵州	甘肃
请教对象										
老师	24.0	23.9	23.1	27.9	19.5	29.1	27.8	25.6	26.6	24.4
同学	40.1	49.5	43.0	34.8	51.5	34.0	38.3	30.0	43.6	37.3
家长	13.3	9.5	12.1	10.3	8.2	17.7	13.9	16.2	6.7	15.6
不请教	22.6	17.0	21.7	27.0	20.8	19.2	19.9	28.3	23.0	22.7
选择不同成绩同学										
比自己好	62.5	55.6	53.3	59.7	50.8	56.1	60.9	57.5	54.6	58.8
与己相当	29.4	36.2	40.4	32.8	43.3	37.4	33.0	36.1	37.0	34.1
比自己差	2.5	4.5	1.7	1.6	1.4	1.8	1.4	2.0	1.9	1.6
不请教	5.5	3.6	4.6	5.9	4.5	4.7	4.7	4.4	6.5	5.8
不请教原因										
不好意思	49.3	51.2	49.8	49.9	47.8	47.1	44.8	46.5	44.8	43.9
同学笑话	11.0	18.2	10.5	11.2	15.1	14.5	11.4	10.9	12.4	11.3
怕老师训	9.3	7.4	8.5	7.7	10.3	8.5	12.9	10.7	9.8	11.5
同学不知	18.4	14.3	17.0	18.0	14.6	21.6	21.2	18.6	18.5	17.3
同学不说	12.0	9.0	14.2	13.2	12.3	8.4	9.7	13.3	14.4	16.0

（2）年级特征

从发展的角度看（见表1-9），随着年级的升高，学生向其他同学请教的比率显著增大，向老师请教的比率有所减少，而向家长请教的比率则显著降低，这在一定程度上表明，随着年级的增高，同学间的互助作用显著增长；同时在向同学请教的比例中，学生选择好学生讨论的比率随着年级升高呈下降趋势，选择成绩相当的学生的比率却逐渐上升，直到初三，两种情况趋于稳定。此即是说，在初三以前，学生更多地选择"比自己成绩好的"同学去请教，而初三以后，不仅仅会求助于成绩优秀的学生，与自身成绩相当者也在备选之列。这可能是因为随着年龄的增长，学生选择讨论对象时不仅仅考虑成绩因素，也权衡了更多其他因素。

在不请教的原因上，不同年级的学生也有所不同（图1-7），随着年级的增加，学生不好意思的比率逐渐增加；在初中阶段学生不愿意请教的原因中怕同学和老师笑话的比率显著地高于小学生和高中生，但是整体上还是有一个增加的趋势，也就是说，小学与高中之间差别相对不大，较大的变化发生在初中阶段。

表1-9　不同年级学生学业求助策略情况的人次百分比（%）

	小四	小五	小六	初一	初二	初三	高一	高二	高三
请教对象									
老师	34.2	29.0	27.7	30.8	22.7	21.2	20.7	20.7	21.3
同学	13.7	22.3	28.2	32.4	45.1	51.1	55.1	55.1	54.3
家长	25.6	25.8	21.1	17.6	11.9	6.0	3.2	3.2	2.5
不请教	26.5	22.9	23.0	19.2	20.3	21.7	21.1	21.1	22.0
选择不同成绩学生									
比自己好	67.3	64.8	67.1	62.3	56.5	49.6	49.5	49.8	49.4
与己相当	24.6	28.3	26.8	31.1	37.2	43.6	43.8	43.5	42.8
比自己差	3.3	2.3	1.5	2.4	1.8	1.6	1.4	1.3	2.1
不请教	4.8	4.6	4.7	4.2	4.5	5.2	5.3	5.5	5.6
不请教原因									
不好意思	48.4	46.1	44.3	45.1	42.2	46.7	50.0	55.5	53.5
同学笑话	12.6	12.9	15.5	14.5	13.9	11.4	10.4	11.0	9.4
怕老师训	7.3	6.9	6.7	10.8	13.6	13.6	9.1	8.7	9.1
同学不知	16.1	19.2	18.9	18.1	17.8	18.5	20.6	18.4	17.7
同学不说	15.6	15.0	14.6	11.6	12.6	9.8	9.9	6.4	10.3

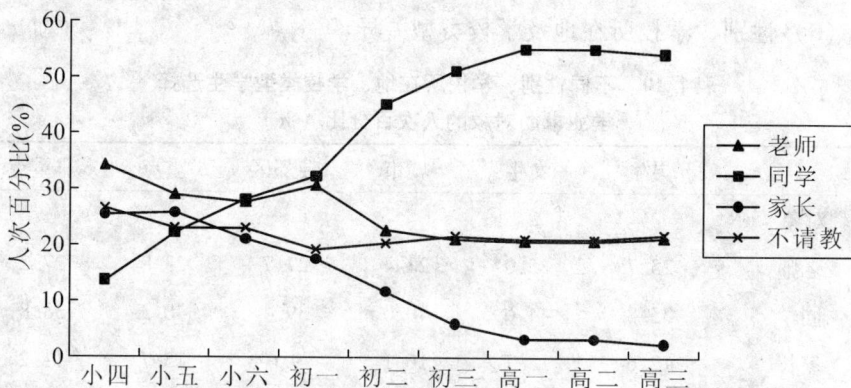

图 1-5 不同年级学生选择不同学业求助对象的人次百分比

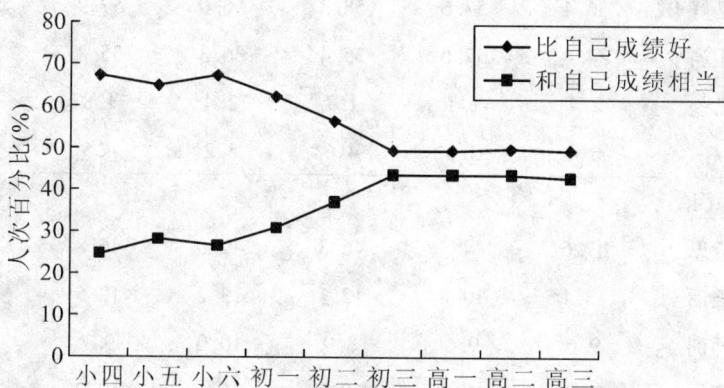

图 1-6 不同年级学生选择不同类型学生为求助对象的人次百分比

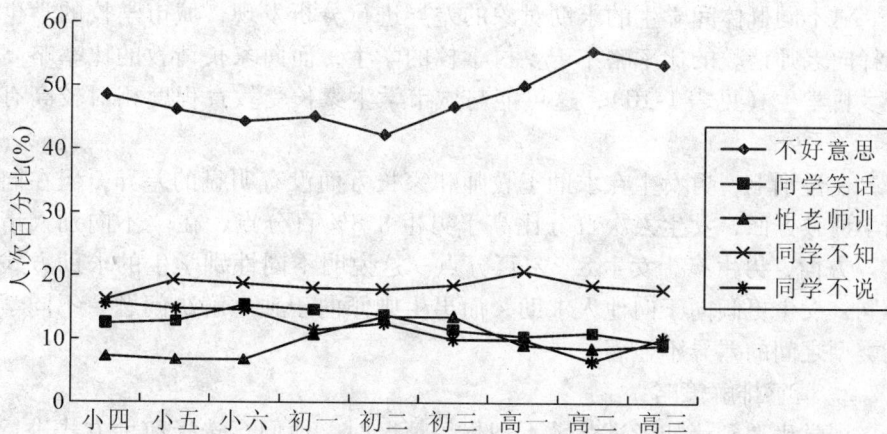

图 1-7 不同年级学生选择不求助的原因的人次百分比

（3）性别、学校所在地及学校类型差异

表1-10　不同性别、学校所在地、学校类型学生选择
学业求助对象的人次百分比（%）

	男生	女生	城市	县郊区	重点	非重点
请教对象						
老师	25.7	25.0	23.4	27.7	23.8	27.2
同学	35.8	44.6	40.0	39.4	40.3	38.8
家长	12.6	12.7	16.1	9.6	15.7	11.2
不请教	25.9	17.7	20.5	23.4	11.2	22.8
选择不同成绩学生						
比自己好	56.4	57.6	58.3	56.0	57.9	56.3
与己相当	34.8	37.6	35.4	36.3	35.8	36.2
比自己差	2.4	1.1	1.7	2.4	1.8	2.2
不请教	6.4	3.6	4.6	5.2	4.5	5.3
不请教原因						
不好意思	47.6	48	46.3	49.0	46.8	48.5
同学笑话	13.1	10.8	12.1	13.2	12.5	13.0
怕老师训	9.6	9.6	8.9	10.0	9.7	9.1
同学不知	17.8	19.4	20.7	16.1	19.2	17.6
同学不说	11.9	12.2	12.0	11.7	11.7	11.8

对不同群体间学生的求助对象的差异进行分析发现，城市学校的学生选择向老师请教的比率略小于乡村学校的学生，而向家长请教的比率略高于乡村学生（见表1-10），这可能与城市学生家长受教育程度相对较高有一定关系。

在性别上，男女生在求助于教师和家长方面没有明显的差异，但在向同学请教方面，女生人次百分比高于男生8.8%百分点，在"不向别人请教"方面，男生多于女生8.2%百分点。这说明不同性别学生的求助方式不同，女生更倾向于向他人求助，而男生则倾向于独立解决问题。不同学校类型之间的差异不显著。

2. 情感排解策略

当学生遇到诸如考试分数不理想等情况时，他们会选择何种方式进行排解？向同学朋友或者家长老师倾诉？还是寻找一个陌生人或者自己生闷气呢？总的来说，38.6%的学生选择了找同学和朋友倾诉，24.3%的学生

选择了向老师或家长倾诉，还有 30.7% 学生选择了自己生闷气，6.3% 的学生选择了向陌生人倾诉。

（1）十省市基本情况

不同地区学生情绪排解策略的使用显示：选择自己生闷气的比率最高的是贵州，最低的是四川；选择和同学朋友倾诉的比率最高的是广东，最低的是内蒙古；选择和家长教师交流的比率最高的是河南，最低的是江西；选择和陌生人交流的比率最高的是四川，最低的是广东。

表 1-11 不同省市学生使用情绪排解策略情况的人次百分比（%）

情绪排解方式	北京	广东	浙江	黑龙江	江西	河南	四川	内蒙古	贵州	甘肃
生闷气	27.5	27.7	33.6	29.5	35.1	30.0	26.4	33.9	35.7	33.7
同学朋友倾诉	40.3	46.3	37.9	34.9	44.2	34.5	39.3	33.5	40.8	37.7
家长教师交流	25.8	20.8	21.9	28.2	14.2	29.8	26.6	26.8	17.7	23.0
陌生人交流	6.4	5.2	6.6	7.4	6.5	5.7	7.7	5.8	5.8	5.6

（2）年级特征

随着年级的升高，向同学朋友倾诉的人次比率上升较快，和家长教师交流的人次比率急剧下降（见图 1-8，表 1-12）。这在一定程度上表明同伴关系对中学生学习的关键作用。

表 1-12 不同年级学生使用情绪排解策略情况的人次百分比（%）

情绪排解方式	小四	小五	小六	初一	初二	初三	高一	高二	高三
生闷气	26.8	29.5	28.9	27.8	31.2	33.5	33.2	31.8	34.8
同学朋友	19.3	25.7	34.9	38.9	43.1	44.9	47.1	47.8	46.0
家长教师	51.0	40.8	29.3	26.1	18.3	13.8	13.8	12.8	12.2
陌生人	3.0	4.0	6.8	7.2	7.4	7.9	5.9	7.6	7.0

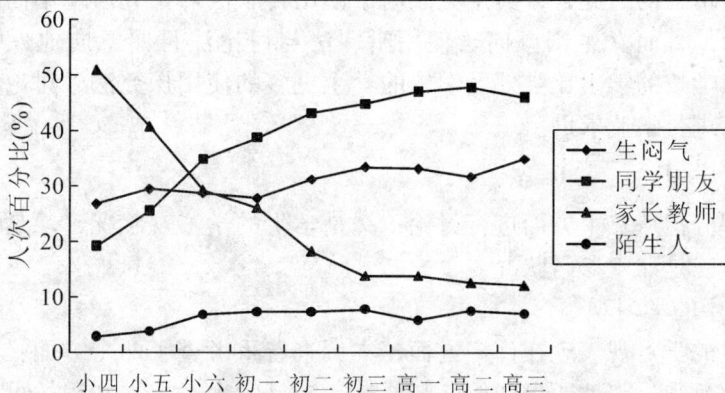

图 1-8 不同年级学生使用情绪排解策略情况的人次百分比

（3）性别、学校所在地及学校类型差异

对比不同性别的学生发现，男生自己生闷气的人次比率高于女生，和同学朋友倾诉的人次比率低于女生（见表1-13）。这可能与不同性别学生的处事风格有关，男生更偏重独立解决问题，而女生的依赖性相对较强。学校所在地和不同类型学校之间的差异不显著。

表1-13　不同性别、学校所在地、学校类型学生
使用情绪排解策略情况的人次百分比（％）

	男生	女生	城市	县郊区	重点	非重点
生闷气	33.7	28.6	30.4	31.1	30.9	30.6
同学朋友	34.2	43.3	39.3	38.6	37.8	39.2
家长教师	24.0	23.5	24.5	24.3	25.5	23.4
陌生人	8.1	4.6	5.8	6.3	5.9	6.8

从总体上看，学生认为大多教师会教授学习方法，多数学生也能够自觉运用学习方法，并认为自己所使用的学习方法是比较有效的；学生使用的学习方法多种多样，频率最高的是听课法，最低的是探究法。但是学生表示自己最喜欢的学习方式除了听课法之外还有探究法。这在一定程度上反映了当前学生所使用的学习方法与学生的喜好仍有一定的差距。另外，在遇到问题或者不如意的时候大部分学生都能向同学、教师和家长求助，小部分学生不求助。

对不同群体进行分析发现，随着年级的升高，认为教师教授学习方法的人次比率逐渐减少，选择使用学习方法的人次比率也逐渐减少，其中讨论法和探索法的减少更明显。学业求助和情感求助的对象也随着年级的升高从家长、教师转向了同学，这说明，随着年级的升高，同伴关系的重要性是逐渐增强的。此外，男生更倾向于使用自学法与探究法，不向他人进行情感求助，而女生则倾向于使用听课法与讨论法且愿意向他人情感求助；城市学校的学生比县郊区学校的学生更多的使用探究法、讨论法并更多向家长进行学业求助。

二、课堂学习

本部分拟从三个方面进行讨论：一是学生的学习观状况，二是课堂提问状况，三是课堂参与状况。

（一）学生的学习观

学生的学习观表现在许多方面，本调查着重考查了两个方面：一是学生对开放性和封闭性题目的偏好与看法，二是学生对书本知识的可变性的看法。

总的来看，63%的学生喜欢开放性题目，75%的学生认为书本知识并不是固定不变的真理，有可能随着研究的深入而得到进一步的补充或修改。这说明大部分学生喜欢能够自由作答的题目，同时对现有的书本知识怀有质疑精神，不是简单的唯书是从。

1. 十省市基本情况

从地区间的差异来看，学生偏好开放性题目的比率中，最高的是浙江（41.1%），最低的是贵州（30.6%）；而学生偏好封闭性题目的比率中，最高的是贵州（69.4%），最低的是浙江（58.9%）（见表1-14）。同时，学生认为书本知识不容置疑、永远正确的比率中，最高的是内蒙古（12.3%），最低的是江西（4.4%）；学生认为书本知识可以进一步修改、补充的比率中，最高的是江西（95.5%），最低的是内蒙古（87.7%）（见表1-15）。

表1-14　不同省区学生对题目类型偏好的人次百分比（%）

偏好题目类型	北京	广东	浙江	黑龙江	江西	河南	四川	内蒙古	贵州	甘肃
开放性题目	37.8	38.7	41.1	38.7	38.1	34.4	34.5	33.8	30.6	37.6
封闭性题目	62.2	61.3	58.9	61.3	61.9	65.6	65.5	66.2	69.4	62.4

表1-15　不同省区学生对书本知识看法的人次百分比（%）

书本知识的看法	北京	广东	浙江	黑龙江	江西	河南	四川	内蒙古	贵州	甘肃
永远正确	11.6	9.1	5.0	9.7	4.4	8.0	5.7	12.3	5.1	7.7
可修改补充	88.4	90.9	95.0	90.3	95.5	92.0	94.3	87.7	94.9	92.3

2. 年级特征

从发展的角度来看，随着年级的升高，学生对开放性题目的偏好有逐渐下降的趋势，但是到高中阶段又略有上升（见表1-16，图1-9）。同时，认为书本知识永远正确的人次比率也随着年级的升高有逐渐下降的趋势（见表1-17，图1-10）。这说明学生的质疑精神随着年龄的增长也在逐渐增强。

表1-16　不同年级学生对题目类型偏好的人次百分比（%）

偏好题目类型	小四	小五	小六	初一	初二	初三	高一	高二	高三
开放性题目	70.8	73.3	70.7	66.7	60.8	59.0	53.4	56.8	58.3
封闭性题目	29.2	26.7	29.3	33.3	39.2	41.0	46.6	43.2	41.7

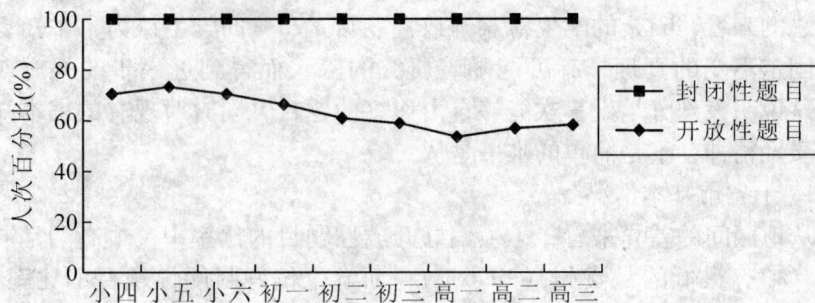

图 1-9 不同年级学生对题目类型偏好的人次百分比

表 1-17 不同年级学生对书本知识看法的人次百分比（%）

书本知识 的看法	小四	小五	小六	初一	初二	初三	高一	高二	高三
永远正确	20.5	15.5	10.6	5.6	5.3	4.3	2.7	2.5	3.0
可修改补充	79.5	84.5	89.4	94.4	94.7	95.7	97.3	97.5	97.0

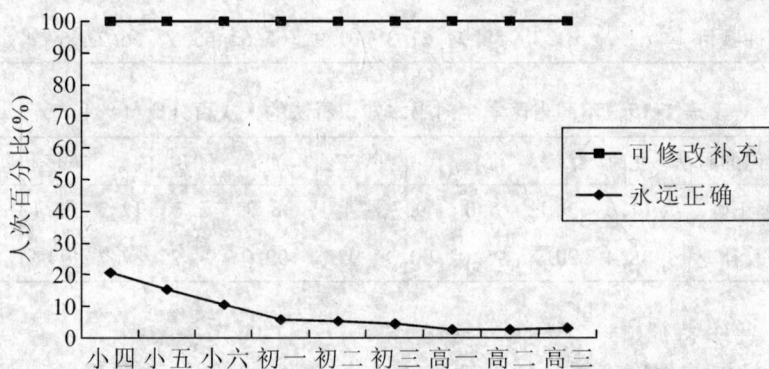

图 1-10 不同年级学生对书本知识看法的人次百分比

3. 性别、学校所在地及学校类型差异

此外，无论是男女生、不同学校所在地的学生，还是重点与非重点学校的学生，都偏好开放性题目，且差异不大；均认为书本知识可进一步修改补充的人次比率都在 90% 以上，不存在显著性差异。

表 1-18 不同性别、学校所在地、学校类型学生
对题目类型偏好的人次百分比（%）

偏好题目类型	男生	女生	城市	县郊区	重点	非重点
开放性题目	63.9	62.1	60.9	65.5	63.2	63.2
封闭性题目	36.1	37.9	39.1	34.5	36.8	36.8

表 1-19 不同性别、学校所在地、学校类型学生
对书本知识看法的人次百分比（%）

书本知识的看法	男生	女生	城市	县郊区	重点	非重点
永远正确	8.3	6.3	6.4	9.5	7.0	8.8
可修改补充	91.7	93.7	93.6	90.4	93.0	91.2

注：由于四舍五入，数据和可能不到100%。

（二）课堂提问的状况

课堂提问是组织课堂教学的重要环节，我们着重从两个方面考查了教师课堂提问的情况：一是提问的问题类型，即所提问题是开放型问题还是封闭型问题。二是教师提问的对象，是面向"全体学生"还是面向"个别学生"。

总体来看，在提问问题的类型上，56%的学生认为教师提问的问题是有固定答案的，其余的学生认为教师所提的问题是可以自由发挥的开放性题目。在教师的提问对象上，73%的学生认为老师的提问是面向全体学生的。但是仍然有18%的学生认为教师提问的多是优秀学生。

1. 十省市基本情况

从各地区的调查结果来看，教师在课堂上提问开放性问题的比率中，最高的是贵州（52.0%），最低的是江西（38.2%）；而提问封闭性问题的比率中，最高的是江西（61.8%），最低的是贵州（48.0%）（见表1-20）。此外，各省市区教师在课堂上的提问对象也存在不同，提问优等生的比率中，最高的是贵州（25.5%），最低的是河南（12.4%）；提问差生的比率中，最高的是北京（11.0%）和四川（11.0%），最低的是江西（4.0%）；提问全体学生的比率中，最高的是河南（78.3%），最低的是贵州（64.8%）（见表1-21）。

表 1-20 各省市区课堂提问问题类型的人次百分比（%）

课堂提问的问题类型	北京	广东	浙江	黑龙江	江西	河南	四川	内蒙古	贵州	甘肃
开放性题目	43.1	41.5	41.7	42.9	38.2	46.3	46.8	45.9	52.0	45.8
封闭性题目	56.9	58.5	58.3	57.1	61.8	53.7	53.2	54.1	48.0	54.2

表 1-21 各省市区课堂提问对象的人次百分比（%）

课堂提问对象	北京	广东	浙江	黑龙江	江西	河南	四川	内蒙古	贵州	甘肃
优等生	14.1	22.4	15.5	21.5	24.8	12.4	14.1	25.1	25.5	17.6
差生	11.0	8.1	9.5	9.0	4.0	9.3	11.0	6.4	9.6	8.8
全体学生	74.9	69.4	75.0	69.5	71.1	78.3	74.9	68.5	64.8	73.6

2. 年级特征

表 1-22 不同年级学生对课堂教师提问问题类型认识情况的人次百分比（%）

对提问问题类型的认识	小四	小五	小六	初一	初二	初三	高一	高二	高三
开放性题目	54.0	56.5	57.9	55.2	48.5	38.9	33.2	29.6	22.6
封闭性题目	46.0	43.5	42.1	44.8	51.5	61.1	66.8	70.4	77.4

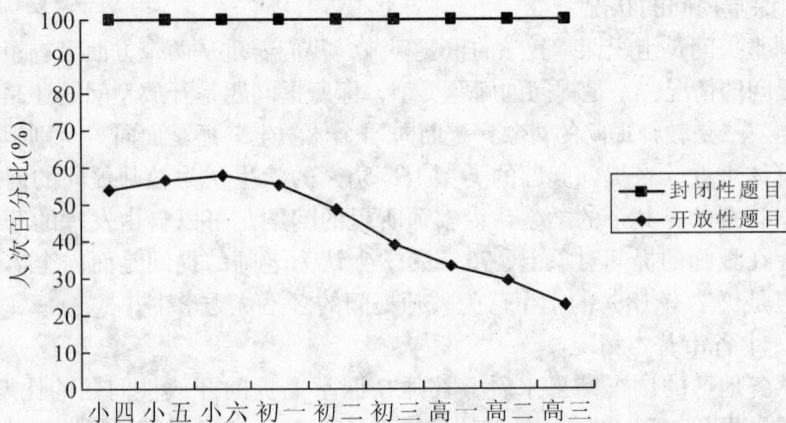

图 1-11 不同年级学生对课堂教师提问问题类型认识情况的人次百分比

表 1-23 不同年级学生对课堂教师提问对象认识情况的人次百分比（%）

提问对象的认识	小四	小五	小六	初一	初二	初三	高一	高二	高三
优等生	12.2	8.7	9.7	13.2	16.7	25.7	18.9	26.1	32.5
差生	14.3	11.2	11.4	9.2	9.2	9.2	4.3	4.6	5.7
全体学生	73.5	80.1	78.9	77.6	74.1	65.2	76.8	69.3	61.8

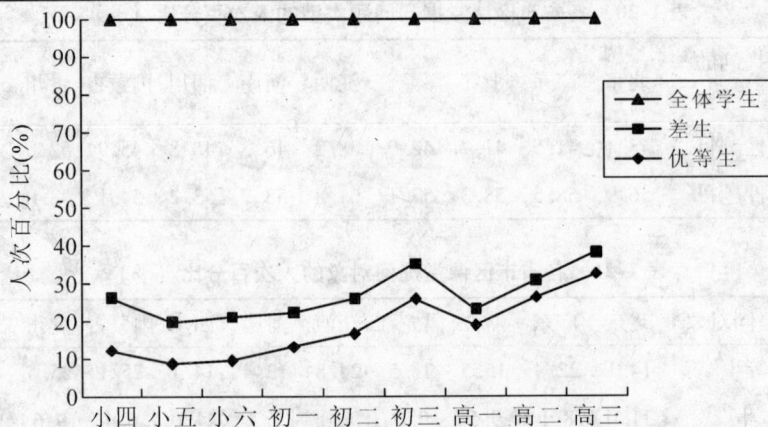

图 1-12 不同年级学生对课堂教师提问对象认识情况的人次百分比

从发展的角度来看，随着年级的升高，认为教师提问开放性题目的学生的比率在逐渐减少，特别是到了初二以后，比率下降得更为明显（见图1-11，表1-22）。导致这种状况的产生可能有多方面的原因，一是学习内容的科学性、严谨性的增强，要求师生在提问、回答问题、解决问题等方面需要有更为规范的表现，这也在一定程度上使人感到封闭性的增强。二是学习内容难度增大，学生首先应掌握最为基本的知识内容，而这些内容多是以封闭性的问题方式体现出来的。三是高年级的教师更关注学科内容的传授，而对教学方式或提问方式的关注有所弱化。在提问对象方面，认为教师提问优生的学生比率也在逐渐增加（见表1-23，图1-12），导致这一结果的原因可能有两个：一是教师确实存在差异对待的倾向或不公平性，二是学生自尊和自我意识的增强，对教师的差异对待有比较敏感的反应。

3. 性别、学校所在地及学校类型差异

对城市和县郊区学校学生的选择进行分析发现，城市学校的学生认为教师提问开放性问题的比率要低于县郊区学校的学生（见表1-24），而县郊区学校的教师提问优秀学生的比率要比城市学校的教师高（见表1-25）。对不同类型学校学生的对比分析发现，重点学校学生认为教师提问全体学生的比率比非重点学校略高；而重点学校学生认为教师提问优秀学生的比率则比非重点学校略低（见表1-25）。

表1-24 不同性别、学校所在地、学校类型课堂提问问题类型的人次百分比（%）

提问问题类型	男生	女生	城市	县郊区	重点	非重点
开放性题目	44.8	42.8	40.3	48.1	44.2	43.9
封闭性题目	55.2	57.2	59.7	51.9	55.8	56.1

表1-25 不同性别、学校所在地、学校类型课堂提问对象的人次百分比（%）

提问对象	男生	女生	城市	县郊区	重点	非重点
优等生	18.2	18.3	15.5	21.1	15.8	20.5
差生	9.7	7.6	8.7	9.1	8.4	9.2
全体学生	72.1	74.1	75.8	69.8	75.7	70.2

（三）课堂参与

根据学生参与的程度，我们将课堂参与划分为三种类型：回避型、被动参与型以及主动参与型。回避型即是当教师提问时，学生常常会把头低下，不想被老师注意到；被动参与型即面对提问，学生没有什么特别的反应；而主动参与型学生则表现为积极举手发言。从总体分布上看，学生课堂参与的类型是多样化的。相比较而言，被动参与型的人次最多（53%），主动参与型次之（31%），回避型最少（16%）。这在一定程度上反映了学生课堂参与的积极性不高，如果被问到就回答，没被问到也无所谓。教师可以加强对学生参与课堂的积极引导，提高对全体学生的关注，以调动被动参与型学生课堂参与的积极性，而对于那些消极参与的学生，可以采取各种措施进行提问，多鼓励以消除他们消极回避问题的倾向。

1. 十省市基本情况

从各地区的调查结果来看，学生主动参与课堂的比率中，最高的是内蒙古（40.1%），最低的是江西（18.1%）；而学生被动参与课堂的比率中，最高的是江西（62.4%），最低的是内蒙古（43.3%）；在课堂参与方面，仍有一部分学生采取了回避的态度，其中比率最高的是贵州（21.6%），最低的是北京（12.5%）（见表1-26）。

表1-26　各省市区学生参与课堂情况的人次百分比（%）

参与课堂类型	北京	广东	浙江	黑龙江	江西	河南	四川	内蒙古	贵州	甘肃
主动参与	35.9	23.1	26.8	36.4	18.1	37.6	31.2	40.1	19.9	31.4
被动参与	51.6	59.2	59.4	48.7	62.4	48.8	55.5	43.3	58.5	49.9
回避	12.5	17.7	13.8	14.8	19.5	13.6	13.4	16.6	21.6	18.8

2. 年级特征

从发展的角度来看，随着年级的升高，主动参与课堂的学生人次比率在逐渐降低；回避课堂提问的学生人次比率没有多大变化；而被动参与课堂的学生人数在逐渐增加，尤其值得注意的是，步入中学以后，在课堂上对老师提问无动于衷的人数达到一半以上（见表1-27，图1-13），这在一定程度上提示在教学中有必要采取各种措施，鼓励学生积极参与课堂教学。

表1-27　不同年级学生参与课堂情况的人次百分比（%）

参与课堂类型	小四	小五	小六	初一	初二	初三	高一	高二	高三
主动参与	64.2	59.5	50.8	37.0	26.7	16.3	10.7	7.3	6.7
被动参与	28.0	33.0	38.4	48.9	55.6	65.7	69.8	70.4	71.8
回避	7.8	7.5	10.9	14.1	17.8	18.3	19.5	22.3	21.5

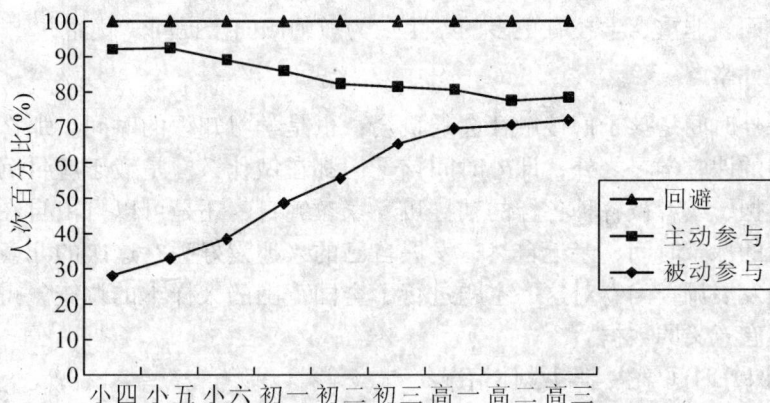

图1-13 不同年级学生参与课堂情况的人次百分比

3. 性别、学校所在地及学校类型差异

对比不同性别的学生发现，男生比女生更积极参与课堂提问（见表1-28）；对城市和县郊区学校的学生的课堂参与状况进行对比分析发现，城市学校的学生在课堂上表现出被动参与的比率要多于县郊区学校的学生（城市比县郊区多9.4%），即县郊区学校的学生的课堂参与积极性反而比城市学校的学生要高。

表1-28 不同性别、学校所在地、学校类型学生参与课堂情况的人次百分比（%）

参与课堂类型	男生	女生	城市	县郊区	重点	非重点
主动参与	32.7	27.8	28.2	33.9	31.2	31.2
被动参与	52.6	55.7	58.0	48.6	53.9	52.8
回避	14.7	16.5	13.8	17.5	14.9	16.0

总的说来，大部分学生偏爱没有固定答案、可以自由发挥的题目，也都认为书本知识并非永远正确，应该对它们提出质疑、进行批判性思考，以期修正或者补充原有知识。从教师课堂提问问题的类型来看，封闭型与开放型题目的比重相当。教师的课堂提问大部分是面向全体学生的，只有很少一部分教师会仅仅提问成绩好或者成绩差的学生；而在学生的课堂参与中，表现出被动和消极的学生占了大多数，仅有很少部分的学生能够积极地参与到课堂教学中。所以，在实际的教学中，教师可以适当调动学生的课堂积极性，以促进师生之间产生高质量的互动。

对不同群体学生进行分析表明，随着年级的升高，学生对课本的质疑精神逐渐增强，但是对开放性题目的偏爱却有所减少；同时教师的课堂提问中开放性题目也有减少的趋势。学生主动参与课堂教学的比率随年级升高而下降，教师提问优秀学生的倾向也随年级升高而升高。在学校所在地的差异上，乡村教师提问优秀学生的倾向比较突出。在重点学校与非重点学校方面，非重点学校有更多的学生认为教师倾向于提问"优生"。

三、课外学习

课外时间是孩子们接触社会的机会，也是学习知识的时间，那么除了学生们的课堂学习之外，课外时间孩子们都在做什么，是疲于应付沉重的作业负担，或者被各种各样的辅导班、家教缠身，还是可以自由自在地安排自己的课余时间，亲近自然，发展自己的兴趣爱好呢？这次的儿童青少年心理发展调查问卷对这一主题进行了全国范围的大样本的调查，得出了一些很有意义的数据。

（一）课外时间学生学习总体情况

1. 课外时间最常做的事

在参与回答的 31147 名学生中，50% 的人的回答是从事户内娱乐活动，如进行室内体育锻炼、听歌、看电视、上网玩电脑游戏，占一半的人左右；有 16.9% 的人最常做的是进行户外的娱乐活动，包括进行篮球、足球运动、郊游以及路程更远的旅游活动；31.6% 的人则回答说虽然在课外时间，他们最常做的事情依然是相关的学习活动，以增长科学知识，包括做作业、课外阅读等；仅有 1.6% 的学生课外最常做的是勤工俭学活动，这个比例虽然不大，但依然说明，在我国还是存在家庭生活比较艰苦的孩子，在课外的时间经常参加勤工俭学来贴补家用，筹集学费。

（1）十省市基本情况

表 1-29　各省市学生课外常做事件的人次百分比（%）

课外最常做的事情	北京	广东	浙江	黑龙江	江西	河南	四川	内蒙古	贵州	甘肃
户内娱乐活动	55.6	49.6	56.9	51.2	48.7	41.6	55.1	41.9	47.9	51.3
户外娱乐活动	15.1	16.4	15.4	14.9	16.6	17.4	19.8	16.5	15.0	20.4
学习科学知识	27.8	32.4	26.8	33.0	33.3	39.1	24.0	39.3	33.7	26.1
参加勤工俭学	1.5	1.6	0.9	1.0	1.3	1.9	1.0	2.4	3.4	2.3

从表 1-29 中可以看到，各省市分布趋势大致一致，但也有一些小的差异，其中浙江省的学生课外时间进行户内娱乐活动的比例最大，为56.9%，北京和四川的比例与之相似，河南的学生的比例最小，其次为内蒙古。从事户外娱乐活动的以甘肃省的学生选择比例最大，为 20.4%，同时内蒙古的孩子在课外时间学习的人比例最高，四川的最少。而在参加勤工俭学这一项，比例最高的是贵州省，为 3.4%，相对最低的浙江 0.9% 而言，高出近 3 倍，这可能与各省市的经济实力有着比较密切的关联。

（2）年级特征

对各年级学生在四个选项上的百分比进行统计，结果发现一个有趣的现象，随着年级的增长，学生选择课外时间进行户内娱乐活动的比例是逐渐增加的，从四年级的23.6%到高三的63.9%，而户外的娱乐活动却略有降低，不过到了高中有小的回涨，但都在20%左右徘徊，可见虽然是课外时间，可是学生们走出户外，走入自然的人数却很有限。而且小学生相对中学生，在课外时间学习，给自己增长科学知识的人数尤其多，几近多出一倍，虽然相对高年级的学生，小学生的课外时间应该是最多的，但是在这些课外时间里，近一半的小学生依然还在兢兢业业地学习，而这种学习是孩子自主乐意的，还是不愿孩子输在起跑线的父母们的一厢情愿就有待进一步考证了。

表1-30　各年级学生课外常做事件的人次百分比（%）

课外时间最常做的事情	年级								
	小四	小五	小六	初一	初二	初三	高一	高二	高三
户内娱乐活动	23.6	32.7	42.8	46.5	54.6	59.9	64.3	63.9	63.9
户外娱乐活动	20.4	17.8	17.3	16.6	15.6	14.9	16.3	15.6	17.9
学习科学知识	53.2	46.7	38.6	35.0	28.3	24.3	18.6	19.7	17.3
参加勤工俭学	2.8	2.8	1.4	1.9	1.4	0.9	0.8	0.8	0.9

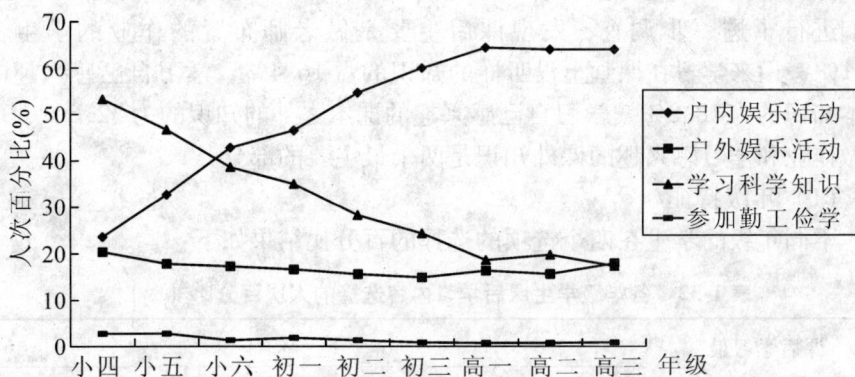

图1-14　各年级学生课外常做事件的人次百分比

（3）性别、学校所在地及学校类型差异

对各类学生的选择进行比较发现，性别差异主要体现在户外娱乐活动和学习、增长科学知识两项上，男孩子天性活泼，热爱体育运动，所以课外时间他们选择在户外娱乐活动的人较多，为21.5%，而女生只有12.2%。相比男生，更为文静、听话的女孩们在课外时间有更多还在努力地学习，其比例为35.8%对25.6%。

学校所在地的差异则更多地体现在户内娱乐活动和学习、增长科学知识两项上，可能的原因是城市相对于县郊区，经济科技发展水平都较高，无论是电视、电脑、网络，还是MP3等电子娱乐项目都更为丰富，给城市的孩子带来更多的选择和诱惑。由于资源分布的不平衡，教育县改变县郊区孩子的命运帮助他们走出去，走向成功的最主要方式之一，所以县郊区的孩子都更会珍惜自己的学习机会，往往更为自觉的投入到学习中，即使是在课余时间。

而重点学校和非重点学校的学生的选择非常类似，几乎没有大的差异。

表1-31　各类学生课外常做事件的人次百分比（%）

课外时间最常做的事情	男	女	城市	县郊区	重点	非重点
户内娱乐活动	51.3	50.7	58.2	41.6	50.6	49.6
户外娱乐活动	21.5	12.2	16.4	17.3	17.2	16.5
学习科学知识	25.6	35.8	24.5	38.7	31.0	32.0
参加勤工俭学	1.7	1.3	0.8	2.4	1.3	1.9

2. 课后学习最多的内容

从第一题可以看到，学习依然是孩子们的课余时间的一个很重要的主题，那么学生在课后都学习什么，学习最多的内容是什么？对这一问题，我们进行了进一步调查，发现课后主要是做老师布置的作业的学生占32.1%，用来学习在课堂上没听懂的知识的占16.4%，学习自己感兴趣的课本知识的为18.8%，学习自己感兴趣的课本之外的知识的为32.6%，可见做作业和学习感兴趣的课外知识是两个最主要的部分。

（1）年级特征

不同年级的学生在四个选项的选择的百分比结果如下：

表1-32　各年级学生课后学习内容选择的人次百分比（%）

课后学习最多的内容	年级							
	小四	小五	小六	初一	初二	初三	高一	高二	高三
老师布置的作业	30.0	29.0	30.7	32.3	36.2	35.4	32.6	28.7	33.0
课堂上没有听懂的知识	10.2	11.3	11.7	20.2	17.4	17.3	21.6	20.3	17.6
自己感兴趣的课本知识	17.5	18.3	14.3	16.0	17.4	19.7	19.5	22.6	24.5
自己感兴趣的课外知识	42.4	41.4	43.4	31.4	28.9	27.6	26.3	28.4	24.9

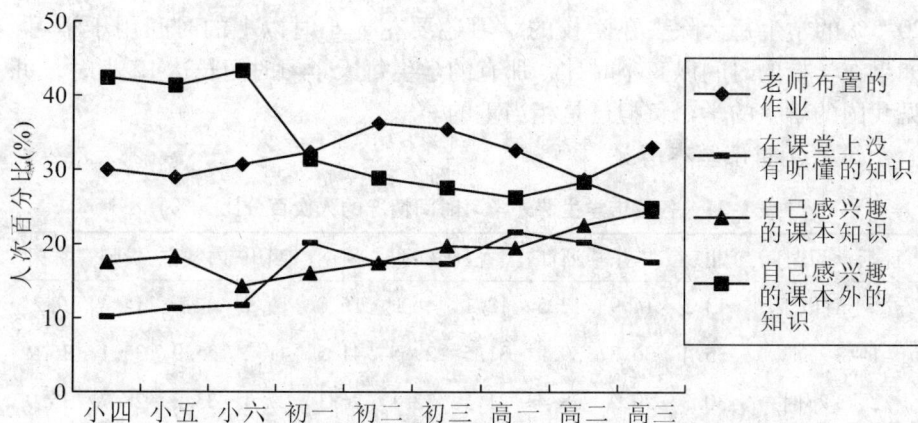

图1-15 各年级学生课后学习内容选择的人次百分比

从图1-15中可以发现，孩子们课外用于学习自己感兴趣的课外知识的人次比例呈现逐年下降的趋势，从42.4%下降到24.9%，而学习课本知识的比例是逐年上升的，可见随着年级的增长，孩子们的学业负担增加，学习成绩作为升学的唯一指标，使得课堂学习的重要性日益突出，孩子们不得不牺牲自己的课余兴趣爱好，花费更多的时间来做作业，复习课本，专攻课本知识。

（2）性别、学校所在地及学校类型差异

对不同类型的学生课后学习情况进行统计，得出数据如下：

表1-33 各类学生课后学习内容选择的人次百分比（%）

课后学习最多的内容	男	女	城市	县郊区	重点	非重点
老师布置的作业	28.8	35.2	32.5	31.6	33.1	31.1
课堂上没有听懂的知识	16.7	16.5	14.4	18.6	15.7	16.8
自己感兴趣的课本知识	20.6	17.0	17.5	20.1	17.3	20.3
自己感兴趣的课外知识	33.9	31.2	35.6	29.6	33.9	31.8

从表1-33中可见城市和县郊区学校的学生在自己感兴趣的课外知识的学习上选择的人次比例的差异比较大，城市学校的为35.6%，县郊区学校的为29.6%，学校在城里的孩子相对县郊区而言还是有更多的机会和更优良的条件来发展自己的兴趣、爱好，诸如游泳、钢琴、书法、跆拳道等等。这点和我们的国情是一致的。在性别上和学校的类别上的差异不大。

3. 课后学习的时间

通过我们的调查发现，学生们课后学习1小时以下的有12.9%，1~2小时的有36.8%，2~3小时的有29.8%，3小时以上的有20.5%，可见一半的学生在课后平均每天还要花上2小时以上的时间来进行学习，甚至有

20.5%的学生每天除去在学校的学习还要花 3 小时以上的时间用于学习，如果在学校的时间以 8 小时计，那有的学生每天学习时间长达 12 小时，可见我国的学生的学习负担还是相当重的。

（1）十省市基本情况

表1-34　各省市学生课外学习时间情况的人次百分比（%）

课后学习时间	北京	广东	浙江	黑龙江	江西	河南	四川	内蒙古	贵州	甘肃
1 小时以下	13.5	14.9	12.5	12.1	9.3	15.0	16.9	8.2	14.4	9.2
1~2 小时	35.4	36.3	39.9	31.5	29.5	41.5	41.2	35.9	35.1	36.2
2~3 小时	30.3	29.2	28.4	31.4	32.1	26.1	27.4	33.2	28.7	35.0
3 小时以上	20.8	19.7	19.2	25.0	29.1	17.5	14.5	22.7	21.8	19.6

表 1-34 显示四川的学生选择课后学习时间为 1 小时以下的人数比例最高，为 16.9%，河南和四川的情况很类似，都是课外学习时间在 2 小时以下的人偏多。而江西省选择 3 小时以上学习时间的最多，为 29.1%。对不同省市的学生课后的学习时间进行卡方检验，存在统计上的显著性。

（2）年级特征

表1-35　各年级的学生课后学习 2 小时以上的人次百分比（%）

课后学习时间	小四	小五	小六	初一	初二	初三	高一	高二	高三
2 小时以上	37.7	36.2	41.7	53.8	52.2	56.9	55.0	55.2	65.0

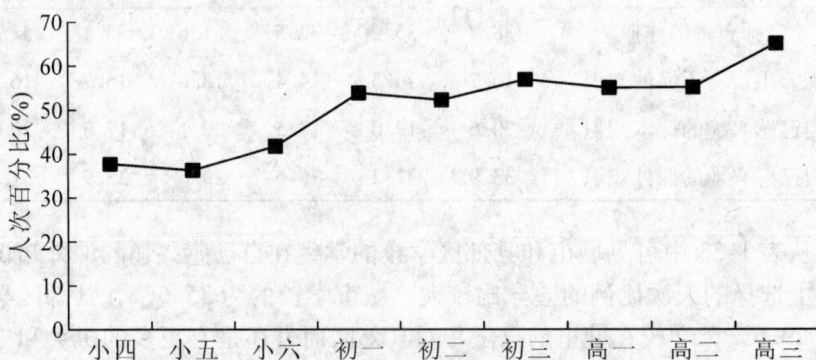

图1-16　各年级的学生课后学习 2 小时以上的人次百分比

各年级的学生课后的学习时间也具有显著的差异（见图1-16），随着年级的增长，学生课后的学习时间有着明显的规律性的变化，即年级越高，学生课后用来学习的时间越多，如果以 2 个小时为一个基线的话，小学四年级 60% 以上的孩子的课后学习时间不超过 2 小时，而到了高三则多于 60% 的孩子的课后学习时间不低于 2 小时，甚至约 34. % 的学生要高出 3 小时。可以说，随着年级的增长，学习越来越成为学生生活的主体不管在学校还是在课后。

（3）性别、学校所在地及学校类型差异

表1-36　各类学生课外学习时间情况的人次百分比（%）

课后的学习时间	男	女	城市	县郊区	重点	非重点
1 小时以下	14.8	10.3	9.5	16.4	10.5	15.1
1~2 小时	37.6	35.8	33.6	40.2	30.9	28.5
2~3 小时	27.9	32.1	33.1	26.4	36.6	37.5
3 小时以上	19.8	21.8	23.8	17.0	22.0	18.9

对不同类型的学生的数据进行统计，以 2 小时为划分点，整体而言（见表1-36），男生课后的学习时间要少于女生，城市学校的学生的课后学习时间要长于县郊区学校的学生，重点学校孩子的课后学习时间略高于非重点学校。

4. 课外时间的支配度

孩子们课后花了相当多的时间来进行学习，那么这些学习时间是因为老师、家长的安排支使，还是出于学生的自主、乐学呢？我们接下来的调查发现 14.7% 的孩子认为只有 20% 的时间是受自己支配的，44.5% 的人认为 20%~50% 的时间受自己支配，29.1% 的人认为 50%~80% 的时间受自己支配，只有 11.6% 的人认为 80% 以上的学习时间都是由自己来支配的。

（1）十省市基本情况

以 50% 为标准进行划分，浙江省的孩子能自己支配的学习时间比例最低，而黑龙江省的孩子能自由支配自己的学习时间的人数是最多的。

表1-37　各省市学生自己支配的学习时间比例的人次百分比（%）

自己支配的学习时间比例	北京	广东	浙江	黑龙江	江西	河南	四川	内蒙古	贵州	甘肃
20% 以下	13.6	14.9	16.4	13.9	15.2	16.5	15.0	11.9	12.6	14.4
20%~50%	44.0	45.8	46.4	40.0	44.0	45.7	46.0	43.1	43.3	45.6
50%~80%	30.6	29.4	27.0	30.5	28.9	27.4	28.6	32.1	31.1	28.4
80% 以上	11.8	10.0	10.1	15.6	12.0	10.4	10.4	12.9	13.0	11.6

（2）年级特征

对不同年级的学生的自我支配的学习时间的比例进行统计，发现各年级的变化不明显，各年级认为自己可支配的时间在50%以下的人数基本占60%左右。

（3）性别、学校所在地及学校类型差异

表1-38　各类学生自己支配的学习时间比例的人次百分比（%）

自己支配的学习时间的比例	男	女	城市	县郊区	重点	非重点
20%以下	15.8	13.5	14.0	15.5	15.1	14.6
20%~50%	44.3	45.0	42.8	46.4	43.7	45.5
50%~80%	28.3	29.7	29.6	28.5	29.1	28.6
80%以上	11.6	11.7	13.5	9.6	12.0	11.3

通过卡方检验，发现在学校所在地上的差异具有统计显著性，而在性别上和在学校类别上不存在显著差异。城市学校的孩子相对县郊区学校的孩子对自己的学习时间具有更多的支配权。

（二）学生课后请家教、参加辅导班的情况

随着我国经济的发展，请家教，为孩子报名参加辅导班等已经成为很普遍的现象。家长们对孩子的学习极为关注，即使自己省吃俭用，也要给孩子进行教育投资，有的甚至给孩子聘请不止一位家庭教师，参加不止一种辅导班。家长迫切希望自己的孩子能学习好，将来考上重点大学。对此，我们也进行了相关的调查。

1. 学生请家教的类型

通过我们的问卷调查发现，家长给孩子聘请最多的是理科类（数理化等科目）的家教，为21.5%，其次是文科类（包括语文、英语等），为16.3%，还有5.8%的家长为孩子聘请文体方面的家教，以培养孩子的特长，很少有家长给孩子请一些所谓的副课的家教，如生物、地理等学科的家教，仅占1.1%，当然还有一半以上（55.4%）的家长从来没有给孩子请过家教。

（1）十省市基本情况

对各省市的学生请家教的情况进行统计发现，浙江省的学生请过家教的人数的比率最高，为64.8%，北京市和贵州省没请过家教的学生比率则占据了前两位，分别达到62.9%和62.8%，这与各省市的经济状况和高考升学率均有较大相关。

表 1-39 各省市学生家教类型选择的人次百分比（%）

请的家教类型	省 份									
	北京	广东	浙江	黑龙江	江西	河南	四川	内蒙古	贵州	甘肃
文科类	11.6	15.8	18.8	18.0	15.3	18.0	14.6	19.7	12.7	15.5
理科类	19.5	18.8	29.7	21.3	20.3	15.2	23.5	23.4	19.1	25.2
综合科目	1.1	1.6	2.2	0.9	1.2	0.8	0.8	0.6	1.5	1.0
文体类	4.8	4.8	5.1	5.6	3.1	8.1	7.7	6.0	3.8	6.2
没请过家教	62.9	59.1	45.1	54.2	60.0	57.9	53.4	50.2	62.8	52.1

（2）年级特征

从图 1-17 可见家长请家教的情况随着年级的增加具有一定的规律性，小学请家教的人和高中请家教的学生相对初中少，而小学生更多的聘请文体类的家教，但高年级请文艺、体育类家教的学生很少，请文体类家教的人数从四年级的 10.9% 降到高三的 2.5%，年级越高，课业学习越来越沉重，特长学习也就只好被牺牲，这和前面调查课后学生学习最多的学习内容的情况具有一致性。

表 1-40 各年级学生家教类型选择的人次百分比（%）

请的家教类型	年 级							
	小四	小五	小六	初一	初二	初三	高一	高二	高三
文科类	22.4	19.5	22.6	21.7	17.8	12.5	10.3	8.8	9.7
理科类	5.7	7.2	10.7	15.2	26.5	35.2	33.3	30.1	28.4
综合科目	1.3	0.7	0.9	1.2	1.3	1.0	0.4	0.8	1.5
文体类	10.9	9.5	7.5	7.7	5.0	3.3	2.9	3.4	2.5
没请过家教	59.7	63.1	58.3	54.1	49.4	48.0	53.1	56.9	57.9

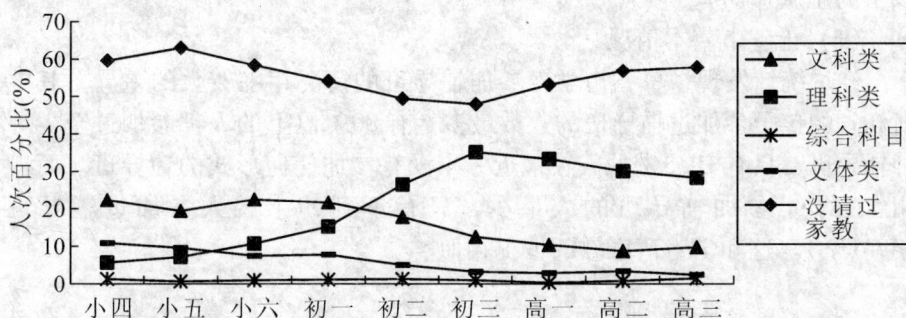

图 1-17 各年级学生家教类型选择的人次百分比

（3）性别、学校所在地及学校类型差异

从表1-41可见男生请文科类的家教多，而女生请理科类的家教多，可能的原因是文理科学习上还存在一定的性别差异，即相对而言女生擅长文科类的学习，而男生擅长理科。女生请文体类的家教也比男生多很多，可能因为女孩子更为热爱文艺活动。在不同学校所在地的对比上，城市学校的孩子请家教的情况比县郊区的家庭明显普遍，在文科类、理科类和文体类科目上，城市学生请家教的比例都高于县郊区学生。这和不同学校所在地的经济因素有一定的关系。在重点学校和非重点学校的学生上，重点学校的孩子请家教的特别是请学科类的家教的比例要更高。

表1-41　各类学生家教类型选择的人次百分比（%）

请的家教类型	男	女	城市	县郊区	重点	非重点
文科类	18.4	13.4	18.1	14.4	16.6	15.9
理科类	19.2	24.7	27.5	15.4	22.1	21.0
综合科目	1.2	0.6	0.9	1.2	0.9	1.2
文体类	3.9	7.6	6.6	5.0	6.5	5.3
没请过家教	57.2	53.7	46.9	64.0	53.9	56.7

2. 课后参加辅导班的情况

除了请家教外，望子成龙、望女成凤的家长们还给孩子们报了各种各样的辅导班为孩子充电加油。通过我们的调查发现，在最近一年之中，孩子没有参加任何辅导班的有34.4%；参加过学科类，比如数理化等辅导班的有43.4%；参加过书法、艺术和体育类的辅导班的有7.4%；参加其他类的如心理辅导等的占5.8%；还有9.1%是参加了两种或两种以上的辅导班。可见在最近的一年里，没有参加任何辅导班的孩子仅占1/3，剩下的孩子都参加过至少一门辅导班，而参加的辅导班的类型最多的还是学科类的，这和家长给孩子请家教的情况是一致的，学习永远是孩子的主旋律。

（1）十省市基本情况

经过统计发现，各省市学生参加辅导班的情况存在较大的差异，其中浙江省的孩子参加过辅导班的人数最多，有80%以上的人都参加过至少一种辅导班，只有18.3%的人在最近一年没有参加任何形式的辅导班。而贵州省的学生参加辅导班的人最少，只有不到一半的人参加过辅导班（47.1%）。这和学生请家教的情况相似。

表1-42 各省市学生参加辅导班情况的人次百分比（%）

最近一年，参加辅导班的情况	省 份									
	北京	广东	浙江	黑龙江	江西	河南	四川	内蒙古	贵州	甘肃
没有参加过	29.3	39.5	18.3	29.3	49.0	41.1	22.4	31.7	52.9	44.5
学科类	52.0	37.5	53.5	51.0	37.8	36.6	45.0	48.6	30.9	34.4
特长类	5.1	6.0	8.6	5.1	4.7	8.3	12.4	6.7	6.6	8.5
其他	5.9	6.0	6.8	4.6	2.7	6.1	8.0	5.4	3.7	6.7
参加过多项辅导班	7.8	11.2	12.8	9.9	5.8	7.9	12.2	7.6	5.9	5.9

（2）年级特征

随着年级的增长，学生参加辅导班的情况是逐年减少的。在我国到了高年级，学校往往会给学生安排很多的补课。比如周末的补课，寒暑假的补课，由于学校补课的数量增加，学生参加校外辅导班的人就少了。而且小学生参加的辅导班的种类比较多，特长类和心理辅导等其他非学科类的辅导班也比较普遍。这同样和学生请家教的情况保持一致的。

表1-43 各年级学生参加辅导班情况的人次百分比（%）

最近一年，参加辅导班的情况	年 级								
	小四	小五	小六	初一	初二	初三	高一	高二	高三
没有参加过	24.6	25.1	20.4	27.8	30.1	35.8	43.5	48.8	51.9
学科类	36.9	39.0	48.9	50.8	50.6	48.9	42.1	38.1	35.7
特长类	13.9	12.0	9.0	7.9	5.6	4.6	4.6	4.7	4.5
其他	14.7	10.7	7.5	4.4	3.9	3.4	2.4	2.8	2.7
参加过多项辅导班	9.8	13.2	14.2	9.1	9.8	7.2	7.4	5.6	5.2

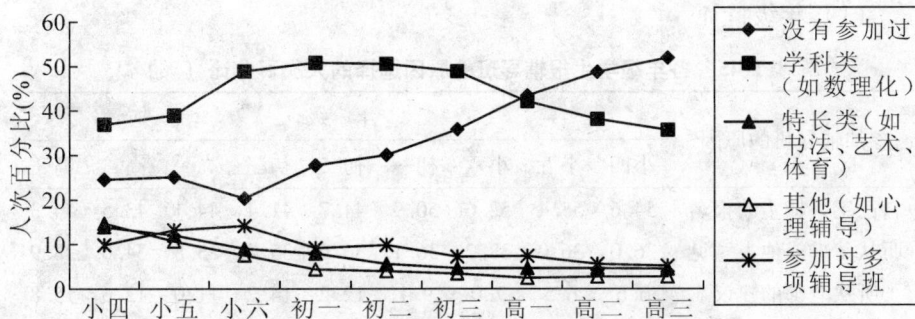

图1-18 各年级学生参加辅导班情况的人次百分比

（3）性别、学校所在地及学校类型差异

表1-44　各类学生参加辅导班情况的人次百分比（%）

参加辅导班的情况	男	女	城市	县郊区	重点	非重点
没有参加过	35.7	33.6	22.1	47.0	29.1	39.2
学科类	42.7	44.8	52.9	33.5	46.9	39.7
特长类	7.6	7.0	7.4	7.5	7.9	7.1
其他	6.1	4.9	5.6	6.0	5.5	6.2
参加过多项辅导班	7.9	9.7	12.0	6.0	10.6	7.8

从表1-44可见，参加课外辅导班的性别的差异不显著，说明现在在我国重男轻女的现象有了大大的改善，在教育上，不论是男女，家长都愿意为其付出。城市学校和县郊区学校的学生参加辅导班的人数具有较大的差异，县郊区学校的学生没参加过任何辅导班的占47%，而城市学校的学生仅占22.1%，而造成这种差异的直接原因主要是城市有更多的孩子参加学科类的辅导班。由于经济的优势，城里的孩子上辅导班的情况更为普遍，尤其是在考试科目类的辅导班，家长们都舍得为孩子投资。重点学校和非重点学校的孩子参加辅导班的人数也不一致，重点学校的学生参加的人多，不参加的有29.1%，而非重点学校的却占39.2%，按理说重点校的孩子学习成绩好，为什么参加辅导班的人更多，可能存在的原因是重点校更为激烈的学习竞争。

3. 参加辅导班的原因

在所有参加过辅导班的人里，是出于自己兴趣的占48.3%，听从父母或者其他家人意见报的占35.7%，听从老师的建议报的占10.2%，仅有5.8%的人是因为同学报了就跟风自己也报了。可见在报辅导班的问题上，孩子们还是具有较大的自由度，近一半的人还是从自己的兴趣出发从林林总总的各式辅导班里选择自己需要和喜欢的。而家长作为孩子的监护人，在报辅导班的问题上也具有相当的决定权。

（1）年级特征

表1-45　各年级学生报辅导班的原因选择的人次百分比（%）

参加辅导班的原因	年级								
	小四	小五	小六	初一	初二	初三	高一	高二	高三
自己感兴趣主动报名	54.6	55.4	52.6	50.9	44.7	41.4	44.1	43.5	44.3
听从父母或他人意见	36.0	36.0	38.2	36.1	36.9	35.5	35.8	34.0	28.9
听从老师的建议	6.6	6.5	7.0	9.1	12.2	14.2	11.0	12.6	15.8
同学报了，自己也报	2.7	2.1	2.1	3.9	6.3	8.9	9.1	9.9	11.0

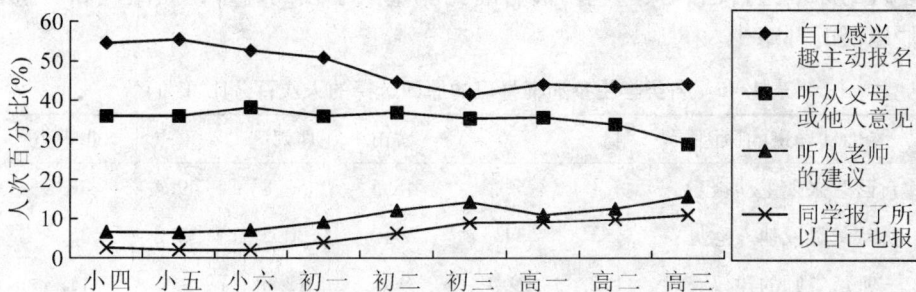

图1-19 各年级学生报辅导班的原因选择的人次百分比

对不同年级的学生参加辅导班的原因进行统计，发现一个很有趣的现象，小学生因为自己感兴趣主动报名参加辅导班的人要比中学生多，初一以下各年级因为自己感兴趣主动报名的比例超过50%，而初二起自己主动报名的比例下降到45%以下。而且听从父母的意见来报辅导班的人次比率从小学四年级到高二是持平的，但是到了高三却骤降，从之前的36%左右降到28.9%。随着年龄的增长，老师的建议的作用是越来越突出的，小学生中只有不到7%的人是受老师影响报辅导班的，但是高中已达到11%以上，而且高三、初三这个毕业班的比率都分别要比高中、初中其他两个年级要高。最后，因为同学原因，因为随大流而报辅导班的人次比率也是随着年级增高逐年提高的。一般而言，随着年级增长，学生的思维、自我意识逐渐的完善，因而会有更多的人遵从自己的兴趣，在辅导班选择上会表现出更多自主性。但结果恰恰相反，父母的意见的力量削弱可能是因为随着学生逐渐进入青春期，天生的叛逆心理让他们不再愿意奉父母的话为圣旨，而老师的建议日益增强，则可能是因为随着年级的升高，学生的升学压力逐渐增加，老师一方面会更多给孩子提供关于辅导班的信息；另一方面，碍于老师特定的权威性，老师的建议具有更强烈的说服力。最后因为同学报自己也报的人随年级增高而增多的原因可能有两个方面：一个是随着学生的成长，他们形成了自己的交往群体，建立了比较牢固的友谊，所以行动往往一致；第二个原因则可能是随着学业竞争的压力增大，同学之间更关注彼此的学习情况，不希望落后于他人。

（2）性别、学校所在地及学校类型差异

从表1-46的数据显示，女生相对男生更多的是因为自己感兴趣主动报名而不是听父母或老师的建议，但在跟从同学方面情况是一致的。县郊区学校的孩子相对城市学校的孩子而言，在听从老师的建议这点上尤为突出，由于信息获得的困难性，从老师那儿得到的建议意见对县郊区的孩子更具权威性。而城里的孩子受父母意见左右的相对县郊区的要大很多，可见城里的家长对孩子的教育更投入，更具控制性。重点学校的学生参加辅导班的原因是自己感兴趣主动报名的比非重点学校的略多，而跟风和听老师建议的都略少。

表1-46　各类学生参加辅导班的原因选择的人次百分比（%）

参加辅导班的原因	男	女	城市	县郊区	重点	非重点
自己感兴趣主动报名	45.4	50.3	46.5	50.8	49.4	46.8
听从父母或他人意见	37.3	34.1	39.0	30.5	35.8	35.4
听从老师的建议	11.2	9.4	8.8	12.5	9.2	11.5
同学报了，自己也报	6.0	6.1	5.8	6.2	5.5	6.3

（三）课后做作业、课外阅读的情况

1. 学生对待作业的情况

通过调查得到，对于作业，学生自己主动并认真完成的占54.6%；自己完成，但是不够认真的占36.9%；在老师和家长的监督下完成的占3.7%；而对于作业能逃就逃，尽可能偷懒的人也有4.8%；可能绝大多数学生对于作业的态度是端正的，至少能保证自己完成；而一半以上的人是可以主动并认真完成的，只有少部分学生对作业采取了逃避的对策。

（1）十省市基本情况

表1-47　各省市学生对待作业情况的人次百分比（%）

对待作业的情况	省份									
	北京	广东	浙江	黑龙江	江西	河南	四川	内蒙古	贵州	甘肃
自己主动认真完成	56.6	53.7	55.9	54.1	51.2	58.8	54.8	58.4	53.3	44.8
自己完成，但不够认真	33.8	38.1	36.3	35.6	42.3	32.7	37.5	33.3	36.3	46.5
在老师、家长的监督下完成	4.0	3.9	3.6	3.9	2.5	4.4	3.1	3.8	3.5	4.1
能逃就逃，尽可能偷懒	5.5	4.3	4.1	6.4	4.0	4.1	4.6	4.5	6.9	4.7

按照不同的省份对学生对待作业的情况进行统计，得到表1-47。可见河南的学生对待作业的态度最为积极，58.8%的学生都能主动认真完成。而贵州的学生对待作业能逃就逃，尽可能偷懒的最多。甘肃的学生大部分都能自己完成，但是认真的程度不够。江西的学生对待作业的自觉度最高，93.5%的学生都能自己完成作业。

（2）年级特征

表1-48 各年级学生对待作业情况的人次百分比（%）

对待作业的情况	年 级								
	小四	小五	小六	初一	初二	初三	高一	高二	高三
自己主动认真完成	65.4	64.9	64.9	59.9	53.4	47.2	46.5	45.1	45.0
自己完成，但不够认真	27.0	28.4	29.6	33.0	39.0	42.8	43.6	45.2	43.5
在老师、家长的监督下完成	5.8	4.4	3.6	3.7	3.2	3.3	3.0	2.5	3.4
能逃就逃，尽可能偷懒	1.8	2.4	1.9	3.4	4.4	6.6	6.9	7.2	8.1

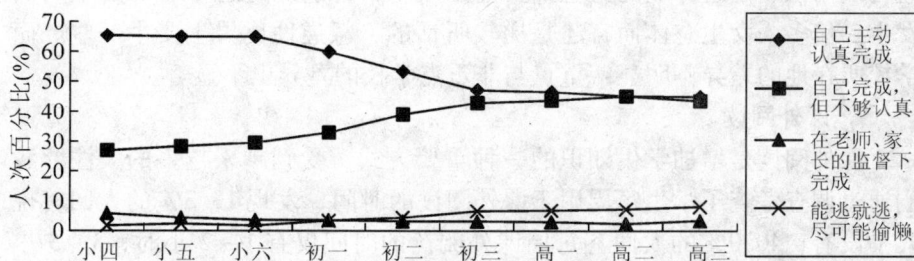

图1-20 各年级学生对待作业情况的人次百分比

不同年级学生对待作业的情况非常有意思，可见小学生自己主动认真完成的人次比率基本稳定在65%左右，高于初中生，而初中生的情况又优于高中生，以初二为分水岭或者说是过渡期，学生做作业的认真程度明显下降。但是虽然没那么认真，还是会自觉地完成。小学生特别是四年级需要老师、家长监督做作业的人比较多，主要是因为他们的自控力比较差。但是在"能逃就逃，尽可能偷懒"这一选项上，随着年级增加，选该项的人有明显增多的趋势。年级越高，逃避作业的学生越多。一方面，随着学生年龄的增加，进入青春期，往往滋生叛逆心理，希望与老师和家长的要求反着来，来证明自己的存在。另一方面，随着年级增加，课业负担越来越重，作业越来越多，而时间有限，想做的其他有趣的事情又那么多，所以作业多就能逃就逃，尽可能偷懒了。

（3）性别、学校所在地及学校类型差异

表1-49　各类学生对待作业情况的人次百分比（%）

对待作业的情况	男	女	城市	县郊区	重点	非重点
自己主动认真完成	49.4	59.3	55.6	53.6	55.6	53.8
自己完成，但不够认真	39.4	35.1	36.3	37.5	36.4	37.2
在老师、家长的监督下完成	4.4	2.8	3.5	4.0	3.7	3.8
能逃就逃，尽可能偷懒	6.8	2.8	4.6	5.0	4.3	5.3

在对待作业的态度上，女生明显优于男生，能主动并认真完成的女生比男生高出10个百分点（59.3% − 49.4% ＝ 9.9%），而需要老师、家长监督或偷懒、逃避作业的男生都要高出女生，特别是逃避作业的男生高出女生一倍多。女生总体而言还是比较听话的，叛逆性比男生要小一些。而学校所在地的差异不明显。重点与非重点学校的差异也不显著。

2. 课外阅读

课外阅读是增加学生知识的一种重要方式，受到越来越多的关注。我们通过调查考查了学生每周用于课外阅读的时间，发现13.3%的人回答说几乎没有，40.0%的人回答每周课外阅读的时间仅有1~2小时，3~5小时的有25.9%，5~10小时的有13.8%，超过10小时的仅有7.1%。可见学生进行课外阅读的时间是很少的，最为普遍的是每周课外阅读1~2小时。大部分的学生仅仅是忙于应付课本知识，但对于课本之外浩瀚的知识海洋却很少涉足。

（1）年级特征

表1-50　各年级学生课外阅读时间情况的人次百分比（%）

每周用于课外阅读的时间	年级								
	小四	小五	小六	初一	初二	初三	高一	高二	高三
几乎没有	9.0	8.1	6.7	11.7	14.1	19.1	17.4	15.5	17.0
1~2小时	43.2	43.7	39.1	39.4	41.4	40.5	38.5	37.1	37.8
3~5小时	23.0	23.9	26.8	27.4	26.4	25.4	25.4	27.7	27.7
5~10小时	14.2	16.0	18.6	14.8	12.7	10.1	12.5	13.2	11.1
10小时以上	10.6	8.2	8.8	6.8	5.4	4.9	6.2	6.5	6.4

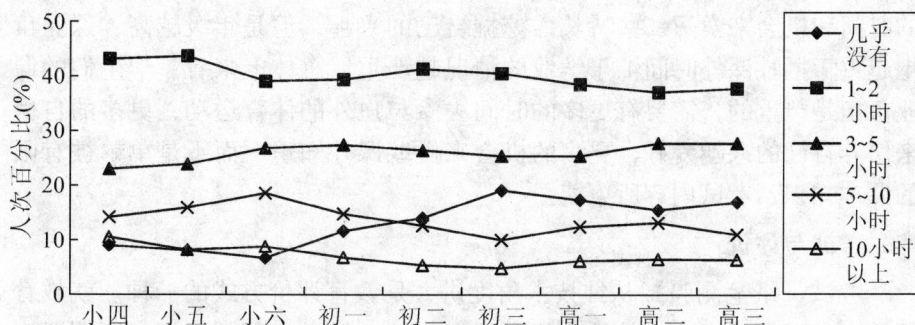

图 1-21　各年级学生课外阅读时间情况的人次百分比

　　小学六年级学生中每周不进行课外阅读的人最少，为 6.7%，初三最多，为 19.1%，高中生不阅读的学生多于初中，初中多于小学。整体来看，随着年级增加，学生用于课外阅读的时间反而少。可能的原因还是因为学校的学习时间过长，课本知识学习占据大量的时间，据了解，在很多地区，由于高考的压力，高中生除了周六晚上和周日下午放假，其他时间都在学校。学生们又从哪里挤出时间来进行课外阅读呢？

　　（2）性别、学校所在地及学校类型差异

表 1-51　各类学生课外阅读时间情况的人次百分比（%）

每周课外阅读的时间	男	女	城市	县郊区	重点	非重点
几乎没有	15.0	11.9	11.7	14.8	12.3	14.1
1~2 小时	39.2	40.8	39.7	40.3	39.7	40.1
3~5 小时	24.9	27.4	26.9	25.0	26.8	25.1
5~10 小时	12.8	13.8	13.8	13.7	14.1	13.6
10 小时以上	8.1	6.0	7.9	6.1	7.2	7.0

　　从男生和女生的对比情况可以看到，男生的分布比较极端化，几乎没有的和每周课外阅读 10 小时以上的都较女生多，而女生的阅读时间比较趋中，基本能保持一定的课外阅读量。城市学校的学生的总体阅读时间要比县郊区学校的学生多，重点学校的学生的总体阅读时间也要比非重点学校的多。

　　综合以上各题对学生的调查数据，可以对学生的课外学习有一个大体的了解，即使在课外，学生仍旧以学习为主，他们每天要花接近两个小时的时间学习，这些学习内容中最主要的是做作业，还有复习、预习课本知识等。请家教和参加辅导班也是学生课外进行学习的重要方式，而且大部分学生请的家教和参加的辅导班都是学科类，尤其是语数英这些主要的考试科目。低年级的学生对课外时间的安排上具有更多的自主权，也有更多的时间和机会来学习一些特长，挖掘自己的兴趣，但是年级越高，课业负担越重，牺牲课外时间忙于学业的情况越严重。总体上来看，学生们的课业负担是严重的，需要有更多的时间去参与户外的体育运动，更多的自由来培养自己的兴趣爱好，更多的机会来摄取课外知识，而不是单单被有限的课本知识、考试内容所束缚。

四、考试与评价

考试（纸笔测验）从纯技术角度讲，是教育评价方式的一种。就教育评价本身而言，它应该是教育状况的温度计，教学改革的杠杆。所谓温度计的角色，就是人们希望测评能提供有关学生当前学习表现、进步及教学质量的信息，从而为教学提供有效反馈。而作为改革的杠杆，人们希望测评能够通过明确课程的重点，激发教师和学生对测评结果的责任心，促使学生和教师更加努力，进而推动教育改革。

教育评价方式本身具有多样性，但就中国目前的状况而言，纸笔测验仍是对学生进行评价的主要方式。考试成了指挥棒，成为一个圆心，教师、学生成了一个个围绕圆心的同心圆。既然考试在学生、教师的生活中都扮演着极其重要的角色，对考试现状进行深入研究，了解学生的态度与期望对教育、教学是非常有指导意义的。

（一）学生对考试的总体评价

这部分从两个方面进行考查：一个是对考试必要性的认识，即"你是否觉得考试有必要"；另一个是考试能否反映真实水平，即"你认为考试是否能反映你的真实水平"。

1. 对考试必要性的认识

在参与回答的 31147 名学生中，74% 的学生认为考试是有必要的，可见大部分学生还是比较认同考试这种评价方式的。

（1）十省市基本情况

表1-52　各省市学生对考试必要性认识情况的人次百分比（%）

考试必要性	省　份									
	北京	广东	浙江	黑龙江	江西	河南	四川	内蒙古	贵州	甘肃
必要	73.9	71.8	71.1	76.1	75.1	77.1	73.4	74.4	75.8	70.7
不必要	26.1	28.2	28.9	23.9	24.9	22.9	26.6	25.6	24.2	29.3

通过调查各省市学生对该题的回答，发现河南省的学生认为考试必要的比例最高，而甘肃省则最低。但总体来说，各省市的情况相似，大部分学生都认同这种方式。

（2）年级特征

表1-53 各年级学生对考试必要性认识情况的人次百分比（%）

考试必要性	年 级								
	小四	小五	小六	初一	初二	初三	高一	高二	高三
必要	83.9	81.7	79.9	75	71.2	66.1	69.3	69.5	71.9
不必要	16.1	18.3	20.1	25	28.8	33.9	30.7	30.5	28.1

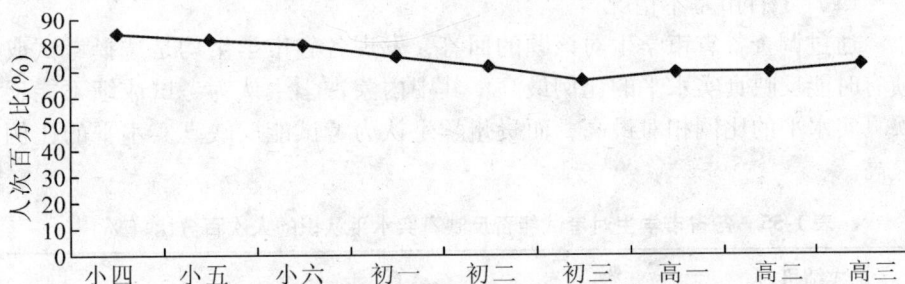

图1-22 各年级学生认为考试必要的人次百分比

通过调查各年级学生对该题的回答，发现在考试必要性认识上存在显著的年级差异。如图1-22所示，总体上认为考试必要的学生比例存在下降趋势，但是在高一时出现了转折点。高中之前，认为考试必要的学生比例逐级下降，到了高中，认为考试必要的比例又逐级上升。

总体下降的趋势说明随着年龄的增长，他们对考试有了比较理性的认识，不再把考试作为对自己唯一的评价方式。高一时出现转折可能是因为高中生面临高考的现实和压力，他们会认识到考试作为筛选大学生的主要方式还是很有必要的。

（3）性别、学校所在地及学校类型差异

同时发现（如表1-54所示）：更多的女生比男生认为考试是必要的；县郊区学校的孩子比城市学校的孩子更加认为考试是必要的；重点学校比非重点学校的学生更加认为考试是必要的。

表1-54 各类学生对考试必要性认识情况的人次百分比（%）

考试必要性	男	女	城市	县郊区	重点	非重点
必要	72.9	75.2	71.5	76.4	74.7	73.0
不必要	27.1	24.8	28.5	23.6	25.3	27.0

2. 对考试能否反映真实水平的认识

20.5%的学生认为考试成绩总能反映其真实水平，17.4%的学生认为考试成绩经常能反映其真实水平，45.7%的学生认为考试成绩有时能反映其真实水平，16.3%的学生则认为考试成绩不能反映其真实水平。大多数学生均认为考试只能有时反映其真实水平，因此在教学中若把考试作为单一的评价方式存在一定的风险。将前两项累加发现，只有37.7%的学生认为考试成绩基本能反映其真实水平。对后两项的百分比累加发现，有62%的学生认为考试成绩并不总是其真实水平的反映。这可能说明了一个问题，就是教学目标与考试目标可能存在脱节的地方，即掌握的没考，考了的没有掌握。

（1）十省市基本情况

通过调查各省市学生对该题的回答，发现各省市学生均是选择考试成绩有时能反映真实水平的比例最高。其中内蒙古学生认为考试成绩不能反映真实水平的比例相对最高，而贵州学生认为考试能反映真实水平的比例最高。

表1-55　各省市学生对考试能否反映真实水平认识的人次百分比（%）

考试成绩可否反映真实水平	省份									
	北京	广东	浙江	黑龙江	江西	河南	四川	内蒙古	贵州	甘肃
是	23.1	17.9	15.6	23.4	14.9	23.7	19.1	19.9	25.0	23.3
经常是	16.2	24.2	18.6	17.7	18.9	16.9	17.8	11.9	15.9	13.9
有时是	42.8	44.7	49.5	44.0	50.1	43.9	44.9	49.1	43.6	45.5
否	17.9	13.1	16.3	14.9	16.2	15.5	18.1	19.1	15.5	17.3

（2）年级特征

表1-56　各年级学生对考试能否反映真实水平认识的人次百分比（%）

考试成绩可否反映真实水平	年级								
	小四	小五	小六	初一	初二	初三	高一	高二	高三
是	39.5	35.8	27.6	23.6	17.4	14.8	8.3	8.4	9.3
经常是	13.8	12.9	14.8	16.4	17.0	18.2	18.8	21.9	21.9
有时是	29.6	33.7	41.2	44.5	49.0	49.5	56.7	53.9	54.1
否	17.1	17.6	16.3	15.5	16.7	17.5	16.1	15.8	14.8

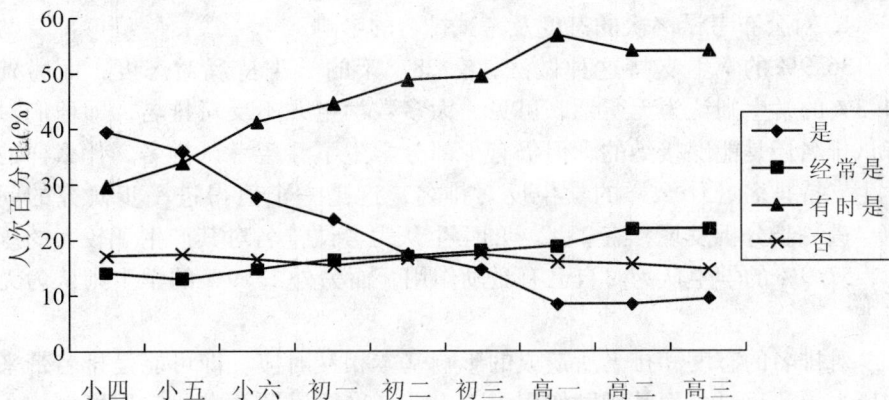

图 1-23 对考试反映真实水平认识的年级发展趋势

年级发展趋势图（图 1-23）表明：随着年级的增长，认为考试成绩总能反映其真实水平的比例呈下降趋势；认为考试成绩经常能、有时能反映其真实水平的比例呈上升的趋势。认为考试成绩不能反映真实水平的比例一直在 16% 左右，比较稳定。

（3）性别、学校所在地及学校类型差异

表 1-57 各类学生对考试能否反映真实水平认识的人次百分比（%）

考试成绩可否反映真实水平	男	女	城市	县郊区	重点	非重点
是	20.5	19.5	16.8	24.2	18.9	21.7
经常是	16.8	17.2	19.0	15.9	18.7	16.3
有时是	43.9	49.0	47.1	44.3	46.5	45.1
否	18.8	14.3	17.1	15.6	15.9	16.9

同时调查也发现（表 1-57）：女生更认为考试只能有时反映其真实水平，男生更认为考试完全不能反映真实水平。这可能跟女生性格柔和，偏向于选择中庸、不确定选项，男生叛逆心、批判精神较强有关；城市学校的学生比县郊区学校的学生更偏向于认为考试成绩不总能反映真实水平，他们对考试抱有更多、更强烈的批判态度。

综合这两题，大多数学生都能够认识到考试作为一种评价、筛选方式的必要性。大多数学生（将近 50%）认为考试只能部分地反映其水平，因此在教学中把考试作为单一的评价方式存在一定风险。

（二）学生对考试评价过程（排名、公布名次）的态度

这部分主要是通过三道题进行考查："对公布考试名次的态度是什么？""你觉得考试排名对你有什么样的影响？""你觉得谁最在意你在考试中的排名情况？"

1. 对公布考试名次的态度及考试排名的影响

36.9%的学生支持这种做法，有28.8%的学生持反对态度，而另外34.3%的学生则认为无所谓，可见，大多数学生并不反对排名，即他们对考试排名还是能够接纳的，但仍有少部分学生不希望考试排名。什么样的学生支持排名，什么样的学生反对排名，这是一个值得进一步研究的问题。进一步分析发现，有28.2%的学生认为考试排名对其产生了较大的压力，57.9%的学生认为对自己有激励作用，而另外13.9%的学生则认为无所谓。

对排名的态度和排名所造成的影响基本相互对应。即可能是排名带来的压力导致反对，而其激励作用引起支持。这两道题存在一定程度上的一致性，两者可能存在因果关系。

（1）十省市基本情况

表1-58　各省市学生对公布考试名次的态度和
排名对其影响情况的人次百分比（%）

	省　份									
	北京	广东	浙江	黑龙江	江西	河南	四川	内蒙古	贵州	甘肃
对学校或老师公布考试名次这一做法的态度										
支持	39.0	39.4	33.5	42.0	33.9	33.8	38.2	37.8	35.6	36.0
反对	29.0	24.3	32.0	25.1	32.1	28.6	25.9	31.3	27.8	33.8
无所谓	32.0	36.3	34.5	32.9	34.0	37.6	35.9	30.9	36.6	30.3
你觉得考试排名对你而言										
让我觉得压力很大	28.9	24.4	33.4	29.0	31.6	26.6	25.5	26.1	26.7	30.1
对我有激励作用	57.3	60.4	53.0	56.9	57.9	56.6	60.6	61.4	56.6	59.4
无所谓	13.7	15.2	13.6	14.1	10.5	16.8	13.9	12.5	16.7	10.5

从各省市学生的回答来看，黑龙江省的学生对公布名次的做法持支持态度的人数比例最高，而浙江省学生持这一观点的人数比例最少。同时浙江省学生认为此举让他们感觉压力很大的比例也最高。同样，广东省学生反对这一做法的人数比例最少，而认为这样做会使他们感到压力大的人数比例也最少。

（2）年级特征

表1-59 各年级学生对公布考试名次的态度和
排名对其影响情况的人次百分比（%）

	年级								
	小四	小五	小六	初一	初二	初三	高一	高二	高三
对学校或老师公布考试名次这一做法的态度									
支持	61.5	50.8	40.8	39.1	34.1	28.8	26.5	25.9	23.8
反对	17.4	24.2	32.2	30.2	33.3	31.4	31.0	29.6	30.1
无所谓	21.1	25.0	27.0	30.7	32.5	39.8	42.5	44.5	46.1
你觉得考试排名对你而言									
让我觉得压力很大	18.3	23.1	25.7	28.9	32.0	32.8	31.6	31.0	29.9
对我有激励作用	66.6	63.9	61.1	60.0	55.7	52.6	54.8	53.9	52.8
无所谓	15.0	12.9	13.2	11.1	12.3	14.5	13.6	15.0	17.3

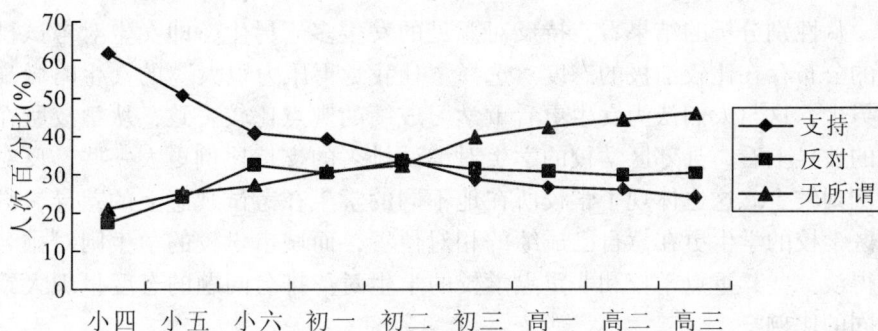

图1-24 学生对公布考试名次态度的年级发展趋势

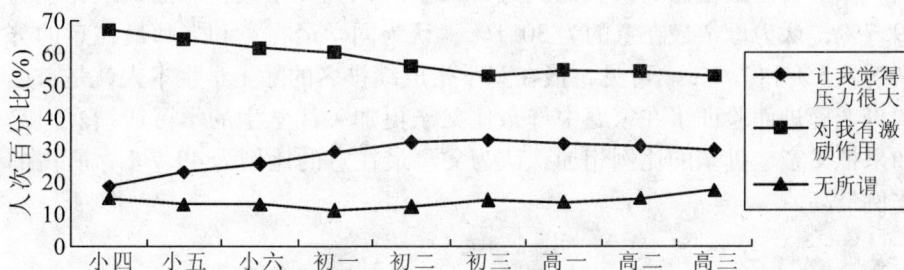

图1-25 考试排名对学生影响的年级发展趋势

同时对这两道题进行了年级变量上的分析，发现两者基本上存在一样的年级发展趋势：对考试排名的支持态度、排名带来的激励作用随年级上升而下降；反对的态度、排名造成的压力，在小学阶段不断上升，而后处于稳定状态。

（3）性别、学校所在地及学校类型差异

表 1-60　各类学生对公布考试名次的态度和排名
对其影响情况的人次百分比（%）

	男	女	城市	县郊区	重点	非重点
对学校或老师公布考试名次这一做法的态度						
支持	37.3	35.0	33.1	40.7	35.6	37.5
反对	26.9	31.3	30.7	26.9	29.8	28.1
无所谓	35.9	33.7	36.2	32.4	34.6	34.4
你觉得考试排名对你而言						
让我觉得压力很大	25.6	31.6	29.2	27.2	28.0	28.4
对我有激励作用	57.6	57.7	56.8	59.1	58.6	57.0
无所谓	16.8	10.7	14.0	13.7	13.4	14.5

从性别分析的结果看，持反对意见的女生多于男生，即女生对考试排名的公布存在比较消极的态度。选择"让我觉得压力很大"的女生略微高于男生，这与人们认为女生更看重学习成绩的观点比较一致；从学校所在地的差异上看，县郊区学校的学生对考试排名的支持比例更大一些，反对比例则较少。这也体现了学校所在地不同的学生在考试观念上的差异，县郊区学校的学生更在意自己成绩的相对位置，而城市学校的学生则对排名看得淡一些；重点学校和非重点学校的学生对待排名问题的态度呈现大致相同的比例。

2. 最在意考试排名的人

认为自己最在意的人次比例为38.2%，认为父亲最在意的人次比例为19.7%，认为母亲最在意的为30.1%，认为同学最在意和老师最在意的分别为4.8%和7.2%。可见，最在意学生成绩排名的除了学生本人就是自己的母亲，进而验证了在家庭中母亲比父亲更加关注学生的学习成绩。但是如果把父亲、母亲的比例相加，认为父母最在意的比例为49.7%，所占的比例最高。

（1）十省市基本情况

表 1-61　　各省市学生对最在意自己考试排名者认识的人次百分比（%）

最在意自己考试排名的人	省　份									
	北京	广东	浙江	黑龙江	江西	河南	四川	内蒙古	贵州	甘肃
自己	42.0	42.8	38.5	37.1	39.6	37.9	35.9	36.8	35.5	34.8
父亲	17.9	19.6	18.7	16.6	24.5	19.9	19.9	17.6	23.1	22.5
母亲	30.0	27.5	31.9	34.0	25.9	29.2	32.7	30.1	28.2	29.2
同学	4.6	4.8	5.1	3.8	4.5	4.4	4.9	6.0	5.4	5.0
老师	5.6	5.2	5.8	8.5	5.5	8.6	6.6	9.5	7.8	8.5

根据上表可看出，无论哪个省份，都呈现出"自己＞母亲＞父亲＞老师＞同学"的顺序，各省市差异不大。

（2）年级特征

表 1-62　　各年级学生对最在意自己考试排名者认识的人次百分比（%）

最在意自己考试排名的人	年　级							
	小四	小五	小六	初一	初二	初三	高一	高二	高三
自己	32.6	36.2	42.8	37.4	36.1	37.8	39.7	39.7	43.2
父亲	18.6	17.3	16.8	20.3	21.3	20.3	21.3	20.7	20.1
母亲	31.9	34.1	29.6	30.5	30.9	30.3	28.7	29.3	25.7
同学	4.1	3.8	3.9	5.6	5.0	5.4	5.1	4.7	5.0
老师	12.9	8.5	6.9	6.2	6.6	6.2	5.2	5.6	6.0

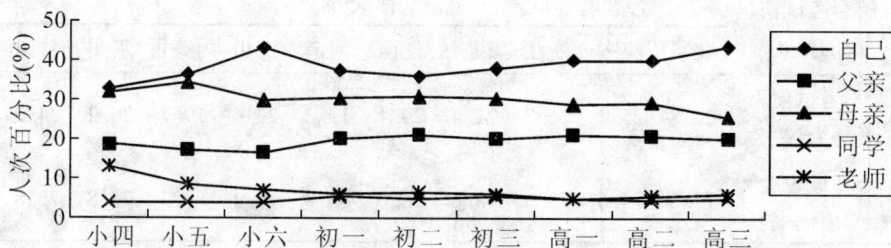

图 1-26　对最在意自己考试排名者认识的年级发展趋势

从年级的统计结果来看，无论哪个年级，都呈现出"自己＞母亲＞父亲＞老师＞同学"的顺序。年级变化趋势不明显。

（3）性别、学校所在地及学校类型差异

女生认为自己最在意考试排名的人次比例高于男生，这也与前一个问题中女生认为考试排名会带来压力的人次比例多于男生在某种程度上吻合，正是由于女生认为考试排名会给自己带来压力，从而也就对排名给予了更多的关注。

表1-63 各类学生对最在意自己考试排名者认识的人次百分比（%）

最在意自己考试排名的人	男	女	城市	县郊区	重点	非重点
自己	34.3	42.1	39.9	36.5	39.4	37.2
父亲	22.3	17.3	18.1	21.4	19.1	20.1
母亲	30.5	29.7	31.5	28.7	29.9	30.5
同学	5.3	4.3	4.9	4.6	4.8	4.9
老师	7.6	6.6	5.6	8.7	6.8	7.4

综上，尽管大多数学生对考试评价过程中的排名表示支持，并认为排名具有激励作用，但仍有相当多（将近30%）的学生反对排名，认为排名给自己造成很大的压力，这是一个应该引起注意的现实。对排名的关注主要集中在自己和父母身上。

（三）考试对学生学习态度的影响

主要是考查学生对考试和读书的态度。23.4%的学生认为学习的目的就是为了考试，要是没有考试的话他们才不会这么努力。76.6%的学生认为学习是为了掌握知识，而不仅仅是为了应付考试，即使事先不知道有考试，他们也会好好学习。大部分学生（四分之三）的学习还是以目标掌握为动机。

1. 十省市基本情况

表1-64 各省市学生考试对学习态度影响情况的人次百分比（%）

符合考试情况的描述	省 份									
	北京	广东	浙江	黑龙江	江西	河南	四川	内蒙古	贵州	甘肃
若不考试便不会努力读书	22.8	25.4	26.7	21.4	29.4	19.2	23.6	19.7	26.2	24.2
不考试也会努力读书	77.2	74.6	73.3	78.6	70.6	80.8	76.4	80.3	73.8	75.8

在十省市中，表示不因考试而努力学习的学生均占大多数，相比之下河南省学生选择此项的比例较高，而江西省则最低。

2. 年级特征

通过对各年级的分析，发现一个令人失望的事实，如图1-27所示：随着年级的增长，不考试也会努力读书的孩子的比例就越少，呈现出逐级下降的趋势。这反映出教育的一个问题，过于关注学生的考试成绩，而忽视了学生自己的兴趣和他们真正掌握了多少知识，这必然会导致其学习的内部动机降低，维持学习的动力也只能是功利性的，即为了考试取得好成绩。值得庆幸的是，不考试也会努力读书的学生比例一直都比为考试而读书的学生的比例高。

表1-65　各年级学生考试对学习态度影响情况的人次百分比（%）

符合考试情况的描述	年级								
	小四	小五	小六	初一	初二	初三	高一	高二	高三
若不考试便不努力读书	7.7	8.8	10.7	16.4	25.4	33.2	34.5	36.5	36.2
不考试也会努力读书	92.3	91.2	89.3	83.6	74.6	66.8	65.5	63.5	63.8

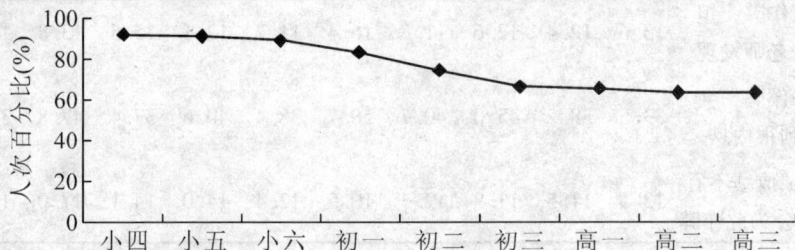

图1-27　各年级不因考试而努力读书的学生的人次百分比

3.性别、学校所在地及学校类型差异

统计表明（表1-66），男女学生对考试与学习之间关系的态度上并没有显著差别。更多县郊区学校的学生认为即使不考试也会努力学习。这可能是因为县郊区的孩子学习的机会来之不易，会更珍惜眼前读书的机会，学习更多是受内部动机（多学知识的欲望）的驱动。

表1-66　各类学生考试对学习态度影响情况的人次百分比（%）

符合考试情况的描述	男	女	城市	县郊区	重点	非重点
若不考试便不会努力读书	23.5	24.0	25.9	21.0	22.6	24.3
不考试也会努力读书	76.5	76.0	74.1	79.0	77.4	75.7

（四）学生对考试作弊的态度

这一部分主要从两个方面进行调查，一是"不作弊的原因"；二是"对周围人作弊的态度"。

在问到学生不作弊的原因时，33.3%的学生选择"我对考试准备充分，很有把握"，13.5%的学生选择"我不敢作弊，担心被老师发现"，

40.3%的学生选择"如果我作弊了,我会感到很内疚",还有12.9%的学生认为"我对考试成绩并不看重,不会为此去作弊"。比较令人欣慰的是,超过80%的学生都能认识到,不能因为获得好的成绩而作弊,只有少部分学生存在侥幸心理,不作弊只是因为怕老师发现。因此,端正学生的考试态度,使学生正确认识考试成绩对自己学习的意义是避免作弊的关键环节。

1. 对考试作弊的态度

(1) 十省市基本情况

表1-67　各省市学生考试不作弊原因的人次百分比（%）

你考试不作弊,是因为	省　份									
	北京	广东	浙江	黑龙江	江西	河南	四川	内蒙古	贵州	甘肃
对考试准备充分,很有把握	39.4	37.9	30.6	35.7	22.3	37.3	33.3	33.0	21.4	30.7
不敢作弊,担心被老师发现	13.6	12.4	12.6	11.3	16.4	11.7	12.1	15.5	13.8	18.9
如果作弊,会感到很内疚	33.5	38.2	45.0	40.7	50.7	38.4	40.6	37.4	47.8	36.4
对考试成绩不看重,不会为此作弊	13.5	11.5	11.8	12.3	10.5	12.4	14.0	14.1	17.0	14.1

从各省市学生选择不作弊原因的情况来看,北京学生因为"准备充分,很有把握"而不作弊的比例最高,达到39.4%。在其他省市,学生选择"会感到内疚"的比例更大。

(2) 年级特征

在年级变量上进行分析,发现存在一些发展规律,如图1-28所示。

表1-68　各年级学生考试不作弊原因的人次百分比（%）

你考试不作弊,是因为	年　级								
	小四	小五	小六	初一	初二	初三	高一	高二	高三
对考试准备充分,很有把握	59.4	52.2	48.5	35.8	26.9	22.5	17.3	18.4	18.6
不敢作弊,担心被老师发现	5.1	6.9	9.9	13.9	17.2	20.3	16.0	18.1	13.2
如果作弊,会感到很内疚	27.5	33.2	35.1	42.8	46.2	43.3	48.2	43.0	44.3
对考试成绩不看重,不会为此作弊	8.0	7.8	6.5	7.5	9.8	13.9	18.5	20.6	23.9

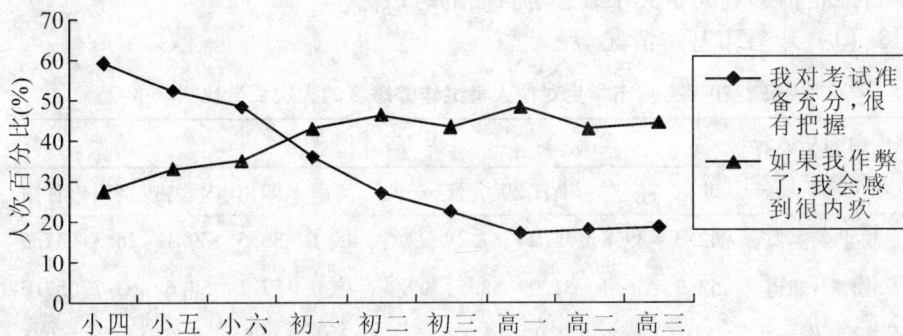

图1-28 考试不作弊原因的年级发展趋势

在第一选项"我对考试准备充分，很有把握"上，呈现出随年级升高，人数比例递减的趋势，这与各年级学习内容难度的变化有关，小学阶段的学生学习的多是最基本的概念和原理，属于良构知识的学习，考试的把握相对较大，但随着年级的升高，特别是面临高考的高三年级，非良构领域的知识增加，学生会明显感到考试题目难度的增加，因而对考试把握度降低。此外，初中和高中的学生在"如果我作弊了，我会感到很内疚"选项上明显高于小学生，可见随着年龄的增长，学生在对作弊问题的认识上也更加深刻，能够具有一定的道德判断标准。

（3）性别、学校所在地及学校类型差异

表1-69 各类学生考试不作弊原因的人次百分比（%）

你考试不作弊，是因为	男	女	城市	县郊区	重点	非重点
对考试准备充分，很有把握	33.4	30.9	33.7	32.9	33.6	33.1
不敢作弊，担心被老师发现	13.4	14.0	14.2	12.8	13.1	13.9
如果作弊，会感到很内疚	37.9	44.0	39.0	41.7	40.9	39.4
对考试成绩不看重，不会为此作弊	15.3	11.0	13.1	12.6	12.4	13.5

根据统计结果，性别和是否重点学校的人数选择上不存在显著差异，但在选项"如果我作弊了，我会感到很内疚"上，女生还是略微高于男生，也体现了女孩子更加遵循社会道德，更多地用道德标准衡量自己的行为。学校所在地之间则出现了统计意义上的显著性，具体原因仍需进一步研究。

2. 对他人考试作弊的态度

当看到周围人作弊时，39.7%的学生选择"制止或揭发"，55.8%的学生选择"装作不知道"，另外还有4.5%的学生选择"跟着作弊"，可见超过一半的学生对他人作弊的态度是默许的，采取"明哲保身"的下策，很可能是怕影响同学关系或影响自己的考试。

（1）十省市基本情况

表1-70　各省市学生对他人考试作弊态度的人次百分比（%）

你周围如果有人作弊，你会	省份									
	北京	广东	浙江	黑龙江	江西	河南	四川	内蒙古	贵州	甘肃
制止或揭发	42.3	39.8	45.2	37.2	27.5	48.1	38.5	39.1	28.3	37.5
装作不知道	53.7	56.4	51.9	58.5	67.4	48.0	57.1	54.6	63.7	57.6
跟着作弊	3.9	3.8	2.9	4.3	5.1	3.9	4.5	6.3	8.0	4.9

从各省市学生对他人考试作弊的态度来看，除河南省外，其他省市学生在面对他人作弊时"装作不知道"的人数比例均最高，超过50%。河南省学生选择"制止或揭发"和"装作不知道"的比例相似，分别为48.1%和48.0%。而选择"跟着作弊"的人数比例都很小。

（2）年级特征

表1-71　各年级学生对他人考试作弊态度的人次百分比（%）

你周围如果有人作弊，你会	年级								
	小四	小五	小六	初一	初二	初三	高一	高二	高三
制止或揭发	83.7	80.2	66.2	51.3	33.1	17.7	10.5	7.5	6.4
装作不知道	15.1	18.2	31.9	44.6	61.7	75.8	83.8	85.0	87.4
跟着作弊	1.2	1.6	1.9	4.1	5.1	6.6	5.7	7.6	6.2

在年级变量上对此进行分析发现（图1-29）：在"制止或揭发"上，一个明显的递减趋势出现在低年级到高年级之间，而且是非常大幅度的降低；而在"装作不知道"上，则出现了与第一个选项截然相反的局面，低年级的学生看到他人作弊绝大部分都会给予制止、揭发，而随着学生年龄的增加、社会化程度的提升，高年级学生会考虑到更多的因素，尽量采取"明哲保身"的态度。

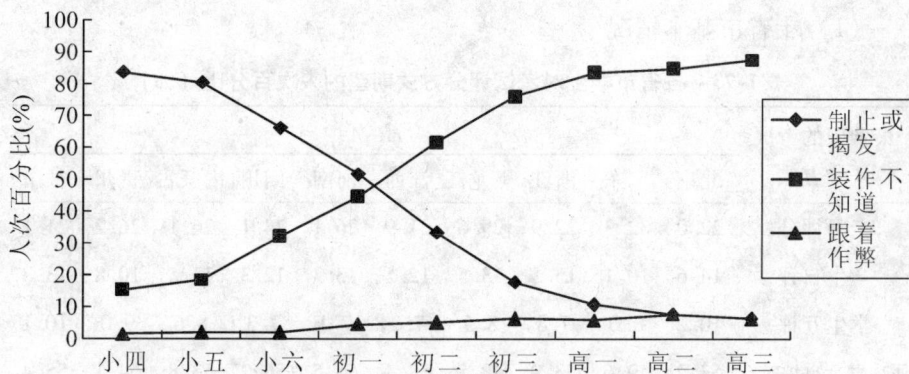

图1-29 各年级学生对他人考试作弊态度的人次百分比

（3）性别、学校所在地及学校类型差异

不同性别对周围人作弊的态度存在显著差别，但城市学校的学生在看到他人作弊时给予制止或揭发的人数比例低于县郊区学校的学生，而"装作不知道"则高于县郊区学校的学生。

表1-72 各类学生对他人考试作弊态度的人次百分比（%）

周围有人作弊，你会	男	女	城市	县郊区	重点	非重点
制止或揭发	39.1	37.2	38.1	41.3	40.0	39.6
装作不知道	55.6	59.0	57.5	54.1	56.3	55.2
跟着作弊	5.3	3.8	4.4	4.6	3.7	5.2

（五）学生对评价方式的期望

主要是从三个方面来考查学生对评价方式的期望的："何种方式能更好地评价学生的好坏""希望考试评分采取什么方式"（针对成绩的评价）"希望老师给的评价采取什么样的形式"（针对表现的评价）。

1. 好的评价方式

在关于好的评价方式这一问题上，92%的学生选择"考试结合表现"，只有8%的学生选择"只通过考试"进行评价。总的来说，学生偏好综合、多元的评价方式，不喜欢仅仅以考试论"英雄"。在年级的发展上，学生心目中好的评价方式变化甚微。

2. 希望的考试评价方式

就考试评分方式而言，53.5%的学生认为好的评分方式是老师评分结合学生评分；25.3%的学生希望由老师来评分；12.9%的学生希望由学生自己给自己评分；8.3%的学生希望由学生相互评分。超过半数的学生希望能采取一种更多元化、更综合的考试评分方式。这仍体现了一种综合化的倾向。

（1）十省市基本情况

表1-73　各省市学生对考试评分方式期望的人次百分比（%）

最希望的考试评分方式	省份									
	北京	广东	浙江	黑龙江	江西	河南	四川	内蒙古	贵州	甘肃
老师评分	22.0	32.3	22.9	29.6	21.9	26.1	24.1	26.1	26.2	21.1
学生自评	14.6	10.1	15.5	13.5	12.5	13.3	12.3	11.5	10.8	13.3
学生互评	10.2	8.0	7.8	8.5	7.2	7.1	7.3	8.6	9.0	10.1
师、生、自评结合	53.2	49.6	53.9	48.5	58.4	53.5	56.2	53.8	54.1	55.4

由表1-73可知，各省市学生对考试评分方式的选择相似，均为希望采用"师、生、自评结合"的人数比例最高，其后依次是"老师评分""学生自评"和"学生互评"。

（2）年级特征

学生心目中好的评价方式存在年级差异，如图1-30所示：随着年级的增长，选择师评生评相结合的比例也同时增长；选择自己评分的比例也呈逐级递增的趋势而选择老师评分的比例则随着年级的增长渐降低。总的说来，随年级升高老师绝对权威的光环效应逐渐降低，学生们的自我意识增长，渐渐要求老师将评分等权力下放至他们自己手中。

表1-74　各年级学生对考试评分方式期望的人次百分比（%）

最希望的考试评分方式	年级								
	小四	小五	小六	初一	初二	初三	高一	高二	高三
老师评分	35.5	30.0	27.3	25.4	23.5	21.2	20.8	20.4	22.7
学生自评	8.5	10.1	11.7	11.9	13.6	15.3	14.8	14.6	15.7
学生互评	8.5	10.3	8.8	10.4	9.1	8.3	5.9	5.7	6.4
师、生、自评结合	47.5	49.7	52.2	52.3	53.8	55.3	58.4	59.3	55.1

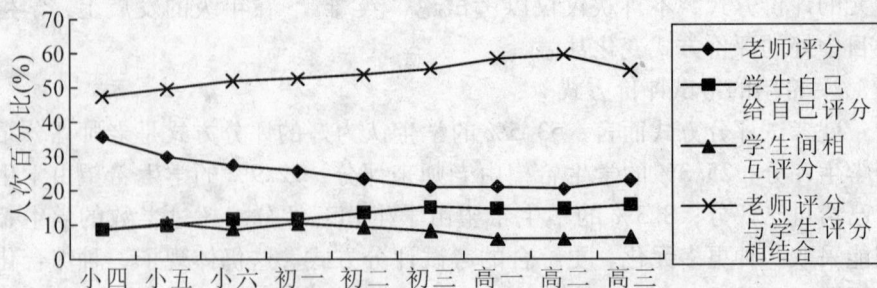

图1-30　各年级学生对考试评分方式期望的人次百分比

3. 对老师评价方式的期望

就老师对表现的评价而言，66.3%的学生希望老师能针对个人给出具体的评语，21%的学生希望老师给出具体的分数，12.8%的学生希望老师给出优良中差等级。大多数学生还是希望老师能为自己提供量身定制的评语，以帮助自己获得更好的改进。

（1）十省市基本情况

表1-75　各省市学生对老师评价方式期望的人次百分比（%）

希望老师给予的评价方式	省　份									
	北京	广东	浙江	黑龙江	江西	河南	四川	内蒙古	贵州	甘肃
给出具体分数	23.0	30.4	20.3	22.5	13.7	22.9	20.9	15.7	19.1	15.6
给出优良中差等级	13.2	15.0	11.2	12.6	10.7	14.0	13.2	12.5	11.3	11.9
针对个人给出具体评语	63.7	54.6	68.4	64.8	75.7	63.2	66.0	71.8	69.6	72.6

由表1-75可知，各省市学生的选择相似，排在第一位的均是"针对个人给出具体评语"，而后依次是"给出具体分数"和"给出优良中差等级"。与其他省市相比，江西省学生选择"针对个人给出具体评语"的人数比例更高，而广东省学生选择"给出具体分数"和"给出优良中差等级"的人数比例更高。

（2）年级特征

表1-76　各年级学生对老师评价方式期望的人次百分比（%）

希望老师给予的评价方式	年　级								
	小四	小五	小六	初一	初二	初三	高一	高二	高三
给出具体分数	37.4	31.4	29.8	23.0	18.3	15.2	11.9	9.6	10.2
给出优良中差等级	16.8	14.0	12.0	13.9	14.8	12.3	10.1	9.5	10.4
针对个人给出具体评语	45.8	54.6	58.2	63.1	66.9	72.6	77.9	80.8	79.4

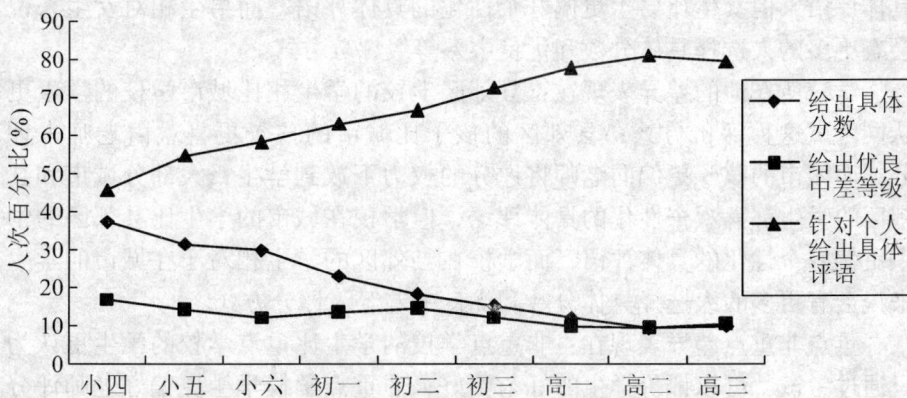

图1-31　各年级学生对老师评价方式期望的人次百分比

希望老师给予的评价方式也存在年级差异，如图 1-31 所示：随着年级的增长，希望教师给出针对个人的具体评语的学生的比例不断增长，而选择给出具体分数和优良中差等级的比例不断下降。说明随着年龄的增长，学生自我了解的欲望增强，他们希望老师为自己指出优点与不足，而不仅仅是一个冰冷的分数。

（3）性别、学校所在地及学校类型差异

各类学生在对评价方式的期望上存在不同，见表 1-77。

表 1-77　各类学生对评价方式期望的人次百分比（%）

		男	女	城市	县郊区	重点	非重点
好的评价方式	只通过考试	9.6	5.3	7.3	8.4	7.4	8.2
	考试结合表现	90.4	94.7	92.7	91.6	92.6	91.8
考试评分方式	老师评分	27.7	21.5	23.5	27.2	23.9	26.2
	自己评分	14.4	11.9	13.9	11.9	13.4	12.7
	学生互评分	9.0	7.1	8.5	8.0	8.6	8.0
	师评结合生评	48.9	59.5	54.1	52.9	54.2	53.2
老师给予的评价方式	给出具体分数	22.4	17.0	19.8	22.2	19.4	21.9
	给出优良中差等级	15.1	10.1	12.0	13.5	11.5	13.8
	针对个人给出具体评语	62.6	72.9	68.2	64.3	69.1	64.3

性别差异表现在：更多的男生比女生认为只通过考试就能很好地评价学生的好坏；男生更偏好老师评分、自己评分等方式，而女生更偏好老师评分与学生评分相结合这种综合评分方式；尽管男女生都更喜欢个性化的具体评语，但女生比男生更偏好个性化的具体评语，而男生相对女生来说会有更多的人选择具体分数和优良中差等级评分方式。

学校所在地的差异表现在：县郊区学校的学生相比城市学校的学生更认同考试这种评价方式；县郊区的孩子比城市的孩子更喜欢由老师来评分，而城市的孩子更偏向老师将评分的权力下放到学生；大部分城市和县郊区的学生都喜欢个性化的具体评语，但学校在城市的学生比县郊区的学生更偏好个性化的具体评语，而学校在县郊区的学生相对于在城市的学生来说会有更多的人选择具体分数和优良中差等级评分方式。

重点非重点差异表现在：非重点学校的学生比重点学校的学生更认为只通过考试就可以评价学生的好与不好；非重点学校学生更偏好老师评分的方式，重点学校的学生更喜欢学生参与评分；大部分重点学校和非重点学校的学生都喜欢个性化的具体评语，但较非重点学校更多重点学校学生偏好个性化的具体评语，而非重点学校学生则会有更多的人选择具体分数和优良中差等级评分方式。

综上，对学生的评价应该采取多元、综合的方式，不能仅仅以考试论"英雄"。

综合五方面的分析，考试作为教学状况的"温度计"体现出来我们教育中的一些不足，如考试压力问题，考试对学习态度、学习动机的不良影响等等，这些问题都值得我们进一步探讨。而对学生期望评价方式的调查表明，我们在教育中应该采取更多元、综合的教学评价方式。

五、班干部和三好生

近年来，"班干部和三好生"成为学校班级中的热门话题，受到社会上的普遍关注。很多学者对班干部和三好生的存在、评选等提出质疑。然而身在其中的学生是如何看待这些问题的？他们眼中的"班干部"是作威作福，还是服务同学？是浪费时间，还是锻炼能力？他们眼中的"三好生"又是如何？是激励使其奋发图强，还是打击使其偃旗息鼓？为此，这次儿童青少年心理发展的课题，对"班干部和三好生"问题进行了全国范围内的学生问卷调查。

（一）班干部

1. 班干部的任用及意愿

在班干部问题上，首先了解了"目前，你是否是班干部？""你愿意当班干部吗？"两个基本的问题，学生的回答结果参见表1-78及表1-79。

（1）十省市基本情况

表1-78　各省市学生班干部任用及意愿情况的人次百分比（%）

关于班干部	北京	广东	浙江	黑龙江	江西	河南	四川	内蒙古	贵州	甘肃
目前是	33.1	38.2	35.6	33.6	28.2	39.1	37.5	26.0	26.9	32.5
愿意做	59.1	59.4	62.9	58.4	53.8	63.1	63.9	59.0	45.2	57.0

由表1-78可知，各省市学生目前已担任班干部的比例大约在30%～40%之间。其中河南省学生中担任班干部的比例最高，达到39.1%，内蒙古学生担任班干部的比例最少，为26.0%。在当班干部的意愿方面，各省市学生普遍较高，除贵州省学生愿意做班干部的人数比例为45.2%外，其余各省市学生愿意担任班干部的比例均超过了50%。

（2）年级特征

表1-79　各年级学生班干部任用及意愿情况的人次百分比（%）

关于班干部	小四	小五	小六	初一	初二	初三	高一	高二	高三
目前是	43.8	42.9	39.8	38.4	31.5	29.6	29.2	26.0	24.5
愿意做	85.8	78.0	65.8	63.1	55.0	48.8	49.7	43.9	44.5

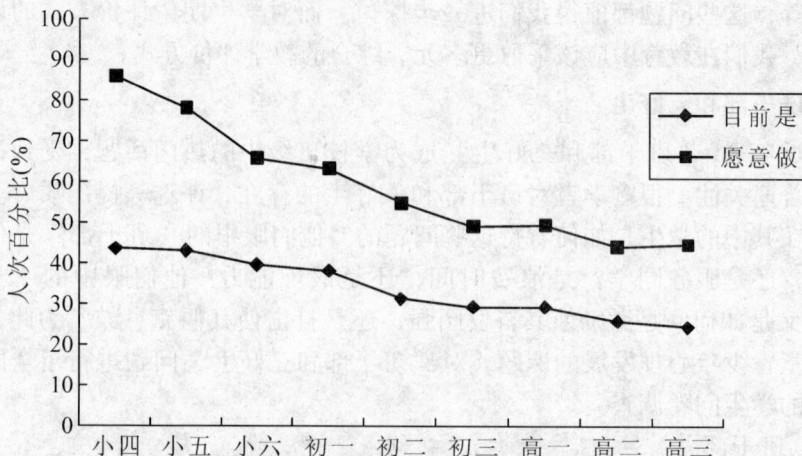

图1-32　学生班干部任用及意愿情况的人次百分比

由表1-79和图1-32可见，目前，班干部的任用基本符合学生的意愿。随着年级的升高，班干部的比例逐渐减少。小学四年级，班级中有43.8%的学生是班干部，而到了高三，只有24.5%的学生担任班干部。与任用现状相符，愿意当班干部的学生比例也明显降低。从小学四年级的85.8%降低到高三的44.5%。而小学班级的班干部明显多于高中，可能是与各年级的教育重心有关。小学由于学习压力较小，学校多重在培养学生的兴趣、爱好，挖掘潜力，锻炼能力。而高中则主要以学习、升学为主，教师和学生都较少地将精力投入到选任班干部的工作上来。

2. 当班干部的原因

结合社会上对班干部话题的讨论，设置了"你认为同学当班干部的最主要的原因是：（A）当班干部会受到其他同学的尊敬和羡慕；（B）当班干部可以更好地为同学服务；（C）当班干部可以锻炼自己各方面的能力；（D）当班干部可以获得很多特权和实惠；（E）没什么动机，是老师要他做的"一题。

总的来看，学生对班干部的认识比较积极、正面。一半以上的学生认为当班干部可以锻炼自己的能力。近四分之一的同学认为当班干部是为了更好地为同学服务。而对于当班干部可以获得特权和实惠、获得同学的尊敬和羡慕的比例极其微小，仅占 7.0%。

（1）十省市基本情况

表 1-80　各省市学生对做班干部原因认识的人次百分比（%）

对做班干部的原因的认识	北京	广东	浙江	黑龙江	江西	河南	四川	内蒙古	贵州	甘肃
尊敬和羡慕	7.1	9.9	7.7	6.9	6.0	6.7	7.4	8.2	6.3	7.3
服务同学	26.6	20.3	20.5	24.6	12.2	33.9	21.1	22.3	17.1	22.4
锻炼能力	47.6	53.8	52.3	53.0	60.1	44.9	55.2	48.3	53.8	51.8
特权和实惠	7.2	5.6	7.1	6.8	6.9	6.6	7.9	8.6	8.1	7.3
教师任命	11.5	10.4	12.4	8.8	14.8	7.9	8.4	12.5	14.8	11.2

由表 1-80 可知，各省市学生对做班干部原因的选择大体相似，选择"锻炼能力"的比例最高，其次是"服务同学"，只有江西省选择"教师任命"的比例超过"服务同学"，排在第二位。在各省市学生中，江西学生选择"锻炼能力"的比例最高，而河南学生则选择"服务同学"的比例最高。

（2）年级特征

表 1-81　各年级学生对做班干部原因认识的人次百分比（%）

对做班干部的原因的认识	小四	小五	小六	初一	初二	初三	高一	高二	高三
尊敬和羡慕	8.9	7.3	8.6	8.5	7.1	7.4	6.5	5.2	5.4
服务同学	51.8	40.6	33.6	25	19.3	13.3	8.9	8.2	7.8
锻炼能力	31.7	42.5	44.6	51.8	54.7	53.3	63.0	62.0	62.4
特权和实惠	4.6	5.3	6.7	7.4	7.6	9.3	8.2	7.8	6.7
教师任命	2.9	4.4	6.4	7.2	11.3	16.7	13.3	16.9	17.7

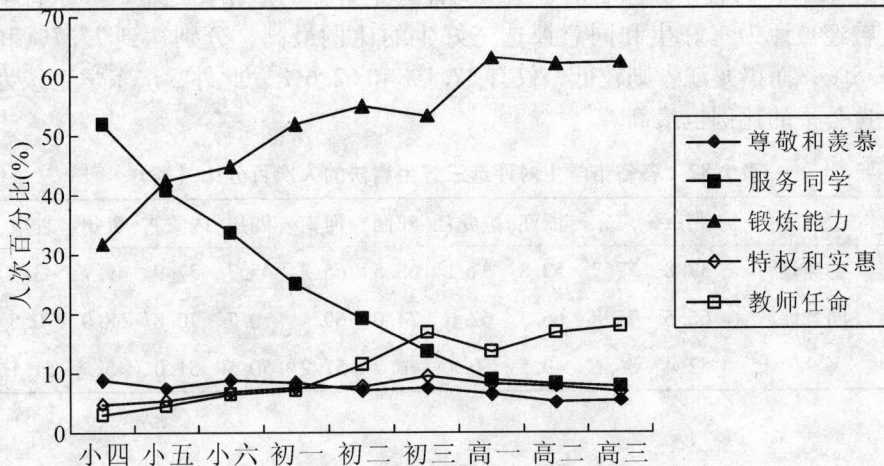

图 1-33　学生对做班干部原因认识的人次百分比

如表 1-81 和图 1-33 所示，我们对上述结果做了年级上的差异统计，发现学生的认识是随着年级的变化而变化的。年级越高，认为当班干部可以锻炼能力的学生就越多，而认为可以更好地为同学服务的学生越少。到高三年级，仅有 7.8% 的学生认为"当班干部可以更好地为同学服务"，比四年级时减少了 44%。认为"当班干部可以锻炼自己各方面的能力"的学生比例，却由四年级的 31.7% 增加到 62.4%。认为"没什么动机，是老师要他做的"的学生比例随着年级降低，逐渐降低。四年级的学生选择此项的比例仅占 2.9%，而比他们高八年的高三学生，报告这一归因的比例却高达 17.7%。

综上所述，目前在学生眼中，班干部的任用现状比较符合学生的意愿。小学阶段，愿意当班干部的学生很多，相应地班干部职位也较多，而到了高中，学生对当班干部的热情降低，班级中的班干部需求也减少了。另外，学生对班干部的认识比较积极。大多数同学都认为班干部是有利于班级发展、有利于自己成长的。随着年级的升高，学生对当班干部的认识有所升华，不仅限于服务同学，还注重了自身能力的锻炼。

（二）三好生

1. 对评选三好生的看法

"学校、班级是否要评'三好生'？"是目前社会上争论的另一热点。为此本次调查考查了以下问题："你是否曾经被评为三好生？""你是否赞同评三好生？"以及"你认为三好生评奖是否具有公平性？"

（1）十省市基本情况

由表 1-82 可知，总体来说，各地曾被评为三好生的学生比例均较高，大部分省市均超过了 40%。各省市同意评选三好生的学生比例也很高，均超过 60%，并且半数左右的学生认为评选是公平的。相比之下，广东省学生曾经被评为三好生和同意评选三好生的比例最高，分别达到 77.7% 和75.8%，而黑龙江省则较低，仅有 37.1% 和 62.6%。此外，广东学生认为评选公平的比例也最高。

表1-82　各省市学生对评选三好生看法的人次百分比（%）

三好学生	北京	广东	浙江	黑龙江	江西	河南	四川	内蒙古	贵州	甘肃
曾经是	39.8	77.7	52.8	37.1	65.5	65.2	45.7	37.9	49.7	43.8
同意评	66.5	75.8	66.3	62.6	74.0	69.1	70.7	70.8	68.0	70.5
公平	52.4	56.6	49.5	50.1	46.7	51.2	50.5	51.0	45.5	51.1

（2）年级特征

表1-83 各年级学生对评选三好生看法的人次百分比（%）

三好学生	小四	小五	小六	初一	初二	初三	高一	高二	高三
曾经是	42.3	41.6	43.4	52.9	50.0	50.9	62.6	62.0	63.9
同意评	84.9	81.1	72.7	72.8	67.6	64.1	63.2	59.2	57.3
公平	75.8	68.4	58.2	57.7	49.4	42.7	37.5	35.0	32.7

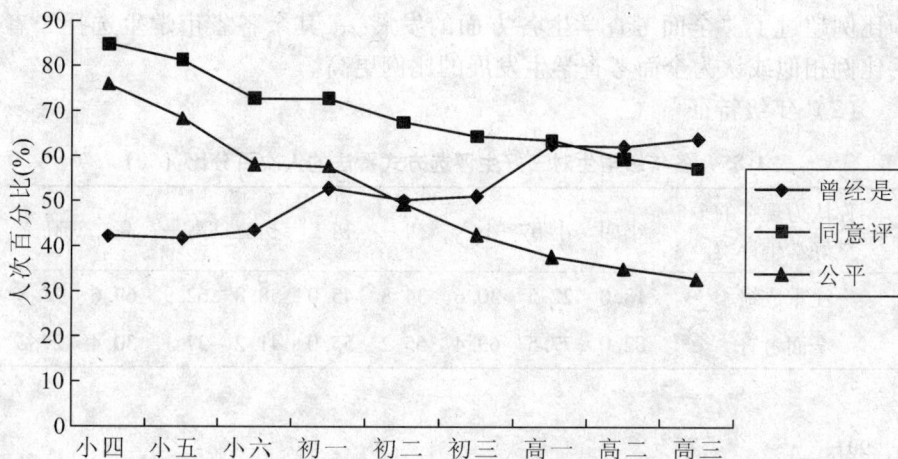

图1-34 各年级学生对评选三好生看法的人次百分比

由表1-83和图1-34可知，曾被评为三好生的学生比例随着年级增高呈上升趋势，这可能与学生的学龄有关。学生对"是否评选三好生"的态度与其对"三好生评选公平性"的认识相符合。随着年级增高，认为不公平的学生比例增加，赞同评选三好生的学生比例逐渐减少。四年级有84.9%的学生表示赞同，仅有24.2%的学生认为不公平；而到了高三年级，42.7%的学生表示反对，有67.3%的学生认为评选不公平。

2. 对三好生评选方式的看法

目前，社会上对"学校、班级是否要评三好生？"的争论，大多聚焦在其评选方法上。因此，考查了目前三好生的评选方式。以学生的回答，作为现状的映射。在对"你认为现在的三好生评奖是只注重学习成绩，还是全面考查了学生各个方面的发展？"的调查中发现，学生对两种评选方式的回答差别不大，但"全面考查了学生各个方面的发展"略胜一筹，占总人数的53.1%。

（1）十省市基本情况

表1-84　各省市学生对三好生评选方式看法的人次百分比（%）

你认为现在的 三好学生评奖	北京	广东	浙江	黑龙江	江西	河南	四川	内蒙古	贵州	甘肃
注重成绩	45.2	43.9	44.5	43.2	65.2	43.0	41.5	49.4	47.9	46.0
全面考查	54.8	56.1	55.5	56.8	34.8	57.0	58.5	50.6	52.1	54.0

由表1-84可知，只有江西学生选择"现在的三好生评选只注重成绩"的比例超过了"全面考查学生各方面的发展"，其余各省市学生选择二者的比例相似或认为全面考查学生发展的比例更高。

（2）年级特征

表1-85　各年级学生对三好生评选方式看法的人次百分比（%）

你认为现在的 三好学生评奖	小四	小五	小六	初一	初二	初三	高一	高二	高三
注重成绩	18.0	22.5	30.6	34.8	45.0	58.8	62.9	69.6	72.8
全面考查	82.0	77.5	69.4	65.2	55.0	41.2	37.1	30.4	27.2

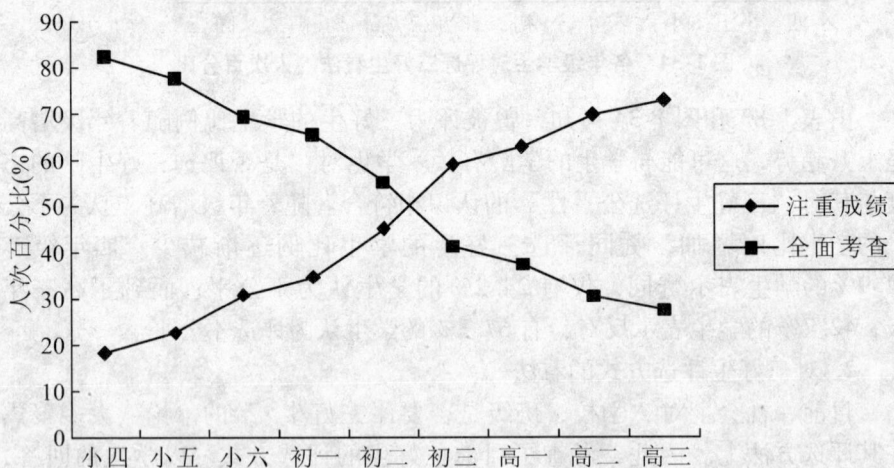

图1-35　各年级学生对三好生评选方式看法的人次百分比

由表1-85可见，小学四年级学生更多地认为评选三好生"全面考查了学生各个方面的发展"，占82%。随着年级的升高，学生认为"只注重学习成绩"的比例不断升高，高三时，有72.8%的学生认为评选三好生只是注重学习。这一变化，可能与各年级的教育重心有关。小学的教育更注重综合能力的培养，三好生的评选可以以此为依据。而中学由于现实的升学等压力，以学习成绩为第一重心,三好生的评选标准也可能会因此受到一定的局限。

综上,"班干部和三好生"仍是深受学生们的欢迎的,尤其是年级较低的学生。学生们是可以从中得到锻炼、启发和激励的!但引导是关键。因此,社会上的某些担忧、争论甚至批判,不应是扼杀其存在的冷语,而应看作促进使其更加完善的逆耳忠言。

第二节 学习体验

一、学习感受

如何评价我们的教育效果?传统意义上,我们更多地关注学生的能力发展、技能完善,这经历了一个从单纯关注知识学习到日益关注学生全面素质发展的过程。然而,评价教育效果的另一个重要指标却常常被我们所忽视,那就是学生对学习的主观体验。现代的教育理念不再强调"学海无涯苦作舟",而是期望孩子能"会学、好学、乐学",我们的教育不仅能让孩子们学有所得,还能让孩子们学有所乐。然而,2004 年对全国中小学生的调查数据显示,我们离这样的目标还存在一些差距。

1. 十省市基本情况

表1-86 各省市学生学习总体体验情况的人次百分比 (%)

对学习……	北京	广东	浙江	黑龙江	江西	河南	四川	内蒙古	贵州	甘肃
喜欢	51.9	55.9	48.1	54.4	51.4	56.7	55.4	55.2	49.0	52.9
愉快	55.2	52.4	49.0	56.8	50.3	60.0	55.5	56.7	50.8	54.8
有信心	75.3	72.6	74.6	77.9	70.1	78.3	78.1	79.6	63.5	79.9
成功体验	68.2	66.8	65.6	69.6	65.5	63.5	70.9	62.0	61.9	60.1
不喜欢	14.8	12.3	14.2	13.8	12.7	12.8	13.8	12.0	14.4	15.7
痛苦	17.7	18.1	19.4	16.8	21.8	12.6	19.3	15.7	25.0	21.7
疲倦	47.5	52.4	56.1	50.0	59.5	46.3	52.7	46.8	64.4	55.6
枯燥	20.7	17.3	19.3	19.8	19.8	15.9	21.9	18.8	19.6	21.2
绝望放弃	10.2	13.2	11.2	11.3	10.5	9.2	12.2	8.7	14.4	10.3

由表1-86 可知,在评价自己对学习的积极情感体验时,选择"喜欢学习"和"学习是愉快的"的学生比率在河南省最高,浙江省最低;选择"对自己的学习有信心"的学生比率甘肃省最高,贵州省最低;选择"在学习上体验成功感"的学生比率四川省最高,甘肃省最低。而评价自己对学习的消极情感体验时,选择"不喜欢学习"的学生比率甘肃省最高,内蒙古最低;选择"学习很痛苦的"和"学习非常疲倦"的学生比率比率在贵州省最高,河南省最低;选择"学习单调枯燥"的学生比率在四川省最高,河南省最

低；选择"无论如何努力学习都不可能提高（绝望放弃）"的学生比率为贵州省最高，内蒙古最低。因此，综上所述河南省学生对学习的总体体验比其他省份明显更有优势；而贵州省学生的学习主观体验则相对不容乐观。

2. 年级特征

其次，如果考虑不同年级因素对学生学习体验的影响，调查发现：①只有50.9%的初中生和38.0%的高中生表示"喜欢"学习，而在近1/5的初中生和1/4以上高中生眼里，学习是一件痛苦的事情；②34.2%的学生表示，自己几乎没有从学习中体验过成功感，只是不断经历挫折和失败，因此超过1/4的初中生和超过1/3的高中生都认为自己对学习没有信心；③面对学习，52.1%的学生"感到非常疲倦"，即使是小学生也有近1/3的学生常常经历疲倦感；④不少人都认为"学习是件单调枯燥的事情"（19.2%）。

表1-87　各年级学生学习总体体验情况的人次百分比（%）

对学习……	小四	小五	小六	初一	初二	初三	高一	高二	高三
喜欢	76.9	72.2	64.6	58.9	50.5	43.3	39.9	37.5	36.4
愉快	77.8	70.8	68.2	61.9	53.0	44.3	39.9	39.0	37.3
有信心	89.5	87.5	87.1	81.2	72.8	67.3	68.4	66.1	63.2
成功体验	69.5	68.0	71.9	71.1	63.7	59.4	66.6	62.1	60.1
不喜欢	7.7	8.4	10.6	12.5	14.3	16.3	16.2	17.5	19.1
痛苦	5.8	8.4	8.0	14.7	18.8	23.8	26.7	27.6	29.3
疲倦	25.5	30.6	34.1	47.8	55.5	65.4	70.1	69.9	71.0
枯燥	8.8	8.6	10.5	14.5	19.3	26.9	26.0	28.7	29.9
绝望放弃	10.1	10.1	7.7	12.1	12.6	11.9	10.4	10.2	12.3

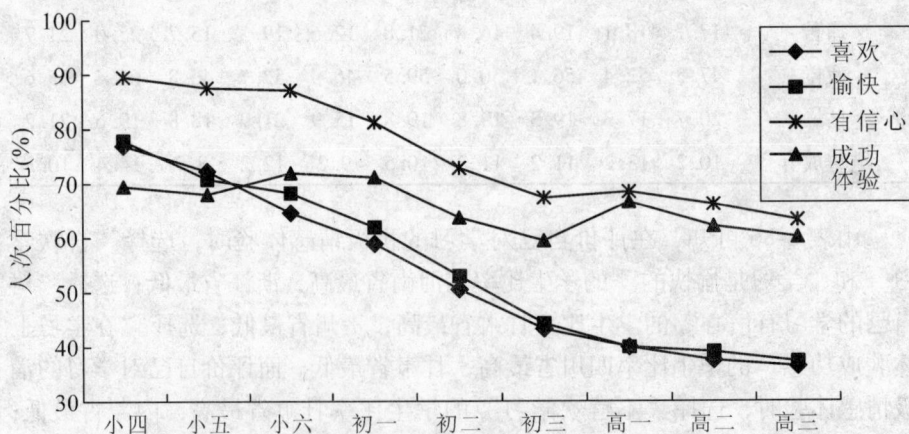

图1-36　各年级学生对学习积极情感体验情况的人次百分比

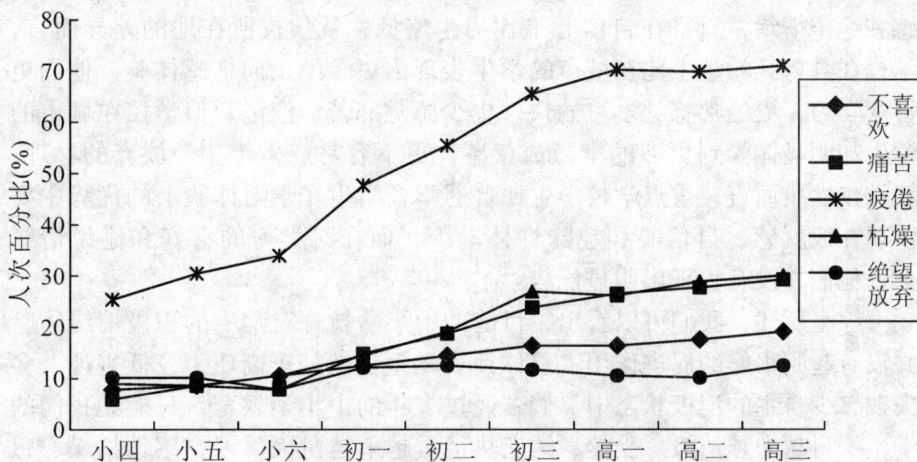

图1-37 各年级学生对学习消极情感体验情况的人次百分比

由图表可知，随着年级的升高，学生对学习的消极体验日益增加，越是高年级的学生越表现出不喜欢学习：大部分小学生认为学习是一件愉快的事情（71.4%），但到了中学以后，喜欢学习的学生比率急剧下降，觉得学习很痛苦、讨厌学习的学生比率却不断上升；对学习感到疲倦感、失败、绝望的学生比率不断上升，而对学习趣味性的体验，随着学生受教育程度的提高，呈现出显著的下降趋势。

3. 性别、学校所在地及学校类型差异

表1-88 不同性别、学校所在地及学校类型学生

对学习总体体验的人次百分比（%）

对学习……	男	女	城市	县郊区	重点学校	普通学校
喜欢	52.6	52.6	49.4	57.6	53.4	53.5
愉快	51.5	56.7	50.3	59.1	55.2	54.0
有信心	77.2	73.8	76.2	75.3	79.2	72.5
成功体验	64.9	66.2	68.7	62.6	69.0	62.7
不喜欢	15.0	12.6	14.3	12.9	13.8	13.6
痛苦	18.8	18.5	19.3	16.9	17.7	18.5
疲倦	52.2	54.1	54.3	50.0	52.6	51.8
枯燥	21.0	18.1	19.9	18.6	18.1	20.4
绝望放弃	12.0	9.7	9.8	12.2	9.3	12.4

由表1-88可知，就性别差异而言，女生明显比男生表现出更多的正向情感体验，她们更多愉快体验，更多成功体验，更少讨厌学习，更少枯燥

感和绝望情绪，只是在自信心上比男生略低；就学校所在地的差异而言，学校在县郊区的学生比在城市的学生表现出更多的正向情感体验，他们更喜欢学习，更经常感觉学习愉快，更少感觉痛苦、疲倦，但学校在城市的学生却明显体验到更多的学习成就感，更不容易产生绝望、放弃的心理；就学校性质而言，重点学校学生比普通学校学生在学习体验上的优势主要体现在成就感、自信心和趣味性体验上，而在对学习的喜好和愉悦情绪上，他们并没有表现出明显优势。

综上所述，我们可以看出，目前的中小学教育对学生的积极情绪体验并没有起到很好的促进作用，总体而言学生仍然处于高压力、低兴趣、多失败、少自主的消极状态中。倘若经过多年的中小学教育，只能让我们的学生变得越来越消极、受挫、缺乏热情，越来越讨厌学习、感觉枯燥、感觉被迫，我们所津津乐道的教学效果又有多少意义？这些学生在挤过高考独木桥，进入各级各类高校后，累积多年的消极情绪难免使他们厌恶学习、放弃学业，而频繁出现学业倦怠、网络成瘾等问题。

因此，如何帮助学生更多地从学习中体验到成功、愉悦、自主和趣味性，如何更好地体现教育对学生情感因素的积极作用，已经成为进一步教育改革所面临的艰巨挑战。

二、学科态度

在本部分，我们首先从四个方面对学生的学科学习态度进行总体考查：一是学生对不同科目的重要程度的看法，二是对不同科目的困难程度的评价，三是对不同科目的兴趣程度，四是对不同科目的投入精力程度。然后我们将分别考查学生对语文、数学和外语这三门典型的学科学习的态度。

（一）学科学习态度的总体状况

从总体上来看，学生所认为最重要的、最难学的、最感兴趣的以及投入精力最多的科目基本上是一致的，排在前三位的都是外语、数学、语文（见表1-89）。这种选择可能与各种考试指挥棒的导向作用有关。但是，由于各种课程的特殊性或其他一些原因，学生在不同课程上的具体态度也不尽相同。在所有课程中，选择外语是最重要的科目的学生人次比率为34.2%，居于所有学科之首；同时，将外语视为最难学的人次比率为32.1%，也居于其他学科之首。学生选择的投入精力最多的科目是数学，选择的人数比例为39.3%，同时，学生对数学的兴趣也居于其他学科前列。可以说，学生对自己最感兴趣、也比较重要、比较困难的数学课上投入了最多的精力。

表 1-89　学生对十门科目评价情况的人次百分比（%）

	语文	数学	外语	物理	化学	生物	地理	历史	政治	心理健康课
最重要	18.8	20.1	34.2	3.0	1.7	1.2	0.7	1.3	2.2	16.8
最感兴趣	14.2	21.9	15.7	7.2	8.7	6.6	3.5	9.7	2.8	9.9
最困难	8.1	26.0	32.1	11.0	7.6	2.2	4.0	3.2	4.4	1.4
精力投入最多	16.6	39.3	24.9	6.3	3.9	1.7	1.3	2.6	1.9	1.3

由于学生的关注点主要集中在语文、数学和外语上，我们将对这三门科目做进一步分析。

（二）具体的学科学习态度

1. 语文学科学习态度

（1）十省市基本情况

表 1-90　各省市学生对语文评价情况的人次百分比（%）

语文态度	北京	广东	浙江	黑龙江	江西	河南	四川	内蒙古	贵州	甘肃
重要性	14.7	18.7	20.9	15.1	12.1	24.0	18.7	25.8	11.3	20.4
兴趣性	13.4	10.9	13.1	16.0	12.1	17.2	11.7	17.7	9.9	14.8
困难程度	8.6	10.8	9.6	8.4	5.9	7.2	8.2	7.3	6.2	6.9
投入精力最多	8.6	10.8	9.6	8.4	5.9	7.2	8.2	7.3	6.2	6.9

首先，对各省市学生对语文的态度进行比较发现，河南和内蒙古的学生选择语文是最重要、最感兴趣的科目的人次比率均最高，而广东省的学生选择语文是最困难科目及语文是投入精力最多科目的人次比率最高。

（2）年级特征

表 1-91　不同年级学生对语文评价情况的人次百分比（%）

语文态度	小四	小五	小六	初一	初二	初三	高一	高二	高三
重要	37.6	31.3	22.6	13.5	11.2	13.0	12.7	14.3	14.7
感兴趣	20.6	23.2	16.8	14.1	10.8	11.0	10.1	8.3	10.9
难度大	10.9	9.1	8.8	9.1	7.9	7.5	5.5	6.5	6.2
多投入	34.1	31.1	24.9	14.2	14.1	10.8	6.2	7.2	6.7

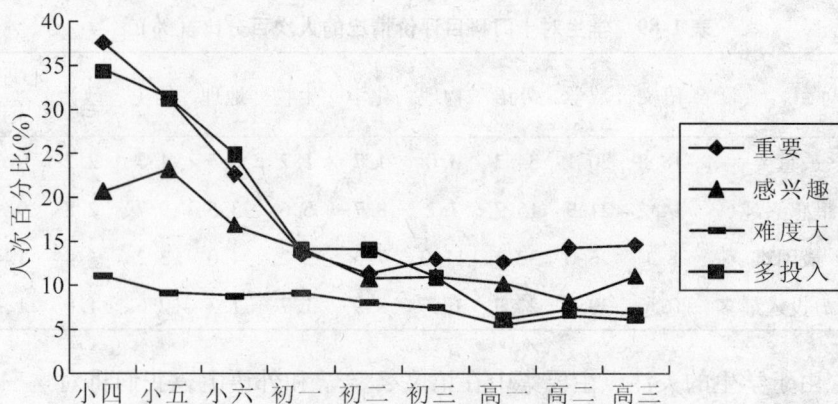

图1-38　不同年级学生对语文评价情况的人次百分比

其次，对学生的语文学习态度做一个发展性分析。如图1-38所示，随着年级的增高，认为语文课是最重要、最感兴趣以及投入精力最多科目的人次比率都有显著的减少，其中选择语文是"投入精力最多"的科目的比率下降的幅度最大。在对语文学习难度的评价方面，各个年级中都只是少部分学生认为语文最难学，这类人数的比例随年级升高有降低的趋势。

（3）性别、学校所在地及学校类型差异

最后，对不同群体学生对语文的态度进行比较发现，男生不但更倾向于认为语文是难度最大的科目（男生比女生的比率多5%），而且认为语文是最有趣的科目的人数也比女生少了8.5个百分点（见表1-92）。但是，女生相对于男生的兴趣优势在不同年级中并不一致。由表1-93可知，在小学阶段选择语文是最感兴趣科目的女生比男生高出的比率比高中阶段作出同样选择的女生与男生的差多出约10个百分点，即女生比男生对语文更感兴趣的现象在小学阶段更突出，到高中阶段，差异减少（见表1-93，图1-39）。也就是说随着年级的增加，男生和女生对语文课的兴趣都在降低，只是女生降低的速度更快。

表1-92　各类学生对语文评价情况的人次百分比（%）

语文态度	男	女	城市	县郊区	重点	非重点
最重要	19.6	16.9	19.2	18.4	19.3	18.9
感兴趣	9.6	17.9	13.0	15.0	14.3	13.8
难度大	10.2	5.2	8.9	7.2	9.1	7.3
投入多	16.0	16.0	16.4	16.8	16.3	17.2

表 1-93　不同性别学生对语文评价随年级变化情况的人次百分比（%）

语文态度	小四	小五	小六	初一	初二	初三	高一	高二	高三
男生、兴趣	15.6	16.4	10.8	9.3	6.7	6.4	7.5	6.2	8.2
女生、兴趣	26.9	30.9	23.3	19.0	15.2	14.9	12.3	10.3	13.7

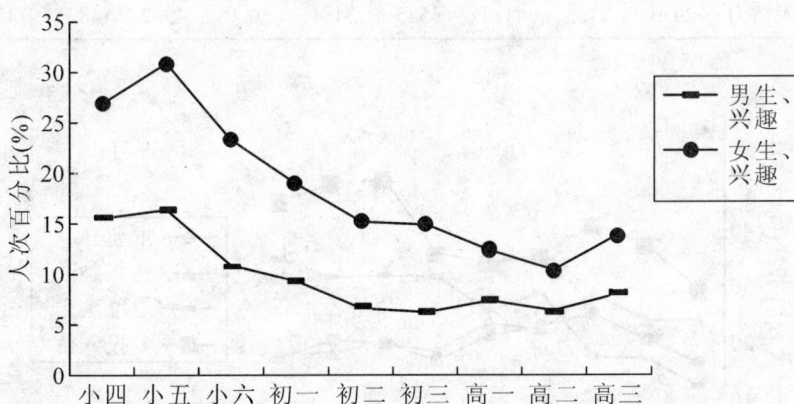

图 1-39　不同性别学生对语文评价随年级变化情况的人次百分比

2. 数学学科学习态度

（1）十省市基本情况

首先，对各省市学生数学学习态度进行比较发现，黑龙江学生认为数学是最重要科目的人次比率最大；内蒙古和北京的学生选择数学是最感兴趣科目的人次比率最高；广东省则有更多的学生倾向于认为数学是困难程度最大的学科，而江西、四川和浙江均有高于五分之二的学生认为自己在数学课上投入的精力最多（见表 1-94）。

表 1-94　各省市学生对数学评价情况的人次百分比（%）

数学态度	北京	广东	浙江	黑龙江	江西	河南	四川	内蒙古	贵州	甘肃
重要性	20.8	17.9	18.4	24.8	18.0	22.0	23.9	16.7	16.3	16.5
兴趣性	24.1	19.4	19.9	23.5	20.9	21.4	21.8	25.5	22.2	21.9
困难程度	21.2	31.1	22.7	27.9	29.3	22.8	28.4	24.3	26.5	27.4
投入精力最多	38.4	36.1	40.6	39.8	43.8	39.3	42.5	37.8	34.9	37.2

（2）年级特征

其次，随着年级的增高，选择数学是最难的科目的人数越来越多，与之相应，选择数学是投入精力最多科目的人数也有显著增加。

表 1-95　不同年级学生对数学评价情况的人次百分比（%）

数学态度	小四	小五	小六	初一	初二	初三	高一	高二	高三
重要	16.5	20.3	25.0	23.0	21.5	17.0	20.0	20.3	17.3
感兴趣	24.1	23.9	28.9	22.6	23.6	18.6	20.1	18.2	18.0
难度大	12.2	17.3	17.8	29.1	25.7	31.9	32.0	31.7	34.9
多投入精力	29.3	37.3	41.1	35.5	34.1	36.0	49.2	48.3	45.2

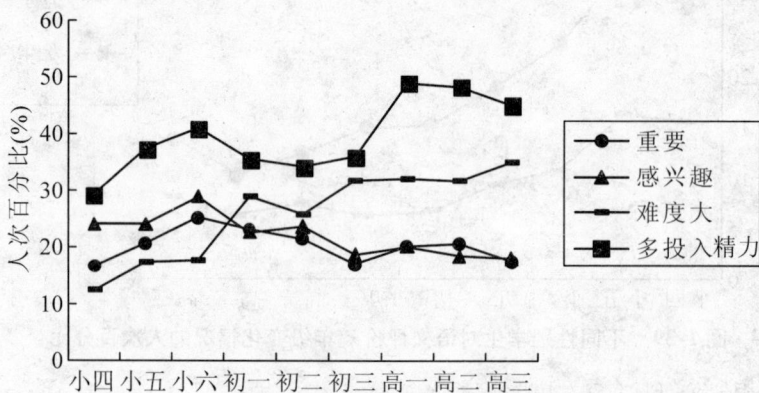

图 1-40　不同年级学生对数学评价情况的人次百分比

（3）性别、学校所在地及学校类型差异

对不同群体学生的数学学习态度进行比较可知，女生更倾向于认为数学是难度最大的科目（女生比男生高9.2个百分点）。而男生则比女生更倾向于认为数学课是最重要的科目（男生比女生多6.3%），也是最感兴趣的科目（男生比女生多8.7%）（见表1-96）。但是，从发展的角度看，学生对数学的兴趣有随着年级增高而逐渐降低的趋势，而男生的兴趣降低的速度比女生要稍快一些（见图1-41）。

表 1-96　各类学生数学态度选择的人次百分比（%）

数学态度	男	女	城市	县郊区	重点	非重点
最重要	23.4	17.1	21.6	18.5	21.2	18.5
感兴趣	26.1	17.4	21.8	22.0	21.9	21.7
难度大	21.5	30.7	27.6	24.3	25.5	26.3
投入精力多	40.1	39.3	40.7	37.8	40.8	37.6

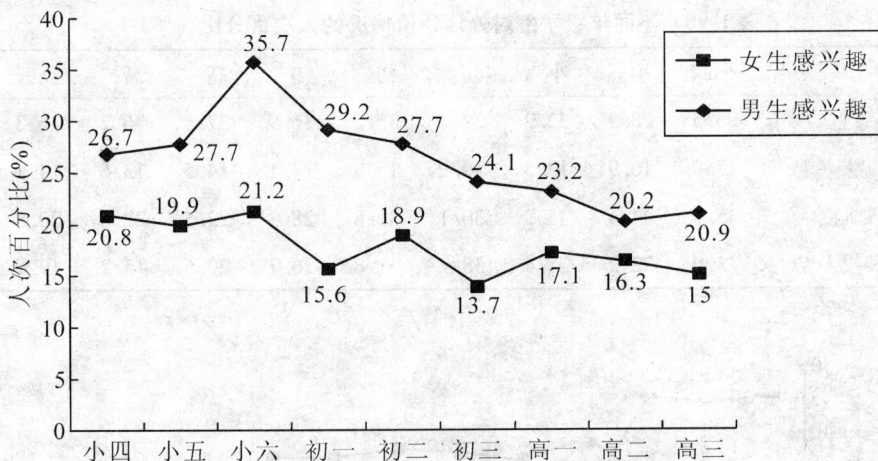

图 1-41 不同性别学生对数学评价随年级变化情况的人次百分比

3. 外语学科学习态度

（1）十省市基本情况

首先，对不同省市学生对外语课的态度进行比较发现，认为外语课是最重要科目的人次比率最高的是江西，其次是北京；与之相应，江西省学生选择外语是他们最感兴趣科目的人次比率也是最高的；河南省学生选择外语是最困难学科的人数比其他省份要高；而贵州学生选择外语是投入精力最多的人次比率最高。

表 1-97 各省市学生对外语评价情况的人次百分比（%）

外语态度	北京	广东	浙江	黑龙江	江西	河南	四川	内蒙古	贵州	甘肃
重要性	39.0	32.7	30.2	37.4	43.7	29.4	29.8	33.3	37.7	36.8
兴趣性	15.8	17.9	14.0	14.9	18.9	15.3	16.8	13.3	18.5	13.2
困难程度	32.1	23.7	27.5	31.1	26.7	39.2	31.1	36.8	35.5	37.2
投入精力最多	27.9	22.7	19.0	25.7	26.8	26.3	25.4	22.6	34.0	23.1

（2）年级特征

其次，对不同年级学生的外语学科学习态度的调查结果发现，认为外语最难的人次比率随着年级的增高显著降低（见表 1-98，图 1-42）。即小学生普遍认为外语课难度很大，而高中生则较少认为外语课难度大。此外，学生对外语课的重视程度呈现先增加后趋近平稳的趋势，即小学生重视程度略显不足，从初中阶段开始，大多数学生能够充分重视外语学习；与之相应，学生在外语课上的投入精力有先增加后降低的趋势，小学阶段学生对外语课的投入有所加大，而从初二开始，精力投入就开始下滑，直至高三年级才又出现一个小的回升。

表1-98　不同年级学生对外语评价情况的人次百分比（%）

	小四	小五	小六	初一	初二	初三	高一	高二	高三
重要	26.5	28.3	32.2	39.1	35.5	36.9	37.5	36.2	36.3
感兴趣	17.9	16.9	13.5	20.9	15.3	14.1	14.5	13.6	14.1
难度大	45.4	44.4	45.3	30.1	31.8	28.3	22.5	22.0	20.8
多投入精力	23.0	22.2	25.4	38.2	31.8	26.7	20.6	15.2	19.7

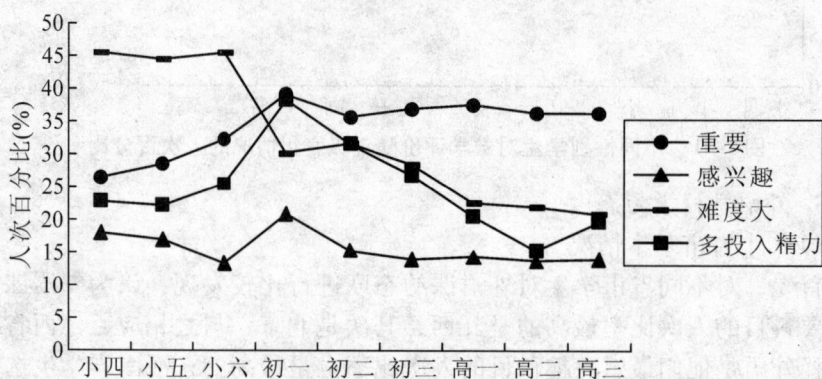

图1-42　不同年级学生对外语评价情况的人次百分比

（3）性别、学校所在地及学校类型差异

表1-99　各类学生对外语评价情况的人次百分比（%）

外语态度	男	女	城市	县郊区	重点	非重点
最重要	29.8	39.6	32.9	18.4	31.6	36.6
感兴趣	10.4	20.7	13.9	22.0	14.3	16.8
难度大	39.5	24.9	28.6	35.6	30.2	33.9
投入精力多	23.2	27.0	24.2	25.6	24.3	25.5

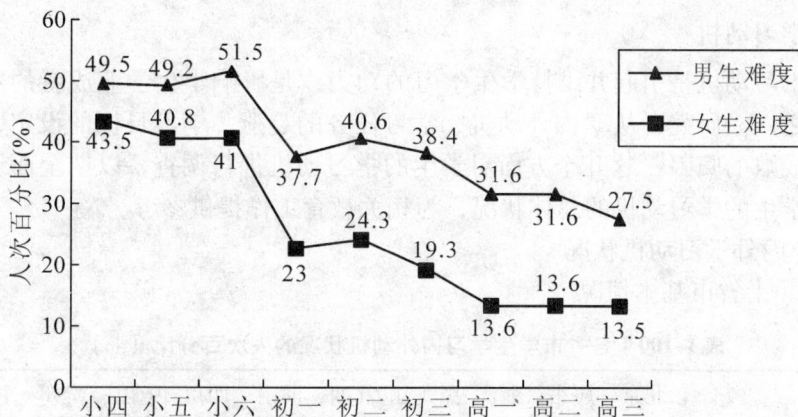

图 1-43 不同性别学生对外语的评价随年级变化情况的人次百分比

最后，对不同群体学生的外语学习态度进行分析发现，男生对外语科目的重视程度普遍低于女生（男生比女生低9.6%），感兴趣程度也低于女生（男生比女生低10.3%），认为外语学习比较困难的男生人数显著高于女生（男生比女生高14.6%）（见表1-99）。进一步分析表明，随着年级的升高，男女生之间认为外语难度最大的比例之差也逐渐增大，这种现象在高中阶段体现得尤为明显（见图1-43）。虽然从小学到高中，学生整体上对外语难度的认识呈下降的趋势，但是女生下降的速度比男生略快一些。对城市和县郊区学校的学生对外语课的学习态度进行分析发现，城市和县郊区学校的学生在对外语课难度的认识上有比较显著的差异。县郊区学校的学生比城市学校的学生更倾向于认为外语课是难度最大的学科（县郊区比城市高7%）（见表1-99）。

从总体上看，学生对语文、数学和外语这三门课程给予了更多的关注。他们认为最难学、最重要的学科依次是外语、数学，最感兴趣、投入精力最多的学科是数学和外语，而语文课在重要性和感兴趣的程度以及投入的精力上都是仅次于外语和数学，排在第三位。

不同年级、不同性别、不同地区的学生对语文、数学和外语这三门课的态度上都有不同程度的差异。随着年级的升高，学生对语文课的重视程度明显降低，对外语课的重视有一定程度的升高；在语文上投入的精力随年级升高有明显降低，但在数学上的投入则随年级升高而增加；对语文课和数学课的兴趣皆随年级升高有一定程度的降低。女生对语文、外语课的兴趣比男生更大，而男生对数学课的兴趣比女生大，这种差异尤其体现在小学阶段。女生更倾向于认为数学比较难学，男生更倾向于认为语文和外语课比较难学，这种现象尤其体现在高中阶段。乡村学生更倾向于认为外语课比较难学。

三、学习动机

学习动机是引起并维持学生学习的动力，是影响学生学业成就的重要因素之一。研究者从"内外动机、学习任务的趋避、学习目标的设定、对学习成败的归因"这几个方面对学生的学习动机进行调查，以期全面了解中小学生的学习动机的总体状况，为相关教育工作提供参考。

（一）内外学习动机状况

1. 十省市基本情况

表 1-100　各省市学生学习内外动机状况的人次百分比（%）

	北京	广东	浙江	黑龙江	江西	河南	四川	内蒙古	贵州	甘肃
他人认可	18.1	20.3	20.8	17.3	22.7	17.1	18.4	14.9	18.5	19.1
求知欲	81.9	79.7	79.2	82.7	77.3	82.9	81.6	85.1	81.5	80.9

总的说来，81.4%的学生学习首先是为了"满足自己的求知欲，提升自己的能力"。这说明：大多数学生学习是因为有满足自己学习兴趣、提高能力的内在需要，对学习本身感兴趣。其中，内蒙古的学生内部学习动机最高，只有14.9%的学生是为了获得他人认可而学习。

2. 年级特征

表 1-101　不同年级学生学习内外动机状况的人次百分比（%）

	小四	小五	小六	初一	初二	初三	高一	高二	高三
他人认可	12.9	11.5	14.0	17.1	19.7	24.2	23.1	22.3	21.3
求知欲	87.1	88.5	86.0	82.9	80.3	75.8	76.9	77.7	78.7

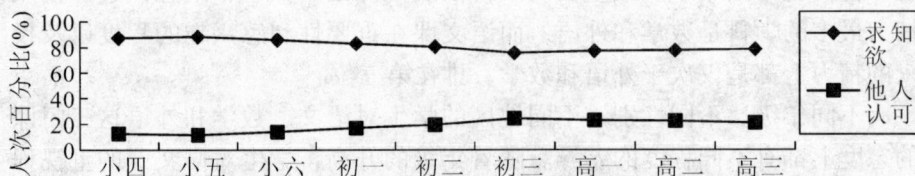

图 1-44　不同年级学生学习内外动机状况的人次百分比

随着年级的增长，学生更看重他人对自己的评价，而不是是否学习到了知识。到了高中，选择学习是为了"满足自己的求知欲，提升自己的能力"的学生略有上升。其中，小学五年级学生的内部学习动机最高，初三学生的内部学习动机最低。

3. 性别、学校所在地及学校类型差异

表 1-102　各类学生学习内外动机状况的人次百分比（%）

	男	女	城市	县郊区	重点学校	普通学校
他人认可	20.4	16.8	21.6	16.4	18.6	18.7
求知欲	79.6	83.2	78.4	83.6	81.4	81.3

　　从性别看，更多女生和更多城市学校的学生选择学习是为了"满足求知欲，提高能力"，卡方检验差异不显著；重点学校的学生和非重点学校学生的内外动机状况大致相同，差异也不显著。

（二）对学习任务的趋避

1. 十省市基本情况

表 1-103　各省市学生对学习任务趋避状况的人次百分比（%）

	北京	广东	浙江	黑龙江	江西	河南	四川	内蒙古	贵州	甘肃
克服困难	41.3	38.0	40.8	41.8	37.2	39.0	36.5	39.4	30.6	33.7
避免出错	51.6	52.1	51.4	49.8	52.4	52.3	54.5	52.4	51.8	57.0
习得性无助	7.1	10.0	7.8	8.4	10.4	8.7	9.0	8.3	17.6	9.3

　　总的说来，在遇到困难时不到一半的学生能"尽心尽力，克服困难做到最好"，其中黑龙江省选择此项的学生最高；大约一半的学生则是在遇到一项学习任务时"首先考虑的是如何才能不出错"，其中甘肃省选择此项的学生最高；甚至有少数学生在学习中产生了"习得性无助"，认为自己"如何努力都学不好"，其中贵州省的比例最高。

2. 年级特征

表 1-104　不同年级学生对学习任务趋避状况的人次百分比（%）

	小四	小五	小六	初一	初二	初三	高一	高二	高三
克服困难	46.3	43.3	41.5	39.8	32.5	32.3	35.4	35.5	40.5
避免出错	46.9	48.8	52.3	51.9	56.3	55.3	55.3	56.2	48.9
习得性无助	6.8	7.9	6.3	8.3	11.2	12.4	9.3	8.3	10.5

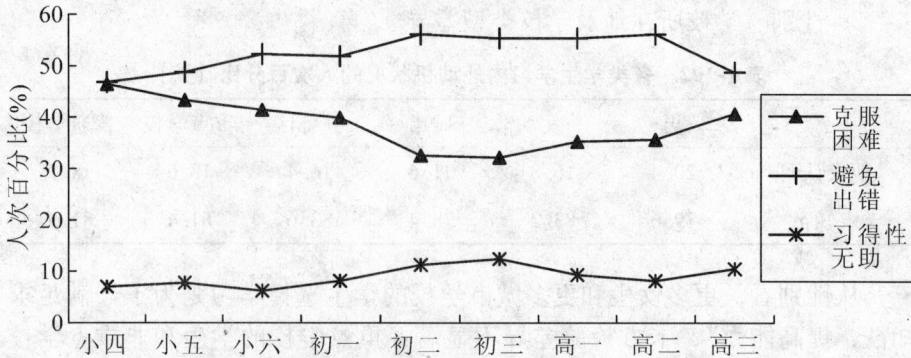

图1-45 不同年级学生对学习任务趋避状况的人次百分比

在学习遇到困难时，小学四年级学生选择"尽心尽力，克服困难做到最好"的学生比例最高，初三年级选择此项的学生比例最低；初二学生在面对一项学习任务时，选择"首先考虑的是如何才能不出错"的学生比例最高，小学四年级最低；小学四年级学生习得性无助比例最低，初三选择此项的学生比例最高。

3. 性别、学校所在地及学校类型差异

表1-105 各类学生对学习任务趋避状况的人次百分比（%）

	男	女	城市	县郊区	重点学校	非重点学校
克服困难	37.0	39.6	39.5	37.2	41.1	35.7
避免出错	53.9	51.3	53.2	51.8	51.5	53.7
习得性无助	9.1	9.1	7.4	11.0	7.4	10.6

女生比男生选择"尽心尽力，克服困难做到最好"的比例高，重点学校学生比非重点学校学生的比例高。在面对一项学习任务时，选择"首先考虑的是如何才能不出错"的学生比例男生高于女生，非重点学校高于重点学校。县郊区学校的学生更多选择"如何努力都学不好"，重点学校的学生选择此项的比例最低。不同性别、不同类别学校及不同学校所在地之间学生对学习任务的趋避在统计上差异不显著。

（三）学习目标设定

1. 十省市基本情况

表1-106 各省市学生学习目标设定状况的人次百分比（%）

	北京	广东	浙江	黑龙江	江西	河南	四川	内蒙古	贵州	甘肃
提高生活质量	33.9	39.5	36.5	35.7	41.6	27.1	35.9	32.6	38.2	36.4
个人名利	6.3	11.4	6.8	5.4	5.8	4.6	8.1	4.9	7.2	5.6
发挥潜能	25.0	23.7	23.8	22.8	26.0	22.0	23.9	17.8	24.1	21.0
报效祖国服务社会	34.8	25.5	32.9	36.1	26.7	46.3	32.1	44.7	30.5	37.0

　　总体上说来，35.3%的学生能够为"报效祖国，服务社会"而努力学习，35.1%的学生学习最终是为了"提高生活质量"。29.6%的学生是为了发挥潜能和个人名利而学习。其中河南省选择以"提高生活质量"为学习目的的学生比例最低，选择"报效祖国，服务社会"的学生比例最高，选择以"个人名利"为学习目标的学生比例也最低；广东省选择以"个人名利"为学习目标的学生比例最高，选择"报效祖国、服务社会"的学生比例最低；在以"发挥潜能"为目标的学生比例中，江西省比例最高，内蒙古比例最低。

　　2. 年级特征

表 1-107　　不同年级学生学习目标设定状况的人次百分比（%）

	小四	小五	小六	初一	初二	初三	高一	高二	高三
提高生活质量	10.1	14.7	20.5	28.8	37.8	45.0	51.4	55.8	51.7
报效祖国服务社会	71.7	64.3	51.1	38.1	30.2	22.4	16.8	11.4	13.3
发挥自己的潜能	13.5	16.8	22.3	27.0	25.4	25.6	24.8	25.3	26.6
个人名利	4.7	4.1	6.0	6.1	6.5	6.9	7.0	7.5	8.4

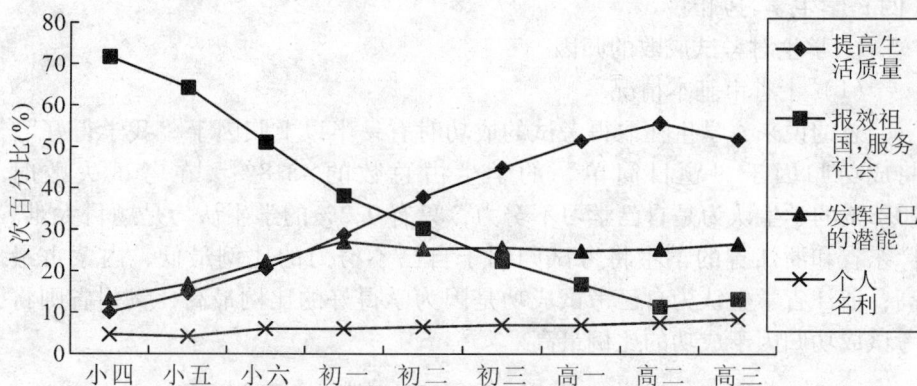

图 1-46　　不同年级学生学习目标设定状况的人次百分比

　　从图 1-46 中可以看出，选择学习最终是为了"报效祖国，服务社会"的学生比例随着年级的增长而下降，由小学四年级的 71.7%，降到高三年级的 13.3%，其中选择此项的高二学生比例最低，四年级小学生比例最高。选择"提高生活质量"的学生比例随着年龄增加最多，由小学四年级学生中的 10.1% 增加到高三年级学生中的 51.7%，其中选择此项的高二学生比例最高，四年级小学生比例最低。选择"为发挥自己潜能和追逐个人名利而学习"的学生比例略有上升。

3. 性别、学校所在地及学校类型差异

从表1-108可以看出，女生比男生更多选择学习是为了"提高生活质量"。在此选项上，城市学校比县郊区学校的学生选择比例高，重点学校学生比非重点学校选择比例高；在为"个人名利而学习"选项上，男生比例高于女生，城市学校高于县郊区学校，重点学校高于非重点学校；在"学习是为了发挥潜能"选项上，不同性别、不同类别学校及不同学校所在地的学生选择比例差别不大；在为"报效祖国，服务社会"而学习的选项上县郊区学校的学生比例高于城市学校，男生高于女生。在统计意义上，差异均不显著（性别差异 $\chi^2 = 2.82$，$p > 0.05$，学校所在地的差异 $\chi^2 = 1.65$，$p > 0.05$，学校类型 $\chi^2 = 0.30$，$p > 0.05$）。

表1-108　各类学生学习目标设定状况的人次百分比（%）

	男	女	城市	县郊区	重点	非重点
提高生活质量	31.7	39.8	37.7	32.5	33.5	36.5
个人名利	7.9	4.2	7.0	6.2	7.0	6.3
发挥潜能	22.4	24.3	24.3	21.6	23.9	22.1
报效祖国服务社会	38.0	31.8	31.0	39.7	35.6	35.1

（四）学生学习归因

1. 学生对考试成败的归因

（1）十省市基本情况

总的说来，学生在取得考试的成功时有一半以上归因于"我学得好"，将成功归因于"题目简单"的学生占总数的43.8%。在考试失败时90.8%的学生认为是自己学习不努力，只有9.2%的学生认为是题目太难。广东省和浙江省的学生将考试归因于自己不努力的比例最低，内蒙古最高；浙江省学生认为自己考试成功是因为学得好的比例最高，贵州省则将考试成功归因于成功的比例最高。

表1-109　各省市学生考试成败归因状况的人次百分比（%）

考试归因		北京	广东	浙江	黑龙江	江西	河南	四川	内蒙古	贵州	甘肃
失败	不努力	90.9	89.3	89.3	90.0	90.7	91.4	90.1	94.2	90.5	91.9
	题目太难	9.1	10.7	10.7	10.0	9.3	8.6	9.9	5.8	9.5	8.1
成功	学得好	58.2	54.0	59.2	55.0	51.1	58.5	58.6	57.2	43.6	50.4
	题目简单	41.8	46.0	40.8	45.0	48.9	41.5	41.4	42.8	56.4	49.6

（2）年级特征

表1-110　不同年级学生考试成败归因状况的人次百分比（％）

考试归因		小四	小五	小六	初一	初二	初三	高一	高二	高三
失败	不努力	92.9	91.8	91.0	87.9	88.4	89.0	91.5	93.8	91.8
	题目太难	7.1	8.2	9.0	12.1	11.6	11.0	8.5	6.2	8.2
成功	学得好	75.9	67.1	61.6	56.6	54.6	47.9	45.3	46.8	44.8
	题目简单	24.1	32.9	38.4	43.4	45.4	52.1	54.7	53.2	55.2

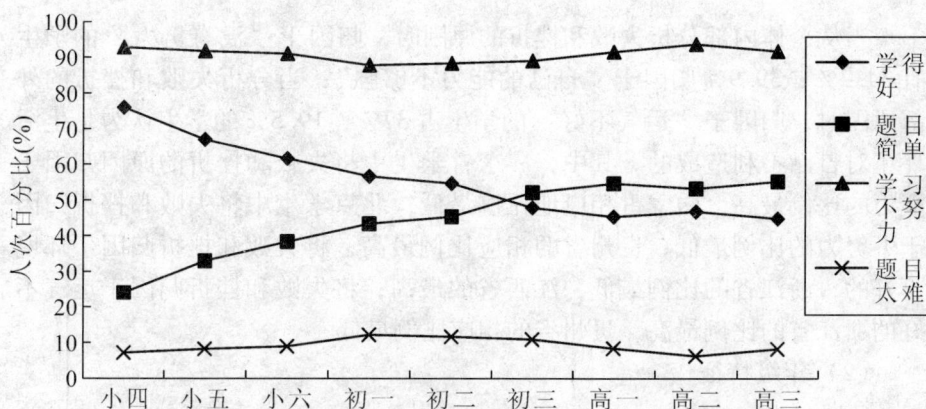

图1-47　不同年级学生考试成败归因状况的人次百分比

高二年级的学生将考试失败归因于不努力的学生比例最高，初二年级最低，但总体说来，比例相当高的学生都认为自己考试失败是因为自己不努力，而不是题目太难；随着年级的增高，学生将考试成功归因于题目简单的比例呈现出增长趋势。高三学生将考试成功归因于自己学得好的比例最低，四年级小学生相应比例最高。

（3）性别、学校所在地及学校类型差异

表1-111　各类学生考试成败归因状况的人次百分比（％）

考试归因		男	女	城市	县郊区	重点	非重点
失败	不努力	89.7	92.2	89.8	91.8	90.9	90.7
	题目太难	10.3	7.8	10.2	8.2	9.1	9.3
成功	学得好	54.6	55.7	58.7	52.4	57.9	54.0
	题目简单	45.4	44.3	41.3	47.6	42.1	46.0

县郊区学校的学生将考试失败归因于不努力的比例高于城市学校，女生高于男生；城市学校的学生和重点学校的学生将考试成功归因于学得好的比例分别高于县郊区学校和非重点学校的学生。统计上差异均不显著。

2. 学生对失败和挫折的内部归因和外部归因

（1）十省市基本情况

表 1-112　各省市学生对失败和挫折内外部归因状况的人次百分比（%）

失败和挫折归因		北京	广东	浙江	黑龙江	江西	河南	四川	内蒙古	贵州	甘肃
内部	稳定（能力）	41.1	46.0	39.0	39.2	39.4	41.0	40.3	38.1	35.5	35.3
	不稳定（努力）	30.6	32.5	33.8	32.9	35.9	31.8	34.3	37.4	43.5	36.8
外部	稳定（环境）	20.1	19.7	17.4	19.7	22.4	18.7	18.7	20.6	22.1	18.2
	不稳定（运气）	38.8	35.8	40.2	37.2	33.9	35.7	37.7	36.9	32.4	38.5

当从个体内部分析失败和挫折的原因时，归因于"没有努力"的学生有 34.2%；39.9% 归因于"自己的能力不够强"；当分析失败和挫折的外部原因时，归因于"运气不好"的学生占 37%，19.5% 的学生认为是生活环境对自己不利造成的。其中，广东省学生中将失败和挫折的原因归因于能力的比例最高，内蒙古相应地比例最低；北京学生中将失败和挫折归因于不努力的比例最低，贵州省的相应比例最高；将失败和挫折归因于环境不好的，浙江省的比例最低，江西省的最高；将失败和挫折归因于运气不好的浙江省的比例最高，贵州省的相应比例最低。

（2）年级特征

表 1-113　不同年级学生对失败和挫折内外部归因状况的人次百分比（%）

失败和挫折归因		小四	小五	小六	初一	初二	初三	高一	高二	高三
内部	稳定（能力）	55.5	49.7	48.4	39.7	37.0	32.4	31.5	32.4	33.9
	不稳定（努力）	18.0	22.4	26.0	31.2	36.3	40.2	45.1	45.1	43.0
外部	稳定（环境）	22.2	17.4	17.8	19.0	17.6	18.3	20.0	21.9	20.8
	不稳定（运气）	30.6	30.9	32.5	36.2	38.6	41.3	40.5	39.5	41.5

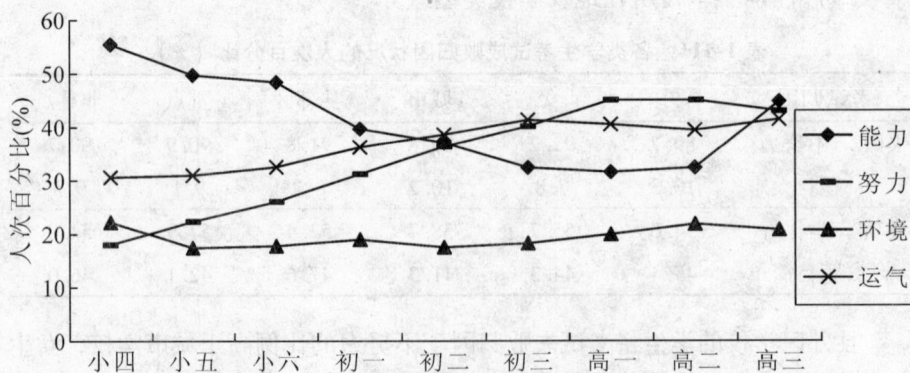

图 1-48　不同年级学生对失败和挫折内外部归因状况的人次百分比

（3）性别、学校所在地及学校类型差异

表1-114 各类学生对失败和挫折内外部归因状况的人次百分比（%）

挫折和失败归因		男	女	城市	县郊区	重点	非重点
内部	稳定（能力）	38.7	40.4	39.2	40.6	39.7	40.0
	不稳定（努力）	34.6	34.3	34.6	33.8	35.0	33.3
外部	稳定（环境）	20.3	18.5	17.3	21.8	19.1	19.9
	不稳定（运气）	37.4	36.8	39.1	34.8	38.0	36.2

县郊区学校的学生将失败和挫折归因于"不努力"的比例和归因于环境的比例都高于城市学校；城市学校的学生将失败和挫折比县郊区学校的学生更多地归因于"运气不好"；但女生将挫折和失败归因于能力因素的比例高于男生，男生则比女生更多归因于环境不好；统计上差异均不显著。

四、学习压力

最近中小学生的生活压力问题、行为问题等不断地发生，引起社会各界的普遍关注。美国心理学家柯波兰（Copeland）在"青春期压力与应对效能"的研究中发现，许多美国青少年对生活压力大都采用"逃避及发泄"的应对方式，同时又以"情绪为中心"去解决问题，于是青少年行为问题越来越严重。

我国近年来青少年因为感情困扰、学业压力、价值冲突、家庭管教压力等，造成极端的问题行为以及情绪障碍的发生，例如离家出走、拒绝上学、家庭暴力、滥用药物、冷漠、自杀行为等。因此，对青少年压力感受、压力来源及应对方式的研究，成为近年来关注青少年发展的重要课题。而对于学生来说，很重要的一个压力来源是学习压力，学习成绩的好坏影响到一个人的自尊自信、亲子关系、师生关系以及他在同伴中的地位。因此，学习压力以及其来源、应对方式的研究可以帮助我们客观地了解青少年的生活及学习状况。

（一）学习压力体验

1. 十省市基本情况

表1-115 各省市学生学习压力体验情况的人次百分比（%）

	北京	广东	浙江	黑龙江	江西	河南	四川	内蒙古	贵州	甘肃
太大，无法承受	7.1	6.3	7.5	7.8	7.2	6.1	7.0	6.3	12.0	7.1
很大，但还可以承受	61.1	68.6	65.1	64.9	76.3	62.6	65.1	61.3	71.1	69.0
基本没有	31.8	25.1	27.5	27.3	16.5	31.3	27.9	32.4	16.9	23.9

由表 1-115 可以看出，各省市的学生感受到的压力比例不一样。调查结果显示，各省市份之间的差异达到显著性水平，在贵州省，高达 12% 的学生感到压力很大，无法承受。而在江西省，高达 76.3% 的学生感到压力很大，但还可以接受，其次是贵州省，有 71.1% 的学生感到压力很大。根据学生感受到的压力大小依次为：江西、贵州、甘肃、广东、浙江、四川、黑龙江、河南、内蒙古、北京。而在内蒙古，32.4% 的学生感到基本没有压力。

2. 年级特征

表 1-116　不同年级学生学习压力体验的人次百分比（%）

	小四	小五	小六	初一	初二	初三	高一	高二	高三
太大，无法承受	5.0	5.2	4.5	7.0	8.6	10.2	8.0	6.3	8.5
很大，但还可以承受	41.7	44.3	52.2	68.0	71.4	76.3	77.7	81.4	79.4
基本没有	53.3	50.5	43.3	25.0	20.1	13.5	14.3	12.3	12.0

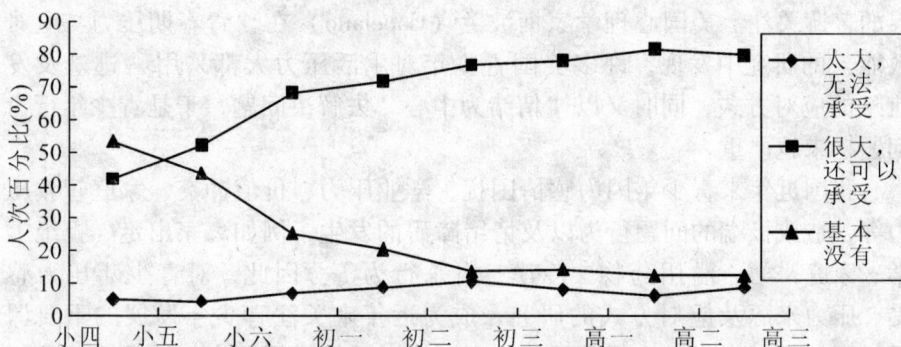

图 1-49　各年级学生学习压力体验的人次百分比

由表 1-116 可以看出，随着年级的升高，压力的变化水平也不一样。在小学四年级，53.3% 的学生感到基本没有压力，41.7% 的学生感到压力很大，但还可以承受，而有 5% 的学生还是感到压力太大，无法承受。而在所有的年级中，初三学生感受到压力太大，无法承受的比例最大，达到 10.2%。81.4% 的高二学生感到压力很大，但是还可以承受。而高三学生认为基本没有压力的比例也最小，只有 12%。结合图 1-49 可以看出，随着年级升高，越来越多的学生感到压力很大，但还可以承受，其中在高二年级，有 81.4% 的学生感到压力很大。而感到压力太大，无法承受的比例基本上还是比较少的，初三有 10.2% 的同学感到压力大得无法承受。

3. 性别、学校所在地及学校类型差异

表 1-117　各类学生学习压力体验的人次百分比（%）

	男	女	城市	县郊区	重点	非重点
压力很大，无法承受	7.5	6.8	6.8	7.5	6.6	7.6
压力很大，但还可以承受	65.4	68.1	65.9	65.9	65.9	65.8
基本没有	27.1	25.2	27.3	26.6	27.5	26.7

　　由表 1-117 可以看出，有 68.1% 的女生觉得压力很大，但还可以承受，而男生比例是 65.4%。同时，感到基本没有压力的男生比例也高于女生。而县郊区学校有 7.5% 的学生感到压力很大，无法承受，高于城市学校的学生 6.8%。非重点学校中有 7.6% 的学生认为压力很大无法承受，高于重点学校学生的比例。

（二）学习压力来源

　　1. 十省市基本情况

表 1-118　各省市学生压力来源情况的人次百分比（%）

	北京	广东	浙江	黑龙江	江西	河南	四川	内蒙古	贵州	甘肃
父母期望过高	51.9	57.3	57.1	56.5	64.2	51.6	53.4	52.2	62.7	58.6
学校和老师要求严厉	39.1	45.6	45.3	38.2	48.1	44.9	43.4	44.7	50.3	47.9
害怕失败	52.9	61.9	62.6	55.6	65.3	57.2	55.7	57.2	67.0	58.4
同学间竞争激烈	52.8	59.1	59.5	53.6	63.2	56.4	54.0	53.9	57.2	59.6
自己要求太高	47.3	55.6	49.8	54.5	56.3	52.5	50.5	52.4	60.0	51.7

　　由表 1-118 可以看出，每个省市的学生感到的压力来源不同。在十省市中，江西省有 64.2% 的学生认为父母的期望过高是学习压力的重要来源，是所有省市中比例最高在，而河南省最低。对于学校和老师的要求严厉带来的压力感受，贵州省的比例最高，有 50.3% 的学生认为学校和老师要求严厉是压力的重要来源，而黑龙江省的比例最低，为 38.2%。对于害怕失败这个压力来源，贵州省的比例最高，为 67%，而北京只有 52.9% 的学生认为它是压力的重要来源。同学之间竞争太激烈这个压力源，得分最高的是江西省，有 63.2% 的学生认为它是重要来源，而北京学生中有 52.8% 认为它是压力的重要来源。在所有省市中，贵州省学生在"自己要求太高"这个压力来源上比例也是最大的，达到 60%，最低的是北京，为 47.3%。

2. 年级特征

表 1-119　不同年级学生压力来源情况的人次百分比（%）

	小四	小五	小六	初一	初二	初三	高一	高二	高三
父母期望过高	39.4	40.3	45.7	55.0	61.3	63.6	62.6	66.8	65.0
学校和老师要求严厉	39.0	35.6	40.0	51.5	54.4	51.9	42.9	40.6	39.1
害怕失败	46.2	49.4	52.2	58.9	58.7	61.8	64.3	64.5	71.3
竞争激烈	43.5	40.7	43.5	58.2	62.2	61.3	67.6	65.7	62.0
自己要求太高	44.4	43.4	48.2	54.2	53.7	51.5	56.0	59.0	61.1

由表 1-119 可以看出：父母期望过高带给学生的压力随着年级的升高而增大，高二的时候有 66.8% 的学生认为父母期望过高是重要的压力来源。初二年级有 54.4% 的学生认为学校和老师要求严厉是压力的重要来源，远远高出其他年级。随着年级的升高越来越多的学生认为害怕失败是他们的重要压力源，在小学四年级有 46.2% 的学生而到高三年级已经达到了 71.3%。而对于同学之间竞争激烈这个压力源，在高一年级人数比例最高，达到 67.6%，小学五年级最低，为 40.7%。61.1% 的高三学生认为对自己要求太高是重要的压力来源，而小学五年级学生比例为 43.4%。

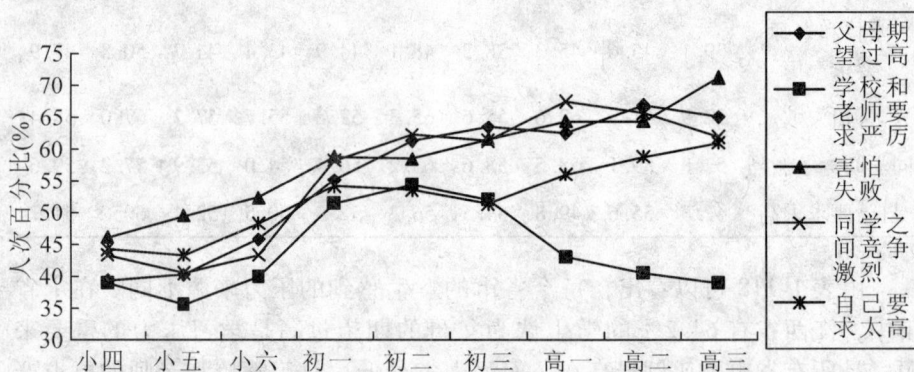

图 1-50　不同年级学生压力来源情况的人次百分比

由图 1-50 可以看出，不同压力源在不同年级的变化情况是不一样的。随着年级升高，越来越多的学生认为父母期望过高是重要压力来源，在高二达到最大比例 66.8%。而对于学校和老师要求严厉这个压力源，在初中阶段达到最大值，而到高中阶段呈下降趋势。随着年级的升高越来越多的学生认为害怕失败是他们的重要压力源，在小学四年级有 46.2% 的学生而到高三年级已经达到了 71.3%。年级越高，对自己要求越高，带来的压力也最大，高三有 61.14% 的学生认为对自己要求太高是重要压力来源。

3. 性别、学校所在地及学校类型差异

表 1-120　各类学生压力来源情况的人次百分比（%）

	男	女	城市	县郊区	重点	非重点
父母的期望过高	57.1	55.2	55.7	56.0	54.4	56.9
学校和老师要求严厉	45.5	43.0	43.4	45.3	43.6	45.0
害怕失败	54.0	63.9	58.1	59.6	58.5	59.0
竞争激烈	52.4	61.7	57.0	56.5	58.1	55.6
自己要求太高	50.0	55.2	51.1	54.2	53.2	51.8

由表 1-120 可以看出，男生主要的压力来源是父母的期望过高，学校和老师要求严厉。而女生的主要压力来源是害怕失败、同学之间的竞争激烈以及自己要求太高。不同学校所在地的学生在压力来源上也是有差别的，城市学校学生的主要压力来源是父母的期望过高和同学之间的竞争激烈。而对于县郊区学校的学生，学校和老师要求严厉、害怕失败以及自己要求太高是重要的压力来源。重点学校非重点学校学生感受到的压力来源也是不一样的，非重点学校学生感受到的压力来源更主要是父母的期望过高，学校和老师要求严厉以及害怕失败。而重点学校的学生的压力来源比例较高的是同学之间竞争激烈和自己要求太高。

（三）学习压力应对

1. 十省市基本情况

表 1-121　各省市学生压力应对情况的人次百分比（%）

	北京	广东	浙江	黑龙江	江西	河南	四川	内蒙古	贵州	甘肃
依靠自己主动解决	44.7	42.1	45.7	47.4	43.8	48.2	44.7	49.2	40.3	45.3
寻找他人的支持帮助	29.8	34.7	24.5	25.0	27.2	29.8	29.5	27.3	28.9	27.2
不管它，和往常一样	23.2	21.5	28.1	25.0	27.2	20.4	23.7	22.2	27.2	25.6
放弃，不学	2.3	1.7	1.7	2.6	1.7	1.7	2.2	1.3	3.6	1.9

由表 1-121 可以看出，在面对压力时每个省市的同学的应对方式是不一样的。以依靠自己主动解决这种方式为例，内蒙古的比例最高，为 49.2%，而贵州学生只有 40.3% 的依靠自己主动解决。而寻找他人的支持和帮助这种应对方式的比例相对较少，广东省最高，比例为 34.7%，而浙江省最低，为 24.5%。还有一些同学应对压力的方式是不管它，和往常一

样学习，其中浙江省在所有的省市中得分最高，比例为 28.1%，而河南省有 20.4% 的学生采用此种应对方式。在贵州省，有 3.6% 的学生放弃，不学了，在所有的省份中比例最高，而内蒙古只有 1.3% 的学生采用这种应对方式。

2. 年级特征

表 1-122　不同年级学生压力应对情况的人次百分比（%）

	小四	小五	小六	初一	初二	初三	高一	高二	高三
依靠自己主动解决	54.5	49.9	49.4	45.0	40.0	37.6	43.0	44.9	47.3
寻找他人的支持帮助	32.6	34.0	30.7	33.8	31.3	27.0	23.8	20.6	19.8
不管它，和往常一样	12.4	15.2	18.7	19.2	25.8	32.3	31.0	32.2	29.9
放弃，不学	0.5	0.9	1.2	1.9	2.9	3.1	2.2	2.3	3.0

由表 1-122 可以看出，随着年级的升高，解决问题的方式也不一样。在小学四年级，54.5% 的学生会依靠自己主动解决问题，而初三比例下降为 37.6%，而对于初三学生，选择消极应对方式的学生明显多于其他年级，比如有 32.3% 的学生不管它，和往常一样学习，还有 3.1% 的学生选择放弃，不学了。而这两种应对方式在小学四年级比例最少。小学五年级学生选择寻找他人的支持和帮助的比例最高。

图 1-51 为不同压力应对方式随年级变化趋势，小学四年级选择依靠自己主动解决的人数最多，初三最低。在寻找他人支持上，随着年级升高，基本上呈下降趋势。对于不管它，像往常一样学习这个选项的人数却随着年级的升高而增多，选择放弃的学生比例是较少的。

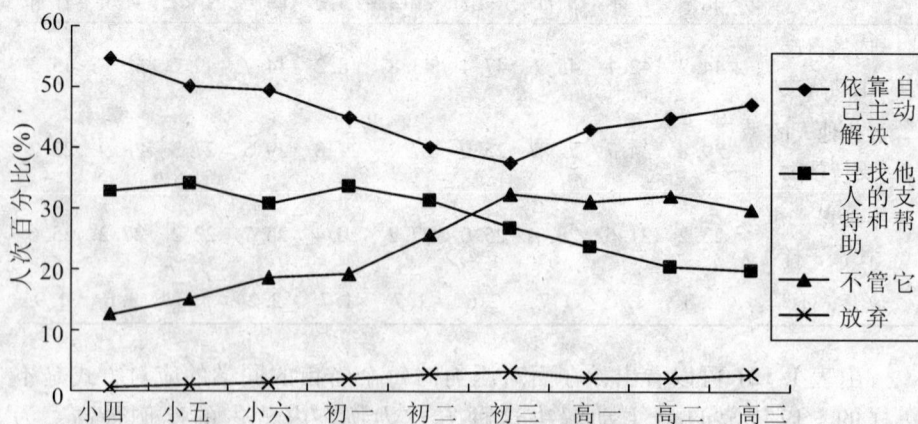

图 1-51　不同年级学生压力应对情况的人次百分比

3. 性别、学校所在地及学校类型差异

表1-123　各类学生压力应对情况的人次百分比（%）

	男	女	城市	县郊区	重点	非重点
依靠自己	46.1	45.1	44.6	46.3	47.1	44.0
寻找帮助	25.0	30.6	27.6	29.3	27.6	29.3
不管它，继续学习	26.3	22.8	25.8	22.3	23.6	24.4
放弃，不学了	2.6	1.5	1.9	2.1	1.6	2.3

由表1-123可以看出，女生采用寻找他人帮助这种方式的比例高于男生。而男生选择的其他三种方式都高于女生，有46.1%的男生选择依靠自己主动解决，26.3%的男生选择不管它，继续学习，而选择放弃，不学了的男生比例也高于女生。而城市学校的学生选择不管它，继续学习的比例为25.8%，高于县郊区学校的学生。而在其他应对方式上，都是县郊区学校高于城市学校。尽管大部分学生都是依靠自己主动解决问题，但县郊区学校的学生比例更高一些（46.3%），而25.8%的城市学校的学生会选择不管它，和往常一样学习来应对学习压力。城市学校的学生面对压力会选择逃避，而县郊区学校的学生会更有毅力去克服困难。但是在另一个极端，2.1%的县郊区学校的学生放弃，不学了。县郊区学校的学生面对更多的压力，有些经济问题以及学习氛围会使他们放弃学习。如何保障每个学生的利益，尽最大努力帮助学生应对压力，回到正确的道路上，也是很重要的。重点学校学生选择依靠自己主动解决问题的比例高于非重点。非重点在其他三种方式上的比例都高于重点。

青少年学生的压力问题已经成为社会关注的焦点。了解压力来源可以有针对性地提供问题的解决方式。而研究压力的应对方式，可以提供给教师以及学生如何应对压力的基本原则和方法，帮助青少年走出压力的阴影，更进一步辅导如何积极应对生活学习压力的方法，开发学生的生命潜能，建立更幸福与充实的生活。

五、学习挫折

学生在学习的过程中，难免会遇上各种各样的挫折。而如何面对挫折情境、处理自身情绪，以及及时有效地采取必要的求助策略，是学生学业成败的关键因素之一。如果学生缺乏挫折抵抗力和适应力，就可能表现出畏缩、逃避、不能接受失败和挑战、不愿与他人交流等消极行为，从而阻碍了他进一步的探索和学习。因此，对孩子进行适当的挫折教育是必要的。

我们的研究发现，当前教育环境下绝大部分学生是能够认知到自己面对的学习阻碍和挫折的：13.3%的学生表示经常感到受到阻碍，学习很不顺利，还有40.5%的学生也表示有时候如此，只有6.9%的学生认为自己从来没有经历过挫折和阻碍。遇到挑战和阻碍后，学生往往会感到害怕失败，担心不已（72.1%）；而这些挫折体验在一些学生身上还会持续较长一段时间（31.1%），甚至有11.2%的学生在以后遇到挫折时最大的体会是"一想到它就不舒服，老毛病就犯了"。因此，当前中小学生对挫折和阻碍的体验是深刻而具有深远影响的。

1. 十省市基本情况

表1-124　各省市学生学习挫折体验的人次百分比（%）

	北京	广东	浙江	黑龙江	江西	河南	四川	内蒙古	贵州	甘肃
学习中常常遇到阻碍	46.9	56.5	54.6	48.8	64.8	50.9	52.5	50.2	66.0	57.9
害怕挫折、回避挑战	26.4	32.7	31.7	27.9	40.1	27.4	29.4	29.3	41.0	33.0
挫折感持续很长时间	27.7	32.0	30.6	30.6	35.6	29.3	28.3	29.5	40.6	34.1
排斥，感觉不舒服	9.5	9.8	11.1	10.2	12.8	10.3	13.3	10.0	15.8	12.8

由表1-124可知，北京学生的挫折体验较小，他们更少感觉自己遇到学习阻碍，更不害怕挫折、回避挑战，挫折感持续的时间也比较短；相比之下，江西和贵州学生的挫折体验则明显更严重。对挫折有排斥感，表示"一想到挫折就感觉不舒服，老毛病就犯了"的学生比例在贵州省最高，而北京市最低。

表1-125　各省市学生学习挫折应对方式选择的人次百分比（%）

	北京	广东	浙江	黑龙江	江西	河南	四川	内蒙古	贵州	甘肃
自己生闷气	27.5	27.7	33.6	29.5	35.1	30.0	26.4	33.9	35.7	33.7
向同学和朋友倾诉	40.3	46.3	37.9	34.9	44.2	34.5	39.3	33.5	40.8	37.7
与家长、老师交流	25.8	20.8	21.9	28.2	14.2	29.3	26.6	26.8	17.7	23.0
和陌生人交流	6.4	5.2	6.6	7.4	6.5	5.7	7.7	5.8	5.8	5.6

由表1-125可知，在应对学习挫折的时候，最倾向于使用"自己生闷气"策略的是江西省和贵州省的学生，广东省和江西省的学生比其他省份

学生更喜欢采取"向同学和朋友倾诉"的策略,而河南省的学生比其他省份学生更多采取"与家长、老师交流"策略,江西学生则比其他省份学生明显更不愿意使用"与家长、老师交流"的策略,而所有省市的学生都很少选择"和陌生人交流"的策略。

2. 年级特征

表 1-126 各年级学生学习挫折体验的人次百分比(%)

	小四	小五	小六	初一	初二	初三	高一	高二	高三
学习中常常遇到阻碍	28.3	32.8	38.9	47.2	56.1	64.2	71.6	72.5	74.0
害怕挫折、回避挑战	17.9	19.6	23.9	26.9	32.5	36.3	40.1	39.8	41.1
挫折感持续很长时间	21.4	22.0	24.7	29.7	31.8	35.0	37.7	38.2	38.2
排斥,感觉不舒服	7.4	7.9	8.7	10.3	12.0	14.2	14.4	13.5	12.5

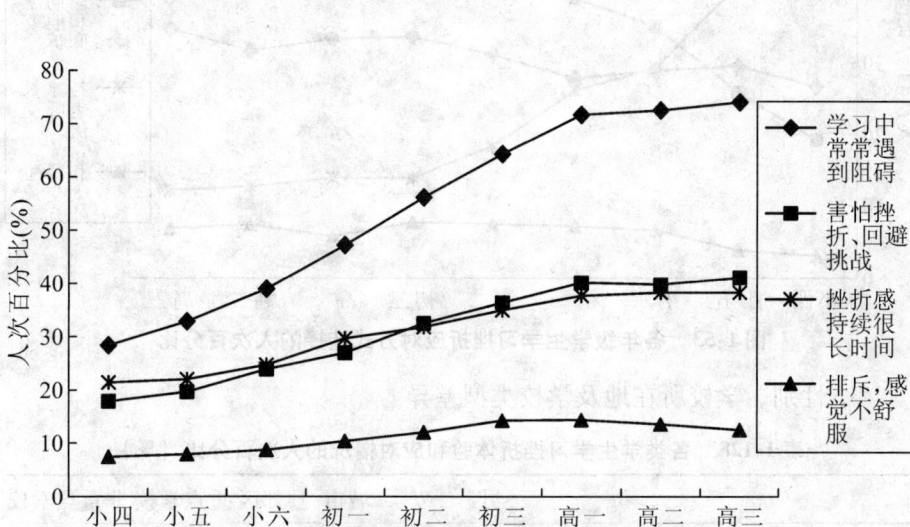

图 1-52 各年级学生学习挫折体验的人次百分比

由表 1-126 和图 1-52 可以看出,随着年龄的增长,学生的挫折体验日益加剧,越来越多的学生感到常常在学习中遇到阻碍,越来越多的学生表示害怕挫折,选择回避挑战,原来越来越多的学生反映他们的挫折感会持续很长一段时间,一想到挫折就让他们感受排斥、难过。

面对挫折和失败时,学生大多倾向于自己生闷气(30.7%)或跟同龄人倾诉(38.6%),选择与家长、教师交流的比例很少。但这同时也存在年级差异,由表 1-127 和图 1-53 可以发现随着年级的升高,选择"自己生闷气"的学生比例越来越多,喜欢与同龄人交流的学生也越来越多,与之形成对比的是愿意向家长、教师求助的学生越来越少,尤其是初中以后,进入青春期的孩子对于师生沟通、亲子沟通往往更缺乏主动性。

表 1-127　各年级学生学习挫折应对方式选择的人次百分比（%）

	小四	小五	小六	初一	初二	初三	高一	高二	高三
自己生闷气	26.8	29.5	28.9	27.8	31.2	33.5	33.2	31.8	34.8
向同学和朋友倾诉	19.3	25.7	34.9	38.9	43.1	44.9	47.1	47.8	46.0
与家长、老师交流	51.0	40.8	29.3	26.1	18.3	13.8	13.8	12.8	12.2
和陌生人交流	3.0	4.0	6.8	7.2	7.4	7.9	5.9	7.6	7.0

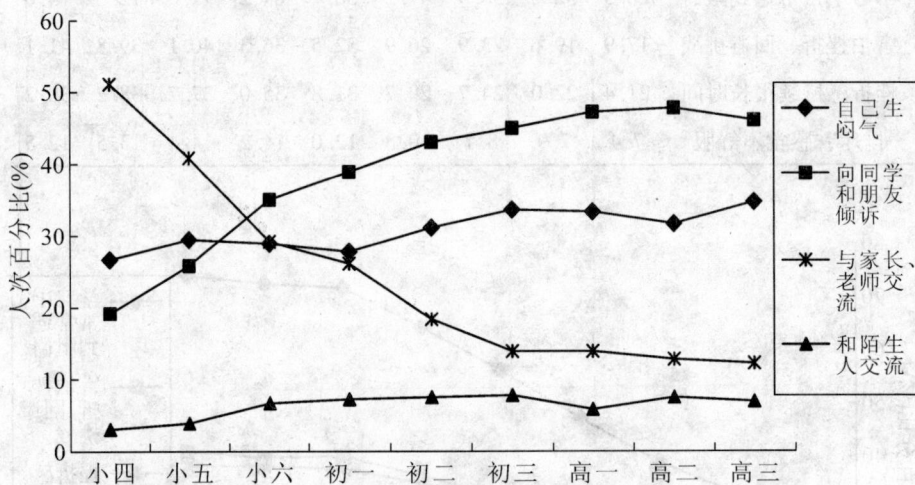

图 1-53　各年级学生学习挫折应对方式选择的人次百分比

3. 性别、学校所在地及学校类型差异

表 1-128　各类学生学习挫折体验和应对情况的人次百分比（%）

		男	女	城市	县郊区	重点学校	非重点学校
挫折体验	学习中常常遇到阻碍	52.8	56.5	54.0	53.9	53.5	54.3
	害怕挫折、回避挑战	27.0	35.0	29.8	32.2	30.2	31.6
	挫折感持续很长时间	30.0	32.6	28.6	33.7	30.2	32.0
	排斥，感觉不舒服	10.9	11.8	10.8	11.7	10.7	11.8
应对情况	自己生闷气	33.7	28.6	30.4	31.1	30.9	30.6
	向同学和朋友倾诉	34.2	43.3	39.3	38.0	37.8	39.2
	与家长、老师交流	24.0	23.5	24.5	24.1	25.5	23.4
	和陌生人交流	8.1	4.6	5.8	6.8	5.9	6.8

由表 1-128 可知，女生与男生存在较大差异，表现为：女生比男生更

经常体验到学习上的挫折，遇到挫折后也更多地表示害怕失败和担心情绪，更多地表示挫折感会持续很长时间；遇到挫折时选择"自己生闷气"的男生比例明显高于女生，三分之一的男生都不愿意找人倾诉和交流，而女生则更多选择"向同学和朋友倾诉"。

城市学校的学生和县郊区学校的学生在挫折体验上也有所差别：县郊区学校的学生在体验到挫折感后更容易害怕、逃避，更容易感觉挫折感的持续影响，也更多表现出对挫折的情绪排斥，但在应对挫折的策略选择上，二者没有什么差异。

重点学校的学生与非重点学校的学生相比挫折体验的频率差异不大，但重点学校学生的挫折体验的持续时间和害怕、排斥情绪相对较少。在应对策略上，重点学校学生比非重点学校学生更多采用"与家长、老师交流"的策略，而非重点学校学生则比非重点学校学生更倾向于采用同伴交流策略。

六、厌学

近来，学生厌学、离家出走、故意交白卷，消极抗议学校与考试的报道不绝于耳，学生厌倦学校和学习，让人忧虑。面对严重的厌学现象，教育行政部门、学校、老师及家长均采取了许多措施，诸如加强德育工作、严格控制辍学率、减轻学生课业负担、加强娱乐场所管理等，但是收效并不显著。这需要我们对厌学现象产生的原因进行深入的分析。本调查从学生的厌学情绪及厌学原因等方面进行探讨，试图对学生的厌学状况有深入了解。

（一）厌学情绪

1. 十省市基本情况

表1-129　十省市学生厌学情绪状况的人次百分比（%）

	北京	广东	浙江	黑龙江	江西	河南	四川	内蒙古	贵州	甘肃
不上学，干什么都愿意	10.7	6.9	7.1	9.3	7.4	7.2	8.9	8.0	9.9	8.6
不想学习	18.5	12.1	16.2	18.9	15.4	15.9	17.8	16.8	20.8	17.8
讨厌学校	19.5	19.6	21.9	18.1	20.8	17.8	21.5	16.9	24.3	21.5
学习不能证明能力，希望做其他事情	35.4	31.3	32.0	34.6	38.3	29.0	37.1	30.1	32.4	34.7

广东学生的厌学情绪偏低，只有6.9%和12.1%的学生报告说"只要能不上学，干什么我都愿意"和"我不想学习"；北京、贵州两地学生的

厌学情绪偏高，10.7%的北京学生认为"只要能不上学，干什么我都愿意"，20.8%和24.3%的贵州学生认为"不想学习"和"讨厌学校"。另外，38.3%的江西学生认为"学习不能证明自己的能力，希望能够做其他的事情而不是学习"。

2. 年级特征

由表1-130可知，总体而言，随着年级的升高，学生的厌学情绪呈上升的趋势。具体来看，随着年级的升高，不想学习和讨厌学校的学生比例呈稳步上升趋势。认为"学习不能证明自己的能力，希望做其他事情而不是学习"的学生比例也逐渐增加，其中在初中阶段的增长趋势较快。认为"只要能不上学，干什么都愿意"的学生比例在小学高年级和高中阶段维持在一个较稳定的水平，在初中阶段比例较高。

表1-130　不同年级学生厌学情绪状况的人次百分比（%）

	小四	小五	小六	初一	初二	初三	高一	高二	高三
只要能不上学，干什么都愿意	6.9	8.2	7.7	9.1	9.6	9.3	6.6	7.5	9.3
不想学习	8.8	11.3	10.1	14.4	17.4	20.3	20.5	23.1	25.6
讨厌学校	6.0	7.8	10.1	15.1	20.1	25.3	29.8	31.9	33.6
学习不能证明能力，希望做其他事情	16.6	16.3	20.1	27.0	32.9	44.4	45.4	48.0	50.5

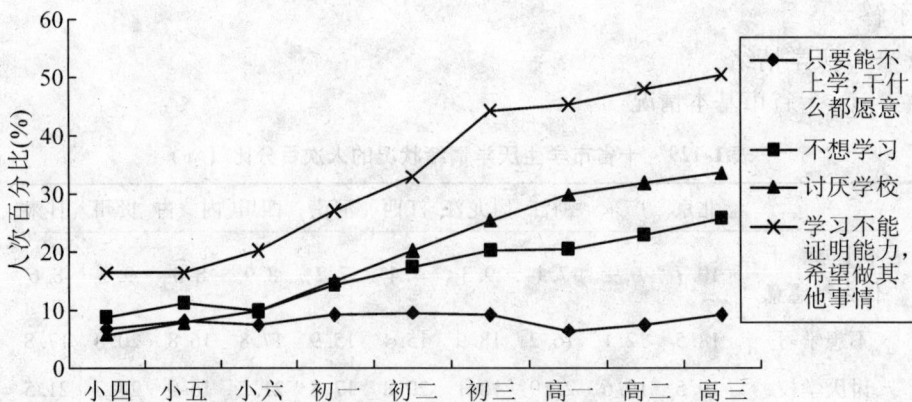

图1-54　不同年级学生厌学情绪状况的人次百分比

3. 性别、学校所在地及学校类型差异

表 1-131　各类学生厌学情绪状况的人次百分比（%）

	男	女	城市	县郊区	重点	非重点
不上学，干什么都愿意	9.4	7.2	8.2	8.3	7.5	9.0
不想学习	18.4	15.9	16.7	16.9	15.5	18.4
讨厌学校	20.4	20.3	19.7	20.2	19.5	20.4
学习不能证明能力，希望做其他事情	35.5	32.9	36.8	29.8	32.9	34.0

对于不同性别、地区和学校类型的学生来讲，他们的厌学情绪都没有显著差异，因此可以说，厌学情绪是一种较为普遍的现象，它存在于所有的学生群体中，不因为学生自身特点或所处地区、学校而有所差异。

（二）厌学原因

1. 不想学习的主要原因

（1）十省市基本情况

表 1-132　十省市学生不想学习原因的人次百分比（%）

	北京	广东	浙江	黑龙江	江西	河南	四川	内蒙古	贵州	甘肃
学习负担重	31.6	40.3	11.6	27.2	21.4	31.4	34.8	24.7	31.2	32.6
父母期望高	21.6	18.9	6.6	23.4	9.6	21.4	19.5	15.8	15.0	14.5
学习目标不明确	13.6	15.1	4.5	20.7	12.4	18.0	15.7	22.9	21.5	19.2
没什么原因	13.5	12.8	72.6	12.3	44.5	10.7	13.3	16.7	10.6	18.1

40.3% 的广东学生不想学习的原因是因为学习负担重，23.4% 的黑龙江学生不想学习是因为父母期望高，22.9% 的内蒙古学生不想学习是因为学习目标不明确，而只有 11.6%、6.6% 和 4.5% 的浙江学生不想学习是因为学习负担重、父母期望高和学习目标不明确；72.6% 的浙江学生认为没什么原因就是不想学习，只有 10.6% 的贵州学生认为不想学习没有什么原因。

（2）年级特征

表 1-133　不同年级学生不想学习原因的人次百分比（%）

	小四	小五	小六	初一	初二	初三	高一	高二	高三
学习负担重	32.6	37.3	35.2	25.4	23.1	22.2	22.7	20.3	22.0
父母期望高	29.6	28.5	25.2	13.7	11.7	11.4	9.4	10.7	8.9
学习目标不明确	10.0	12.5	11.8	14.7	15.6	17.6	14.8	14.8	14.6
没什么原因	10.4	5.1	10.4	33.0	35.3	38.3	41.8	41.0	40.8

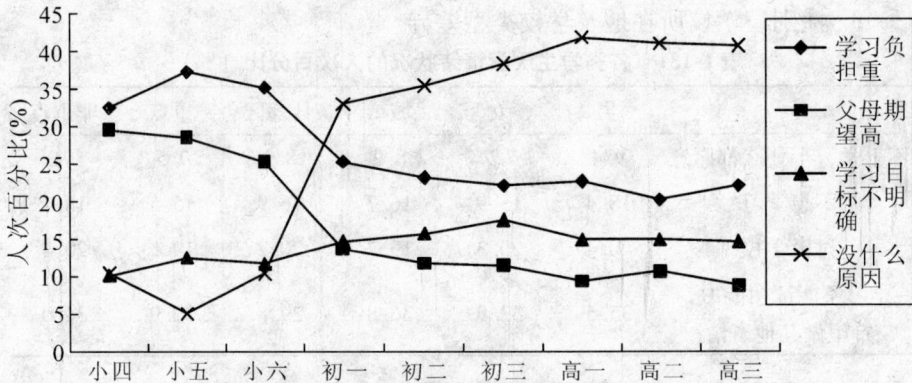

图1-55 不同年级学生不想学习原因的人次百分比

随着年级升高，学生因为"学习负担重"和"父母期望高"而不想学习的比例呈明显的下降趋势，学生认为"学习目标不明确"而不想学习的比例则缓慢上升。在小学阶段，认为"没什么原因就是不想学习"的学生比例较低，进入初中后，这类学生的比例急剧增加，并一直保持逐步上升的趋势。

（3）性别、学校所在地及学校类型差异

表1-134 各类学生不想学习原因的人次百分比（%）

	男	女	城市	县郊区	重点	非重点
学习负担重	23.2	26.2	26.1	25.7	26.2	25.4
父母期望高	16.2	12.7	15.0	15.5	14.4	15.6
学习目标不明确	15.0	14.4	12.8	15.4	12.5	15.4
没什么原因	29.7	34.7	32.2	29.6	34.6	28.4

对于不同性别、地区和学校类型的学生来讲，他们不想学习的主要原因都没有显著差异，也就是说，学生不想学习的原因有很大的共性，不因为学生自身特点或所处地区、学校而有所差异。

2. 讨厌学习的原因

（1）十省市基本情况

由表1-135可知，36.9%的内蒙古学生和24.6%的浙江学生讨厌学习是因为学习太简单或太难；19.7%的广东学生认为学习根本没用，而只有7.7%的内蒙古学生认为学习根本没用；另外，26.6%的江西学生和21.2%的四川学生讨厌学校是因为不喜欢学校环境；35.1%的浙江学生和23.6%的广东学生讨厌学习是因为不喜欢老师和家长的管教。

表 1-135　十省市学生讨厌学习原因的人次百分比（%）

	北京	广东	浙江	黑龙江	江西	河南	四川	内蒙古	贵州	甘肃
学习太简单或太难	30.5	31.4	24.6	35.2	27.9	33.3	25.6	36.9	32.9	28.2
学习根本没用	17.9	19.7	15.3	14.7	16.7	14.0	18.9	7.7	15.1	14.4
不喜欢学校环境	26.1	25.3	25.0	24.0	26.6	26.3	21.2	25.9	22.8	25.1
不喜欢管教	25.5	23.6	35.1	26.0	28.8	26.4	34.3	29.5	29.2	32.3

（2）年级特征

表 1-136　不同年级学生讨厌学习原因的人次百分比（%）

	小四	小五	小六	初一	初二	初三	高一	高二	高三
学习太简单或太难	46.6	45.2	39.4	34.0	25.8	25.7	25.4	24.6	23.8
学习根本没用	10.6	9.9	10.6	13.3	14.6	14.8	16.2	19.3	22.6
不喜欢学校环境	20.2	20.9	19.2	24.5	25.6	24.9	26.8	27.5	28.8
不喜欢管教	22.5	24.0	30.8	28.3	34.0	34.7	31.5	28.6	24.9

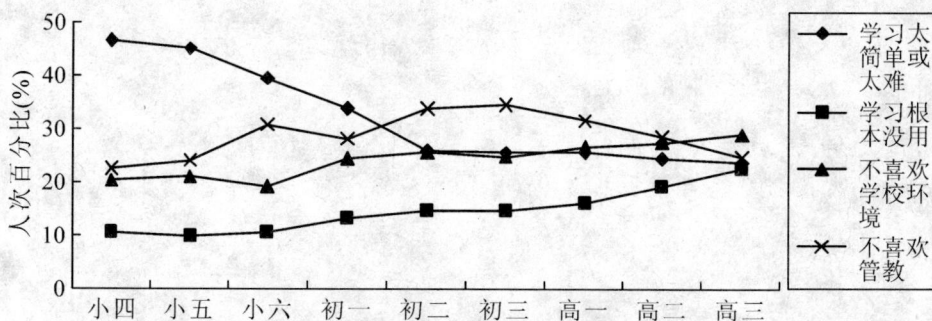

图 1-56　不同年级学生讨厌学习原因的人次百分比

随着年级的升高，认为学习太简单或太难而讨厌学习的学生比例有明显的下降趋势；认为"学习根本没用"和"不喜欢学校环境"而讨厌学习的学生比例在逐渐增加；小学生和高中生因为不喜欢老师和家长管教而讨厌学习的比例比较一致，而初中生因为不喜欢管教而讨厌学习的比例明显高于小学生、高中生。

（3）性别、学校所在地及学校类型差异

表1-137　各类学生讨厌学习原因的人次百分比（%）

	男	女	城市	县郊区	重点	非重点
学习太简单或太难	28.9	31.7	27.7	33.3	29.5	31.3
学习根本没用	16.9	13.3	16.6	14.6	15.8	15.5
不喜欢学校环境	25.0	25.2	22.7	27.0	23.9	26.1
不喜欢管教	29.1	29.8	33.0	25.1	30.8	27.1

对于不同性别、地区和学校类型的学生来讲，他们讨厌学习的原因都没有显著差异，因此可以说，学生讨厌学习的原因具有很大的共性，不因为学生自身特点或所处地区、学校而有所差异。

第二章 生活

第一节 生活习惯

一、身体锻炼

本研究主要从平均每周锻炼次数和每次锻炼的时间来考查中小学生体育锻炼的情况。在各地区内，中小学生每周锻炼次数主要集中在每周 1 ~ 2 次。

（一）中小学生平均每周锻炼次数

体育锻炼对于正在成长中的青少年非常重要，充足的锻炼不仅能够促进他们的身体健康，还能促进他们的全面发展，特别是在培养中小学生的意志品质上不可忽视。但是随着目前社会竞争的压力逐渐增大，体育锻炼的时间逐渐被学习时间挤占……

你平均每周的锻炼次数是多少?

A. 几乎没有锻炼　　B. 每周 1 ~ 2 次　　C. 每周 3 ~ 4 次　　D. 每周 5 次以上

1. 十省市基本情况

表 2-1　十省市学生平均每周锻炼次数的人次百分比（%）

地区	几乎没有锻炼	1 ~ 2 次	3 ~ 4 次	5 次以上
北京	15. 4	31. 6	26. 8	26. 2
广东	16. 3	39. 2	27. 2	17. 3
浙江	16. 1	38. 7	24. 1	21. 9
黑龙江	25. 5	32. 7	20. 0	21. 8
江西	22. 2	33. 5	22. 8	21. 5
河南	15. 7	32. 5	25. 3	26. 5
四川	14. 6	34. 8	26. 0	24. 6
内蒙古	20. 8	31. 7	23. 6	23. 9
贵州	20. 9	39. 0	29. 1	11. 0
甘肃	17. 9	37. 6	25. 5	19. 1

由表 2-1 可知，在各省市中均是每周锻炼 1 ~ 2 次的学生最多，约

35%左右，也有约四分之一的学生每周锻炼3~4次。而也有相当一部分学生每周锻炼5次以上或者几乎没有锻炼。在各省市中，河南地区的学生每周锻炼达5次以上的比例最高，达26.2%，贵州学生则较低，仅有11.0%的学生每周锻炼5次以上。而黑龙江省学生每周几乎不锻炼的比例最高，达到了25.5%。

2. 年级特征

由表2-2和图2-1可知。在所有年级中均是每周锻炼1~2次的比例最高。同时卡方检验结果也显示，不同年级的学生平均每周的锻炼次数有显著差异（$\chi^2 = 671.52$，$p < 0.001$）。在几乎没有锻炼和每周锻炼1~2次的情况中，小学四年级到高中三年级的学生在该情况中所占比例随着年级的升高而逐渐增加；在每周锻炼3~4次和每周锻炼5次以上的情况中，小学四年级到高中三年级的学生在该情况中所占的比例随着年级的升高而逐渐降低。可见随着年级的升高，学习负担的加重，中小学生锻炼次数呈现逐渐减少的趋势。

表2-2　不同年级学生平均每周锻炼次数的人次百分比（%）

年级	几乎没有锻炼	1~2次	3~4次	5次以上
小四	13.4	31.0	26.0	29.6
小五	12.8	34.5	27.1	25.6
小六	13.5	32.6	29.6	24.3
初一	18.6	34.8	25.2	21.4
初二	18.0	36.3	25.4	20.2
初三	21.4	35.9	22.5	20.2
高一	21.5	35.9	22.3	20.3
高二	23.5	37.5	23.1	15.9
高三	24.3	37.0	22.4	16.3

注：该百分比统计值不计缺失项目

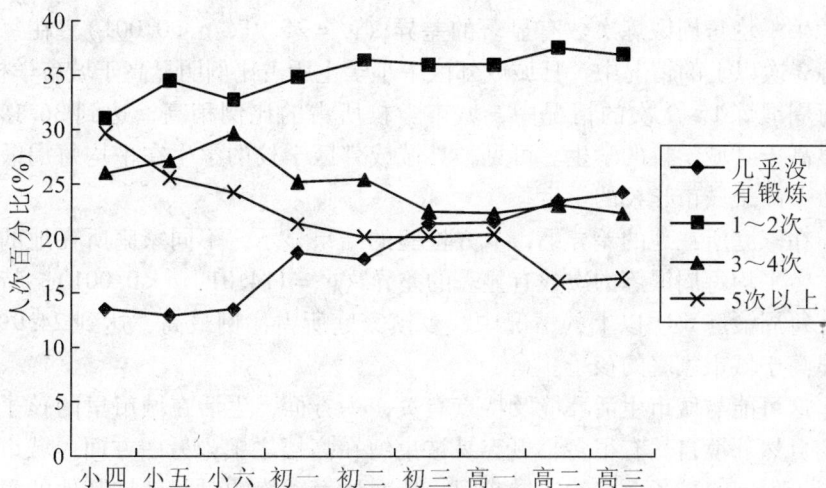

图2-1　不同年级学生平均每周锻炼次数的人次百分比

3. 性别、学校及家庭所在地差异

表2-3　不同性别、学校及家庭所在地学生平均每周锻炼次数的人次百分比（％）

		几乎没有锻炼	1~2次	3~4次	5次以上
性别	男	15.3%	32.0%	26.4%	26.3%
	女	22.1	38.3	22.4	17.3
学校所在地	城市	18.5	36.1	24.7	20.7
	县城或郊区	18.4	33.9	25.1	22.7
家庭所在地	城市	19.5	36.6	24.1	19.9
	县城	19	34.5	24.8	21.7
	乡镇	16.9	33.8	24.4	24.9
	农村	18.1	33.2	26.2	22.4

注：该百分比统计值不计缺失项目

男女生在每周锻炼次数上存在显著差异（$\chi^2 = 600.68$，$p < 0.001$）。与男生相比，女生在几乎没有锻炼和每周锻炼1~2次的情况中所占比例较高，分别达到9.8%和17.0%；然而，与女生相比，男生在每周锻炼3~4次和每周锻炼5次以上的情况中所占比例较高，分别达到11.0%和11.7%。可见男生在运动次数上明显比女生要多，符合男生好动的特点，同时也表明男生比女生更热爱体育运动，将更多的业余时间放在体育锻炼上。

在学校所在地的差异上，卡方检验的结果显示，不同学校所在地的中小学生平均每周锻炼次数有显著的差异（$\chi^2 = 25.91$，$p < 0.001$）。在每周锻炼 3 次以上的情况中，县城或郊区中小学生所占比例明显高于城市学校；在每周锻炼 1~2 次的情况中，城市学校所占的比例稍高，达到 36.1%，明显高于县城学校的学生。可见，县城或郊区学校的学生在平均每周锻炼次数上高于城市学校的学生。

在家庭所在地的差异上，卡方检验的结果显示，不同家庭所在地的中小学生平均每周锻炼的次数有显著的差异（$\chi^2 = 114.01$，$p < 0.001$）。特别是在每周锻炼 5 次以上的情况中，乡镇家庭所占比例最高，达到 24.9%，明显高于城市家庭的孩子。

这可能与城市生活环境及特点有关，一方面，生活在城市里的孩子面对的自然环境自然有很多，更容易被束缚在高楼之中；另一方面，城市里的娱乐设施给孩子更多的选择空间，从而体育锻炼的时间就被其他的娱乐活动所占据。

（二）中小学生平均每次的锻炼时间

　　1. 十省市基本情况

表 2-4　十省市学生平均每次锻炼时间的人次百分比（%）

地区	30 分钟以内	30 分钟~1 小时	1~2 小时	2 小时以上
北京	37.0	37.9	16.7	8.4
广东	35.3	38.7	19.2	6.8
浙江	39.9	38.9	14.9	6.2
黑龙江	45.6	33.5	13.4	7.4
江西	48.3	31.8	13.3	6.1
河南	41.3	37.3	14.9	6.6
四川	38.7	38.6	14.9	7.7
内蒙古	49.4	28.9	14.8	6.8
贵州	45.1	29.8	18.2	6.9
甘肃	43.5	34.1	14.2	8.2

总体来看，各省市中小学生每日锻炼的时间并不长，大都在 1 小时以内，而内蒙古学生每日锻炼不超过 30 分钟的学生比例高达 49.4%。而各省市学生每日锻炼超过 2 小时的比例不超过 10%，北京学生每日锻炼超过 2 小时的比例相对较高，也仅有 8.4%。

2. 年级特征

表 2-5　不同年级学生平均每次锻炼时间的人次百分比（%）

年级	30 分钟以内	30 分钟~1 小时	1~2 小时	2 小时以上
小四	34.1	34.4	18.9	12.6
小五	35.1	37.0	19.3	8.6
小六	33.9	38.1	19.2	8.8
初一	39.3	36.0	17.0	7.7
初二	43.0	35.3	14.8	6.9
高一	48.4	35.7	11.6	4.3
高二	48.6	34.3	13.2	4.0
高三	47.9	34.4	12.4	5.2

注：该百分比统计值不计缺失项目

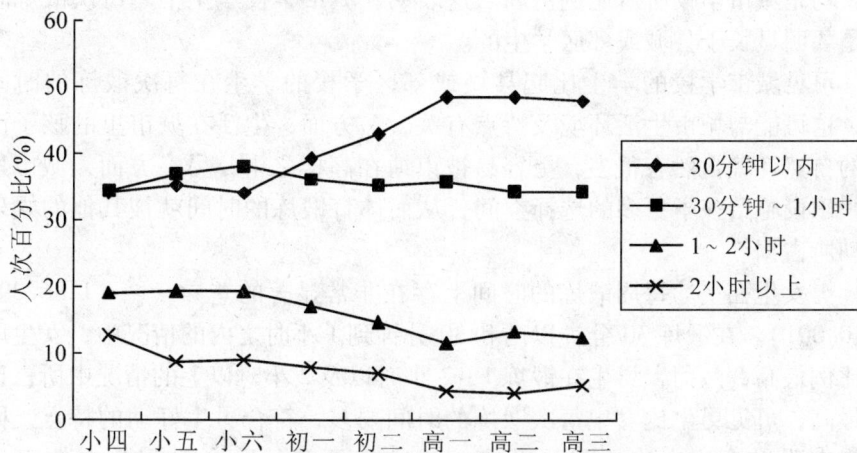

图 2-2　不同年级学生平均每次锻炼时间的人次百分比

卡方检验的结果显示，不同年级学生在每次锻炼时间上存在显著差异（$\chi^2 = 832.30$，$p < 0.001$）。在每次锻炼 30 分钟以内的情况中，小学四年级到高中三年级的学生在该情况中所占比例随着年级的升高逐渐增加；在每次锻炼 30 分钟到 1 小时的情况中，小学四年级到高中三年级所占比例随着年级的升高变化趋势不明显，1~2 小时以及 2 小时以上的情况中，小学四年级到高中三年级在该情况中所占比例随着年级的升高逐渐减少。可见随着年级的升高，学业负担的加重，中小学生每次锻炼的时间逐渐缩短。

3. 性别及学校所在地差异

表 2-6　不同性别、学校所在地学生平均每次锻炼时间的人次百分比（%）

		30 分钟以内	30 分钟~1 小时	1~2 小时	2 小时以上
性别	男	35.3	36.8	18.4	9.5
	女	51.2	33.8	11	4
学校所在地	城市	39.7	37.1	15.6	7.6
	县城或郊区	44.6	33.6	15.3	6.5

注：该百分比统计值不计缺失项目

卡方检验的结果显示，不同学校所在地的中小学生平均每次锻炼的时间存在非常显著的差异（$\chi^2 = 85.05$，$p < 0.001$）。在每次锻炼在 30 分钟以内的情况中，县城或郊区学校所占比例明显高于城市学校；而其他三项上，均是城市学校所占比例更高。这表明，城市学校学生平均每次锻炼时间是要明显长于县城或郊区学生的。

可见城市学校的学生比起县城或郊区学校的学生在每次锻炼的时间少，这可能与城市生活环境及特点有关，一方面，生活在城市里的孩子面对的自然环境自然有很多，更容易被束缚在高楼之中；另一方面，城市里的娱乐设施给孩子更多的选择空间，从而体育锻炼的时间就被其他的娱乐活动所占据。

男女生在平均每周锻炼的时间上存在非常显著的差异（$\chi^2 = 1186.39$，$p < 0.001$）。在锻炼 30 分钟以内和 30 分钟到 1 小时之内的情况中，女生所占比例最高，然而，男生在锻炼 1~2 小时以及 2 小时以上的情况中所占比例最高，可见男生比女生每次锻炼的时间要多，符合男生好动的特点，同时也表明男生比女生更热爱体育运动，将更多的业余时间放在体育锻炼上。

二、睡眠

（一）平均每天的睡眠时间

近半年以来，你平均每天睡多长时间？

A. 6 小时以下　　B. 6~7 小时　　C. 7~8 小时　　D. 8 小时以上

1. 十省市基本情况

表 2-7　十省市学生平均每天睡眠时间的人次百分比（%）

地区	6 小时以下	6~7 小时	7~8 小时	8 小时以上
北京	10.7	31.6	30.9	26.8

续表

地区	6 小时以下	6~7 小时	7~8 小时	8 小时以上
广东	7.8	33.7	38.3	20.2
浙江	5.0	28.8	36.9	29.1
黑龙江	9.6	32.1	34.9	23.3
江西	4.9	28.9	39.3	27.0
河南	8.6	35.8	34.3	21.3
四川	6.9	30.9	33.3	28.9
内蒙古	10.0	34.1	33.3	22.6
贵州	19.0	33.1	29.0	18.9
甘肃	7.6	33.8	37.6	21.1

由表 2-7 可知，各地学生睡眠时间在 6 小时以下的比例大都在 10% 左右或更低，只有贵州省有高达 19% 的学生表示每日睡眠不足 6 小时。大多数学生每日睡眠时间集中在 6~8 小时，有约四分之一的学生每日睡眠达到 8 小时以上，其中浙江省比例最高，达到 29.1%，贵州省偏低，只有 18.9%。

2. 年级特征

表 2-8　不同年级学生平均每天睡眠时间的人次百分比（%）

年级	6 小时以下	6~7 小时	7~8 小时	8 小时以上
小四	11.2	15.6	26.4	46.8
小五	7.1	13.6	29.9	49.4
小六	5.4	13.0	34.2	47.3
初一	6.3	26.2	45.2	22.3
初二	6.2	29.1	46.3	18.5
初三	10.8	42.2	36.5	10.5
高一	7.2	49.6	36.1	7.2
高二	8.0	49.0	35.3	7.7
高三	14.6	54.6	25.6	5.2

注：该百分比统计值不计缺失项目

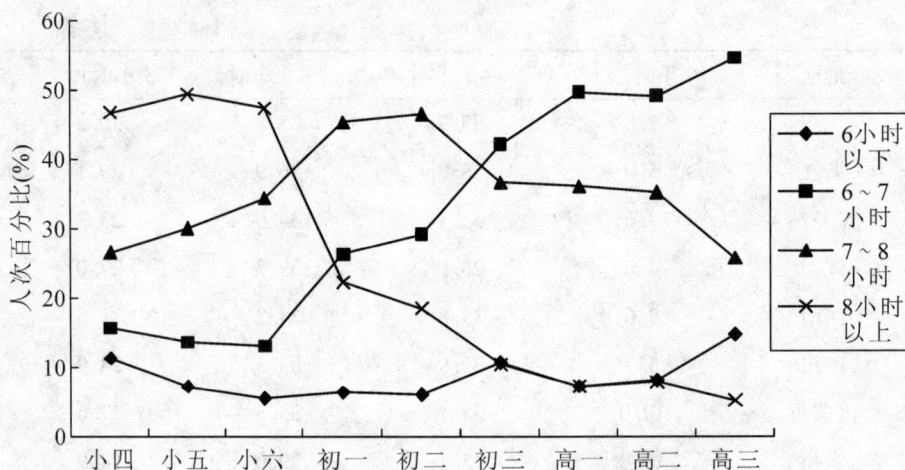

图 2-3　不同年级学生平均每天睡眠时间的人次百分比

卡方检验的结果显示，不同年级学生在平均每天的睡眠时间上存在显著差异（$\chi^2 = 4207.90$，$p < 0.001$）。在 6~7 小时的情况中，小学四年级到高中三年级在该情况中所占比例逐渐上升；在每天睡眠时间 7~8 小时的情况中，初中生所占比例最高；在每天睡眠时间 8 小时以上的情况中，小学四年级到高中三年级在该情况中所占比例逐渐下降。可见，随着年级的升高，课业负担的加大，平均每天睡眠时间逐渐缩短。特别是有小部分学生平均睡眠时间不足 6 小时值得关注。

（二）睡眠充足感情况

1. 十省市基本情况

由表 2-9 可以看出，感到自己睡眠比较充足的学生略少于感觉一般的学生，而其他省市均为感到自己睡眠一般的学生比例最高。总的来说，各地学生感到自己睡眠不充足的比例低于感到睡眠充足的比例，但相差并不大，各省市均有约 30% 的学生感到自己睡眠不充足和很不充足，这一比例值得引起有关方面的关注。

表 2-9　十省市学生每天睡眠充足感情况的人次百分比（%）

地区	非常充足	比较充足	一般	不充足	很不充足
北京	17.5	25.6	27.7	22.3	6.9
广东	14.0	27.6	33.2	19.8	5.4
浙江	13.3	26.7	29.0	25.0	6.0
黑龙江	14.6	27.4	30.5	21.2	6.2
江西	13.9	29.7	31.3	20.7	4.3
河南	12.2	24.7	30.6	25.3	7.2
四川	15.3	27.4	26.8	23.5	7.0

续表

地区	非常充足	比较充足	一般	不充足	很不充足
内蒙古	16.4	27.7	30.0	19.5	6.3
贵州	19.0	18.6	32.2	20.5	9.8
甘肃	11.1	27.8	30.5	24.1	6.5

2. 年级特征

表 2-10　不同年级学生每天睡眠充足感情况的人次百分比（%）

年级	非常充足	比较充足	一般	不充足	很不充足
小四	35.2	30.7	20.0	9.0	5.0
小五	31.7	34.8	20.9	9.1	3.5
小六	26.8	36.3	21.6	11.3	4.1
初一	11.7	29.7	32.8	19.7	6.1
初二	7.7	28.3	34.1	23.4	6.5
初三	4.9	20.7	33.6	31.9	8.9
高一	3.5	19.2	36.4	32.5	8.3
高二	3.2	21.2	36.4	32.2	6.9
高三	3.1	16.9	36.8	34.6	8.7

注：该百分比统计值不计缺失项目

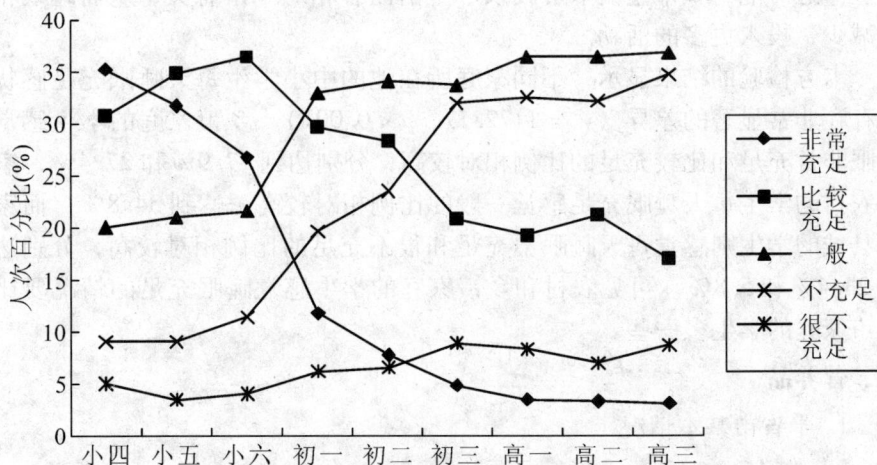

图 2-4　不同年级学生每天睡眠充足感情况的人次百分比

卡方检验的结果显示，不同年级学生在每天睡眠的充足感上存在显著差异（$\chi^2 = 6147.67$，$p < 0.001$）。由表 2-10 和图 2-4 可知，随着年级的不

断增高，感到睡眠非常充足和比较充足的学生比例也逐渐下降，而感觉睡眠一般、不充足和很不充足的比例则逐渐升高。可见随着年级的升高，学业负担的加重，学生的睡眠逐渐感到不充足，高中生尤为如此，这与前面平均每天睡眠的时间是成正比的。

　3. 学校及家庭所在地差异

表2-11　不同学校、家庭所在地学生每天睡眠充足感情况的人次百分比（%）

		非常充足	比较充足	一般	不充足	很不充足
学校所在地	城市	13.6	26.9	28.7	23.5	7.4
	县城或郊区	15.6	26.3	31.5	21.2	5.5
家庭所在地	城市	11.1	25.1	30.0	25.6	8.2
	县城	13.4	26.2	31.3	23.4	5.8
	乡镇	17.9	27.4	29.6	20.5	4.6
	农村	12.3	26.4	34.8	21.3	5.2

注：该百分比统计值不计缺失项目

　卡方检验的结果显示，不同学校所在地的中小学生每天睡眠充足感状况存在非常显著的差异（$\chi^2 = 108.39$，$p < 0.001$）。县城或郊区学校的学生感到睡眠非常充足的比例要明显高于城市学生；而城市学校的学生则感觉每天睡眠不充足和很不充足的比例相对较高，分别达到23.5%和7.4%。可见县城或郊区学校的学生比起城市学校的学生感觉睡眠充足的情况要多一些。这可能与城市生活节奏较快、生活内容相对丰富有关，从而睡眠相对减少，投入更多的活动。

　卡方检验的结果显示，不同家庭所在地的中小学生每天睡眠充足感状况存在非常显著的差异（$\chi^2 = 1172.57$，$p < 0.001$）。乡镇家庭的学生感觉睡眠非常充足和比较充足的比例相对较高，分别达到17.9%和27.4%；家在农村的学生每天睡眠充足感觉一般的比例相对较高，达到34.8%；而家在县城的学生则感觉每天睡眠不充足和很不充足的比例相对较高，分别达到23.4%和5.8%。可见农村和乡镇家庭的学生感觉睡眠充足的情况要比城市家庭的学生多一些。

三、营养品

　1. 十省市基本情况

表2-12　十省市学生服用营养品情况的人次百分比（%）

地区	经常	有时	从不
北京	8.7	24.9	66.4

续表

地区	经常	有时	从不
广东	6.9	30.2	62.9
浙江	10.7	34.5	54.7
黑龙江	7.3	24.2	68.5
江西	6.5	32.0	61.5
河南	5.0	22.1	72.9
四川	8.3	30.0	61.8
内蒙古	4.7	21.9	73.4
贵州	6.7	24.3	68.9
甘肃	4.8	18.7	76.5

由表 2-12 可知，在各地区内，中小学生从不服用有助于学习的营养品
（如补脑液等）的情况占大多数。说明在学习问题上，学生并不盲目依赖
营养品的功用。相比之下，浙江省学生经常或有时服用营养品的比例相对
较高，分别达到 10.7% 和 34.5%，而甘肃、内蒙古等地从不服用营养品的
比例相对较高。

依据教育部的划分办法，把全国教育发展状况分为三大片。在一片地
区我们抽取了北京市、广东省和浙江省；在二片地区抽取了黑龙江省、江
西省、河南省和四川省；在三片地区抽取了内蒙古自治区、贵州省和甘肃
省。以下的地区差异均按此划分。

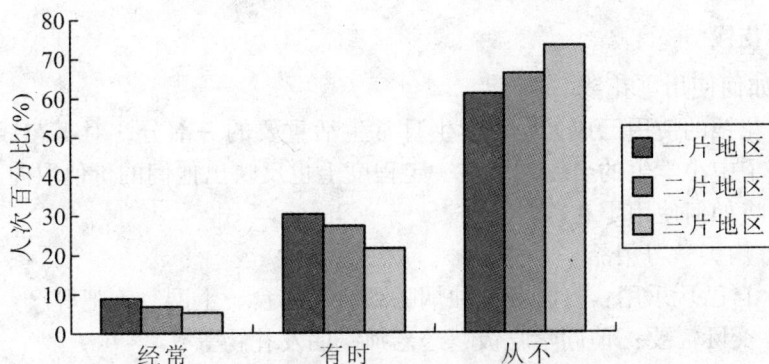

图 2-5　不同地区学生服用营养品情况的人次百分比

卡方检验的结果显示，不同地区中小学生在服用营养品的情况上存在
显著差异（$\chi^2 = 292.57$，$p < 0.001$）。从图 2-5 可以看出，一片地区中小学
生经常或有时服用有助于学习的营养品（如补脑液等）的情况比例最高，

分别达到 8.8% 和 30.1%；而三片地区从不服用营养品情况所占比例最高，达到 73.4%，可见一片地区服用营养品情况比三片地区多，这与不同地区经济发展水平有关，与三片地区的家长相比，一片地区的家长愿意并且有能力花更多的钱买营养品提高孩子的学习成绩。

2. 年级特征

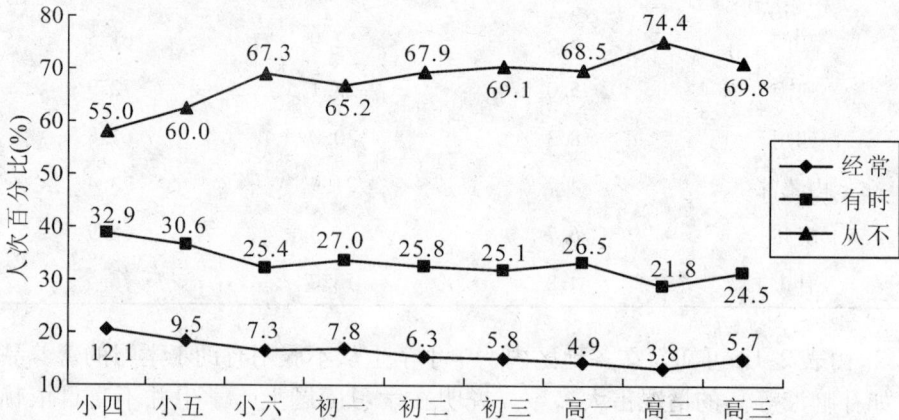

图 2-6　不同年级学生服用营养品情况的人次百分比

卡方检验的结果显示，不同年级中小学生在服用营养品的情况上存在显著差异（$\chi^2 = 524.36$，$p < 0.001$）。从图 2-6 可以看出，小学生经常或有时服用有助于学习的营养品中所占比例最高，而在从不服用营养品的情况中，高中生在该情况中所占比例与小学生和初中生相比较高。可见随着年级的升高，虽然学业压力增大，但是服用营养品的情况减少，说明年级越高的学生更不盲目依赖营养品。

四、零花钱

（一）如何使用零花钱

零花钱的使用已成为中小学生日常生活重要的一部分，对零花钱的使用反映了中小学生的金钱观，在一定程度上也反映出他们的价值取向。

你将如何使用零花钱？

A. 购买学习用品

B. 自己玩乐用：打游戏、抽烟喝酒、买零食、上网、泡吧等

C. 交际需要：请同学吃饭，送老师、朋友礼物等

D. 不花，自己攒起来

由图 2-7 可知，中小学生主要将零花钱花在购买学习用品上（占 41.3%），其次是自己玩乐（占 17.3%），最后是交际需要（占 12.9%），另有 28.5% 的中小学生是将零花钱攒起来。

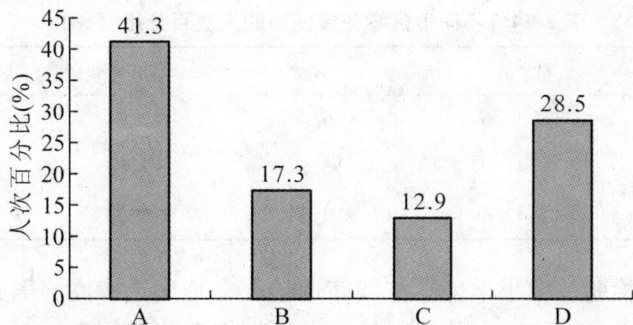

图 2-7　中小学生零花钱使用的人次百分比

1. 十省市基本情况

由图 2-7 和表 2-13 可以看出，将零花钱用于购买学习用品的情况中，江西的学生所占比例最高，其次是内蒙古，然后是河南、贵州、甘肃、广东、北京、浙江、黑龙江、四川。将零花钱用于玩乐的情况中，贵州的学生所占比例最高，其后依次是四川，然后是甘肃、广东、内蒙古、江西、浙江、黑龙江、北京、河南。将零花钱用于交际的情况中，贵州的学生所占比例最高，其次是浙江、广东、四川、北京、甘肃、黑龙江、河南、内蒙古、江西。将零花钱攒起来不花的情况中，黑龙江的学生所占比例最高，其后依次是北京，然后是浙江、河南、江西、内蒙古、甘肃、四川、广东、贵州。

表 2-13　十省市学生零花钱使用的人次百分比（％）

地区	A	B	C	D
黑龙江	39.0	15.0	12.4	33.5
北京	39.8	14.7	13.2	32.3
甘肃	40.9	19.4	12.8	26.9
广东	40.1	19.3	14.3	26.3
贵州	41.1	22.9	16.3	19.7
河南	43.8	14.1	11.8	30.3
江西	47.9	15.5	9.2	27.4
内蒙古	45.2	16.7	11.1	27.0
四川	36.8	22.5	13.9	26.8
浙江	39.0	15.2	14.5	31.4

注：该百分比统计值不计缺失项目

表 2-14　不同地区零花钱使用的人次百分比（%）

	A	B	C	D
一片地区	39.6	16.4	14.0	30.0
二片地区	41.9	16.8	11.8	29.4
三片地区	42.4	19.5	13.3	24.8

经卡方检验，中小学生零花钱使用情况在地区上存在显著差异（$\chi^2 =$ 107.24，$p < 0.001$））。一片地区的中小学生将零花钱用于购买学习用品和玩乐上的比例要低于二片、三片地区，而用于交际需要和攒起来的比例要高于二片、三片地区。这可能与地区经济有关，经济比较发达的一片地区的中小学生在零花钱满足了购买学习用品的基本需要后，能够有更多富余的钱用在玩乐和交际上。

2. 年级特征

对中小学生零花钱的使用情况进行卡方检验，结果显示，其年级差异显著（$\chi^2 = 2253.50$，$p < 0.001$）。这表明不同年级的学生在零花钱使用上有显著差异。从表 2-15 可以看出，无论小学、初中、高中，各个年级的学生最主要的还是将零花钱使用在购买学习用品上，而最少使用在交际需要上。图 2-8 向我们展示了各个年级学生在使用零花钱上的情况：随着年级的升高，将零花钱用于玩乐和交际的比例有明显上升的趋势，而用于学习用品和攒起来不花的比例随着年级升高而下降。这是由于随着年龄的增长，学生开始走向独立，除了学习，也开始有了很多自己的生活，他们开始懂得将零花钱更多地用于实现学习之外的目的之上，零花钱对于他们来说，其用途已经多元化，以满足他们多方面的需求；另一方面，更多地将零花钱用于交际，也正是学生在成长过程中逐渐社会化的一个表现。

表 2-15　各年级学生零花钱使用的人次百分比（%）

年级	A	B	C	D
小四	47.6	7.6	6.6	38.2
小五	47.9	7.8	7.2	37.2
小六	43.8	10.7	9.4	36.1
初一	44.4	13.0	12.9	29.6
初二	41.7	17.7	14.1	26.5
初三	40.4	21.0	14.6	24.0
高一	36.7	24.2	17.0	22.1
高二	34.3	26.9	17.7	21.1
高三	32.8	29.5	17.6	20.1

注：该百分比统计值不计缺失项目

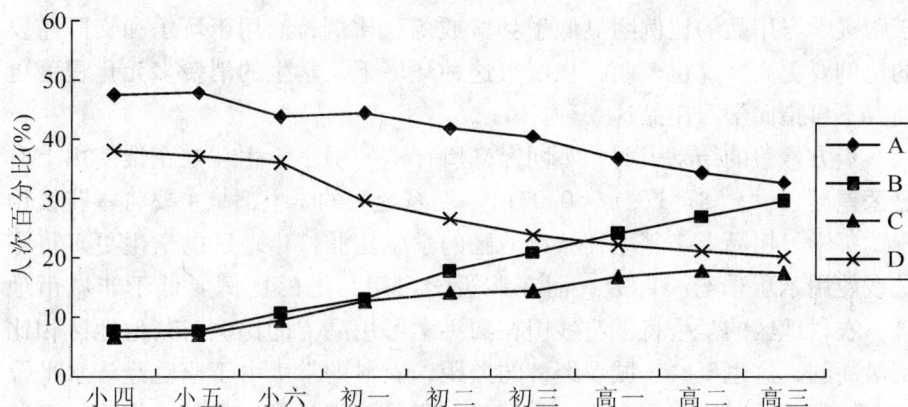

图 2-8 各年级学生零花钱使用的人次百分比

3. 性别、学校和家庭所在地及学校类型差异

表 2-16 不同性别、学校和家庭所在地及学校类型
学生零花钱使用的人次百分比（%）

		A	B	C	D
性别	男	34.9	22.2	14.6	28.2
	女	47.0	13.6	11.8	27.7
学校所在地	城市	37.5	18.7	13.1	30.7
	县城或郊区	45.2	15.9	12.6	26.3
家庭所在地	城市	35.9	20.3	14.4	29.4
	县城	44.4	16.9	13.0	25.8
	乡镇	43.6	15.4	12.0	28.9
	农村	48.4	15.8	12.4	23.4
学校类型	重点	41.4	16.6	12.9	29.2
	非重点	40.6	19.1	13.5	26.8
总数		41.3	17.3	12.9	28.5

注：该百分比统计值不计缺失项目

经卡方检验，中小学生零花钱使用情况在性别上存在显著差异，（$\chi^2 = 717.93$，$p < 0.001$）。女生和男生都主要将零花钱使用于购买学习用品而女生将零花钱使用于购买学习用品的比例要高于男生。而男生将零花钱用于玩乐和交际的比例要高于女生。

卡方检验的结果表明，不同学校所在地的中小学生在零花钱使用上存在显著差异（$\chi^2 = 201.78$，$p < 0.001$）。学校在城市地区的学生将零花钱用

于购买学习用品的比例明显低于县城或郊区比例，而用于玩乐和交际需要的比例要更高。这也表明，在城市这种环境下，学生的消费多元化程度更高，不再指向学习用品这一种。

卡方检验的结果表明，不同家庭所在地的中小学生在零花钱使用上有显著差异（$\chi^2 = 587.37$，$p < 0.001$）。城乡地区的学生都是主要将零花钱用于购买学习用品上。其中，城市地区的学生比非城市地区的学生更多将零花钱使用于玩乐与交际上，而在购买学习用品上的比例要低于非城市地区。农村地区的学生将零花钱用在购买学习用品上的比例与其他地区相比是最高的，这也反映了城乡经济的差距，农村的学生由于家庭经济水平及零花钱数量的限制，更多用于购买学习用品，满足学习的基本需要。而城市地区的学生的家庭经济条件要更为优越，而且城市这样的环境也为其提供了更多可供消费的地方，因此，城市中小学生将零花钱用于玩乐和交际的比例要比农村学生高。

对重点学校与非重点学校学生的零花钱使用情况进行卡方检验，结果表明不同学校学生间有显著差异（$\chi^2 = 211.73$，$p < 0.001$）。重点学校的学生将零花钱用于购买学习用品和攒起来的比例要高于非重点学校。而非重点学校的学生将零花钱用于玩乐和交际需要的比例要高于重点学校。这一点也说明了重点学校的学生在玩乐与交际上的需求没有非重点学校的学生高，可能与他们将重心放在学习上有关。

五、看电视

（一）观看的电视节目

你最常看的电视节目有：

A. 新闻　　　B. 休闲娱乐（如电视连续剧，动画片，体育比赛等）

C. 科普类节目　　D. 学习类节目　　E. 其他

1. 十省市基本情况

由表2-17可知，各省市内中小学生观看休闲娱乐类节目所占比例都是最大的，如电视连续剧、动画片、体育比赛等，而观看新闻、科普类、学习类节目的比例均较小。相比之下，广东省学生观看新闻节目的比例相对较高，为12.4%，而贵州省学生观看科普类及学习类节目的比例相对较高，但也仅有11.1%和9.0%。这说明大多数学生都将观看电视作为一种休闲方式。

表 2-17 十省市学生观看电视节目情况的人次百分比（%）

省市	新闻	休闲娱乐	科普类	学习类	其他
北京	8.3	72.5	8.0	6.1	5.1
广东	12.4	67.3	8.2	6.7	5.5
浙江	8.5	72.7	9.3	5.2	4.2
黑龙江	7.1	70.6	9.5	7.8	5.0
江西	9.1	73.1	6.6	6.1	5.1
河南	9.2	71.0	8.2	5.9	5.7
四川	7.6	72.8	9.7	5.0	5.0
内蒙古	8.7	70.5	7.0	8.7	5.2
贵州	11.3	54.3	11.1	9.0	14.3
甘肃	7.3	72.5	9.2	5.9	5.1

2. 年级特征

表 2-18 不同年级学生观看电视节目情况的人次百分比（%）

年级	新闻	休闲娱乐	科普类	学习类	其他
小四	10.2	62.5	6.9	13.8	6.7
小五	9.5	66.9	9.0	9.4	5.3
小六	9.3	67.2	9.3	7.6	6.6
初一	9.1	65.9	11.4	8.2	5.5
初二	7.5	71.5	9.2	5.7	6.1
初三	6.9	76.1	8.2	3.8	5.0
高一	7.2	77.6	7.4	2.7	5.2
高二	9.5	74.9	7.7	2.9	5.0
高三	10.7	71.8	8.5	3.3	5.7

注：该百分比统计值不计缺失项目

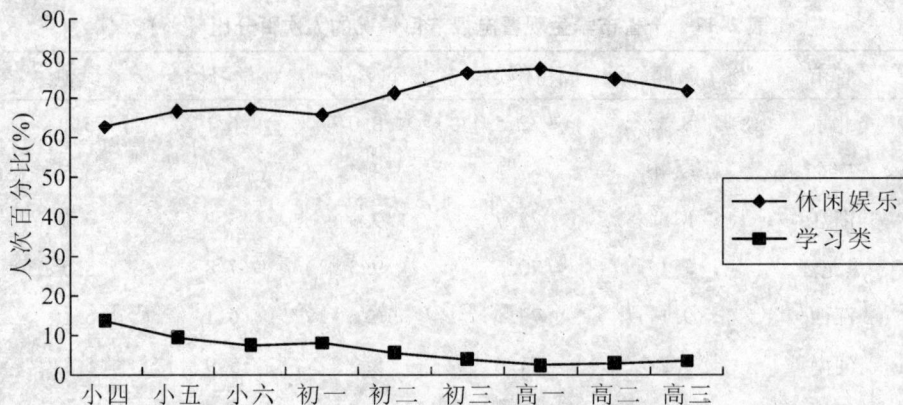

图2-9　不同年级学生观看电视节目情况的人次百分比

卡方检验的结果显示，不同年级学生在观看电视节目的类型上存在显著差异（$\chi^2 = 171.85$，$p < 0.001$）。由图2-9可知，从小学四年级到高一，学生观看休闲娱乐类节目的比例随着年级的增高逐渐上升，之后缓慢下降，在高三时下降到整个高中阶段的最低点，可见中小学生把休闲娱乐类的电视节目，如电视连续剧、动画片和体育比赛作为一种课后放松宣泄的方式，但是高三年级面临高考，所以观看娱乐休闲类电视节目的比例相比高一、高二下降了；从小学四年级到高三，观看学习类节目的学生比例随年级的升高呈现缓慢下降的趋势，这可能是因为随着年级的升高，学业任务的加重，学生的大部分时间用于学习，在有限的课余时间更多的选择放松方式，而不愿再让学习类的节目充斥自己的头脑。

3. 性别差异

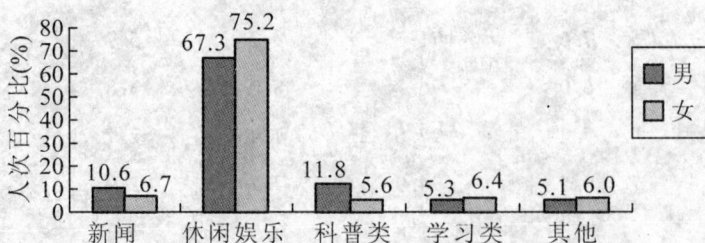

图2-10　男女学生观看电视节目情况的人次百分比

卡方检验的结果显示，男女生中小学生在观看电视节目的类型上存在显著差异（$\chi^2 = 33.74$，$p < 0.001$）。和女生相比，男生在观看新闻类和科普类的电视节目中所占比例较高，分别达到10.6%和11.8%；而女生在观看娱乐休闲类（如电视连续剧、动画片和体育比赛）节目所占比例较高，达到75.2%。

（二）中小学生观看电视时间的分析

　　1. 十省市基本情况

表 2-19　十省市学生观看电视时间的人次百分比（%）

地区	不看	少于 1 小时	1 小时	2 小时	3 小时	4 小时	5 小时或更多
北京	19.5	32.1	19.8	13.9	6.2	4.7	3.8
广东	19.3	30.6	21.0	13.9	7.4	5.7	2.1
浙江	29.5	29.3	17.7	12.3	5.3	2.8	3.0
黑龙江	22.9	29.8	19.2	13.7	6.4	3.2	4.8
江西	22.4	37.6	20.0	11.2	4.1	2.5	2.2
河南	30.8	30.6	18.2	11.5	4.5	2.5	2.0
四川	24.8	31.5	17.0	11.5	6.3	3.9	4.6
内蒙古	29.1	27.4	18.3	13.6	6.2	2.9	2.5
贵州	25.8	29.7	18.0	14.0	6.9	2.7	3.0
甘肃	21.8	34.2	20.6	12.2	5.7	3.1	2.6

　　总体来看，各省市每天看电视时间在 4 小时以上的学生比例均较小。有约四分之一的学生根本不看电视，其中河南省学生不看电视的比例相对较高，达到 30.8%，广东省学生不看电视的比例最低，但也达到 19.3%。超过 30% 的学生每天观看电视的时间少于 1 小时，其中江西省学生选择此项的比例最高，为 37.6%。划分三片地区进行分析，结果如下表所示：

表 2-20　不同地区学生观看电视时间的人次百分比（%）

地区	不看	少于 1 小时	1 小时	2 小时	3 小时	4 小时	5 小时或更多
一片地区	23.0	30.6	19.5	13.4	6.3	4.3	2.9
二片地区	25.2	32.4	18.6	12.0	5.3	3.0	3.4
三片地区	25.4	30.5	19.0	13.2	6.2	2.9	2.7

　　注：该百分比统计值不计缺失项目

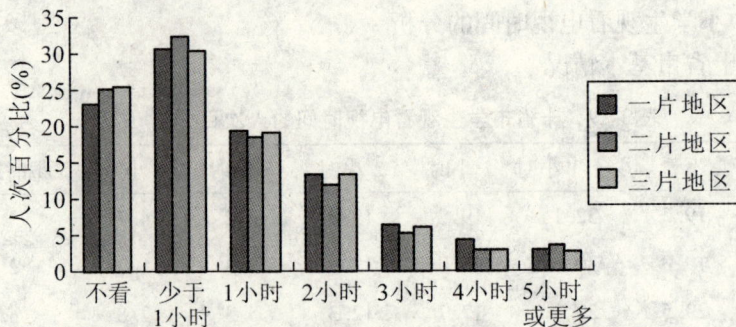

图 2-11　不同地区学生观看电视时间的人次百分比

　　卡方检验的结果显示，不同地区的学生在每天观看电视的时间上存在显著差异（$\chi^2 = 23.61$，$p < 0.001$）。三片地区的中小学生每天不看电视的情况所占比例最高，达到 25.4%；二片地区的中小学生在每天观看电视少于 1 小时和 5 小时以上的情况中所占比例最高，分别达到 46.7% 和 3.4%；一片地区的中小学生在每天观看电视 1 小时、2 小时、3 小时和 4 小时的情况中所占比例最高，分别达到 19.5%、13.4%、6.3% 和 4.3%。这可能与地区经济发展的差异有关，且一片地区的电视普及率高于二片和三片地区。

　　2. 年级特征

表 2-21　不同年级学生观看电视时间的人次百分比（%）

年级	不看	少于1小时	1小时	2小时	3小时	4小时	5小时或更多
小四	20.8	35.4	19.8	12.2	4.4	4.7	2.8
小五	17.3	32.3	22.0	14.5	6.1	4.4	3.3
小六	18.8	29.9	21.8	14.4	6.7	5.2	3.2
初一	24.2	29.9	20.0	13.1	6.3	3.2	3.4
初二	23.0	28.8	19.7	14.7	7.1	3.3	3.7
初三	25.8	32.3	18.8	11.7	6.2	2.6	2.5
高一	28.3	31.8	17.1	12.0	5.5	2.4	2.7
高二	31.3	30.8	16.0	11.3	5.2	2.4	3.0
高三	33.2	31.2	15.4	10.0	4.7	2.3	3.2

　　注：该百分比统计值不计缺失项目

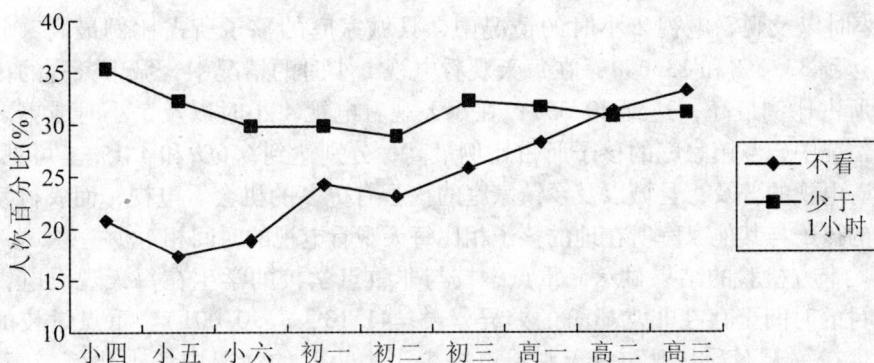

图 2-12 不同年级学生观看电视时间的人次百分比

卡方检验的结果显示，不同年级学生在每天观看电视的时间上存在显著差异（$\chi^2 = 239.28$，$p < 0.001$）。小学四年级到高中三年级在每天不看电视中所占比例随着年级的升高呈现总体升高的趋势，小学阶段中从小学四年级到小学五年级不看电视的比例下降，到小学六年级又上升；初中阶段也呈现这样的特点，初中一年级到初中二年级不看电视的比例下降，到了初中三年级又有所上升，这可能是由于进入小学六年级和初中三年级都面临升学考试的缘故。小学四年级到初中二年级在每天观看少于 1 小时的情况中所占比例逐渐下降，到了初二年级达到最低点，之后初中三年级又有所上升，可能是面临高中升学考试的原因，但整个高中阶段变化不明显。可见随着年级的升高，课业负担的加重，中小学生每天观看电视的时间在逐渐减少。

3. 家庭所在地及学校类型差异

表 2-22　不同家庭所在地及学校类型学生观看电视时间的人次百分比（%）

		不看	少于 1 小时	1 小时	2 小时	3 小时	4 小时	5 小时或更多
家庭所在地	城市	23.4	32.9	20.3	12.6	5.5	2.6	2.7
	县城	23.9	33.6	17.7	13.6	5.3	3.3	2.6
	乡镇	26.5	28.8	17.6	12.5	6.6	4.1	4.0
	农村	30.7	27.4	16.2	12.7	6.1	3.1	3.8
学校类型	重点	27.2	33.2	18.2	11.1	4.8	2.9	2.6
	非重点	23.1	29.3	19.4	14.1	6.7	4.0	3.5

注：该百分比统计值不计缺失项目

卡方检验的结果显示，不同家庭所在地中小学生在每天观看电视的时间上存在非常显著的差异（$\chi^2 = 54.91$，$p < 0.001$）。在每天不看电视的情况中，农村家庭的学生所占比例最高，达到 30.7%；在每天观看电视少于

1 小时以及观看电视 2 小时的情况中，县城家庭的孩子所占比例最高，分别达到 33.6% 和 13.6%；在每天观看电视 1 小时的情况中，城市家庭的孩子所占比例最高，达到 20.3%；在每天观看电视 4 小时以及 5 小时或更多的情况中，乡镇家庭的孩子所占比例最高，分别达到 6.6% 和 4.1%。可见，随着电视的普及，县城以及乡镇家庭的孩子有更多的机会看电视，而农村家庭的孩子与其他家庭所在地的孩子相比每天观看电视的时间相对少一些。

卡方检验的结果显示，重点学校与非重点学校的学生在每天观看电视节目的时间上存在非常显著的差异（$\chi^2 = 41.13$，$p < 0.001$）。重点学校的学生在每天不看电视和每天观看电视少于 1 小时的情况中所占比例最高，分别达到 27.2% 和 33.2%；而非重点学校的学生在每天观看电视 1 小时、2 小时、3 小时、4 小时以及 5 小时或更多的情况中所占比例较重点学校学生高，这可能是由于重点学校管理相对严格、学习竞争和压力相对较大，使学生观看电视的时间减少。

六、上网

上网情况的调查中包括第一次上网的年龄、每周上网的次数、平均每次上网的时间和最长的上网持续时间四项内容，旨在了解学生上网的大致状况。

1. 十省市基本情况

表 2-23　各省市学生上网情况（平均数）

省市	北京	广东	浙江	黑龙江	江西	河南	四川	内蒙古	贵州	甘肃
第一次上网的年龄（岁）	11.64	11.86	11.54	12.84	11.81	11.41	10.92	12.76	11.56	12.21
每周上网的次数（次）	1.93	2.45	2.02	1.88	3.11	1.65	1.73	1.69	1.89	1.76
每次上网的时间（小时）	1.73	1.84	2.01	1.56	1.55	1.65	1.98	1.52	1.81	1.73
最长上网持续时间（小时）	4.70	4.43	5.71	5.10	4.01	5.61	5.80	5.07	4.80	5.11

在第一次上网的年龄上，四川省学生最小，为 10.92 岁，黑龙江省学生最大，为 12.84 岁。其中，四川省学生第一次上网的年龄显著低于其他省市，内蒙古和黑龙江两省无显著差异，但显著高于其他省市的学生第一次上网的年龄。河南、浙江、贵州、江西、北京、广东各省市之间无差异。

从每周上网的次数来看，河南省学生最少，平均为 1.65 次，江西省学生每周上网的次数最多，平均为 3.11 次。但各省市之间的差异均不显著。

从平均每次上网的时间来看，内蒙古的学生最短，为 1.52 小时，浙江学生平均每次上网时间最长，为 2.01 小时。整体来看，我国东南经济较发达地区学生上网的时间就较长，而西北部、中部等经济欠发达地区学生上网时间就相对较短。

从最长上网持续时间来看，江西省学生最少，为 4.01 小时，四川省学生最长上网持续时间最长，为 5.80 小时。

从整体来看，江西省虽然每周上网的次数最多，但其上网持续的时间却是最短的。

2. 年级特征

从第一次上网的年龄来看，表现出随着年级增长而升高的趋势，说明学生第一次上网的年龄在逐年降低。除小学四五年级无显著差异外，其余各年级均差异显著。

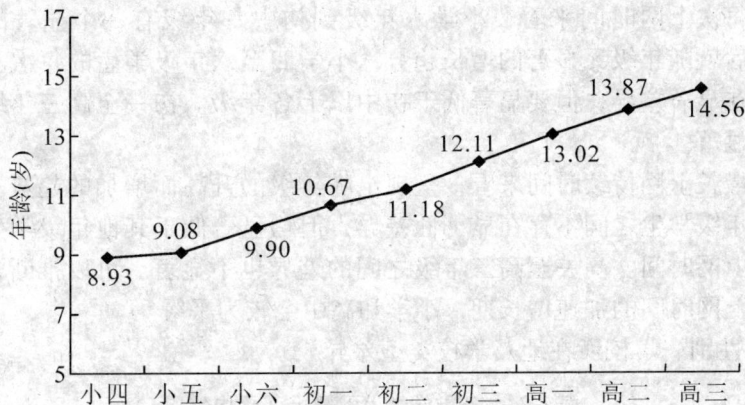

图 2-13　各年级学生第一次上网的年龄

从平均每周上网次数来看，初三学生和高二、高三正处于毕业班的学生相对上网次数较少，可能是因为课业负担比较重，没有大量的时间上网。但整体来说各年级上网次数的差异并不显著。

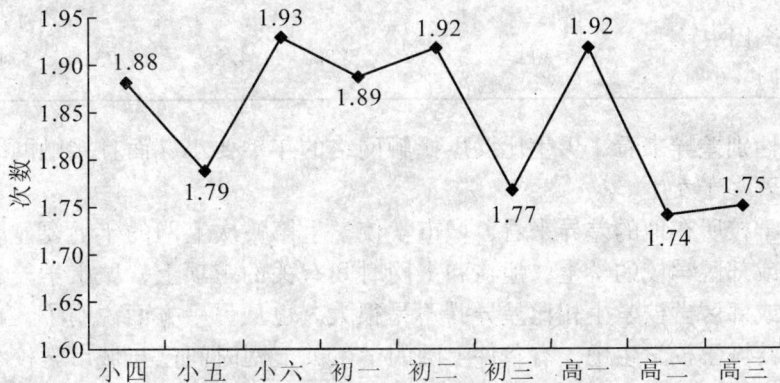

图 2-14　各年级学生每周上网次数

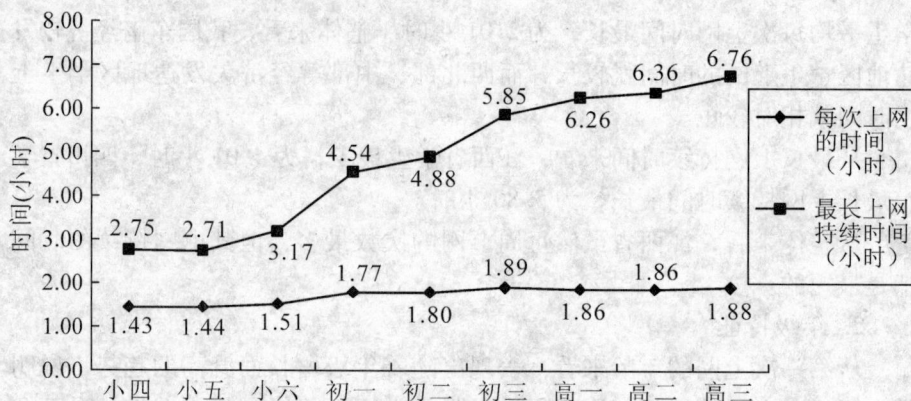

图2-15　各年级学生上网时间

从每次上网时间来看，小学六年级到初中一年级有一个显著的增长期，以后就随年级无显著的增长趋势。小学四至六年级学生的每次上网时间不存在显著差异，但要显著低于初中以上各年级。初一至高三年级之间差异不显著。

从最长上网持续时间来看，呈现出随年级的升高而增加的趋势。小学四至六年级学生之间不存在显著性差异，但均显著低于其他年级学生的最长持续上网时间。高一至高三年级之间的差异也不显著。可以推断，初中是一个上网时间的加速增长期，小学和高中会较为平缓。

3. 性别、学校所在地及学校类型差异

表2-24　各类学生上网情况（平均数）

	男	女	城市	县城	重点	非重点
第一次上网的年龄（岁）	11.59	12.09	11.22	12.41	11.28	12.12
每周上网的次数（次）	1.97	1.67	1.92	1.70	1.83	1.86
每次上网的时间（小时）	1.90	1.58	1.76	1.71	1.66	1.85
最长上网持续时间（小时）	6.30	3.75	5.09	4.85	4.73	5.42

从性别差异来看，男生比女生接触网络的年龄要小，而且接触网络的时间显著多于女生。

从学校所在地的差异来看，城市学校学生第一次上网的年龄要显著小于县城或郊区学校的学生，但在和上网时间有关的三项上，城市学校学生与县城或郊区学校学生相比差异并不是很大。也从另一方面说明了，在所调查的县城学校学生中，有条件上网的学生其上网时间已与城市学校学生相似。另外，也有很多县城学校的学生没有填写这一项内容，推断大多数的县城学校的学生没有接触过电脑。

从重点和非重点学校的差异来看，重点学校的学生接触网络的年龄要早于非重点学校。但是在上网时间上，重点学校的学生反而要显著少于非重点学校的学生。

七、电子用品

你最经常使用的是：

A. 收音机　　　B. 录音机　　　C. 随身听

D. 手机　　　　E. 个人电脑　　F. 以上都没有

1. 十省市基本情况

总的来说，近30%的学生几乎不使用电子产品，其中江西省学生选择此项的比例相对较高，为36.7%。有四分之一左右的学生平时最常使用随身听，其中贵州省学生使用随身听的比例相对较高，为31.4%。最经常使用个人电脑的人数比例约为15%，但各省市之间相差较大，浙江省有25.5%的学生最经常使用个人电脑，而在贵州省仅有7.6%。最常使用录音机、收音机和手机的学生比例均在10%左右。

表2-25　十省市学生电子产品使用情况的人次百分比（%）

地区	收音机	录音机	随身听	手机	个人电脑	以上都没有
北京	9.4	12.4	23.1	12.2	18.5	24.5
广东	12.6	14.9	14.1	12.6	20.4	25.4
浙江	7.0	7.7	19.8	11.2	25.5	28.8
黑龙江	11.8	11.5	28.7	11.4	12.1	24.5
江西	9.4	14.9	23.3	3.4	12.3	36.7
河南	13.2	8.7	27.3	5.8	14.4	30.5
四川	6.9	6.7	27.8	10.7	21.0	26.9
内蒙古	9.9	18.9	28.7	6.1	8.8	27.7
贵州	10.1	12.9	31.4	11.0	7.6	26.9
甘肃	10.4	13.7	29.4	5.1	12.1	29.3

表2-26　不同地区学生电子产品使用情况的人次百分比（%）

地区分类	收音机	录音机	随身听	手机	个人电脑	以上都没有
一片地区	9.6	11.5	18.9	12.0	21.6	26.3
二片地区	10.3	10.4	26.8	7.8	15.0	29.7
三片地区	10.1	15.2	29.7	7.2	9.6	28.1

注：该百分比统计值不计缺失项目

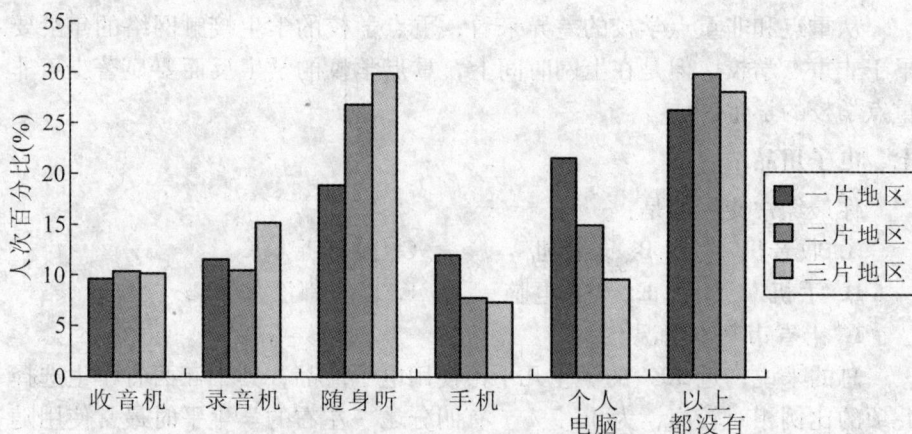

图2-16　不同地区学生电子产品使用情况的人次百分比

卡方检验的结果显示，不同地区的学生在经常使用的电子产品上存在显著差异（$\chi^2 = 111.18$，$p < 0.001$）。二片地区的中小学生在什么都不使用和使用收音机上所占比例最高，分别达到15.2%和29.7%；三片地区的中小学生在使用录音机和随身听上所占比例最高，分别达到12%和21.6%；一片地区的中小学生在使用手机和个人电脑上所占比例最高，分别达到42.1%和43%，这可能与地区经济发展水平有关，一片地区比二片、三片地区的学生更有经济能力来购买高端的电子产品。

2. 年级特征

卡方检验的结果显示，不同年级的学生在电子产品的使用情况上存在显著差异（$\chi^2 = 675.86$，$p < 0.001$）。小学四年级到高中三年级在随身听和手机的使用上所占的比例随着年级的升高而逐渐升高，而在个人电脑的使用上到小学六年级达到最高点之后逐渐下降，到高三年级下降到最低点。在收音机的使用上，高三达到最高点，而在录音机的使用上以初中学生为主体。可见随着信息技术的发展，手机和个人电脑这些高端电子产品已经成为学生经常使用的工具。

表2-27　不同年级学生电子产品使用情况的人次百分比（%）

年级	收音机	录音机	随身听	手机	个人电脑	以上都没有
小四	9.2	13.0	16.6	4.3	18.0	38.8
小五	9.0	10.8	17.6	4.0	18.9	39.7
小六	7.6	11.2	23.7	5.3	20.1	32.1
初一	8.1	13.9	25.1	8.0	17.5	27.3
初二	8.7	14.3	25.5	8.2	16.4	26.8
初三	10.2	11.3	28.9	8.8	14.2	26.6
高一	11.2	9.8	30.0	13.9	13.0	22.1
高二	12.4	11.4	29.6	14.4	12.4	19.8
高三	14.4	11.1	29.3	15.1	11.3	18.9

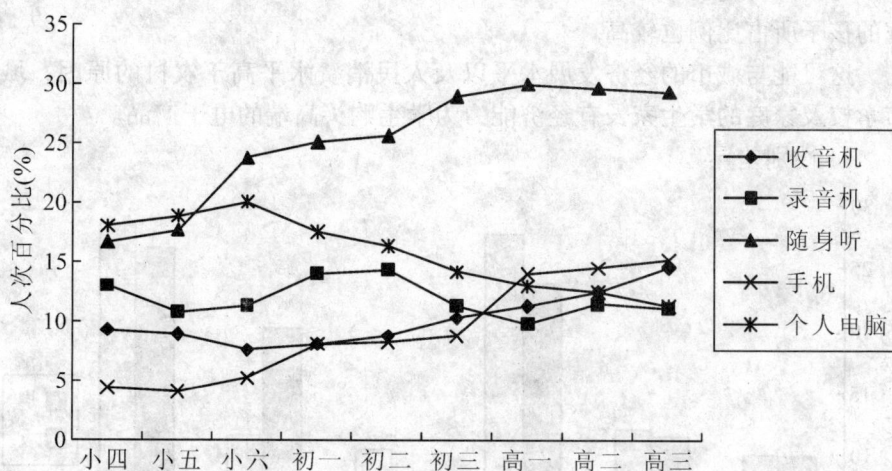

图 2-17 不同年级学生电子产品使用情况的人次百分比

3. 性别、学校及家庭所在地差异

表 2-28 不同学校及家庭所在地学生电子产品使用情况的人次百分比（%）

		收音机	录音机	随身听	手机	个人电脑	以上都没有
学校所在地	城市	9.5	9.4	22.8	11.7	22.0	24.6
	县城或郊区	10.5	14.4	27.2	6.2	9.6	32.0
家庭所在地	城市	9.6	9.0	24.2	12.8	21.6	22.7
	县城	7.9	14.1	27.8	8.3	13.3	28.6
	乡镇	9.3	12.1	27.2	8.1	11.8	32.7
	农村	12.9	16.4	29.0	4.3	4.7	32.8

注：该百分比统计值不计缺失项目

卡方检验的结果显示，不同学校所在地的中小学生在电子产品的使用上存在非常显著的差异（$\chi^2 = 1428.73$，$p < 0.001$）。县城或郊区学校学生使用收音机、录音机、随身听以及什么都不使用的比例明显高于城市学校的学生；城市学校学生使用手机和个人电脑的比例明显高于县城或郊区学校学生。可以看出，城市学校学生更多地使用现代电子产品，这与他们所处的经济环境是分不开的，相反，县城或郊区学校学生更多使用传统的电子产品。

卡方检验的结果显示，不同家庭所在地的中小学生在电子产品的使用上存在非常显著的差异（$\chi^2 = 15.27$，$p < 0.001$）。在收音机、录音机和随身听使用上，农村家庭的学生所占比例最高，分别达到12.9%、16.4%和29.0%；而在手机和个人电脑的使用上，城市家庭的学生所占比例最高，分别达到12.8%和21.6%，同时在什么都不使用的情况中，乡镇和农村家

庭的孩子所占比例也较高。

这可能与城市的经济发展水平以及人民消费水平高于农村的原因，城市学校及家庭的学生家长有经济能力为学生购买高端的电子产品。

4. 性别差异

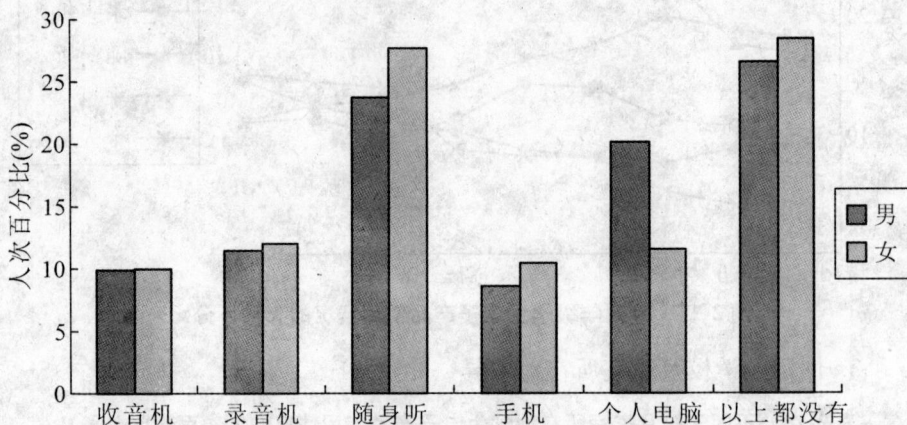

图 2-18　男女生电子产品使用情况的人次百分比

卡方检验的结果显示，男女生在电子产品的使用上存在显著的差异（$\chi^2 = 9.07$，$p < 0.01$）。特别是在个人电脑的使用上，男生所占比例明显高于女生，达到 20%，说明男生在使用电脑等高科技产品上的兴趣高于女生。

八、书刊

你最常订阅或购买的书籍或报刊是：

A. 学习类　　B. 科普类　　C. 政治、军事类　　D. 娱乐休闲类

E. 其他类

1. 十省市基本情况

总的来说，学习类和娱乐休闲类是各省市中小学生经常订阅或购买的最主要的两类报刊书籍。在广东、江西、河南、内蒙古、贵州等地，中小学生经常订购学习类书报的比例高于娱乐休闲类，在北京、黑龙江、甘肃等地二者比例相差不大，而四川省和浙江省学生经常订购娱乐休闲类书报的比例则明显高于学习类。

表 2-29　十省市学生书刊订购情况的人次百分比（%）

地区	学习类	科普类	政治、军事类	娱乐休闲类	其他类
北京	33.0	12.1	7.2	34.0	13.6
广东	37.0	14.0	7.3	25.3	16.5
浙江	27.4	17.8	6.1	33.3	15.4
黑龙江	32.9	15.3	7.9	29.9	14.0

续表

地区	学习类	科普类	政治、军事类	娱乐休闲类	其他类
江西	45.9	13.0	7.3	19.6	14.2
河南	40.3	12.1	6.6	24.9	16.2
四川	23.9	18.5	7.4	32.3	17.9
内蒙古	40.7	12.6	6.5	25.7	14.4
贵州	32.1	22.2	6.8	23.1	15.8
甘肃	32.7	14.8	8.2	28.1	16.1

2. 年级特征

表 2-30　不同年级学生书刊订购情况的人次百分比（％）

年级	学习类	娱乐休闲类	科普类	政治、军事类	其他类
小四	49.2	12.8	17.2	6.8	13.9
小五	44.0	17.0	19.8	6.0	13.1
小六	34.0	23.7	22.3	6.4	13.6
初一	35.5	25.5	16.5	8.3	14.2
初二	32.0	31.1	15.0	7.7	14.2
初三	27.2	37.5	11.8	6.9	16.6
高一	28.3	36.3	11.5	6.8	17.1
高二	28.9	34.8	10.7	7.3	18.8
高三	29.6	33.6	10.7	8.3	18.0

注：该百分比统计值不计缺失项目

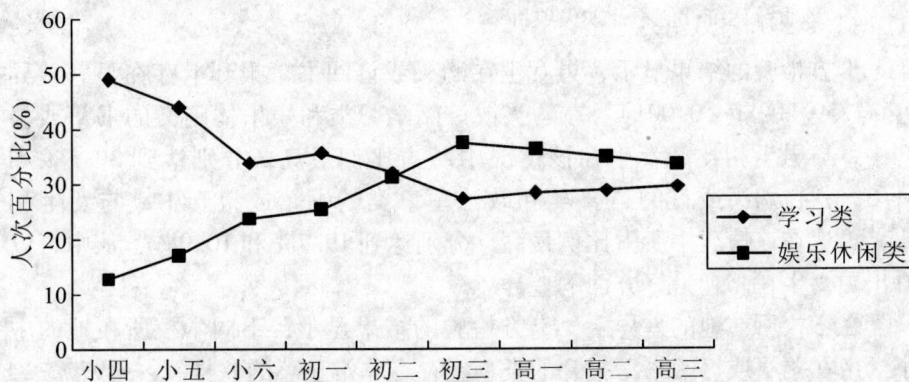

图 2-19　不同年级学生书刊订购情况的人次百分比

卡方检验的结果显示，不同年级的中小学生在订阅或购买的书籍或报刊类型上存在非常显著的差异（$\chi^2 = 874.05$，$p < 0.001$）。从上图可以看出，小学四年级到初中三年级在购买或订阅学习类书籍或杂志中所占比例随着年级的升高而逐渐下降，到了初中三年级下降到最低点，而高中三个年级在该情况中所占比例一直很低，到高三有缓慢上升的趋势，这可能是高中面临高考，学业任务加重，需要阅读的学习参考书增多；从小学四年级到初中三年级在购买或订阅娱乐休闲和其他类的书籍或报刊上所占比例逐渐升高，可见他们在平时的生活中选择购买和订阅娱乐休闲类的书籍或报刊作为一种放松调节的方式，到了初中三年级达到最高点，此后高中整个阶段都呈现下降的趋势，说明高中生面临高考的压力，课余生活被学习挤占，阅读娱乐休闲类的书籍和杂志的时间逐渐减少。

3. 性别、学校及家庭所在地差异

表 2-31　不同学校及家庭所在地学生书刊订购情况的人次百分比（%）

		学习类	科普类	政治、军事类	娱乐休闲类	其他类
性别	男	27.1	19.7	10.9	27.1	15.2
	女	39.5	9.8	3.3	31.3	16.2
学校所在地	城市	26.8	16.8	6.8	32.9	16.8
	县城或郊区	42.5	13.4	7.5	22.6	14.1
家庭所在地	城市	25.2	16.2	6.6	34.7	17.2
	县城	38.7	14	6.6	27.2	13.5
	乡镇	40.7	14.4	7.3	23.6	14
	农村	43	12.6	8.5	21.4	14.5

注：该百分比统计值不计缺失项目

卡方检验的结果显示，男女生在购买或订阅书籍报刊上存在显著差异（$\chi^2 = 259.20$，$p < 0.001$）。在购买或订阅学习类和娱乐休闲类的书籍或报刊中，与男生相比，女生在该情况中所占比例最高，分别达到 39.5% 和 31.3%；在购买或订阅科普类和政治军事类的书籍或报刊中，与女生相比，男生在该情况中所占比例最高，分别达到 19.7% 和 10.9%，从中可以看出男女生在兴趣爱好方面的差异。

在学校所在地的差异上，卡方检验的结果显示，不同学校所在地的中小学生在购买或订阅书籍报刊的类型上存在非常显著的差异（$\chi^2 = 977.72$，$p < 0.001$）。在购买或订阅学习类和政治军事类的书籍或报刊中，县城或郊区学校的学生明显高于城市学校学生；在购买或订购科普类和娱乐休闲

类以及其他类的书籍或报刊中，城市学校的学生所占比例更高。从中可以看出，县城或郊区学校学生的课外阅读更多集中在与学习有直接关系的书籍刊物上，而城市学生更多考虑其他方面的书籍刊物。

在家庭所在地的差异上，卡方检验的结果显示，不同家庭所在地的中小学生在购买或订阅书籍或报刊的类型上存在非常显著的差异（$\chi^2 = 600.38$，$p < 0.001$）。在购买或订阅学习类的书籍或报刊中，农村家庭的学生所占比例最高，达到43.0%；在购买或订阅科普类和娱乐休闲类的书籍或报刊中，城市家庭的学生所占比例最高，分别达到16.2%和34.7%。

这可能与经济发展水平有关，农村、县郊地区由于经济发展落后于城市，学校及学生的家长在教育投入上只能满足学生的基本学习需要，而城市学校及城市家庭的家长在满足学生学习的需要的同时，更有能力满足除了学生学习之外的需要，如娱乐等需要。

九、通讯

你<u>最常</u>使用何种方式和同学联系？

A. 直接当面交流　　　　B. 手机　　　　C. 电话

D. 网上聊天或发邮件　　　　　　　　E. 写信

1. 十省市基本情况

各地区中小学生最常和同学联系的方式均为直接当面交流，其次是电话联系。随着科技的发展，中小学生和同学联系的方式也呈现出多样化的发展趋势。各地区均有一小部分中小学生把手机、网上聊天或发邮件等作为和同学联系最主要的方式。

表 2-32　十省市学生和同学联系方式选择的人次百分比（%）

地区	直接当面交流	手机	电话	网上聊天或发邮件	写信
北京	42.8	11.4	34.6	5.5	5.7
广东	47.1	13.9	23.6	9.0	6.4
浙江	44.2	9.0	27.4	14.2	5.1
黑龙江	44.8	10.5	28.2	8.1	8.4
江西	59.9	3.9	21.4	6.3	8.5
河南	49.3	7.3	25.9	6.9	10.6
四川	41.8	10.2	28.1	10.6	9.4
内蒙古	49.4	7.5	29.8	3.4	9.9
贵州	36.8	15.2	24.1	8.0	16.0
甘肃	49.5	7.7	29.7	4.6	8.4

表 2-33　不同地区学生和同学联系方式选择的人次百分比（%）

地区	直接当面交流	手机	电话	网上聊天或发邮件	写信
一片地区	44.7	11.4	28.4	9.8	5.7
二片地区	49.0	7.9	25.9	8.0	9.2
三片地区	45.9	9.7	28.2	5.1	11.1

注：该百分比统计值不计缺失项目

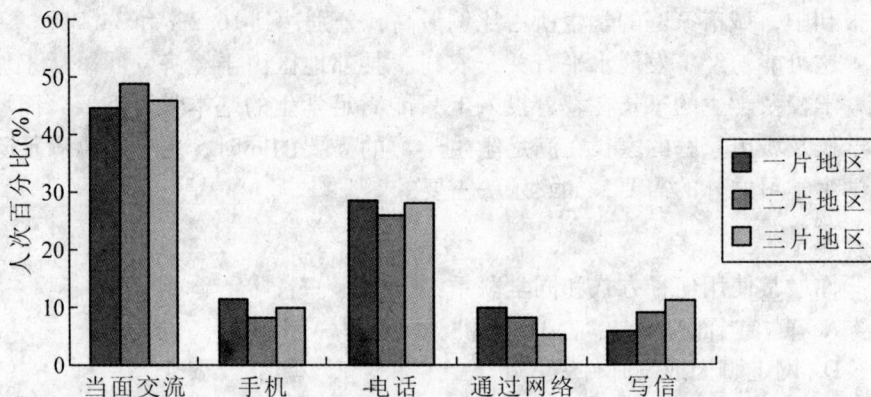

图 2-20　不同地区学生和同学联系方式选择的人次百分比

卡方检验的结果显示，不同地区的中小学生在和同学联系的方式上存在显著差异（$\chi^2 = 391.99$，$p < 0.001$）。由表 2-33 和图 2-20 可知，三片地区的中小学生与同学直接当面交流和写信的情况中所占比例最高，达到45.9% 和 11.1%；一片地区的中小学生在使用手机、电话和网上聊天或发邮件的形式和同学联系的情况中所占的比例最高，分别达到11.4%、28.4% 和 9.8%；这可能是由于地区经济发展的不平衡所造成的。总体来说，大多数中小学生采用直接当面交流的形式与同学联系。

2. 年级特征

表 2-34　不同年级学生和同学联系方式选择的人次百分比（%）

年级	直接当面交流	手机	电话	网上聊天或发邮件	写信
小四	47.5	8.9	28.1	5.1	10.3
小五	52.6	6.1	30.0	5.8	5.5
小六	46.4	6.9	31.7	8.9	6.0
初一	45.4	8.6	27.8	9.2	8.9
初二	45.9	7.8	28.7	10.1	7.5
初三	49.2	7.6	26.7	9.0	7.5

	直接当面交流	手机	电话	网上聊天或发邮件	写信
高一	41.6	10.8	26.1	8.5	13.0
高二	46.4	14.6	22.3	7.3	9.4
高三	47.3	14.4	22.4	7.5	8.4

注：该百分比统计值不计缺失项目

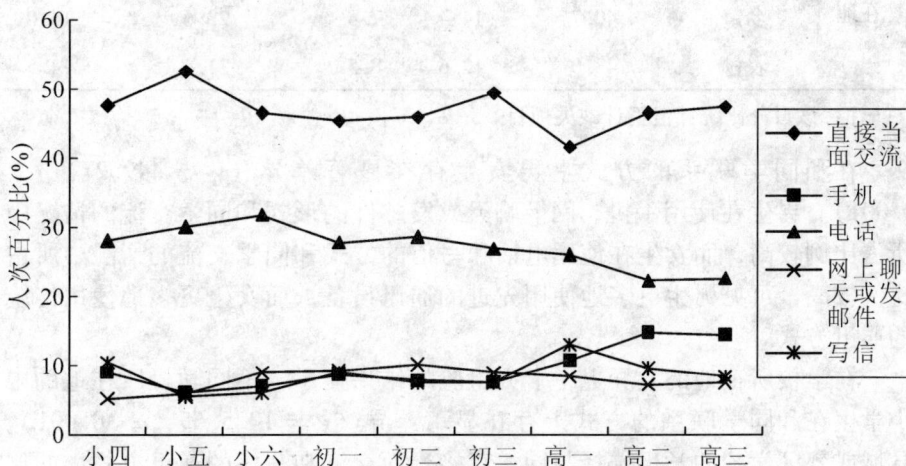

图 2-21　不同年级学生和同学联系方式选择的人次百分比

卡方检验的结果显示，不同年级学生在和同学联系的方式上存在显著差异（$\chi^2 = 721.31$，$p < 0.001$）。小学四年级到高中三年级在和同学电话联系的情况中所占比例逐渐降低；小学四年级到初中三年级在利用网上聊天或发邮件的形式和同学交流的情况所占比例随着年级的升高逐渐增加，初二年级达到最高点，到了高中略有下降，但整个高中阶段的比例趋于平稳，可见对于进入青春期的初中生，对于周围新鲜事物充满强烈的好奇心，更容易被网络这种新鲜事物吸引；高中生在利用手机和同学联系的情况中所占比例最高，明显高于小学生和初中生，可见随着年级的增高，对于先进的通讯设备了解更加深入，同时高中成人意识的确立使他们在使用手机时更能表现出自己的社会化。

3. 性别、学校及家庭所在地差异

表 2-35　不同性别、家庭及学校所在地学生和
同学联系方式选择的人次百分比（％）

		直接当面交流	手机	电话	网上聊天或发邮件	写信
性别	男	47.1	10.0	26.0	10.5	6.4
	女	46.3	8.7	28.5	5.5	11.0

		直接当面交流	手机	电话	网上聊天或发邮件	写信
学校所在地	城市	43.7	10.8	31.9	9.0	4.6
	县城或郊区	50.2	8.0	22.4	6.8	12.5
家庭所在地	城市	25.2	16.2	6.6	34.7	17.2
	县城	38.7	14	6.6	27.2	13.5
	乡镇	40.7	14.4	7.3	23.6	14.0
	农村	43.0	12.6	8.5	21.4	14.5

注：该百分比统计值不计缺失项目

在和同学联系的方式上男女生存在显著差异（$\chi^2 = 449.27$，$p < 0.001$）。男生在使用手机、网上聊天或发邮件的形式和同学交流的情况中所占比例较高，而女生在使用电话和写信的方式和同学交流的情况中所占比例较高，可见男生更多地使用先进的通讯设备，而女生更多地使用传统的通讯方式。

在学校所在地的差异上，卡方检验的结果显示，不同学校所在地的中小学生在和同学联系的方式上存在显著差异（$\chi^2 = 1025.65$，$p < 0.001$）。县城或郊区学校的学生选择与同学直接当面交流和写信的通讯方式中的比例明显高于城市学校学生；城市学校的学生在使用手机、电话和网上聊天或发邮件的形式和同学联系的情况要明显高于县城或郊区学校学生。

在家庭所在地的差异上，卡方检验的结果显示，不同家庭所在地的中小学生在和同学联系的方式上存在非常显著的差异（$\chi^2 = 1269.59$，$p < 0.001$）。农村家庭的孩子在采用直接当面交流和信息的方式中所占比例最高，达到43%；而城市家庭的孩子在使用手机、电话和网上聊天或发邮件的形式上所占比例最高，分别达到16.2%、34.7%。

这种差异可能是由于经济发展水平的差异造成的，城市的信息技术的发展水平要高于县郊及农村，所以城市地区的学生更多地采用手机等先进的通讯设备并采用网上聊天或发邮件的通讯方式，而农村地区的学生更多地采用写信等传统通讯方式。

第二节　文化生活

中小学生在学习和生活之中，会由于各种原因形成不同的兴趣爱好，那么作为中小学生这个群体，他们的兴趣到底是一个什么样的分布情况呢？针对这一问题展开的调查得出了一些有重要意义的结果。本次对爱好的调查有四个题目，其中包括对节日的喜好、对电影歌曲等的喜好、关注国内外大事的方式偏好三个方面。

一、中外节日

节日的喜好这一题目共有 10 个选项，可以分成三类，一类是我国传统节日，如：春节、元宵节、中秋节等；另一类是有纪念意义的节日，如：六一儿童节、五一劳动节、国庆节等；第三类是源于国外的较大节日，如：情人节、父亲节/母亲节、愚人节、圣诞节等。该题目的设置是为了通过对节日喜好的调查，考查中小学生对与节日相关的文化的认可，如春节与我国传统文化关系密切，而圣诞节等则与西方文化关系密切。

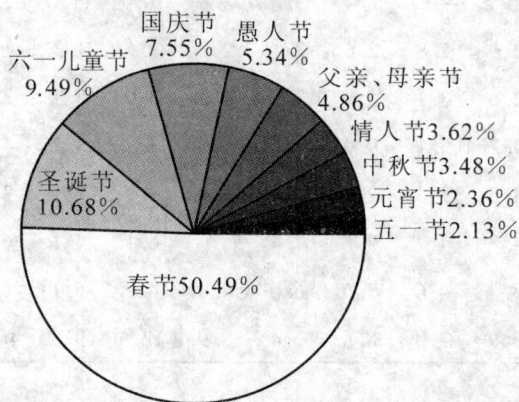

图 2-22 中小学生最喜欢的节日总体人次百分比

通过对中小学生的总体分析发现，在这些节日中最受学生欢迎的是传统节日春节，占到所有学生总数的 50.49%，其次是圣诞节（10.68%），以下依次是六一儿童节（9.49%）、国庆节（7.55%）、愚人节（5.34%）、父亲节/母亲节（4.86%）、情人节（3.62%）、中秋节（3.48%）、元宵节（2.36%）、五一节（2.13%）。在传统节日中，除了春节之外，元宵节和中秋几乎是受欢迎程度最低的节日，相比较而言，圣诞节、愚人节、父亲节/母亲节、情人节等源于西方的节日，则远比传统节日更能受到中小学生的欢迎。说明除了在国内影响较广的春节之外，中小学生对这些曾广受大家喜爱的传统节日并不是很感兴趣，而对那些具有西方特色的，较有现代气息的节日则比较感兴趣。而在纪念性节日中，六一儿童节成为最受广大中小学生欢迎的节日，而国庆节由于意义重大且为法定假日在中小学生中也比较受欢迎。（如图 2-22）

1. 十省市基本情况

表 2-36 各省市学生最喜欢的节日的人次百分比（%）

最喜欢的节日	省 市									
	北京	甘肃	广东	贵州	河南	黑龙江	江西	内蒙古	四川	浙江
春节	54.7	58.8	52.4	46.5	51.4	51.7	50.8	55.3	47.7	38.2
元宵	1.5	1.4	3.7	4.1	3.0	2.4	2.2	2.3	2.0	1.4
儿童/青年节	10.2	9.1	8.4	5.3	8.8	10.4	11.0	6.4	8.5	14.0
五一节	2.0	1.8	2.6	2.1	2.7	1.6	1.3	1.6	2.3	3.1
中秋节	2.6	3.1	5.2	3.9	3.2	3.0	5.7	3.7	2.0	2.6
国庆节	4.2	5.1	9.0	10.3	9.0	3.7	8.2	4.4	10.1	10.6
情人节	4.5	3.4	2.6	6.3	2.8	3.8	2.1	3.4	4.1	4.2
父/母亲节	4.8	4.7	3.6	7.4	3.2	6.1	4.1	6.9	4.0	3.0
愚人节	5.7	4.6	5.0	6.6	4.6	4.9	5.1	5.1	5.1	8.3
圣诞节	9.9	7.8	8.8	7.4	8.9	12.5	9.5	10.9	14.3	14.5

通过卡方检验我们知道，中小学生对节日的喜好存在显著的省区差异（$\chi^2 = 1369.21$，$p < 0.001$）。由表 2-36 可以看出，在传统节日中，春节仍然是各省市区中小学生最喜欢的节日。其中，最喜欢春节的是甘肃地区的中小学生，而相对喜欢春节频数最低的是浙江省，另外，四川和贵州省喜欢春节的百分比也比较低。北方地区的中小学生最喜欢春节的频数普遍高于南方地区（广东地区除外）。而对元宵节和中秋节，则是贵州、广东和江西等地区的中小学生较喜欢，其中贵州的小学生中最喜爱元宵节的频数大于其他所有省份，江西和广东的中小学生中最喜欢中秋节的频数大于其他所有省份。在有纪念意义的节日中，儿童/青年节是中小学生最喜欢的节日，但对该节日的喜好频数却有比较大的差异，其中浙江地区的中小学生比其他地区的中小学生更喜欢儿童/青年节，其次是江西、黑龙江、北京、甘肃等，喜欢儿童/青年节的频数最低的是贵州地区，只占贵州地区学生的5.3%。而对国庆节和五一节的喜欢频数都较低，且五一节低于国庆节。

对源于西方的节日，圣诞节仍是中小学生比较喜欢的节日，其次是愚人节。最喜欢圣诞节的频数最高的是浙江地区，其次是四川，再者是黑龙江、内蒙古、北京、江西等。对愚人节的喜爱频数最高的也是浙江地区，其次是贵州，再者是北京、江西、四川、内蒙古等。

2. 年级特征

通过卡方检验我们发现，不同年级之间对节日的喜好有显著的差异

（ $\chi^2 = 6259.54$ ， $p < 0.001$ ）。由表 2-37 可以看出，在传统节日中，春节并不是小学四年级学生最喜欢的节日，但到了五年级以后春节就成为最受中小学生欢迎的节日，而且随着年龄的增长，最喜爱春节的比例逐渐增加，到高中时达到了最高水平，高中生中最喜欢春节的比例远远超出了总体平均比例。中小学生对元宵节、中秋节等节日的喜爱程度一直不是很高，但中学生的喜爱程度要稍高于小学生的喜爱程度。

在纪念日类节日中，六一儿童节是小学四年级学生最喜欢的节日，而小学生对该节日的喜爱程度远远大于中学生对青年节的喜爱程度。随着年级增高，中小学生对儿童/青年节的兴趣逐渐降低。与劳动节相比，中小学生对国庆节的喜爱程度稍高一些，且中学生高于小学生，但总体差别不是很大。结果也显示，中小学生对五一劳动节的喜爱程度一直不是很高，但中学生的喜爱程度稍高于小学生，小学四年级对劳动节的喜欢程度最低，仅为 0.8%。

在源于西方的节日中，圣诞节是最受中小学生欢迎的节日，但随着年级的增加，对圣诞节的喜爱程度有下降趋势，最喜欢圣诞节的比例由小学四年级的 15.1% 下降到高三学生的 6.9%。对父亲节/母亲节的喜爱程度表现出与圣诞节相似的变化趋势。而对情人节和愚人节的喜爱程度则呈先增长后下降的趋势，初中生和小学六年级学生喜爱这两个节日的比例要略高于其他年级。

在各年级最喜欢的节日的排列顺序中，小学四年级学生最喜欢的前三个节日依次是六一儿童节、春节和圣诞节，小学五年级和六年级学生最喜欢的前三个节日是春节、六一儿童节和圣诞节，而初中生和高中一、二年级学生最喜欢的前三个节日分别是春节、圣诞节和国庆节，不同的是高中三年级学生，他们最喜欢的节日分别为春节、国庆节和圣诞节。

表 2-37　各年级学生最喜欢的节日的人次百分比（%）

最喜欢的节日	年　级								
	小四	小五	小六	初一	初二	初三	高一	高二	高三
春节	26.9	35.2	41.8	48.2	54.2	59.5	61.8	66.9	63.6
元宵	2.6	2.2	2.4	3.0	2.1	1.8	1.6	2.4	3.2
儿童/青年节	30.2	25.7	16.1	2.4	2.2	1.9	1.6	1.4	1.5
五一节	0.8	1.1	1.8	2.4	2.5	3.0	2.3	2.4	2.9
中秋节	2.7	2.6	2.4	4.0	3.1	3.8	3.8	4.3	4.9
国庆节	5.0	6.1	8.0	9.1	8.3	7.3	8.7	7.3	8.6
情人节	2.4	2.1	3.7	4.6	4.3	4.8	4.1	3.1	3.5

最喜欢的节日	年 级								
	小四	小五	小六	初一	初二	初三	高一	高二	高三
父/母亲节	9.4	7.7	6.3	5.5	4.1	2.5	2.8	2.0	2.5
愚人节	4.8	5.1	6.5	8.6	7.3	5.6	4.4	2.7	2.4
圣诞节	15.1	12.3	11.1	12.1	11.7	9.8	8.8	7.4	6.9

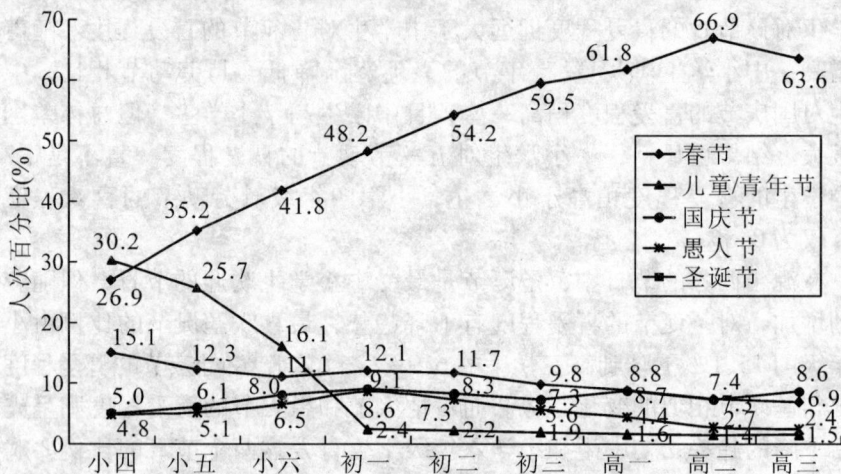

图 2-23　各年级学生最喜欢的节日的人次百分比

3. 性别、学校所在地和学校类型差异

表 2-38　不同性别、学校所在地和学校类型学生最喜欢的节日的人次百分比（%）

最喜爱的节日	性别		学校所在地		学校类型	
	男	女	城市	县城	重点	非重点
春节	52.0	52.5	50.5	50.5	52.1	50.4
元宵	2.5	1.9	1.6	3.1	2.1	2.6
儿童/青年节	8.5	7.6	8.5	10.5	8.2	9.0
五一节	2.5	1.9	2.5	1.8	2.3	2.1
中秋节	3.0	3.8	2.5	4.5	3.1	3.9
国庆节	9.4	5.8	8.3	6.8	7.9	7.5
情人节	4.6	2.8	3.9	3.3	3.7	3.8
父/母亲节	4.1	5.1	3.8	6.0	4.1	5.5
愚人节	5.2	5.6	5.4	5.3	5.1	5.6
圣诞节	8.2	12.9	13.0	8.3	11.4	9.6

对节日喜好进行卡方检验，结果还表明中小学生对节日的喜好存在明显的性别差异（$\chi^2 = 390.64$，$p < 0.001$）、学校所在地差异（$\chi^2 = 478.01$，$p < 0.001$）和学校类型差异（$\chi^2 = 87.88$，$p < 0.001$）。

比较节日喜好的性别差异，在传统的节日中，春节仍然是男生和女生最喜欢的节日，半数以上的人都喜欢春节。而对元宵节和中秋节的喜欢程度上，男生和女生都更喜欢中秋节，并且女生比男生更喜欢一些。而在对元宵节的喜欢程度上，女生也比男生更喜欢元宵节。在对有纪念意义的节日中，男生的喜爱程度都高于女生，并且喜爱的顺序上也有差别。在这些节日中男生较喜欢国庆节，其次是儿童/青年节；而女生较喜欢儿童/青年节，其次是国庆节，男生和女生最喜欢劳动节的百分比都最低。在源于西方的节日中，除情人节之外，女生的喜爱程度都高于男生。与同类的几个节日相比，圣诞节是男女生都比较喜欢的节日，但对于情人节和父/母亲节，男生更喜欢情人节，女生更喜欢父/母亲节。在最喜欢的节日顺序上也有一定的性别差异，男生最喜欢的前五个节日分别是春节、国庆节、儿童/青年节、圣诞节和愚人节。而女生最喜欢的前五个节日分别是春节、圣诞节、儿童/青年节、国庆节、愚人节。

比较中小学生节日喜好的学校所在地差异，在传统节日中，春节仍是各地中小学生最喜爱的节日，并且最喜爱的比例相同，但在最喜爱元宵节和中秋节的人次百分比上，学校在县城的中小学生都高于学校在城市的中小学生。对有纪念意义的节日，儿童/青年节仍然是比较受欢迎的，但学校在县城的学生喜爱儿童/青年节的百分比高于学校在城市的学生。而在喜爱国庆节和五一节的百分比上，学校在县城的中小学生则低于学校在城市的中小学生。在源于西方的节日中，圣诞节是学校在城市学校的中小学生最喜爱的节日，而父/母亲节则是学校在县城的中小学生最喜爱的节日。

比较节日喜好的学校类型差异，在传统的节日中，春节仍然是两类学校学生最喜欢的节日，半数以上的人都喜欢春节，而重点学校的学生比非重点学校学生更喜欢一些。在对元宵节和中秋节的喜欢程度上，两类学校的学生都更喜欢中秋节，并且非重点学校的学生比重点学校的学生更喜欢这两个节日。在有纪念意义的节日中，儿童/青年节仍然是比较受欢迎的，但非重点学校的学生喜爱儿童/青年节的百分比高于重点学校学生。而喜爱国庆节和五一节的百分比则是非重点学校的学生低于重点学校的学生。在源于西方的节日中，圣诞节是比较受两类学校学生喜欢的节日，但重点学校学生的喜爱程度高于非重点学校的学生。在其他如愚人节、父/母亲节、情人节等节日中，重点学校的学生喜爱程度低于非重点学校的学生。在最喜欢的节日百分比顺序上存在细微的差异，但最喜欢的前几项没有差别。

二、影视歌曲

对电影、歌曲的喜好题目共有 3 个选项，分别是中国内地类、港澳台类和国外类。影视、歌曲由于其强大的影响力，对中小学生的文化导向造成了很大的冲击，比较对不同地区影视歌曲的喜好程度，可以从某个侧面反映出中小学生对各地区文化的认同情况，对进一步挖掘影视歌曲喜好背后的深层意义有一定的引导性。

对中小学生的总体分析发现，在 3 类电影和歌曲中，最受中小学生欢迎的是港澳台的影视歌曲，占学生总数的 46.6%，其次是大陆的影视歌曲，最后是国外的影视歌曲（如图 2-24 所示）。

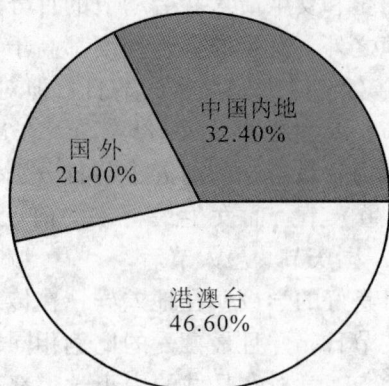

图 2-24 学生最喜爱的电影、歌曲类型的人次百分比

1. 十省市基本情况

表 2-39 各省市学生最喜爱的电影、歌曲类型的人次百分比（%）

最喜爱影曲	省　市									
	北京	甘肃	广东	贵州	河南	黑龙江	江西	内蒙古	四川	浙江
中国内地	30.8	35.9	26.5	36.1	34.5	33.2	40.5	39.6	25.1	25.7
港澳台	49.0	46.6	51.9	46.8	41.5	46.0	40.6	42.9	52.4	47.8
国外	20.2	17.5	21.6	17.1	24.0	20.9	18.5	17.4	22.6	26.5

中小学生对电影歌曲喜好的省区分布与总体数据存在较大的差异，在中小学生最喜欢的电影歌曲类型中，百分比最高的是港澳台的电影歌曲，其次是中国内地的，再次是国外的。对各省市区电影歌曲喜好的百分比进行卡方检验，结果表明对电影歌曲的喜好存在显著的省区差异（$\chi^2 = 521.32$，$p < 0.001$）。由表 2-39 可以看出，中小学生中最喜欢港澳台电影歌曲的百分比，以四川地区最高，其次是广东，以下依次是北京、浙江、贵州、甘肃、黑龙江、内蒙古、河南和江西等。中小学生中最喜欢中国内

地电影歌曲的百分比，以江西最高，其次是内蒙古，以下依次是贵州、甘肃、浙江、河南、黑龙江、北京、广东、浙江和四川等。而中小学生中最喜欢国外电影歌曲的百分比，以浙江最高，其次是河南，以下依次是四川、广东、黑龙江、北京、江西、甘肃、内蒙古和贵州等。

2. 年级特征

通过对电影歌曲喜好的百分比进行卡方检验，结果表明对电影歌曲的喜好有显著的年级差异（$\chi^2 = 3220.39$，$p < 0.001$）。由表 2-40 和图 2-25 可以看出，随着年级的增长，中小学生中最喜欢中国内地电影歌曲的百分比逐渐降低，而最喜欢港澳台电影歌曲的百分比则逐渐增加。最喜欢大陆电影歌曲的百分比由过半数的 57.0% 一直下降到 15.0%，最喜欢港澳台的百分比则由 20.8% 增加到远超过半数的 60.4%。相比之下，最喜欢外国电影歌曲的百分比则在小学期间呈下降趋势，从初中开始缓慢增长，到高中以后，最喜欢外国电影歌曲的百分比已经超过了最喜欢内地电影歌曲的，位居三类电影歌曲的第二位。

表 2-40　各年级学生最喜爱的电影、歌曲类型的人次百分比（%）

最喜爱的影曲	年　级								
	小四	小五	小六	初一	初二	初三	高一	高二	高三
中国内地	57.0	51.8	40.1	34.8	29.1	23.5	20.0	17.6	15.0
港澳台	20.8	29.1	41.2	46.2	51.1	55.8	57.5	59.6	60.4
国外	22.2	19.0	18.7	19.1	19.8	20.7	22.5	22.9	24.6

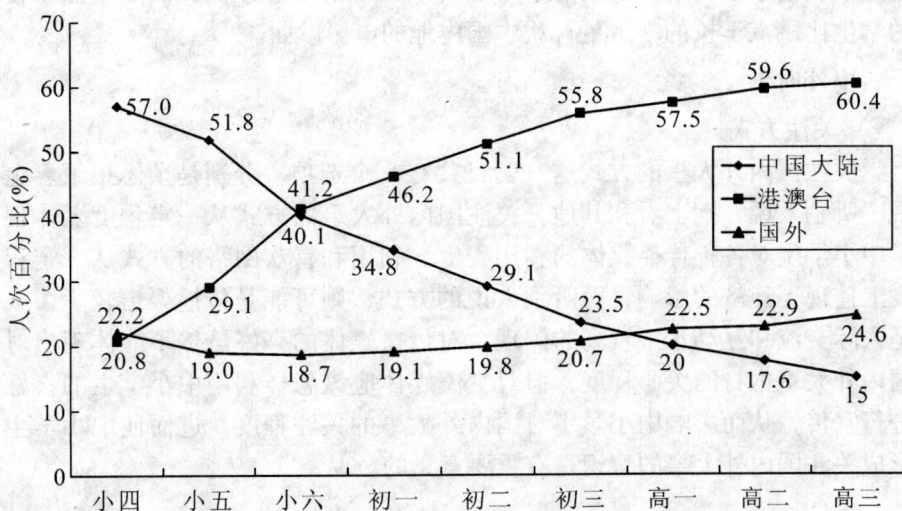

图 2-25　各年级学生最喜爱的电影、歌曲类型的人次百分比

3. 性别、学校所在地和学校类型差异

表2-41　不同性别、学校所在地和学校类型学生最喜爱的
电影、歌曲类型的人次百分比（%）

最喜爱的影曲	性别		学校所在地		学校类型	
	男	女	城市	县城	重点	非重点
中国内地	29.9	31.9	21.9	43.3	29.8	33.6
港澳台	46.0	49.7	51.9	41.1	47.0	47.3
国外	24.1	18.5	26.2	15.7	23.3	19.1

通过对电影歌曲喜好的百分比进行卡方检验，结果表明中小学生对电影歌曲的喜好有显著的性别差异（$\chi^2 = 131.29$，$p < 0.001$）、学校所在地差异（$\chi^2 = 1731.67$，$p < 0.001$）和学校类型差异（$\chi^2 = 92.68$，$p < 0.001$）。

比较中小学生对电影歌曲类型喜好的性别差异，男生和女生都最喜欢港澳台的电影歌曲，其次是内地的，再次是国外的。但女生比男生更喜欢港澳台、内地的电影歌曲，而男生比女生更喜欢国外的电影歌曲。

比较中小学生对电影歌曲类型喜好的学校所在地差异，学校在城市的中小学生最喜欢港澳台的电影歌曲的百分比最高，其次是国外的，再次是中国内地的。而学校在县城的中小学生最喜欢的电影歌曲中，中国内地的百分比最高，其次是港澳台的，再次是国外的。

比较中小学生对电影歌曲类型喜好的学校类型差异，重点和非重点学校的学生都最喜欢港澳台的电影歌曲，其次是大陆的，再次是国外的。但重点学校的学生比重点学校的学生更喜欢国外的电影歌曲，而非重点学校的学生比重点学校的学生更喜欢中国内地的电影歌曲。

三、中外时事

（一）关注方式

关注国内外大事的方式这一题目共有5个选项，分别是杂志报纸、电视、听别人说、网上看和其他。关注国内外大事的方式从一定程度上体现了中小学生对各种传播媒体的利用程度。利用和喜欢网络的方式从一定程度上体现了经济的影响，而听别人说的方式，则可能是传播渠道较少，或是人际交流和互动水平较高的体现。对传播媒体的喜好虽然不能体现出对国内外大事本身的关心程度，但对主流媒体应该怎样利用中小学生的喜好进行宣传，从而影响中小学生对国内外大事的关注程度，进而使中小学生形成关注国内外大事的意识是有重要意义的。

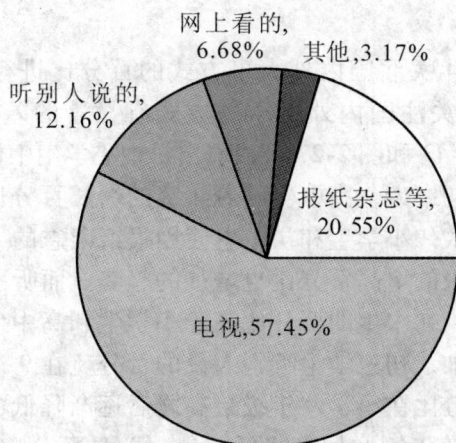

图 2-26 学生关注国内外大事方式的人次百分比

通过对中小学生的关注国内外大事的总体分析发现，在这 5 种方式中，中小学生最常使用的途径是电视，占总人数的 57.45%。其次是报纸杂志，但百分比很小，只有 20.55%。以下依次是听别人说的、网上看的和其他（如图 2-26 所示）。

1. 十省市基本情况

表 2-42 各省市学生关注国内外大事方式的人次百分比（%）

关注方式	省 市									
	北京	甘肃	广东	贵州	河南	黑龙江	江西	内蒙古	四川	浙江
报纸杂志等	16.7	16.7	21.4	21.4	22.8	14.9	21.9	11.4	24.5	29.7
电视	59.7	64.3	57.8	56.4	55.6	58.7	57.7	69.7	52.9	47.0
听别人说的	13.0	11.9	11.1	11.1	12.3	14.7	11.9	12.4	11.2	11.6
网上看的	6.8	4.7	7.1	7.8	6.1	7.5	5.0	3.6	8.4	9.1
其他	3.8	2.5	2.7	3.2	3.2	4.2	3.4	3.0	3.0	2.5

通过对中小学生关注国内外大事方式的百分比进行卡方检验，结果表明中小学生关注国内外大事的方式存在显著的省区差异（$\chi^2 = 726.77$，$p < 0.001$）。由表 2-42 可以看出，在关注国内外大事的方式中，最常采用电视方式的是内蒙古学生（69.7%），其次是甘肃，以下依次是北京、黑龙江、广东、江西、贵州、河南和四川等。最常使用报纸杂志方式的是浙江的中小学生，其次是四川，以下依次是河南、江西、贵州、广东、甘肃、北京、黑龙江和内蒙古。最常听别人说的是黑龙江的中小学生，其次是北京。最常使用网络方式的则是浙江省的中小学生，其次是四川省。

2. 年级特征

通过对中小学生关注国内外大事方式的百分比进行卡方检验，结果表明不同年级之间关注国内外大事的方式有显著的差异（$\chi^2 = 692.47$，$p < 0.001$）。由表 2-43 和图 2-27 可以看出，中小学生中使用电视方式的百分比最高，其次是初中生，高中生随着年级的增长百分比逐渐降低，但始终高于其他任何方式。小学生和初中生使用报纸杂志的方式的百分比低于高中生，有随着年级的增高百分比也增加的趋势。而听别人说的方式以小学生的百分比最低，初中生的百分比高于小学生和高中生，且随着年级的增加百分比逐渐增加，初三学生听别人说的百分比在 9 个年级中最高。而使用网络方式的百分比在小学六年级最高之后逐渐降低，高三学生的百分比最低。其他方式随年级增加有降低趋势，并且百分比很低，说明电视、报纸杂志、听别人说和使用网络这四种方式是学校学生了解国内外大事的主要的途径。

表 2-43　各年级学生关注国内外大事方式的人次百分比（%）

关注方式	年　级								
	小四	小五	小六	初一	初二	初三	高一	高二	高三
报纸杂志等	20.1	18.7	18.8	19.3	17.9	17.8	21.1	25.1	27.3
电视	57.7	61.1	59.1	54.9	58.2	58.7	58.9	55.1	52.5
听别人说的	8.4	8.9	8.6	13.4	14.3	15.2	13.5	13.7	13.9
网上看的	8.2	7.9	10.5	8.6	6.5	5.7	3.9	4.3	4.1
其他	5.7	3.5	2.9	3.8	3.2	2.6	2.5	1.8	2.1

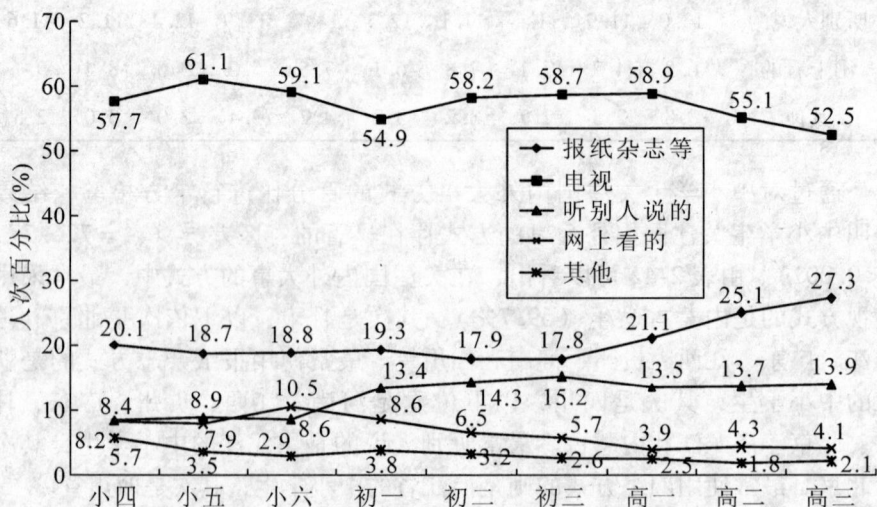

图 2-27　各年级学生关注国内外大事方式的人次百分比

3. 性别、学校所在地和学校类型差异

**表 2-44　不同性别、学校所在地和学校类型学生关注
国内外大事方式的人次百分比（%）**

关注方式	性别		学校所在地		学校类型	
	男	女	城市	县城	重点	非重点
报纸杂志等	20.3	21.1	24.1	16.9	22.6	19.3
电视	57.6	56.9	55.4	59.5	55.2	58.7
听别人说的	10.0	15.0	10.1	14.3	12.1	12.4
网上看的	8.6	4.4	7.3	6.0	7.0	6.5
其他	3.6	2.6	3.1	3.3	3.1	3.1

通过对中小学生关注国内外大事方式的百分比进行卡方检验，结果表明中小学生关注国内外大事的方式存在显著的性别差异（$\chi^2 = 355.15$，$p < 0.001$）、学校所在地差异（$\chi^2 = 355.87$，$p < 0.001$）和学校类型差异（$\chi^2 = 57.58$，$p < 0.001$）。

比较中小学生关注国内外大事方式的性别差异，男生和女生都最常采用电视的途径，其次是报纸杂志，再次是听别人说和网上看的。但男生比女生用网上看的百分比高，而女生则比男生听别人说的百分比高。

比较中小学生关注国内外大事方式的学校所在地差异，各地中小学生都最常采用电视的途径，其次是报纸杂志，再次是听别人说和网上看。但学校在城市的中小学生采用报纸杂志和网络方式的百分比高，而学校在县城的中小学生听别人说的百分比高。

比较中小学生关注国内外大事方式的学校类型差异，重点和非重点学校的学生在使用报纸杂志方式上的差异最明显，重点学校学生的使用百分比高于非重点学校学生。

（二）关心程度

中小学生平时是否看关于国内外大事的新闻的题目，共有 3 个选项，根据选项采用三点计分法，选项以 1 = 从不看，2 = 有时看，3 = 经常看。中小学生中选择"有时看"的人次百分比为 65%，高于选择"经常看"（27%）和"从不看"（8%）的学生。说明中小学生有时会关心国内外大事，关心国内外大事的热情相对比较高涨。

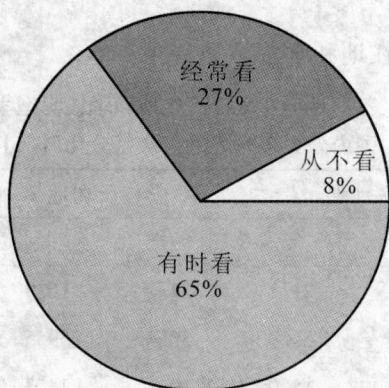

图2-28 中小学生关心国内外大事的百分比

1. 十省市基本情况

表2-45 各省市中小学生关心国内外大事程度的人次百分比（%）

关心国内外大事的程度	省份									
	北京	甘肃	广东	贵州	河南	黑龙江	江西	内蒙古	四川	浙江
从不看	9.0	7.2	5.1	16.5	6.6	10.9	7.3	7.1	8.3	7.1
有时看	64.5	65.7	63.3	59.5	66.4	66.8	68.5	66.0	63.9	62.3
经常看	26.5	27.1	31.5	23.9	26.9	22.3	24.2	26.9	27.9	30.5

比较各省市中小学生关心国内外大事的程度的百分比差异，各省市均表现出与总体百分比相似的顺序趋势，即有时看＞经常看＞从不看。"有时看"选项的百分比以江西省最高，而贵州省最低；"经常看"选项的百分比以广东和浙江最高，黑龙江省最低；"从不看"选项的百分比以贵州省最高，广东省最低。综上我们可以看出，广东和浙江省的中小学生相对来说比较关心国内外大事，而贵州和黑龙江地区则相对不太关心国内外大事。

2. 年级特征

比较各年级中小学生对国内外大事关心程度的百分比。随着年级的增加，"有时"关注国内外大事的百分比呈先上升后缓慢下降的趋势，而"经常"关注的百分比呈先下降后缓慢上升的趋势，但"从不"关注国内外大事的百分比则呈下降趋势。因此总体上说，随着年级的增高，中小学生关心国内外大事的程度有缓慢的增加。

表 2-46 各年级中小学生关心国内外大事程度的人次百分比（%）

关心国内外大事程度	年 级								
	小四	小五	小六	初一	初二	初三	高一	高二	高三
从不看	11.7	8.6	8.6	9.9	8.0	7.7	6.4	5.8	6.7
有时看	60.3	62.4	61.8	65.4	67.7	67.5	68.0	66.6	64.5
经常看	27.9	29.0	29.6	24.7	24.3	24.8	25.6	27.6	28.9

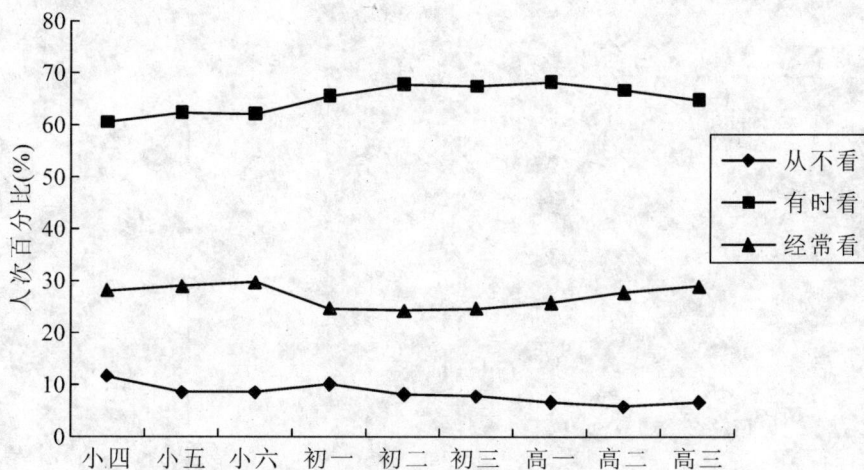

图 2-29 各年级学生关心国内外大事程度的人次百分比

3. 性别、学校所在地和学校类型差异

表 2-47 不同性别、学校所在地和学校类型中小学生关心
国内外大事程度人次百分比（%）

关心国内外大事程度	性别		学校所在地		学校类型	
	男	女	城市	县城	重点	非重点
从不看	7.8	8.2	7.1	9.3	7.6	8.7
有时看	59.2	71.1	62.2	67.7	64.3	65.1
经常看	33.0	20.7	30.6	23.0	28.1	26.2

通过比较中小学生关注国内外大事程度的性别、学校所在地和学校类型的差异，我们发现，男生"经常"和"有时"关注国内外大事的百分比都高于女生，"从不"关注国内外大事的百分比则低于女生，男生比女生更关注国内外大事；城市学校的中小学生"经常"关注国内外大事的百分比高于县城学校的学生，而县城学校的中小学生"有时"关注的百分比则

显著高于城市学校学生，城市学校中小学生关注的程度高于县城学校学生；重点学校学生"经常"关注的百分比高于非重点学校学生，而"有时"和"从不"关注的百分比则低于非重点学校学生。

第三章　交往

第一节　亲子交往

良好的家庭环境与亲子关系，对于儿童青少年的学习能力与心理发展起着重要作用。目前我国的儿童青少年与父母的关系如何，他们与父母之间的沟通如何，在遇到困难时是否愿意与父母沟通，会与父母在哪些方面进行沟通，他们与父母之间是否会产生矛盾与冲突，通常是因为什么而产生冲突，并且冲突产生后是如何解决的呢？此外，父母对他们有哪些学业期望，他们在与自己有关的事情上做决定的自主性如何呢？他们的父母在业余时间的安排又是怎样的呢？我们针对这些主题进行了问题的设计，并且得出了一些很有意义的数据。

一、亲子关系的感知

（一）对与父母关系的感知：用词来形容你的父亲（母亲）

在参与调查的 3 万多名中小学生中，选择"朋友"来形容父亲和母亲的比例都是最高的，超过了 50.0%，但选择"统治者"来形容父亲的比例要比母亲高很多（父亲，34.7%；母亲，22.8%），而选择用"保姆"来形容母亲的比例则远远要高于父亲（母亲，25.0%；父亲，9.7%）。这说明中小学生与父母的关系以平等和民主的"朋友"关系为主，并且父亲和母亲的角色功能显示出明显的差异，父亲更多地担任了握有权力的管理者的角色，而母亲则更多地表现出照顾者的功能。

1. 十省市基本情况

表 3-1　十省市学生对与父母关系感知状况的人次百分比（%）

		北京	广东	浙江	黑龙江	江西	河南	四川	内蒙古	贵州	甘肃	平均数
统治者	父亲	34.0	37.3	31.4	30.7	34.0	31.9	34.8	36.8	41.7	40.7	34.7
	母亲	25.0	23.0	22.0	22.0	22.5	18.1	25.2	22.6	26.5	24.0	22.8
朋友	父亲	57.6	50.0	60.8	58.5	57.7	57.8	56.3	52.5	46.1	50.6	55.6
	母亲	56.5	48.6	57.5	56.1	50.6	54.1	54.1	44.9	43.9	48.4	52.2
保姆	父亲	8.4	12.7	7.8	10.8	8.3	10.3	8.9	10.7	12.2	8.7	9.7
	母亲	18.5	28.6	20.5	21.9	26.9	27.9	20.7	32.5	29.6	27.7	25.0

注：表中阴影部分分别是在十省市中该选项比例最高的和最低的

从表 3-1 中可以看出，各省市分布趋势大致与总体一致，不过也存在一些差异。贵州省选择"统治者"来形容父亲和母亲的比例都是最高的，而选择"朋友"来形容父亲和母亲的比例都是最低的；选择"统治者"来形容父亲的比例黑龙江省最低，形容母亲的比例河南省最低，而选择"保姆"来形容父亲比例最高的是广东省，最低的是浙江省，而形容母亲的则最高的是内蒙古，最低的是北京。

2. 年级特征

对不同年级的学生选择"统治者""朋友"和"保姆"来形容自己父母的比例进行了统计，列在表 3-2 中。

表 3-2　不同年级学生对与父母关系感知状况的人次百分比（%）

		小四	小五	小六	初一	初二	初三	高一	高二	高三
统治者	父亲	34.6	33.3	33.8	34.6	38.1	37.0	34.0	33.4	32.9
	母亲	24.9	23.0	22.8	24.5	26.7	25.5	20.3	18.9	17.8
朋友	父亲	56.4	59.2	59.5	55.3	52.9	53.1	55.1	55.4	53.8
	母亲	50.8	52.0	57.9	51.4	51.0	48.8	52.2	53.5	53.3
保姆	父亲	9.0	7.5	6.7	10.1	9.0	9.9	10.9	11.2	13.2
	母亲	24.3	25.0	19.3	24.1	22.3	25.7	27.5	27.6	28.9

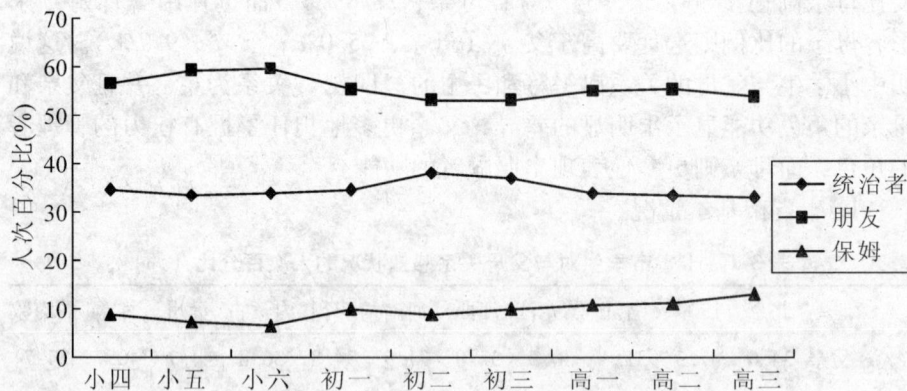

图 3-1　不同年级学生对与父亲关系感知状况的人次百分比

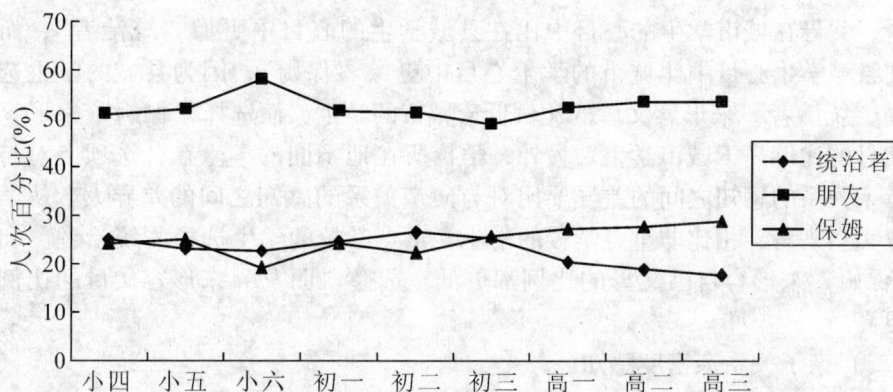

图 3-2　不同年级学生对与母亲关系感知状况的人次百分比

结合图 3-1 和图 3-2 可以看出，中小学生对与父母关系的感知，无论在哪一个年级，比例最高的都是"朋友"，而选择"保姆"来形容父亲的比例都是最低的，对母亲则不是这样。从年级发展的趋势来看，对于父亲，选择"朋友"的比例在初中最低，而选择"统治者"的比例在初中阶段更高。选择"保姆"的比例在小学是下降的，但进入初中后基本呈现上升趋势，在高三的时候达到最高比例。对于母亲，选择"朋友"的比例在小学阶段是呈现上升趋势的，在小学六年级的时候达到最高比例。进入初中后开始下降，但进入高中后继续上升。选择"统治者"的比例在小学稍微有所下降，进入初中后明显上升，在初二达到了最高比例，从初二到初三开始一直呈现下降趋势。选择"保姆"的比例在小学四五年级是上升的，到六年级达到最低比例，但进入初中后基本呈现上升趋势，在高三的时候达到最高比例。

3. 性别、学校所在地及学校类型差异

表 3-3　不同性别、学校所在地及学校类型学生对与父母关系感知状况的人次百分比（％）

形容词	男		女		城市		县城		重点		非重点	
	父亲	母亲	父亲	母亲	父亲	母亲	父亲	母亲	父亲	母亲	父亲	母亲
统治者	35.6	22.5	33.3	22.4	35.3	25.0	34.1	20.5	33.1	22.2	35.9	23.0
朋友	54.3	50.2	57.4	55.3	55.6	55.5	55.5	48.8	57.3	54.2	53.8	50.8
保姆	10.1	27.3	9.3	22.2	9.1	19.5	10.4	30.7	9.5	23.6	10.2	26.3

无论是男生还是女生，学校在城市的学生还是在县城的学生，重点学校还是非重点学校的学生，对这三个选项的选择比例分布是基本一致的。从性别差异来看，选择"统治者"和"保姆"来形容父母的男生比例更高，而选择"朋友"来形容父母的女生比例更高。从学校所在地的差异来

看，父母在城市学生的心目中比在县城学生的心目中更像"统治者"，而在县城学生心目中比城市的学生心目中更像"保姆"，因为县城的学生选择"统治者"来形容父母的比例低于城市的学生，而选择"保姆"来形容父母的比例高于城市学生。另外，学校所在地不同的学生在各选项上对与母亲关系的感知之间的差异要比对与父亲关系的感知之间的差异大。从学校类型来看，相比非重点学校的学生，重点学校的学生选择"统治者"和"保姆"来形容自己父母的比例都更低，选择"朋友"来形容父母的比例更高。

（二）亲子关系亲密度感知

在参与调查的 3 万多名中小学生中，近一半的人选择了"与父母都很亲密"，占 45.0%；与父母都不亲密的青少年最少，仅仅占 6.5%；选择"与母亲更亲密"的青少年远远多于"与父亲更亲密"的青少年（母亲，37.5%；父亲，11%）。

1. 十省市基本情况

从表 3-4 中可以看出，十省市在各选项上的选择比例大部分与总体的趋势一致，但也存在一定差异。广东省和贵州省选择比例最高的都是"与母亲更亲密"。而贵州省选择"与父母都不亲密"的比例要高于"与父亲更亲密"。选择"与父亲更亲密"的比例在四川最高，河南最低，选择"与母亲更亲密"的比例则在广东最高，北京最低。选择"与父母都很亲密"的比例内蒙古最高，贵州最低，而选择"与父母都不亲密"的比例则贵州最高，内蒙古最低。

表 3-4　十省市学生亲子关系亲密度感知状况的人次百分比（%）

	北京	广东	浙江	黑龙江	江西	河南	四川	内蒙古	贵州	甘肃	平均数
与父亲更亲密	10.8	11.3	11.4	9.3	12.1	9.2	12.5	9.9	11.7	11.6	11.0
与母亲更亲密	34.1	41.9	37.9	38.5	38.4	35.8	35.7	34.7	40.2	39.3	37.5
与父母都很亲密	48.9	39.7	44.3	45.7	43.0	50.0	45.3	50.5	35.7	42.2	45.0
与父母都不亲密	6.2	7.0	6.4	6.5	6.6	5.0	6.4	4.9	12.3	6.9	6.5

注：表中阴影部分分别是在十省市中该选项比例最高的和最低的

2. 年级特征

对不同年级的学生对亲子关系亲密度的评估进行了统计，列在表 3-5 中。

表 3-5　不同年级学生亲子关系亲密度感知状况的人次百分比（%）

	小四	小五	小六	初一	初二	初三	高一	高二	高三
与父亲更亲密	9.1	9.7	10.3	12.7	12.3	12.2	10.5	11.5	10.5
与母亲更亲密	26.4	26.7	31.5	36.3	39.6	41.3	41.8	48.1	46.7
与父母都很亲密	62.7	61.5	54.0	44.2	40.3	36.3	39.8	32.5	32.9
与父母都不亲密	1.8	2.1	4.2	6.7	7.9	10.2	7.9	7.9	9.9

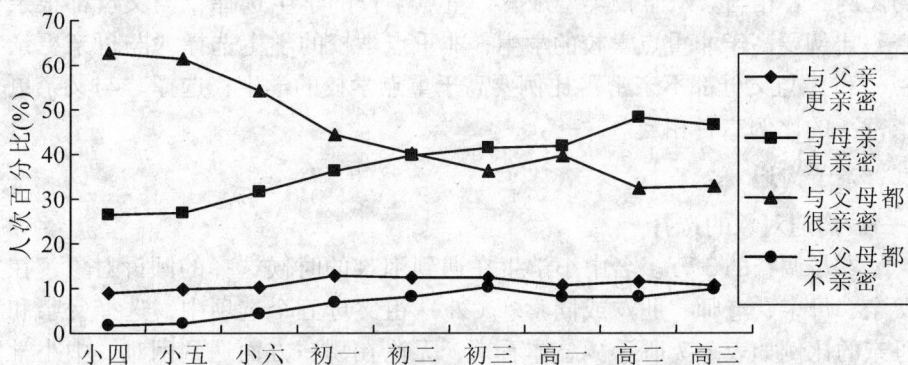

图 3-3　不同年级学生亲子关系亲密度感知状况的人次百分比

　　结合表 3-5，从图 3-3 中可以看出，各年级学生亲子关系的亲密度的比例分布与总体的状况是不一致的。在初二之前，选择"与父母都很亲密"的比例要高于"与母亲更亲密"，而初二后，选择"与父母都很亲密"的比例要低于"与母亲更亲密"。随着年级的增长，选择"与父亲更亲密"的青少年的比例在初中阶段相对较高，但相对接近，都在 10% 左右，而选择"与母亲更亲密"的比例却随着青少年的发展在稳步上升，选择"与父母都很亲密"的比例一直很高，但随着青少年的发展迅速降低。而选择"与父母都不亲密"的比例在小学时最低，之后呈现上升的趋势。可见，年级越高，越多的中小学生与母亲的关系更亲密。

　　3. 性别、学校所在地及学校类型差异

表 3-6　不同性别、学校所在地及学校类型学生亲子关系
亲密度感知状况的人次百分比（%）

	男	女	城市	县城	重点	非重点
与父亲更亲密	11.0	10.9	11.0	11.0	11.0	11.2
与母亲更亲密	36.6	39.7	38.9	36.1	37.1	38.5
与父母都很亲密	45.1	43.0	43.2	46.7	45.6	43.4
与父母都不亲密	7.3	6.4	6.8	6.2	6.3	6.9

无论是男生还是女生，学校在城市的学生还是在县城的学生，重点学校还是非重点学校的学生，对亲子关系亲密度的评估与总体是趋于一致的。从性别差异来看，女生选择"与母亲更亲密"的比例更高，男生选择"与父母都很亲密"和"与父母都不亲密"的比例更高。选择"与父亲更亲密"的比例二者相当。从学校所在地的差异来看，学校在县城的学生选择"与父母都很亲密"的比例更高；选择"与父母都不亲密"和"与母亲更亲密"的比例则是学校在城市的学生更高。而选择"与父亲更亲密"的比例二者相当。从学校类型来看，重点学校的学生选择"与父母都很亲密"比例要高于非重点学校的学生；非重点学校的学生选择"与母亲更亲密"和"与父母都不亲密"比例要高于重点学校的学生；选择"与父亲更亲密"的比例二者相当。

二、亲子沟通

（一）沟通对象的选择

参与调查的 3 万多名中小学生在遇到困难的时候选择的倾诉对象，在父亲、母亲、老师、朋友或同学、（外）祖父母五个选项中，选择父亲和母亲的比例如表 3-7 所示。总体看来，无论在哪一方面遇到困难，中小学生选择母亲作为倾诉对象的比例都要高于父亲，在"生活琐事"方面表现得尤其明显。母亲是中小学生在生活琐事上遇到困难时绝对明显的倾诉对象。

1. 十省市基本情况

从表 3-7 中可以看出，十省市中小学生在各方面选择父亲或母亲的比例与总体的趋势大致一致，但省与省之间也存在一定差异。贵州省的学生在这四个方面选择的比例几乎都是十省市中最低的，而黑龙江省在"学习"上选择母亲的比例是十省市中最高的，而在"生活琐事"和"交友"上选择"父亲"的比例是十省市中最低的。而江西省在"学习"、"情绪"和"交友"上选择父亲的比例是十省市中最高的，河南省在"生活琐事"上选择母亲的比例是十省市中最高的。而内蒙古在"生活琐事"上选择父亲的比例是十省市中最高的。

表 3-7　十省市学生选择父母作为沟通对象的人次百分比（%）

		北京	广东	浙江	黑龙江	江西	河南	四川	内蒙古	贵州	甘肃	平均数
学习	父亲	11.4	10.1	11.1	9.0	13.6	10.4	11.0	10.6	8.5	10.3	10.8
	母亲	19.9	16.0	21.8	24.2	19.6	20.1	19.3	20.5	12.1	20.5	19.8
生活	父亲	11.4	11.7	10.6	9.2	12.2	11.0	11.4	13.2	9.3	10.7	11.1
琐事	母亲	50.0	49.5	53.0	50.9	52.0	54.4	48.2	52.0	46.3	50.6	51.0

		北京	广东	浙江	黑龙江	江西	河南	四川	内蒙古	贵州	甘肃	总体
情绪	父亲	9.6	7.7	9.9	7.5	10.1	8.9	10.0	8.9	5.4	7.5	8.8
	母亲	23.5	20.3	22.4	24.3	22.7	22.8	21.4	24.0	15.9	21.5	22.2
交友	父亲	8.7	9.0	7.4	6.7	9.8	9.6	8.8	8.1	7.7	7.4	8.4
	母亲	20.4	17.4	18.4	20.8	17.6	19.1	16.8	17.6	15.4	18.5	18.4

注：表中阴影部分分别是在十省市中该选项比例最高的和最低的

2. 年级特征

表 3-8　不同年级学生选择父母作为沟通对象的人次百分比（%）

		小四	小五	小六	初一	初二	初三	高一	高二	高三
学习	父亲	16.1	16.0	12.2	12.8	9.1	8.4	7.9	7.4	7.0
	母亲	32.3	29.2	24.8	19.8	16.0	15.0	15.0	14.2	12.8
生活琐事	父亲	25.1	17.5	13.5	11.0	8.9	7.0	6.6	5.9	5.6
	母亲	49.8	55.3	52.4	53.1	51.9	49.2	50.7	48.9	47.2
情绪	父亲	17.8	14.1	11.8	8.9	6.6	5.4	5.5	5.0	5.0
	母亲	35.0	31.7	27.4	22.1	19.3	16.4	16.2	15.8	17.1
交友	父亲	12.5	11.7	10.6	9.7	8.0	6.2	6.1	6.2	4.9
	母亲	23.3	22.0	22.8	19.0	18.1	15.1	15.6	15.5	14.6

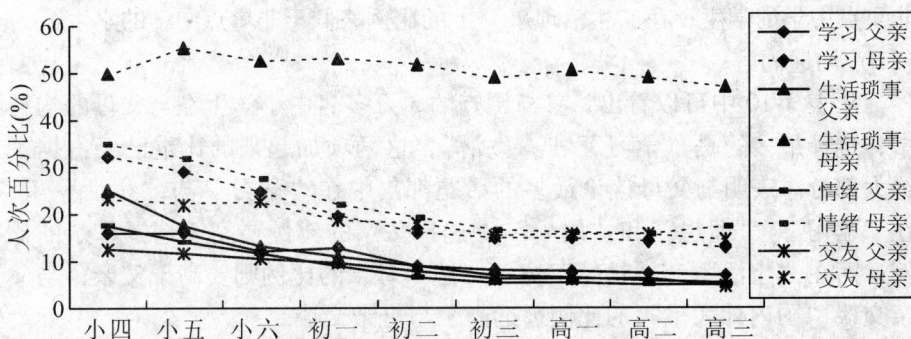

图 3-4　不同年级学生选择父母作为沟通对象的人次百分比

结合表3-8，从图3-4中可以看出，各年级学生在各方面选择父亲或母亲比例与总体的趋势大致一致。无论在哪一方面遇到困难，中小学生选择母亲作为倾诉对象的比例都要高于父亲，而母亲是中小学生在生活琐事上遇到困难时绝对明显的倾诉对象。中小学生在学习上遇到困难的时候，随着年级的不同，倾诉对象的选择是存在差异的。从年级发展的趋势来看，无论在哪一个方面，选择父亲和母亲的比例基本都是呈下降趋势的。

3. 性别、学校所在地及学校类型差异

表3-9 不同性别、学校所在地及学校类型学生
选择父母作为沟通对象的人次百分比（%）

	男		女		城市		县城		重点		非重点	
	父亲	母亲	父亲	母亲	父亲	母亲	父亲	母亲	父亲	母亲	父亲	母亲
学习	11.0	18.4	9.10	19.7	11.1	23.6	10.4	15.8	11.2	21.5	9.5	17.6
生活琐事	13.7	45.3	7.1	56.5	10.3	52.2	11.9	49.6	10.5	52.0	11.1	49.8
情绪	10.0	21.9	6.5	20.7	9.3	24.3	9.0	22.8	9.2	22.8	8.0	20.8
交友	9.10	15.6	6.8	20.4	8.4	20.9	8.4	15.7	8.4	19.1	8.1	17.6

从表3-9中可以看出，无论是男生还是女生，学校在城市的学生还是在县城的学生，重点学校还是非重点学校的学生，在四个方面选择母亲作为倾诉对象的比例都要高于父亲。从性别差异来看，女生选择母亲的比例在"学习"、"生活琐事"和"交友"这三个方面都要高于男生，而选择父亲的比例则在四个方面都要低于男生；从学校所在地的差异来看，学校在城市的学生在各方面选择母亲的比例更高，而选择父亲的比例则在各方面略有差异，但差距并不大；从学校类型来看，重点学校的学生在各方面选择母亲的比例要高于非重点学校的学生；而在"学习"上选择父亲的比例要高于非重点中学的学生，在"情绪"和"交友"上选择父亲的比例略高于非重点中学的学生；在"生活琐事"上的比例略低于非重点中学的学生。

（二）沟通内容

从表3-10中可以看出，参与调查的3万多名中小学生在与父母的沟通中，选择最多的是"学习"和"生活"，这两项加起来的比重已经占据了绝大部分。表明与父母谈论最多的话题都集中在"学习"与"生活"上；在"学习"、"理想"和"娱乐"上选择父亲的比例要高于选择母亲的比例；而在"生活"和"情感"方面，选择母亲的比例则要高于父亲；与父亲交谈"国内外大事"的比例远远高于与母亲交谈。

1. 十省市基本情况

从表3-10中可以看出，十省市在各方面选择父亲或母亲的比例与总体的趋势大致一致，但也存在一定差异。黑龙江省的学生在"学习"上选择母亲的比例要略高于父亲。从省与省之间的差异来看，广东省的学生在"学习"、"理想"和"情感"上选择父亲的比例都是最低的，在"生活"上选择父亲和母亲的比例都是最高的；在"理想"上选择母亲的比例是最

低的在"国内外大事"上选择母亲的比例则是最高的。北京的孩子在"娱乐"上选择父亲和母亲的比例都是最高的。黑龙江省的孩子在"生活"上选择母亲的比例最低,而在"理想"和"情感"上选择父亲的比例是最高的。而江西省的孩子在"学习"上选择父亲的比例最高,而在"国内外大事"上选择父亲的比例最低,在"娱乐""情感"和"国内外大事"上选择母亲的比例是最低的。内蒙古的孩子则在"学习"和"理想"上选择母亲的比例最高,而在"生活"上选择父亲的比例最低,在情感上选择母亲的比例最低;贵州省的孩子在"学习"上选择母亲的比例最低,在"娱乐"上选择父亲的比例最低,在"情感"上选择母亲的比例最高;甘肃省的孩子则在"国内外大事"上选择父亲的比例最高。

表3-10 十省市学生与父母沟通内容的人次百分比（%）

		北京	广东	浙江	黑龙江	江西	河南	四川	内蒙古	贵州	甘肃	平均数
学习	父亲	35.1	31.9	34.2	30.6	43.9	37.6	33.2	39.3	34.0	39.0	35.9
	母亲	30.5	23.5	29.7	31.0	30.9	28.2	28.3	31.8	21.9	29.7	28.9
生活	父亲	22.8	33.4	26.3	24.1	22.4	24.8	24.1	20.8	26.8	21.5	24.7
	母亲	38.6	51.5	44.9	35.9	47.0	45.5	40.6	39.7	46.3	42.1	43.2
理想	父亲	14.3	11.3	13.5	17.1	13.6	13.6	16.1	16.1	16.1	13.4	14.4
	母亲	13.5	8.0	10.1	14.8	10.1	11.5	12.5	14.5	13.5	13.0	11.9
娱乐	父亲	14.7	9.5	10.0	13.6	8.3	9.2	11.4	10.6	7.9	9.0	10.5
	母亲	9.6	7.8	8.3	8.8	5.9	7.1	9.5	7.4	7.9	7.6	8.0
情感	父亲	2.6	2.2	2.5	3.8	2.3	2.4	3.4	2.5	2.8	2.5	2.7
	母亲	5.9	6.5	5.3	8.0	4.9	6.5	7.3	4.9	8.8	6.1	6.3
国内外	父亲	10.5	11.6	13.5	10.8	9.4	12.5	11.8	10.7	12.3	14.6	11.7
大事	母亲	1.9	2.7	1.7	1.6	1.2	1.2	1.7	1.7	1.7	1.5	1.7

注：表中阴影部分分别是在十省市中该选项比例最高的和最低的

2. 年级特征

从表3-11可以看出,各年级在各方面选择父亲或母亲进行沟通比例与总体的趋势大致一致。结合图3-5、图3-6,可以看出,随着年级的增长,在学习上与父亲进行沟通的比例逐渐降低,与母亲进行沟通的比例迅速降低,在生活上选择与父亲进行沟通的比例则逐渐上升,选择母亲的比例则迅速上升,而在国内外大事上选择与父亲沟通的比例也呈现上升的趋势,理想和情感基本持平。而在理想和国内外大事上与母亲沟通的比例则呈现降低的趋势,而在情感上则呈现升高的趋势。而在娱乐上选择父亲和母则都是初中的学生最高，其次是小学的，高中的最低。

表 3-11　不同年级学生与父母沟通内容的人次百分比（%）

		小四	小五	小六	初一	初二	初三	高一	高二	高三
学习	父亲	48.4	43.5	38.5	37.4	34.0	31.1	31.3	29.7	28.7
	母亲	46.7	39.6	36.0	30.6	26.3	23.4	20.7	20.0	15.8
生活	父亲	16.1	18.4	20.5	23.0	24.4	26.5	29.4	32.8	32.0
	母亲	23.5	29.5	33.1	38.6	44.3	47.7	55.8	57.0	60.2
理想	父亲	14.8	15.6	13.9	14.0	14.2	14.5	13.2	13.8	15.8
	母亲	14.7	15.6	13.4	12.9	11.3	12.7	8.9	8.3	9.5
娱乐	父亲	10.6	11.7	13.1	11.8	12.5	11.3	9.2	8.0	6.7
	母亲	8.4	8.5	9.6	9.2	9.6	8.2	6.3	6.3	5.9
情感	父亲	2.6	2.5	2.7	3.6	3.0	2.8	2.5	2.3	2.3
	母亲	4.10	4.7	6.0	7.1	6.7	6.4	7.3	7.4	7.2
国内外大事	父亲	7.6	8.3	11.4	10.3	11.9	13.8	14.5	13.4	14.6
	母亲	2.6	2.1	1.9	1.6	1.8	1.6	1.1	0.9	1.5

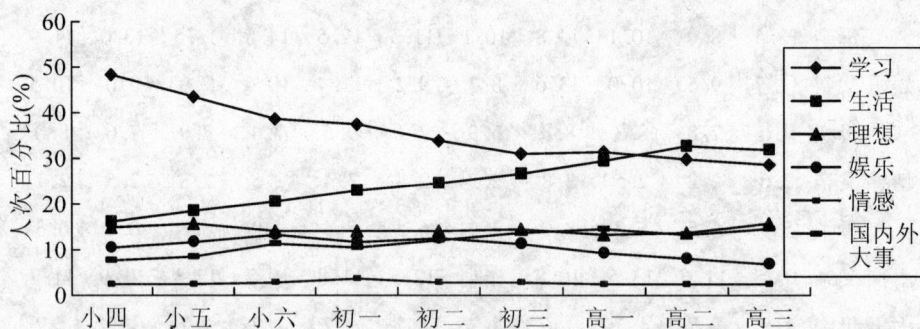

图 3-5　不同年级学生与父亲沟通内容的人次百分比

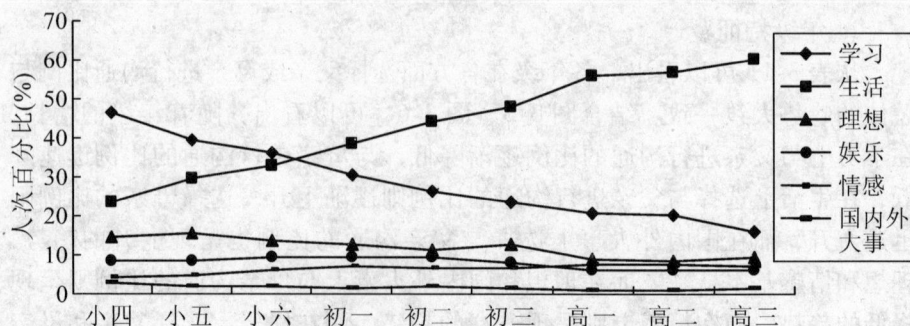

图 3-6　不同年级学生与母亲沟通内容的人次百分比

3. 性别、学校所在地及学校类型差异

表 3-12 不同性别、学校所在地及学校类型学生与父母沟通内容的人次百分比（%）

	男		女		城市		县城		重点		非重点	
	父亲	母亲	父亲	母亲	父亲	母亲	父亲	母亲	父亲	母亲	父亲	母亲
学习	33.2	30.2	36.7	25.5	31.6	29.7	40.3	27.9	35.6	29.6	35.1	26.9
生活	24.8	39.7	25.8	48.6	24.3	42.4	25.5	44.1	23.9	43.3	26.4	44.4
理想	14.5	13.0	14.2	10.9	14.1	10.8	14.7	13.2	14.2	11.1	14.4	12.4
娱乐	11.0	9.4	10.1	6.6	13.0	9.2	8.0	6.7	10.5	7.9	10.5	8.1
情感	3.0	5.5	2.4	7.5	2.6	6.3	2.8	6.3	2.7	6.2	2.7	6.6
国内外大事	13.5	2.1	10.7	1.0	14.3	1.7	9.0	1.7	13.1	1.8	10.8	1.6

从表 3-12 中可以看出，无论是男生还是女生，学校在城市的学生还是在县城的学生，重点学校还是非重点学校的学生，在各方面选择父亲和母亲进行沟通的比例基本上与总体一致。从性别差异来看，女生在学习、生活上与父亲沟通的比例更高，在生活和情感上与母亲沟通的比例更高，而男生在理想、娱乐、国内外大事上，与父亲沟通的比例更高，在学习、理想外事上，与母亲沟通的比例更高；从学校所在地的差异来看，城市学校的学生在娱乐和国内外大事上与父亲沟通的比例要高于县城学校的学生，在学习和娱乐上与母亲沟通的比例要高于县城学校的学生，而在学习、生活、理想上，县城学生与父亲沟通的比例要高于城市学校的学生，在生活、理想上，与母亲沟通的比例要高于城市学校的学生，在情感和国内外大事上，城市学生和县城学生的比例接近；从学校类型来看，重点学校的学生在学习和国内外大事上与父亲和母亲沟通的比例都比非重点学校的学生更高，而在生活上，非重点学校的学生的比例更高；在理想、娱乐和情感方面，重点学校和非重点学校的学生与父亲沟通的比例相当，非重点学校的学生与母亲沟通的比例更高。

三、亲子冲突

（一）与父母的冲突数量的比较

中小学生与母亲发生的冲突要远远多于与父亲发生的冲突，从表 3-13 中可以看出，在参与调查的 3 万多名中小学生中，选择"与母亲的矛盾多"的学生的比例最高，占 44.5%；其次是选择"与父亲的矛盾多"的学生，占 28.2%；选择"与父母的矛盾一样多"的学生占 27.3%。

1. 十省市基本情况

从表 3-13 中可以看出，十省市在各选项上选择的比例与总体的趋势大

致一致。从省与省之间的差异来看，北京的孩子选择"与母亲的矛盾多"在十省市中的比例是最低的，而选择"与父母的矛盾一样多"的比例则是在十省市中最高的；江西的孩子选择"与母亲的矛盾多"在十省市中的比例是最高的，而选择"与父母的矛盾一样多"的比例则是在十省市中最低的；而广东省和黑龙江省的孩子则在选择"与父亲的矛盾多"的比例在十省市中是最高的，而河南省选择该项的比例在十省市中是最低的。

表 3-13　十省市学生与父母冲突差异比较的人次百分比（%）

	北京	广东	浙江	黑龙江	江西	河南	四川	内蒙古	贵州	甘肃	平均数
与父亲的矛盾多	28.4	29.7	27.4	29.7	27.4	26.5	28.5	27.5	28.2	28.7	28.2
与母亲的矛盾多	40.9	42.3	44.6	41.2	48.8	44.8	43.6	47.1	46.1	46.9	44.5
与父母的矛盾一样多	30.8	28.0	27.9	29.1	23.8	28.7	27.9	25.4	25.6	24.5	27.3

注：表中涂黑的是在十省市中该选项比例最高的和最低的

2. 年级特征

表 3-14　不同年级学生与父母冲突差异比较的人次百分比（%）

	小四	小五	小六	初一	初二	初三	高一	高二	高三
与父亲的矛盾多	31.3	31.6	29.4	26.1	25.2	26.4	26.9	28.2	28.9
与母亲的矛盾多	35.1	37.1	42.4	46.7	48.8	48.4	48.2	48.1	45.4
与父母的矛盾一样多	33.6	31.3	28.2	27.2	26.0	25.1	24.9	23.7	25.7

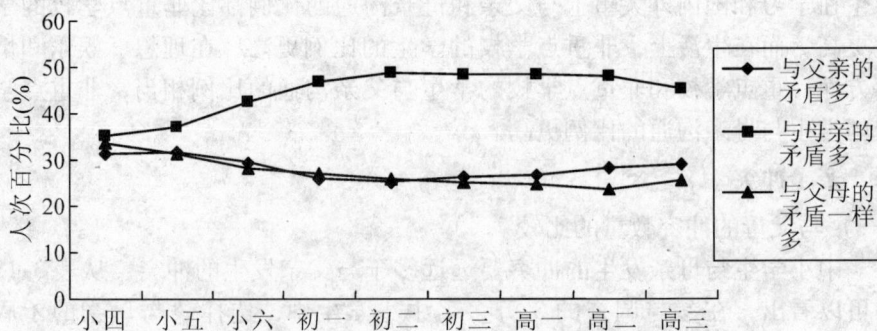

图 3-7　不同年级学生与父母冲突差异比较的人次百分比

从表 3-14 可以看出，各年级选择与父母冲突数量的比例与总体的趋势并不完全一致。无论哪一个年级，选择"与母亲的矛盾多"的比例都是最高的。小学四年级、初一和初二的学生选择"与父亲的矛盾多"的比例要略低于选择"与父母的矛盾一样多"的比例。结合图3-7，从年级发展的趋势来看，选择"与母亲的矛盾多"的比例从小学到初二呈现迅速上升的趋势，而从初三到高二基本比例相对稳定，到高三的时候有所下降；而选择"与父亲的矛盾多"的比例则从小学到初二都是呈下降趋势的，之后就逐渐上升；选择"与父母的矛盾一样多"基本上随年级增长而下降，但高三的学生选择比例有所上升。

3. 性别、学校所在地及学校类型差异

表3-15 不同性别、学校所在地及学校类型学生与父母冲突差异比较的人次百分比（%）

	男	女	城市	县城	重点	非重点
与父亲的矛盾多	29.7	26.1	29.0	27.4	27.5	28.6
与母亲的矛盾多	42.3	47.6	42.8	46.3	44.6	44.7
与父母的矛盾一样多	28.0	26.3	28.2	26.3	27.8	26.6

从表3-15中可以看出，无论是男生还是女生，学校在城市的学生还是在县城的学生，重点学校还是非重点学校的学生，选择"与母亲的矛盾多"的比例都要高于其他两个选项，但按照性别、学校所在地以及学校类型所划分的子人群在各选项上的选择情况并不完全与总体的情况一致。女生和重点学校的学生选择"与父亲的矛盾多"的比例要略低于选择"与父母的矛盾一样多"的比例。从性别差异来看，男生选择"与父亲的矛盾多"和"与父母的矛盾一样多"的比例高于女生，而选择"与母亲的矛盾多"的比例要低于女生。学校在城市的学生选择"与父亲的矛盾多"和"与父母的矛盾一样多"的比例要高于学校在县城的学生，选择"与母亲的矛盾多"的比例要低于学校在县城的同学。重点学校的学生选择"与父亲的矛盾多"的比例要低于非重点学校的学生，选择"与父母的矛盾一样多"的比例要高于非重点学校的学生，而选择"与母亲的矛盾多"的比例则与非重点学校的学生相当。

（二）冲突内容

中学生与父母最经常发生矛盾的方面的先后顺序是一样的，选择最多的均为日常生活（父亲36.4%，母亲38%），学习（父亲29.2%，母亲25.9%），其次是"花钱"和"娱乐"，接下来是"交友"、"发型服饰"和"隐私"。在"学习"和"娱乐"方面，与父亲最经常发生矛盾的中学生更多，而在"日常生活"和"花钱"方面，与母亲最经常发生矛盾的中学生更多。

1. 十省市基本情况

从表3-16中可以看出，十省市在各选项上选择父亲或母亲的比例与总体的趋势大致一致。从省与省之间的差异来看，北京的孩子在"学习"上选择母亲的比例在十省市中是最低的，而在"花钱"上选择母亲的比例在十省市中是最低的；广东省的孩子在"学习"上选择父亲和母亲的比例在十省市中是最高的，在"日常生活"上选择父亲的比例在十省市中是最高的；浙江省在"学习"和"隐私"上选择父亲的比例在十省市中是最高的；黑龙江省的孩子在"日常生活"上选择母亲的比例在十省市中是最低的，在"隐私"上选择母亲的比例在十省市中是最高的；江西省的孩子在"日常生活"上选择母亲、在"娱乐"上选择父亲的比例在十省市中是最高的，而在"日常生活""发型服饰"上选择父亲、在"娱乐"上选择母亲、在"交友"上选择父亲和母亲的比例在十省市中都是最低的；四川省的孩子则在"发型服饰"和"花钱"上选择父亲和母亲的比例在十省市中都是最高的；内蒙古的孩子则在"娱乐"上选择父亲和母亲、在"隐私"上选择母亲的比例在十省市中都是最低的；贵州省的孩子则在"交友"上选择父亲和母亲、在"娱乐"上选择母亲的比例在十省市中都是最高的，在"发型服饰"上选择母亲的比例在十省市中都是最低的；甘肃的孩子在"花钱"和"隐私"上选择父亲的比例在十省市中都是最低的。

表 3-16　十省市学生与父母冲突内容的人次百分比（%）

		北京	广东	浙江	黑龙江	江西	河南	四川	内蒙古	贵州	甘肃	平均数
学习	父亲	31.2	23.1	33.5	27.9	33.2	27.6	26.8	31.0	26.2	30.6	29.2
	母亲	29.2	21.4	28.0	28.9	25.4	24.6	23.5	27.0	22.0	27.3	25.9
日常	父亲	36.8	41.0	34.2	35.4	33.9	37.8	35.4	36.6	36.4	36.9	36.4
生活	母亲	36.2	39.8	36.5	32.6	43.1	40.1	37.3	37.0	37.9	38.8	38.0
交友	父亲	5.2	6.5	5.4	6.5	5.0	5.2	5.6	5.1	8.5	7.0	5.8
	母亲	6.4	7.0	5.2	7.5	4.7	5.1	5.6	5.5	8.0	5.4	5.9
娱乐	父亲	8.5	8.1	8.1	8.5	9.7	9.0	8.1	6.7	8.7	7.8	8.5
	母亲	8.9	8.9	8.5	8.6	7.1	7.3	7.6	7.1	9.3	7.3	8.0
发型	父亲	4.3	4.0	3.0	4.8	2.8	4.8	5.2	5.1	4.3	4.9	4.2
服饰	母亲	4.3	4.5	4.5	5.0	4.1	6.0	5.8	5.5	3.7	4.9	4.9
花钱	父亲	9.1	12.0	8.7	10.0	9.9	10.3	13.5	11.5	10.6	8.6	10.4
	母亲	9.3	12.8	9.9	9.9	10.1	11.7	14.1	13.3	13.6	10.6	11.4
隐私	父亲	4.9	5.3	6.4	6.3	6.1	5.3	5.5	5.2	5.3	4.6	5.4
	母亲	5.7	5.7	7.3	7.4	5.6	6.1	6.1	4.8	5.5	5.7	6.0

注：表中涂黑的是在十省市中该选项比例最高的和最低的

2. 年级特征

从表3-17可以看出，各年级在各方面与父亲或母亲发生冲突的比例与总体的趋势并不一致。与父亲的冲突内容也存在年级差异。结合图3-8，图3-9可以看出，无论在哪个年级，选择"学习"和"日常生活"的比例都是最高的，其余的选项比例较低。从年级发展的趋势来看，在"日常生活"方面与父亲发生冲突的比例在小学是呈上升趋势的，进入初一时有所下降，之后一直上升；而在"学习"方面与父亲发生冲突的比例进入小学六年级后有所下降，之后保持相对平稳，进入高一后又有所下降，之后保持相对平稳，到高三又稍有下降。而在"花钱"和"隐私"的比例是一直呈现下降趋势，而在"发型服饰"、"交友"、"娱乐"方面上与父亲发生冲突则基本呈现上升趋势；在"学习"方面与母亲发生冲突的比例则呈现明显的下降趋势，在高二的时候稍有回升，在"日常生活"上发生冲突的比例则呈现明显的上升趋势。其余的选项则相对平稳，而且比例较为接近。

表3-17　不同年级学生与父母冲突内容的人次百分比（％）

		小四	小五	小六	初一	初二	初三	高一	高二	高三
学习	父亲	30.9	31.3	29.5	30.2	29.7	30.0	27.3	27.5	26.8
	母亲	32.7	31.9	29.2	26.7	24.5	23.8	20.5	22.3	21.3
日常生活	父亲	34.0	34.9	35.1	33.0	34.1	37.2	39.0	40.0	40.5
	母亲	31.1	31.5	33.0	34.9	36.5	39.3	44.9	44.5	46.4
交友	父亲	5.4	4.3	4.0	6.3	6.1	5.9	6.5	6.6	7.2
	母亲	5.0	5.2	5.2	6.7	6.1	7.0	6.4	5.4	5.7
娱乐	父亲	6.4	7.6	8.2	9.6	8.4	8.7	9.3	8.8	9.4
	母亲	8.3	8.8	9.5	8.7	8.1	6.9	7.1	7.5	7.4
发型服饰	父亲	2.6	2.7	3.3	4.7	5.5	4.5	4.6	4.9	5.3
	母亲	4.4	4.9	4.4	6.0	5.3	4.9	4.6	5.1	4.1
花钱	父亲	13.3	12.7	12.6	10.2	10.5	9.1	9.1	9.0	7.5
	母亲	12.1	11.6	11.8	10.9	12.3	11.9	10.7	11.0	10.3
隐私	父亲	7.4	6.5	7.3	6.1	5.7	4.5	4.1	3.3	3.3
	母亲	6.4	6.0	6.9	5.9	7.3	6.2	5.9	4.2	4.7

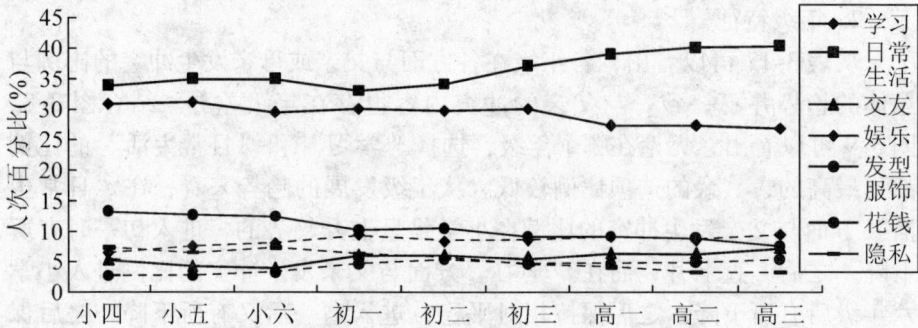

图3-8　不同年级学生与父亲冲突内容的人次百分比

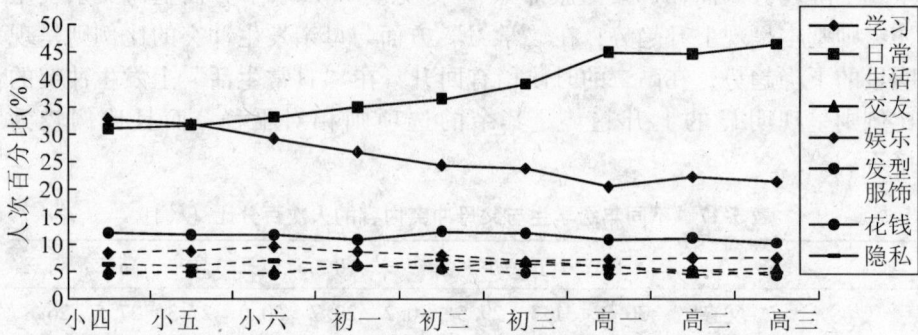

图3-9　不同年级学生与母亲冲突内容的人次百分比

3. 性别、学校所在地及学校类型差异

表3-18　不同性别、学校所在地及学校类型学生与
父母冲突内容的人次百分比（%）

	男		女		城市		县城		重点		非重点	
	父亲	母亲	父亲	母亲	父亲	母亲	父亲	母亲	父亲	母亲	父亲	母亲
学习	30.0	27.1	28.6	24.0	32.0	30.7	26.4	20.8	30.2	26.9	28.1	24.4
日常生活	33.3	35.0	39.4	41.6	36.4	36.6	36.3	39.4	37.2	38.9	36.0	37.6
交友	6.3	6.1	5.5	5.6	5.0	4.8	6.7	7.0	5.3	5.3	6.4	6.5
娱乐	10.3	9.7	8.6	6.1	8.1	7.7	8.9	8.4	8.9	8.3	8.0	7.8
发型服饰	4.5	4.5	4.3	5.5	4.0	4.5	4.5	5.3	4.2	4.7	4.4	5.1
花钱	10.3	11.7	10.1	11.0	8.6	9.1	12.4	13.8	8.7	9.8	12.1	12.9

从表3-18中可以看出，无论是男生还是女生，学校在城市的学生还是在县城的学生，重点学校还是非重点学校的学生，在各方面与父母发生冲突的比例与总体趋势基本一致。从性别差异的角度来看，男生在"学习""交友""娱乐""花钱"等方面与父母发生冲突的比例要高于女生，而女

生在"日常生活"上与父母发生冲突的比例远远高于男生，而在"隐私"方面，男生和女生选择的比例相当。男生在"发型服饰"上与父亲发生冲突的比例略高于女生，与母亲发生冲突的比例要低于女生。从学校所在地差异的角度来看，学校在城市的学生与父母在"学习"上发生冲突的比例要远远高于学校在县城的学生，而在"交友""娱乐""发型服饰"和"花钱"方面与父母发生冲突的比例则要低于学校在县城的学生；在"隐私"方面与父母发生冲突的比例要高于县城学校的学生；在"日常生活"方面与母亲发生冲突的比例则略低于学校在县城的学生。从学校类型差异的角度来看，重点学校的学生在"学习""日常生活""娱乐"和"隐私"等方面与父母发生冲突的比例要高于非重点学校的学生；而在"交友"、"发型服饰"以及"花钱"方面，非重点学校的学生选择的比例更高。

（三）冲突解决自主性

从表3-19中可以看出，总体来看，中小学生和父母发生冲突后，选择"相互协商解决"的比例是最高的，达45.8%；其次是选择"按我自己的方式来解决"，占32.7%；选择"按父母的方式来解决"的比例最低，仅占21.5%，不到四分之一。

1. 十省市基本情况

从表3-19中可以看出，十省市在各选项上选择的比例与总体的趋势大致一致。从省与省之间的差异来看，北京的孩子选择"按我自己的方式来解决"的比例在十省市中的比例是最低的；浙江的孩子选择"按父母的方式来解决"的比例在十省市中是最低的；黑龙江省的孩子选择"按我自己的方式来解决"的比例在十省市中的比例是最高的；四川省的孩子选择"相互协商解决"的比例在十省市中的比例是最高的，甘肃的孩子选择"按父母的方式来解决"的比例在十省市中最高，而选择"相互协商解决"的比例在十省市中最低。

表3-19　十省市学生与父母发生冲突解决方式的人次百分比（%）

	北京	广东	浙江	黑龙江	江西	河南	四川	内蒙古	贵州	甘肃	平均数
按父母的方式来解决	22.0	20.6	18.5	21.1	22.2	21.9	20.1	23.0	22.0	25.3	21.5
相互协商解决	47.4	46.9	48.1	44.7	42.0	47.3	49.0	45.4	44.1	40.9	45.8
按我自己的方式来解决	30.5	32.6	33.4	34.1	35.8	30.8	30.8	31.5	33.9	33.8	32.7

注：表中阴影部分是在十省市中该选项比例最高的和最低的

2. 年级特征

表 3-20　不同年级学生与父母发生冲突解决方式的人次百分比（%）

	小四	小五	小六	初一	初二	初三	高一	高二	高三
按父母的方式来解决	23.1	20.8	19.7	21.6	21.6	22.1	22.3	20.9	21.2
相互协商解决	46.8	49.2	48.6	48.5	46.0	41.6	42.6	45.5	43.9
按我自己的方式来解决	30.1	30.1	31.7	29.9	32.4	36.3	35.1	33.6	34.9

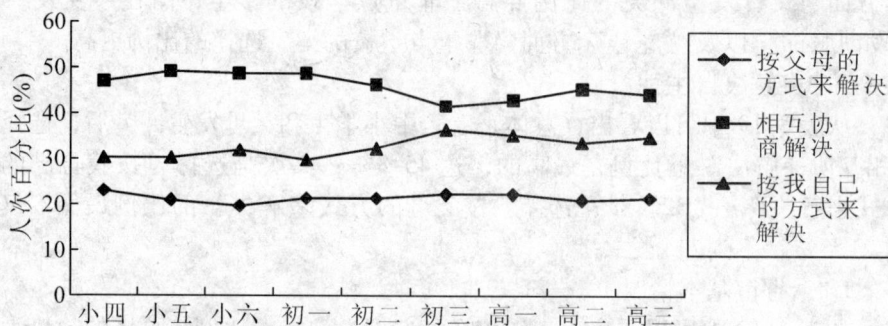

图 3-10　不同年级学生与父母发生冲突解决方式的人次百分比

从表 3-20 可以看出，各年级学生在与父母发生矛盾后选择解决方式的比例与总体的趋势基本一致。结合图 3-10 可以看出无论是哪一个年级，选择"相互协商解决"的比例都是最高的，其次是"按我自己的方式来解决"，最低的是"按父母的方式来解决"。从年级发展的趋势来看，选择"相互协商解决"的比例在小学四年级到五年级是上升的，到六年级略微有所下降，进入初中阶段急剧下降，进入高中后又有所上升，高三的时候略微下降。选择"按我自己的方式来解决"的比例在小学是呈上升趋势的，进入初一有所下降，但又继续上升，进入高中后呈下降趋势，到高三的时候有所回升。选择"按父母的方式来解决"的比例在小学呈下降趋势，进初中后呈现些微的上升趋势，进入高中后又有所下降，但到高三有所回升。

表 3-21　不同性别、学校所在地及学校类型学生与
父母发生冲突解决方式的人次百分比（%）

	男	女	城市	县城	重点	非重点
按父母的方式来解决	23.5	19.8	20.1	23.0	21.1	21.9
相互协商解决	45.2	46.2	48.9	42.6	47.8	44.1
按我自己的方式来解决	31.3	34.0	31.0	34.5	31.1	34.0

从表3-21中可以看出，无论是男生还是女生，学校在城市的学生还是在县城的学生，重点学校还是非重点学校的学生，在与父母发生矛盾后选择各种解决方式的比例与总体趋势基本一致。从性别差异的角度来看，男生选择"按父母的方式来解决"的比例要高于女生，而选择"相互协商解决"和"按我自己的方式来解决"的比例要低于女生；从学校所在地的差异来看，学校在城市的学生选择"按父母的方式来解决"和"按我自己的方式来解决"的比例要低于学校在县城的学生；而选择"相互协商解决"的比例则高于学校在县城的学生。从学校类型差异来看，重点学校的学生选择"按父母的方式来解决"和"按我自己的方式来解决"的比例要低于非重点学校的学生；选择"相互协商解决"的比例要高于非重点学校的学生。

（四）对父母不满意的方面比较

从表3-22中可以看出，总体看来，中小学生最不满意父亲的方面是"老拿我和别人比"，占29.8%；其次是"总是按他的意愿行事"，占18.4%；接下来是"唠叨"，占15%；"只关心我的学习"，占12.3%。中小学生最不满意母亲的方面是"唠叨"，占36%；其次是"老拿我和别人比"，占27.7%；接下来是"总是按他的意愿行事"和"只关心我的学习"，占8.9%。

1. 十省市基本情况

从表3-22中可以看出，十省市在各选项上选择父亲或母亲比例与总体的趋势大致一致。从省与省之间的差异来看，北京的孩子在"只关心学习"和"只知道工作不管"上选择母亲的比例在十省市中是最高的，在"总是按他的意愿行事"上选择父亲的比例在十省市中是最低的；广东省的孩子而在"什么都不会"上选择父亲和母亲的比例在十省市中是最低的，在"老拿别人和我比"上选择父亲和母亲的比例在十省市中是最高的，在"总是按他的意愿行事"上选择父亲的比例在十省市中是最高的在"在家只看电视不管我"上选择母亲的比例最低；浙江省的孩子在"什么都不会""在家只看电视不管我""限制我和朋友交往"上选择母亲的比例在十省市中是最低的，在"给我报很多辅导班"上选择父亲和母亲的比例在十省市中是最高的；黑龙江省的孩子在"打听我的隐私"上选择父亲和母亲的比例在十省市中是最高的；江西省的孩子在"唠叨"上选择母亲的比例"限制我和朋友交往"上选择父亲比例在十省市中是最低的，在"只关心我的学习"上选择父亲，在"老拿别人和我比"选择母亲的比例在十省市中是最高的，孩子在"打听我的隐私"上选择父亲和母亲的比例在十省市中是最低的；河南的孩子在"什么都不会"上选择父亲的比例在十省市中是最低的，"只知道工作不管我"上选择父亲的比例在十省市中是最高的；四川省的孩子则在"唠叨"上选择母亲的比例在十省市中最低，在"在家只看电视不管我"上选择父亲的比例在十省市中最低；内蒙古的孩子则在"唠叨"、"老拿别人和我比"和"在家只看电视不管我"上选择父亲的比例在十省市中是最高的，在"只关心我的学习"上选择父亲和母亲、在"只知道工作不管我"上选择母亲的比例在十省市中都是最低的；贵州省的孩子在"唠叨"上选择父亲"在家只看电视不管我"上选择母亲、的比例在十省市中是最高的，在"总是按他的意愿行事"上选择母亲、在"只知道工作不管我"上选择父亲、在"给我报很多辅导班"上选择父亲和母亲的比例在十省市中都是最低的。甘肃的孩子在"总是按他的意愿行事"上选择母亲，在"限制我和朋友交往"上选择父亲和母亲的比例在十省市中都是最高的。

表3-22　十省市学生对父母不满情况的人次百分比（%）

		北京	广东	浙江	黑龙江	江西	河南	四川	内蒙古	贵州	甘肃	平均数
唠叨	父亲	16.8	15.5	14.3	16.6	13.1	14.5	15.5	14.0	17.8	13.5	15.0
	母亲	36.1	36.4	35.0	34.6	35.5	36.3	33.8	41.3	38.6	35.3	36.0
只关心学习	父亲	13.0	12.2	12.5	11.1	13.3	12.1	12.8	10.1	12.3	13.4	12.3
	母亲	10.4	10.3	9.4	9.5	7.4	8.4	9.6	6.6	8.2	8.0	8.9
什么都不会	父亲	4.4	6.2	4.7	5.7	5.1	3.6	5.7	5.1	5.8	3.9	5.0
	母亲	3.2	6.4	2.3	4.6	4.1	3.4	3.7	3.3	4.3	3.3	3.7
老拿我和别人比	父亲	27.8	27.2	29.4	27.7	32.3	32.4	30.3	33.2	28.0	28.8	29.8
	母亲	26.2	25.0	28.7	25.2	31.2	29.9	28.0	26.1	27.5	28.2	27.7
在家只看电视不管我	父亲	4.7	4.6	4.4	5.4	4.5	4.0	3.0	5.7	3.7	5.3	4.5
	母亲	1.7	1.4	1.4	2.2	1.4	2.0	1.5	2.1	3.0	1.6	1.7
总是按他的意愿行事	父亲	17.1	21.3	19.0	17.2	17.3	18.7	17.5	17.7	18.7	20.2	18.4
	母亲	8.3	9.3	9.2	8.4	8.4	8.6	9.3	8.7	8.0	10.0	8.9
限制我和朋友交往	父亲	4.3	3.4	3.5	4.5	3.2	4.0	3.9	4.6	5.0	5.2	4.1
	母亲	3.8	3.3	2.8	4.4	3.4	4.2	3.9	4.2	4.4	4.9	3.9
给我报很多辅导班	父亲	2.0	1.3	2.2	1.8	2.0	1.4	2.2	1.7	0.8	1.7	1.8
	母亲	2.3	1.8	3.7	3.1	2.9	2.5	3.4	2.6	0.7	2.7	2.7
只知道工作不管我	父亲	6.0	5.4	6.5	5.6	6.5	6.6	5.4	4.9	4.8	4.9	5.8
	母亲	3.3	2.1	2.0	2.2	2.3	1.8	1.8	1.1	1.5	1.4	2.0
打听我的隐私	父亲	3.8	2.9	3.6	4.0	2.7	2.8	3.6	3.0	3.1	3.0	3.3
	母亲	4.8	4.1	5.4	5.9	3.4	3.6	3.9	3.6	4.6	4.6	4.5

注：表中涂黑的是在十省市中该选项比例最高的和最低的

2. 年级特征

表 3-23 不同年级学生对父母不满情况的人次百分比（%）

		小四	小五	小六	初一	初二	初三	高一	高二	高三
唠叨	父亲	14.8	12.9	13.9	15.2	14.7	16.3	16.1	14.7	16.8
	母亲	22.9	26.3	31.1	33	37.8	37.7	43.1	45.8	46.7
只关心学习	父亲	15.0	12.3	12.6	12.7	11.8	10.6	10.1	11.9	14.1
	母亲	15.0	11.6	10.4	8.5	6.8	7.3	6.0	6.9	7.4
什么都不会	父亲	4.9	4.3	3.6	5.2	5.5	4.6	5.1	5.5	6.2
	母亲	4.8	4.0	3.1	4.7	3.5	3.3	2.6	3.2	4.3
老拿我和别人比	父亲	35.5	38.5	35.4	32.0	29.5	27.8	25.6	23.8	20.1
	母亲	30.5	33.8	30.7	30.2	27.0	28.0	25.1	22.3	21.6
在家只看电视不管我	父亲	6.2	4.9	3.9	4.6	4.5	4.2	3.5	4.4	4.3
	母亲	3.0	1.3	0.8	2.2	2.0	1.5	1.5	1.4	1.7
总是按他的意愿行事	父亲	8.8	12.5	14.6	15.4	18.1	21.3	24.6	25.4	25.3
	母亲	7.7	7.4	8.3	8.7	9.1	9.2	9.8	11.1	8.7
限制我和朋友交往	父亲	2.1	3.2	3.5	4.1	5.4	4.9	5.1	4.9	3.5
	母亲	3.0	3.2	3.7	3.6	4.8	4.8	4.2	3.7	3.2
给我报很多辅导班	父亲	3.5	3.3	2.8	2.3	1.4	1.1	0.7	0.6	0.5
	母亲	5.6	5.5	4.9	3.0	2.4	1.1	0.8	0.5	0.6
只知道工作不管我	父亲	5.1	4.4	5.7	5.0	5.2	6.0	6.6	6.7	7.4
	母亲	2.7	2.2	2.2	1.7	1.4	2.3	1.7	1.8	2.3
打听我的隐私	父亲	4.0	3.9	4.0	3.6	3.9	3.2	2.8	2.1	1.9
	母亲	4.8	4.4	4.9	4.6	5.0	5.0	5.1	3.3	3.5

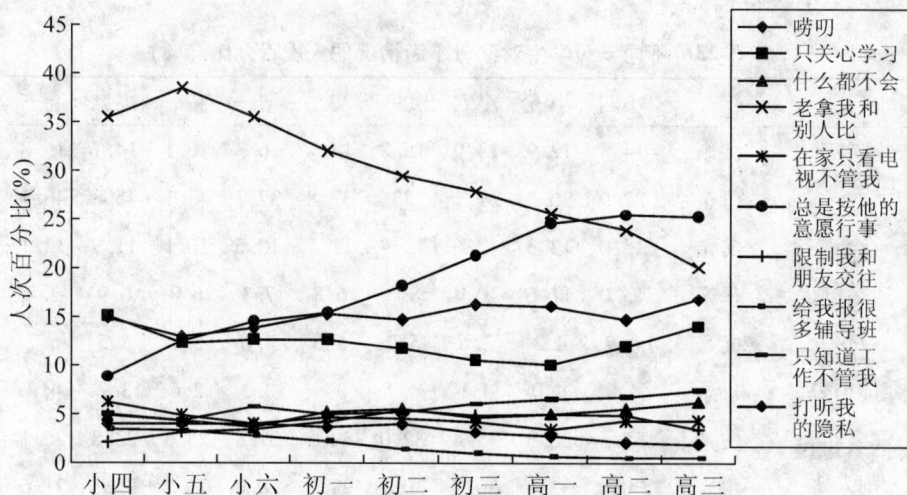

图 3-11　不同年级学生对父亲不满情况的人次百分比

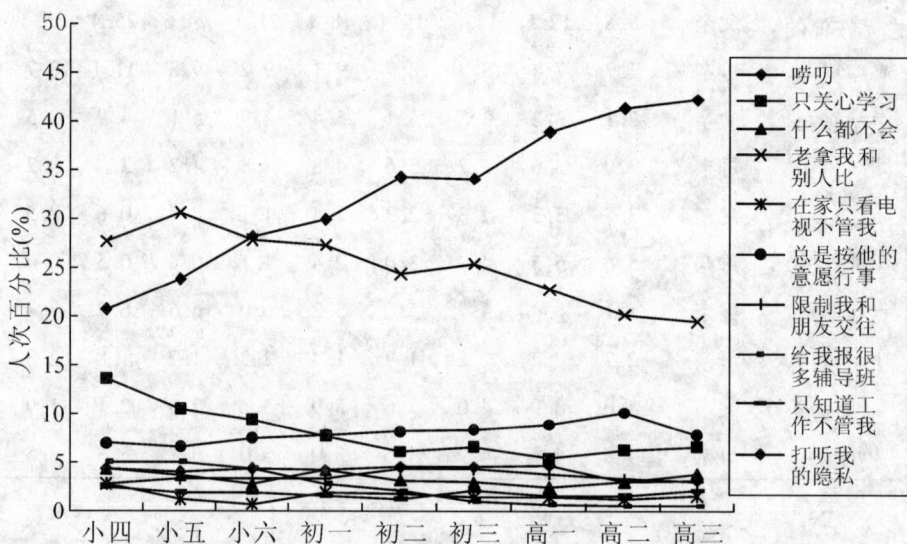

图 3-12　不同年级学生对母亲不满情况的人次百分比

　　从表 3-23 可以看出，各年级学生在对父母不满意的方面的比例与总体趋势并不一致。结合图 3-11 和图 3-12，可以看出，在高一以前，在"老拿我和别人比"上对父亲不满意的比例一直高于其他方面，而进入高二后，更多的学生对父亲"总是按照他的意愿行事"不满意，而对母亲来说，六年级以前，孩子们最不满意的是"老拿我和别人比"，而进入六年级后，对母亲"唠叨"感到不满意的孩子的比例最高。（而到了高二，更高比例的学生对父亲、"总是按照他的意愿行事"不满意，其次是"老拿我和别人比""唠叨"则位居第三）。从年级发展的趋势来看，在"老拿我和别人比"上选择父亲的比例从小学四年级到小学五年级是上升的，然后一直呈下降趋势，而选择母亲的比例也是呈现类似的趋势；而在"总是按照他的意愿行事"上选择父亲的比例则一直呈现上升的趋势，选择母亲的比例从小学四年级一直到高一都呈现略微上升的趋势，在高二的时候迅速上升，到高三基本稳定；在"唠叨"上选择父亲的比例则从小学四年级到五年级是上升的，之后基本呈现稳步上升的趋势，而选择母亲的比例则一直呈现较快的上升趋势；在"只关心我的学习"上选择父亲的比例则在小学和初中阶段都是下降的，在高中阶段则是上升的，而选择母亲的比例也呈现类似的趋势。

3. 性别、学校所在地及学校类型差异

从表 3-24 中可以看出，无论是男生还是女生，无论学校在城市还是在县城的学生，无论重点学校还是非重点学校的学生，在对父母不满意的方面的选择上与总体趋势基本上是一致的。从性别差异来看，男生在"唠叨""总是按照他的意愿行事""只知道工作不管我"上选择父亲和母亲的比例要低于女生；而在"只关心我的学习""什么都不会""给我报很多辅导班"选择父亲和母亲的比例等方面要高于女生；在"打听我的隐私""限制我和朋友交往"上选择父亲和母亲的比例男生和女生接近；在"老拿我和别人比"等方面选择父亲的比例要高于女生；而在"在家只看电视不管我"上选择父亲的比例与女生接近。男生在"在家只看电视不管我"上选择母亲的比例要高于女生。从学校所在地差异来看，学校在城市的学生选择"唠叨""总是按照他的意愿行事""打听我的隐私"等方面选择父亲和母亲的比例要高于学校在县城的学生；而在"只关心我的学习""什么都不会""老拿我和别人比""限制我和朋友交往"等方面选择父亲和母亲的比例要低于学校在县城的学生。学校在城市的学生选择"在家只看电视不管我""只知道工作不管我"等方面选择父亲的比例要高于学校在县城的学生；学校在城市的学生选择"给我报很多辅导班"上选择母亲的比例要高于学校在县城的学生；而在"在家只看电视不管我""只知道工作不管我"等方面选择母亲的比例要低于学校在县城的学生。而在"给我报很多辅导班"选择父亲的比例则是学校在城市的学生和学校在县城的学生是大致相当的。从不同学校类型来看，重点学校的学生选择"唠叨""只知道工作不管我""打听我的隐私""给我报很多辅导班"等方面选择父亲和母亲的比例要高于非重点学校的学生，而在"老拿我和别人比""限制我和朋友交往"方面选择父亲和母亲的比例则要低于非重点学校的学生，重点学校的学生选择"总是按照他的意愿行事"等方面选择父亲的比例要高于非重点学校的学生，在"只关心我的学习""什么都不会"方面选择母亲的比例则要低于非重点学校的学生，在"只关心我的学习""什么都不会"以及"在家只看电视不管我"三方面选择父亲的比例与非重点学校的学生相当；而在"总是按照他的意愿行事""在家只看电视不管我"方面选择母亲的比例与非重点学校的学生相当。

表 3-24　不同性别、学校所在地及学校类型学生对父母不满情况的人次百分比（%）

	男		女		城市		县城		重点		非重点	
	父亲	母亲	父亲	母亲	父亲	母亲	父亲	母亲	父亲	母亲	父亲	母亲
唠叨	14.8	36.1	15.6	37.6	16.8	38.2	13.2	33.7	15.2	37.2	14.9	35.9
只关心学习	13.2	9.9	11.2	7.0	11.8	8.6	12.9	9.2	12.3	8.6	12.3	9.2
什么都不会	5.5	4.2	4.5	2.7	4.7	2.9	5.4	4.6	5.0	3.4	5.1	4.0
老拿我和别人比	30.1	26.3	28.5	28.6	26.5	26.2	33.2	29.3	28.2	26.8	30.8	27.9
在家只看电视不管我	4.3	2.0	4.5	1.4	4.9	1.5	4.1	2.0	4.5	1.7	4.5	1.8
总是按他的意愿行事	18.0	8.5	19.8	9.5	20.0	9.1	16.8	8.6	19.0	8.9	18.4	8.9
限制我和朋友交往	4.2	3.8	4.3	4.0	3.7	3.5	4.5	4.2	4.0	3.6	4.3	4.0
给我报很多辅导班	1.8	2.7	1.5	2.4	1.9	3.4	1.7	1.9	1.9	3.0	1.5	2.2
只知道工作不管我	4.8	1.7	6.8	2.0	6.1	1.6	5.4	2.5	6.3	1.9	5.3	1.8
打听我的隐私	3.3	4.7	3.2	4.7	3.6	5.0	3.0	4.1	3.6	5.0	2.9	4.2

四、父母期望

从表 3-25 中可以看出，总体来看，接近一半的中小学生选择了"很高，需要我很努力才可以达到"，占 45.7%；其次是"比较高，稍加努力我就可以达到"，还有 8.4% 的学生选择了"过高，我根本达不到"。此外，选择"不高，我做得比他们期望的更好"占 12.4%，选择"父母对我没有什么期望，他们不关心我"的比例占 1.9%。

1. 十省市基本情况

表 3-25　十省市学生父母学业期望的人次百分比（%）

	北京	广东	浙江	黑龙江	江西	河南	四川	内蒙古	贵州	甘肃	平均数
过高，我根本达不到	8.4	8.4	7.8	10.3	7.7	7.8	8.8	7.1	11.8	7.0	8.4
很高，需要我很努力才可以达到	44.4	40.9	42.3	49.2	44.3	48.8	45.6	48.3	46.0	48.5	45.7
比较高，稍加努力我就可以达到	31.5	34.2	36.0	26.8	36.3	28.5	32.0	29.8	23.6	32.1	31.6
不高，我做得比他们期望的更好	14.0	11.5	12.7	12.3	10.3	12.6	12.6	13.6	15.7	11.3	12.4
父母对我没有什么期望，他们不关心我	1.8	5.0	1.2	1.4	1.4	2.3	1.1	1.1	2.8	1.1	1.9

注：表中涂黑的是在十省市中该选项比例最高的和最低的

从表 3-25 中可以看出，十省市在各选项上选择的比例与总体的趋势大致一致。从省与省间的差异来看，广东的孩子选择"很高，需要我很努力才可以达到"的比例在十省市中的比例是最低的，选择"父母对我没有什么期望，他们不关心我"的比例在十省市中的比例是最高的；黑龙江省的孩子选择"很高，需要我很努力才可以达到"的比例在十省市中的比例是最高的；江西省的孩子选择"比较高，稍加努力我就可以达到"的比例在十省市中是最高的，选择"不高，我做得比他们期望的更好"的比例在十省市中是最低的；四川、内蒙和甘肃省的孩子选择"父母对我没有什么期望，他们不关心我"的比例在十省市中的比例是最低的；贵州的孩子选择"比较高，稍加努力我就可以达到"的比例在十省市中最低，而选择"过高，我根本达不到"和"不高，我做得比他们期望的更好"的比例在十省市中最高。甘肃的孩子选择"过高，我根本达不到"的比例在十省市中最低。

2. 年级特征

从表3-26可以看出，各年级学生在与父母发生矛盾后选择解决方式的比例与总体的趋势基本一致。结合图3-13可以看出，无论在哪一个年级，中小学生选择的比例高低顺序都是一样的，从高到低分别为"很高"、"比较高"、"不高"、"过高"、"没有期望"。从年级发展的趋势来看，选择"很高"的比例在小学阶段相当平稳，进入初中略有波动，高一的时候迅速上升，高二达到顶点，高三略微有所下降。而选择"比较高"的比例在初三以前一直呈现上升趋势，进入高一后略微有所下降，之后继续上升。而选择"不高"的比例则在初三前一直呈现下降趋势，高一的时候稍有回升，到高二的时候又有下降，进入高三又略有回升。

表3-26　不同年级学生父母学业期望的人次百分比（%）

	小四	小五	小六	初一	初二	初三	高一	高二	高三
过高，我根本达不到	9.0	9.0	9.3	10.5	10.0	9.0	6.2	5.6	6.1
很高，需要我很努力才可以达到	45.0	45.0	45.0	44.7	43.5	44.3	48.3	49.2	46.8
比较高，稍加努力我就可以达到	26.5	29.2	29.5	29.8	33.1	34.6	33.0	33.9	35.1
不高，我做得比他们期望的更好	17.3	15.0	14.1	13.1	11.3	10.4	11.3	9.3	10.2
父母对我没有什么期望，他们不关心我	2.3	1.8	2.1	2.0	2.1	1.8	1.2	2.0	1.8

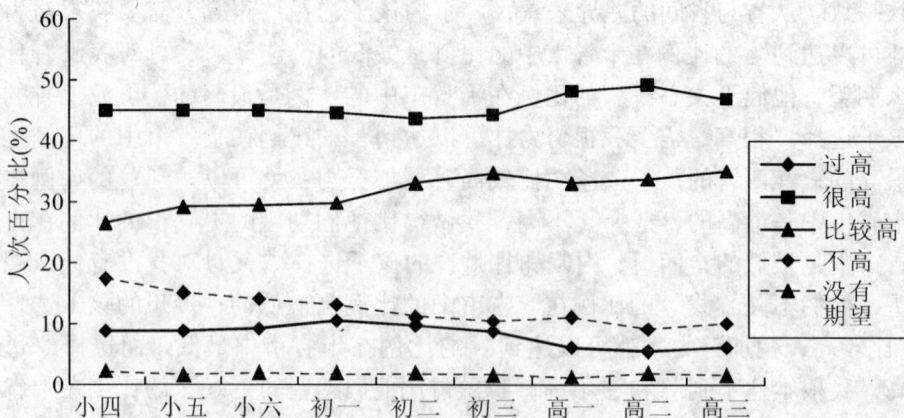

图3-13　不同年级学生父母学业期望的人次百分比

3. 性别、学校所在地及学校类型差异

表 3-27 不同性别、学校所在地及学校类型学生父母学业期望的人次百分比（%）

	男	女	城市	县城	重点	非重点
过高，我根本达不到	9.6	7.0	7.6	9.1	7.0	9.4
很高，需要我很努力才可以达到	45.7	46.3	45.8	45.6	46.9	44.5
比较高，稍加努力我就可以达到	30.8	32.6	33.7	29.5	32.5	30.9
不高，我做得比他们期望的更好	12.2	12.6	11.7	13.3	12.0	12.8
父母对我没有什么期望，他们不关心我	1.7	1.5	1.3	2.5	1.5	2.4

从表 3-27 中可以看出，无论是男生还是女生，学校在城市的学生还是在县城的学生，重点学校还是非重点学校的学生，感知到父母的期待的高低的比例与总体趋势基本一致。从性别差异来看，男生选择"过高"和"没有期望"的比例要高于女生；而女生选择"很高"、"比较高"和"不高"的比例要高于男生。从不同所在地的学校差异来看，学校在城市的学生选择"比较高"的比例要高于学校在县城的学生，选择"过高"、"不高"和"没有期望"的比例要低于学校在县城的学生，选择"很高"的比例则与学校在县城的学生相当。从不同学校类型来看，重点学校的学生选择"很高"和"比较高"的比例要高于非重点学校的学生；而选择"过高"和"不高"以及"没有期望"的比例要低于非重点学校的学生。

五、做决定的自主性

总体看来，与自己有关的事情，近一半的中小学生是由"父母和我协商决定"，占 41.3%，其次是"主要由我自己决定"，占 37.8%，而选择"主要由父母决定"的比例占 20.9%。

1. 十省市基本情况

表 3-28 十省市学生做决定自主性情况的人次百分比（%）

	北京	广东	浙江	黑龙江	江西	河南	四川	内蒙古	贵州	甘肃	平均数
主要由我自己决定	36.2	42.6	37.9	36.6	39.7	34.9	39.3	35.6	41.0	35.3	37.8
父母和我协商决定	44.1	39.3	41.9	39.6	37.9	44.7	40.9	44.6	34.5	43.0	41.3
主要由父母决定	19.8	18.1	20.2	23.8	22.4	20.4	19.7	19.8	24.5	21.7	20.9

注：表中涂黑的是在十省市中该选项比例最高的和最低的

从表 3-28 中可以看出，十省市在各选项上选择的比例与总体的趋势大致一致，但某些省份也存在不一致的地方。广东和贵州的孩子选择"主要由我自己决定"的比例要高于"父母和我协商决定"。从省际间差异来看，广东省的孩子选择"主要由我自己决定"的比例在十省市中是最高的，而选择"主要由父母决定"的比例在十省市中是最低的；而河南省的孩子选择"主要由我自己决定"的比例在十省市中是最低的，而选择"父母和我协商决定"的比例在十省市中是最高的；而贵州省的孩子选择"父母和我协商决定"的比例在十省市中是最低的，而选择"主要由父母决定"的比例在十省市中是最高的。

2. 年级特征

从表3-29中结合图3-14可以看出，各年级学生选择做决定的自主性的比例与总体的趋势并不完全一致。在初三以前，选择"父母和我协商决定"的比例要高于"主要由我自己决定"，而初三后则相反。从年级发展趋势来看，选择"主要由我自己决定"的比例逐渐增高，只是在初一的时候有所下降；而选择"主要由父母决定"则总体态势呈现下降，但在初中阶段较为平稳；而选择"父母和我协商决定"的则在小学五年级有所上升，六年级又有所下降，之后进入初中后呈现下降趋势，进入高一又有所回升，之后一直下降。

表3-29 不同年级学生做决定自主性情况的人次百分比（%）

	小四	小五	小六	初一	初二	初三	高一	高二	高三
主要由我自己决定	25.5	28.7	33.8	32.1	37.3	42.5	44.2	47.6	50.0
父母和我协商决定	45.5	47.3	44.0	45.2	40.5	35.7	39.7	37.7	35.9
主要由父母决定	29.0	24.0	22.2	22.7	22.2	21.9	16.1	14.6	14.1

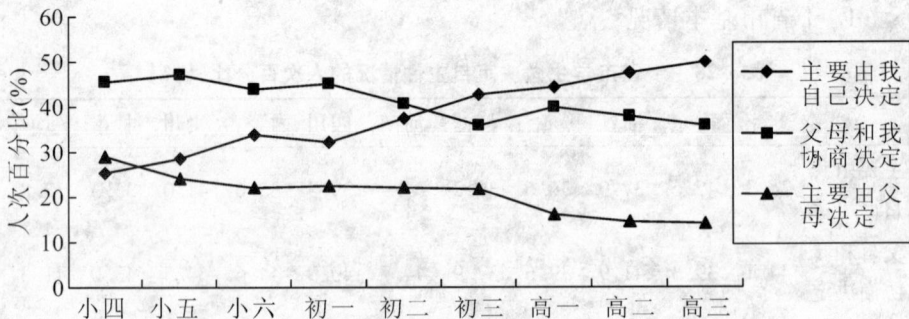

图3-14 不同年级学生学生做决定自主性情况的人次百分比

3. 性别、学校所在地及学校类型差异

表 3-30　不同性别、学校所在地及学校类型差异学生做决定自主性情况的人次百分比（%）

	男	女	城市	县城	重点	非重点
主要由我自己决定	40.1	37.2	36.3	39.4	38.7	37.7
父母和我协商决定	38.0	44.0	43.4	39.1	42.0	40.6
主要由父母决定	22.0	18.8	20.3	21.5	19.3	21.7

　　不同性别、学校所在地和学校类型的学生做决定的自主性的趋势与总体基本一致，但存在一定差异。男生和县城学校的学生选择"主要由我自己决定"的比例要高于"父母和我协商决定"。从性别差异来看，男生和女生自主性也是不一样的。男生选择"主要由我自己决定"和"主要由父母决定"的比例要高于女生；而选择"父母和我协商决定"的比例要低于女生。从学校所在地差异来看，学校在城市的学生选择"主要由我自己决定"和"主要由父母决定"的比例要低于学校在县城的学生，而选择"父母和我协商决定"的比例要高于学校在县城的学生。从学校类型差异来看，重点学校的学生选择"主要由我自己决定"和"父母和我协商决定"的比例要高于非重点学校的学生；而选择"主要由父母决定"的比例则要低于非重点学校的学生。

第二节　师生交往

　　学校教育是青少年发展过程中非常重要的一部分。而学校里与中小学生接触的老师对他们的学习能力与心理发展起着非常重要的作用。因此，考查师生关系中中小学生对师生关系的感知，所感觉到老师对他们学习的看法，以及有可能发生的老师惩罚学生的情况，可以帮助我们今后对教师进行培训的独特角度。这次调查针对这些主题进行了问题的设计，并且得出了一些很有意义的数据。

一、师生关系感知

（一）与老师关系的感知：用一个词来形容你的老师

　　在参与调查的 3 万多名中小学生中，选择用"上司"来形容老师的比例是最高的，高达 35%，其次是选择"父母"这个词的，达到 22.9%。而选择"知己"和"统治者"的比例相差无几，分别是 18.8% 和 15.6%。选择"哥们"来形容老师的最少，只有 7.8%。可见，中小学生对老师的感知还是以服从为主的，认为关系比较平等的比例很少。

1. 十省市基本情况

表3-31 十省市学生对与老师关系感知状况的人次百分比（%）

	北京	广东	浙江	黑龙江	江西	河南	四川	内蒙古	贵州	甘肃	平均数
父母	25.4	17.7	20.4	25.3	23.8	22.3	20.2	27.5	24.7	24.1	22.9
知己	20.4	18.2	19.5	20.0	17.3	18.5	19.8	16.6	16.4	19.3	18.8
统治者	16.2	12.9	14.9	15.4	13.1	16.0	16.3	19.4	16.8	17.4	15.6
上司	30.2	39.9	39.1	30.0	39.0	34.6	34.2	30.9	37.4	34.3	35.0
哥们	7.7	11.4	6.1	9.3	6.9	8.7	9.4	5.6	4.6	4.9	7.8

注：表中涂黑的是十省市中该选项比例最高的和最低的

从表3-31中可以看出，各省市分布趋势大致与总体一致，不过也存在一些细微的差异。广东省选择"父母"来形容老师的比例略低于选择"知己"的，同时，该省选择"父母"和"统治者"的比例都是最低的，而选择"上司"和"哥们"的比例是最高的；内蒙古选择"统治者"来形容老师的比例高于"知己"，同时，该省选择"父母"和"统治者"来形容老师的比例都是最高的；另外，贵州省选择"知己"和"哥们"的比例都是最低的，北京选择"知己"的比例是最高的，黑龙江选择"上司"的比例是最低的。

2. 年级特征

对不同年级学生的选择结果进行统计，结果如表3-32和图3-15所示。中小学生对与老师关系的感知随年龄增长发生了复杂的变化，但也呈现出一定的普适性。比如，用"哥们"来形容老师的比例始终是最低的。另外，用"统治者"来形容老师的比例也相对偏低，但在初二和初三阶段有一个小幅度的升高；用"知己"来形容老师的比例中等，在小学时相对较高，到了初中则逐渐降低；用"父母"来形容老师的比例在小学四年级是最高的，之后则持续大幅度地下降，到高中阶段已经基本偏低了；而用"上司"来形容老师的比例在小学四年级是很低的，之后则持续大幅度地上升，到初一时就已经是比例最高的选项了，与其他选项的差距更是越来越明显，高三学生则有近一半人选择了这个词语。可见，随着年级的增长，学生对与老师关系的感知更多像一个命令和管理的上下级关系，权威的感觉更强，而年级低的学生则对与老师关系的感知更多像被关心和照顾的感觉。

表 3-32　不同年级学生对与老师关系感知状况的人次百分比（%）

	小四	小五	小六	初一	初二	初三	高一	高二	高三
父母	44.7	36.5	25.4	23.2	19.5	16.6	13.9	11.9	12.7
知己	21.3	25.8	25.4	25.2	18.5	15.1	13.1	11.8	12.5
统治者	10.6	9.4	11.5	13.9	19.7	21.2	15.9	20.2	18.2
上司	15.5	20.5	28.3	29.1	36.1	40.9	47.1	49.3	49.5
哥们	7.9	7.7	9.4	8.6	6.1	6.2	9.9	6.8	7.2

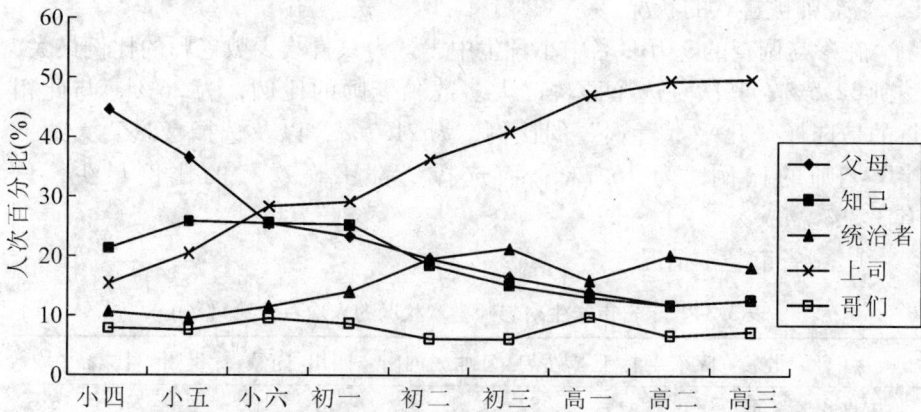

图 3-15　不同年级学生对与老师关系感知状况的人次百分比

3. 性别、学校所在地及学校类型差异

表 3-33　不同性别、学校所在地及学校类型学生对与
老师关系感知状况的人次百分比（%）

	男	女	城市	县城	重点	非重点
父母	20.2	23.7	18.6	27.2	21.5	22.7
知己	18.6	18.7	18.8	18.7	19.3	18.2
统治者	16.5	15.6	16.0	15.3	15.1	16.9
上司	35.2	36.3	38.3	31.7	36.1	34.6
哥们	9.5	5.7	8.3	7.2	8.0	7.7

　　从表 3-33 可知，无论是男生还是女生，学校在城市还是在县城的学生，重点学校还是非重点学校的学生，在这五个选项的分布上与总体是趋于一致的。

　　从性别差异来看，选择"父母"的女生多于男生，选择"上司"的比例也是女生略高于男生；而选择"哥们"的男生则多于女生，选择"统治者"的比例也是男生略高于女生；二者在选择"知己"的比例上相当。

从学校所在地的差异来看，县城学生选择"父母"的比例要大大高于城市的学生，而城市学生选择"上司"的比例则大大高于县城的学生，选择"哥们"的比例也略高于县城学生；二者在"知己"和"统治者"的选择比例上差别不大。

另外，重点和非重点学校的学生在这五个选项上的比例均相差不大，其中，重点学校的学生选择"父母"和"统治者"的比例略低于非重点学校的学生，而选择"知己"、"上司"和"哥们"的比例略高于非重点学校的学生。

（二）老师被喜欢的状况

在参与调查的 3 万多名中小学生中，认为只喜欢少数老师的比例最大，达到 32.5%；其次是选择喜欢"大多数"老师的比例，为 26%，与此相近的是选择"几乎都喜欢"的比例，为 21.7%，以及选择喜欢"大约一半"老师的比例，为 16.7%；而选择"都不喜欢"的比例最少，只有 3.2%。

1. 十省市基本情况

表3-34　十省市学生对老师喜欢状况的人次百分比（%）

	北京	广东	浙江	黑龙江	江西	河南	四川	内蒙古	贵州	甘肃	平均数
都不喜欢	3.3	4.0	3.7	3.3	2.7	2.6	2.7	2.6	4.1	3.2	3.2
少数	26.6	33.3	34.3	29.1	33.4	32.2	32.8	34.2	37.9	34.1	32.5
大约一半	17.8	19.2	18.7	15.1	17.2	15.8	16.6	15.8	13.8	15.1	16.7
大多数	27.5	27.0	24.9	26.1	27.4	26.0	26.5	23.3	26.3	24.1	26.0
几乎都喜欢	25.0	16.6	18.4	26.4	19.4	23.4	21.4	24.2	17.9	23.6	21.7

注：表中涂黑的是十省市中该选项比例最高的和最低的

从表3-34中可以看出，各省市分布趋势大致与总体一致，不过也存在一些差异。北京市内选择喜欢"大多数"老师的人数最多，选择该项的比例在十省市中是最高的，而选择喜欢"少数"老师的比例则是十省市中最少的；贵州选择"少数"和"都不喜欢"的比例则是最多的，而选择"大约一半"的比例都是十省市中最少的；广东省选择"大约一半"的比例是最高的，而"几乎都喜欢"的比例是最低的；黑龙江省选择"几乎都喜欢"的比例是最高的；内蒙古选择"都不喜欢"和"大多数"的比例都是最低的，同样，河南选择"都不喜欢"的比例也是最低的。

2. 年级特征

对不同年级学生的选择结果进行统计，结果如表3-35所示：

表 3-35 不同年级学生对老师喜欢状况的人次百分比（%）

	小四	小五	小六	初一	初二	初三	高一	高二	高三
都不喜欢	1.9	2.6	2.5	3.9	3.8	3.8	2.8	2.9	4.1
少数	17.6	22.1	28.1	27.4	35.7	41.9	37.5	41.0	41.8
大约一半	15.5	16.2	16.4	17.8	17.7	15.5	17.8	17.3	16.0
大多数	23.0	25.1	27.1	27.0	25.8	24.5	27.6	26.8	27.2
几乎都喜欢	41.9	34.0	25.8	23.9	17.0	14.2	14.3	11.9	10.9

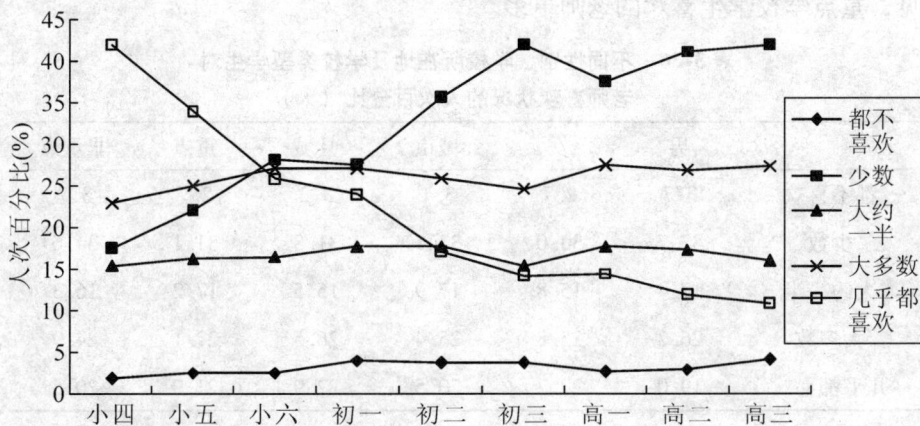

图 3-16 不同年级学生对老师喜欢状况的人次百分比

结合表 3-35 和图 3-16 可以看出，学生对老师的喜欢状况随年级的增长是有差异的。选择"几乎都喜欢"的人数随着年级的增长持续大幅度地下降，尤其是小学四年级到初中这一阶段，到高中阶段则基本稳定在一个较低的比例；选择"大多数"的人数随年级的增长变化不大，基本处于较高的比例；选择"大约一半"的变化趋势与"大多数"相似，持续处于较低的比例位置；而选择"少数"的人数则随着年级的增长持续增多，从小学六年级开始就保持在最高比例的选项的位置，到初三以后与其他选项的差距更是明显；无论在哪个年级，选择"都不喜欢"的人数都是远远低于其他各选项的。可见，年级较低的学生喜欢的老师比较多，而中学以后，学生们对老师的喜欢程度就维持在"少数"的水平了。

3. 性别、学校所在地及学校类型差异

从表表 3-36 可知，无论是男生还是女生，学校在城市还是在县城的学生，重点学校还是非重点学校的学生，在这五个选项的分布上与总体是基本一致的。

从性别差异来看，选择"都不喜欢"和"大约一半"的男生比例要高于女生，在选择"少数"和"大多数"的学生中，也是男生略高于女生；
而选择"几乎都喜欢"的女生比例则明显高于男生。

学校所在地的差异比较明显，选择"少数"和"大约一半"的城市学
生比例高于县城学生；而选择"大多数"和"几乎都喜欢"的县城学生比
例要高于城市学生；二者在"都不喜欢"的选择上基本相当。可见县城学
校的学生喜欢的老师数量更多些。

学校类型的差异也比较明显，重点学校学生选择"大约一半"、"大多
数"和"几乎都喜欢"的比例都要或多或少地高于非重点学校；相应地，
非重点学校学生选择"都不喜欢"和"少数"的比例要高于重点学校。可
见，重点学校学生喜欢的老师更多。

表3-36　不同性别、学校所在地及学校类型学生对
老师喜欢状况的人次百分比（%）

	男	女	城市	县城	重点	非重点
都不喜欢	3.7	2.7	3.1	3.2	2.7	3.7
少数	33.7	33.0	33.1	31.8	31.1	34.6
大约一半	17.4	15.8	17.9	15.5	17.2	16.3
大多数	26.2	25.8	25.4	26.5	27.1	24.9
几乎都喜欢	19.0	22.7	20.5	22.9	21.9	20.5

（三）对老师的话的认同程度

在参与调查的3万多名中小学生中，认为老师的话"大部分"是对的
的比例显著高于其他各选项，为69.7%；其次是认为"一半"是对的的比
例，为15.4%；认为"全部"是对的的比例为10.8%，而认为"很少"
和"几乎没有"的比例都很低，分别为2.7%和1.4%。

1. 十省市基本情况

表3-37　十省市学生对老师的话认同程度的人次百分比（%）

	北京	广东	浙江	黑龙江	江西	河南	四川	内蒙古	贵州	甘肃	平均数
全部	15.4	10.2	7.4	14.4	11.9	9.6	7.6	13.7	6.9	9.7	10.8
大部分	64.8	68.3	72.4	65.9	73.4	73.2	70.1	66.0	70.7	71.7	69.7
一半	15.2	16.3	16.3	15.1	11.7	13.4	18.1	15.8	18.0	15.6	15.4
很少	2.9	3.5	2.5	3.0	2.2	2.5	2.8	2.9	2.9	2.2	2.7
几乎没有	1.7	1.7	1.3	1.6	0.9	1.2	1.3	1.7	1.5	0.8	1.4

注：表中涂黑的是十省市中该选项比例最高的和最低的

从表3-37中可以看出，各省市分布趋势大致与总体一致，不过也存在

一些差异。北京市选择"全部"和"几乎没有"的比例都是最高的,而选择"大部分"的比例是最低的,可见其分布相对而言不是很集中;而江西省选择"大部分"的比例是最高的,选择"一半"和"很少"的比例都是最低的。广东省选择"很少"和"几乎没有"的比例都是最高的,其倾向就比较明显了,而甘肃省在这两项上的比例则是最低的。另外,贵州省在"全部"这一项上的比例是最低的;内蒙古选择"几乎没有"的比例是最高的。

2. 年级特征

对不同年级学生的选择结果进行统计,结果如表 3-38 所示:

表3-38　不同年级学生对老师的话认同程度的人次百分比（%）

	小四	小五	小六	初一	初二	初三	高一	高二	高三
全部	29.4	20.6	14.1	10.9	7.2	4.7	3.1	3.5	3.2
大部分	57.2	64.2	69.2	71.1	70.9	71.8	76.3	73.3	74.3
一半	10.1	11.0	12.6	13.6	16.6	18.7	17.5	19.6	18.8
很少	2.0	2.9	2.6	2.4	3.7	3.2	2.1	2.8	2.7
几乎没有	1.3	1.3	1.5	2.0	1.7	1.7	1.0	0.9	1.1

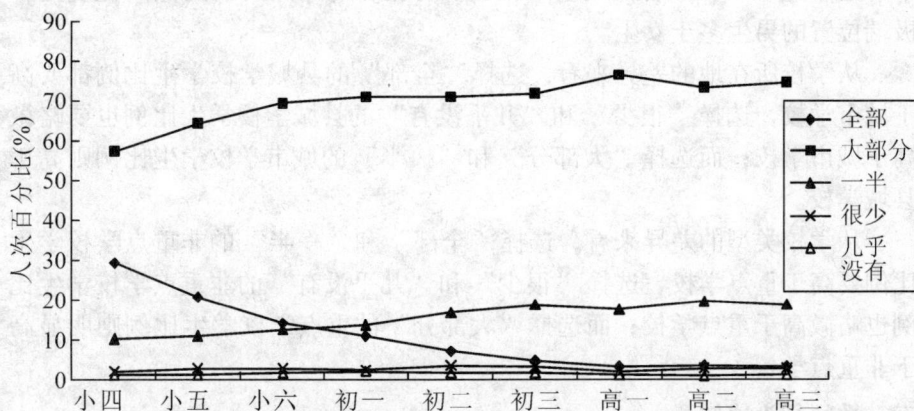

图3-17　不同年级学生对老师的话认同程度的人次百分比

结合表 3-38 和图 3-17 可以看出,学生对老师的话的认同程度随年级的增长是有变化的。选择"大部分"认同的比例一直都远远高于其他各项,并且随着年级的增长有缓慢上升的趋势;而选择"很少"和"几乎没有"的比例一直都明显低于其他各项,随年级的增长变化也不明显。选择"全部"认同的比例则随着年级的增长逐渐降低,尤其是小学四年级到初中阶段,下降幅度比较大,到初三以后就基本稳定在 5% 以下的水平了;

而选择"一半"的曲线则随着年级的增长在稳定中略有上升。总体来看，变化最大的就是选择"全部"的曲线，可见随着年级的增长，认为老师的话全都正确的学生越来越少了，这也是学生成长的表现。

3. 性别、学校所在地及学校类型差异

表3-39　不同性别、学校所在地及学校类型学生对老师的话不同认同程度人次百分比（%）

	男	女	城市	县城	重点	非重点
全部	10.9	8.4	9.3	12.2	9.2	11.0
大部分	68.4	72.8	70.3	69.2	71.7	68.3
一半	15.7	15.8	16.6	14.1	15.2	16.2
很少	3.1	2.1	2.6	2.9	2.6	2.9
几乎没有	1.9	0.9	1.2	1.6	1.3	1.5

无论是男生还是女生，学校在城市还是在县城的学生，重点学校还是非重点学校的学生，在这五个选项的分布上与总体是基本一致的。

从性别差异来看，选择"全部""很少"和"几乎没有"的男生比例都要高于女生，而选择"大部分"的女生比例则明显高于男生。在"一半"这个选项中，二者比例基本相当。可见，对老师的话的认同程度处于极端位置的男生多于女生。

从学校所在地的差异来看，选择"全部"的县城学校学生比例都要高于城市学校，选择"很少"和"几乎没有"的县城学校学生比例也要略微高于城市学校；而选择"大部分"和"一半"的城市学校学生比例则高于县城学校。

从学校类型的差异来看，选择"全部"和"一半"的非重点学校学生比例要高于重点学校，选择"很少"和"几乎没有"的非重点学校学生比例也略微高于重点学校；而选择"大部分"的重点学校学生比例则明显高于非重点学校。

二、教师行为感知

（一）老师关心学习以外事情的状况

在参与调查的3万多名中小学生中，认为"大多数老师只关心学习"的比例最多，达到35%；其次是"大多数老师既关心学习也关心其他方面"，比例为27.2%；其余的"大约一半的老师只关心学习""所有老师都只关心学习"和"所有老师既关心学习也关心其他方面"这三项的比例相差不多，分别为14.9%、13%和10%。

1. 十省市基本情况

表3-40 十省市学生对老师关心学习以外事情感知情况的人次百分比（%）

	北京	广东	浙江	黑龙江	江西	河南	四川	内蒙古	贵州	甘肃	平均数
所有老师都只关心你的学习	13.9	11.6	13.0	12.5	15.6	10.1	10.7	16.6	13.4	14.7	13.0
大多数老师只关心你的学习	33.0	35.7	40.4	30.4	35.7	37.0	34.1	31.0	37.3	34.8	35.0
大约一半的老师只关心你的学习	14.2	16.6	12.9	15.4	14.9	14.3	14.6	15.6	16.4	14.8	14.9
大多数老师既关心你的学习，也关心其他方面	25.4	26.6	25.9	29.7	24.0	29.7	32.6	25.8	23.2	25.3	27.2
所有老师既关心你的学习，也关心其他方面	13.5	9.6	7.8	12.0	9.8	8.9	8.0	11.0	9.7	10.4	10.0

注：表中涂黑的是十省市中该选项比例最高的和最低的

从表3-40中可以看出，各省市分布趋势与总体基本一致，不过也存在一些差异。浙江省选择"大多数老师只关心学习"的比例是最高的，选择"大约一半老师只关心学习"和"所有老师既关心学习又关心其他"的比例是最低的；而北京在"所有老师既关心学习又关心其他"的选择上比例最高；在"大多数老师既关心学习又关心其他"的选择中，四川省比例最高，贵州省比例最低；在"所有老师都只关心学习"的选择中，内蒙古比例最高，而河南省比例最低。

2. 年级特征

对不同年级学生的选择结果进行统计，结果如表3-41所示：

表 3-41　不同年级学生对老师关心学习以外事情感知情况的人次百分比（%）

	小四	小五	小六	初一	初二	初三	高一	高二	高三
所有老师都只关心你的学习	16.5	14.3	12.6	11.6	11.9	13.0	11.3	12.0	14.2
大多数老师只关心你的学习	18.2	21.0	26.6	31.0	33.9	38.5	45.3	50.7	50.7
大约一半的老师只关心你的学习	13.3	14.4	14.4	16.0	17.1	15.7	15.5	14.4	12.7
大多数老师既关心你的学习，也关心其他方面	32.2	34.0	34.0	29.2	27.1	25.0	23.5	19.5	19.3
所有老师既关心你的学习，也关心其他方面	19.7	16.4	12.4	12.2	10.0	7.8	4.4	3.4	3.0

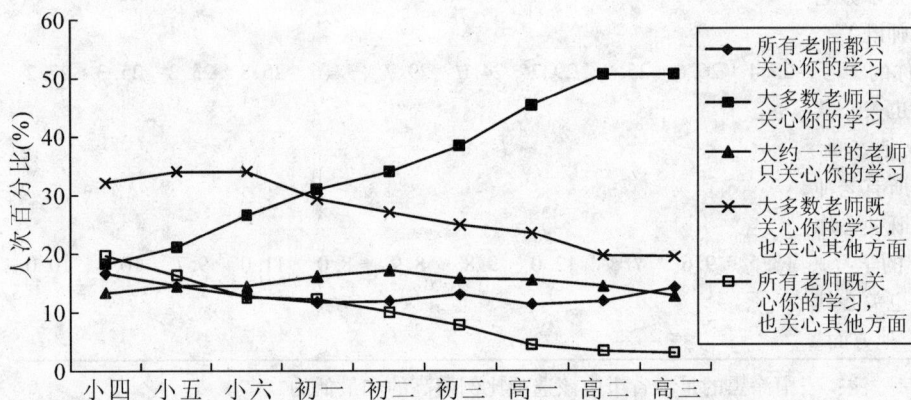

图 3-18　不同年级学生对老师关心学习以外事情感知情况的人次百分比

　　结合表 3-41 和图 3-18 可以看出，学生对老师的喜欢状况随年级的增长是有差异的。选择"大多数老师只关心学习"的人数比例随着年级的增长而持续增高，从初一以后就保持在最高的比例位置，到高三时已经远远高于其他各选项，达到一半以上的比例；而选择"所有老师既关心学习也关心其他"的人数比例则随着年级的增长持续下降，从初一以后就保持在最低的比例位置；选择"大多数老师既关心学习也关心其他"的人数比例一直保持在较高的水平，其变化趋势与"所有老师既关心学习也关心其他"基本一致；其余两项随着年级的增长变化不大，并且都保持在较低的比例。可见，随着年级的增长、学业压力的增加，学生们更倾向于认为老师是只关心学习的。

3. 性别、学校所在地及学校类型差异

无论是男生还是女生，学校在城市还是在县城的学生，重点学校还是非重点学校的学生，在这五个选项的分布上与总体是基本一致的。

从性别差异来看，选择"所有老师只关心学习""大约一半老师只关心学习"和"所有老师既关心学习又关心其他"的男生比例高于女生；而在另外两项的选择上，女生比例高于男生。性别之间没有呈现出明显的差异取向。

学校所在地的差异则比较明朗，选择"所有老师只关心学习"和"大多数老师只关心学习"的城市学习学生比例高于县城中学；而在另外三项的选择中，县城中学学生的比例较高，并且在老师关心其他方面越多的选项上，县城学校选择人数比例与城市学校的差距越大。可见，县城学校学生更倾向于认为老师不止关心学习，还会关心其他。

从学校类型的差异来看，选择"所有老师都只关心学习"的非重点学校学生比例高于重点学校；而选择"大多数老师只关心学习"则是重点学校的比例较高；在其余三项的选择上，这两类中学并没有明显的差异。可见，不同学校类型的学生在这个问题上的感知相差不大。

表3-42 不同性别、学校所在地及学校类型学生对老师关心
学习以外事情感知情况的人次百分比（%）

	男	女	城市	县城	重点	非重点
所有老师都只关心你的学习	13.8	11.9	13.5	12.5	12.3	13.5
大多数老师只关心你的学习	34.9	37.1	35.8	34.0	36.1	34.9
大约一半的老师只关心你的学习	15.4	14.1	14.8	14.9	15.0	14.8
大多数老师既关心你的学习，也关心其他方面	25.9	28.2	26.7	27.6	26.9	27.4
所有老师既关心你的学习，也关心其他方面	9.9	8.7	9.1	10.9	9.7	9.5

（二）对不一致解答的看法

在参与调查的3万多名中小学生中，认为当自己的解答和老师答案不一致时，"可能是老师错了，需要进一步求证"的人数最多，比例高达62.5%，其次是认为"一定是自己错了，需要马上改正"的人数，比例为34%，而认为"一定是老师错了"的比例最低，只有3.5%。

1. 十省市基本情况

表 3-43　十省市学生对不一致解答看法的人次百分比（%）

	北京	广东	浙江	黑龙江	江西	河南	四川	内蒙古	贵州	甘肃	平均数
一定是自己错了，需要马上改正	36.1	34.6	26.6	32.0	34.1	33.2	32.7	37.2	35.7	41.8	34.0
可能是老师错了，需要进一步求证	60.3	62.2	69.9	63.6	62.9	63.1	63.9	60.0	60.1	55.3	62.5
一定是老师错了	3.6	3.2	3.5	4.4	3.0	3.7	3.4	2.8	4.2	2.9	3.5

注：表中涂黑的是十省市中该选项比例最高的和最低的

从表 3-43 中可以看出，各省市分布趋势与总体基本一致，不过也存在一些差异。浙江省选择"可能是老师错了，需要进一步求证"的比例最高，而选择"一定是自己错了，需要马上改正"的比例最低；甘肃省则正好相反，在这两个选项上的比例分别是最低和最高的；黑龙江省选择"一定是老师错了"的比例最高，而内蒙古在该选项上的比例最低。

2. 年级特征

对不同年级学生的选择结果进行统计，结果如表 3-44 所示：

表 3-44　不同年级学生对不一致解答看法的人次百分比（%）

	小四	小五	小六	初一	初二	初三	高一	高二	高三
一定是自己错了，需要马上改正	50.3	41.0	34.4	32.4	31.9	31.3	27.7	28.8	27.8
可能是老师错了，需要进一步求证	47.9	57.2	64.0	62.4	63.2	64.5	68.8	68.3	67.5
一定是老师错了	1.8	1.8	1.6	5.3	4.9	4.2	3.6	3.0	4.7

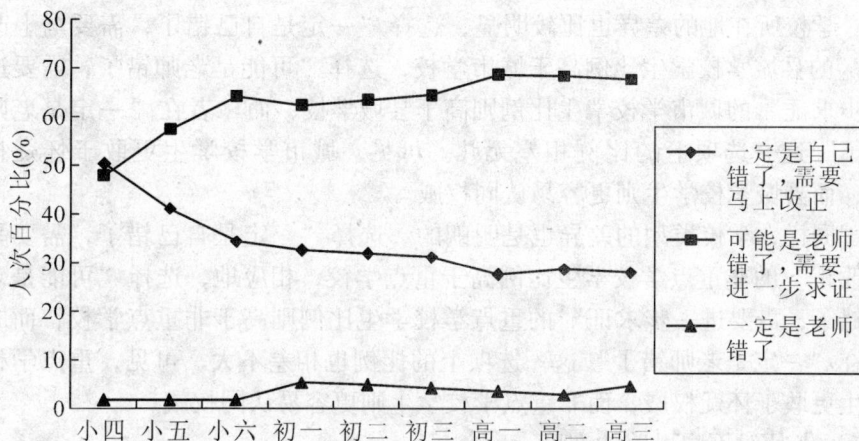

图 3-19 不同年级学生对不一致解答看法的人次百分比

结合表 3-44 和图 3-19 可以看出，学生对不一致解答的看法随年级的增长是有变化的。认为"可能是老师错了，需要进一步求证"的比例从小学四年级以后就一直保持在最高的位置，并且随着年级的增长持续缓慢地上升；而认为"一定是自己错了，需要马上改正"的比例在小学四年级以后就一直保持在中间的位置，并且随年级的增长持续缓慢地下降；认为"一定是老师错了"的比例则一直保持在最低的位置，但在中学生中的比例明显高于小学生。可见，随着年级的增高，学生越来越敢于怀疑老师的权威，而从另一方面看，盲目否认老师权威的比例一直是很小的。

3. 性别、学校所在地及学校类型差异

表 3-45 不同性别、学校所在地及学校类型学生对不一致解答看法的人次百分比（％）

	男	女	城市	县城	重点	非重点
一定是自己错了，需要马上改正	31.0	35.0	33.2	35.0	31.7	35.4
可能是老师错了，需要进一步求证	64.0	62.7	63.5	61.5	65.2	60.7
一定是老师错了	5.0	2.3	3.3	3.6	3.1	3.9

无论是男生还是女生，学校在城市还是在县城的学生，重点学校还是非重点学校的学生，在这三个选项上的分布与总体是基本一致的。

由表 3-45 可以看出，性别差异是非常明显的。选择"一定是自己错了，需要马上改正"的女生比例高于男生，而选择"可能是老师错了，需要进一步求证"和"一定是老师错了"的男生比例都高于女生。可见，女生更容易认同老师的权威，而男生更倾向于挑战权威。

学校所在地的差异也比较明显，选择"一定是自己错了，需要马上改正"的县城学校学生比例高于城市学校，选择"可能是老师错了，需要进一步求证"的城市学校学生比例则高于县城学校，而二者在"一定是老师错了"这一选项上的比例相差无几。可见，城市学校学生更敢于怀疑权威，而县城学校学生则更容易认同权威。

同样，学校类型的差异也是明朗的。选择"一定是自己错了，需要马上改正"的非重点学校学生比例高于重点学校，相应地，选择"可能是老师错了，需要进一步求证"的重点学校学生比例则高于非重点学校，而二者在"一定是老师错了"这一选项上的比例也相差不大。可见，重点学校学生更敢于怀疑权威，而非重点学校学生则更容易认同权威。

（三）老师对不同思路的态度

在参与调查的 3 万多名中小学生中，认为当自己在课堂或作业中发现了与老师和大多数人不同的思路或答案，甚至怪异的想法时，会"受到老师的鼓励和认可"的比例为 73.6%，远远高于认为会"受到老师的批评和制止"的 26.4% 的比例。

1. 十省市基本情况

表 3-46　十省市学生心中老师对不同思路态度的人次百分比（%）

	北京	广东	浙江	黑龙江	江西	河南	四川	内蒙古	贵州	甘肃	平均数
受到老师的鼓励和认可	77.8	69.3	76.5	75.2	71.4	72.7	74.7	71.5	70.7	74.1	73.6
受到老师的批评和制止	22.2	30.7	23.5	24.8	28.6	27.3	25.3	28.5	29.3	25.9	26.4

注：表中涂黑的是十省市中该选项比例最高的和最低的

从表 3-46 中可以看出，各省市分布趋势与总体基本一致，不过也存在一些明显的差异。北京市选择"会受到老师的鼓励和认可"的人数比例最高，相应地，选择"受到老师批评和制止"的比例就最低；而广东省与此刚好相反，在这两项的选择上分别是比例最低和最高的。这样就可以明显地看出，北京市的老师最鼓励学生提出不同的思路或答案，而广东省的老师相对而言最不鼓励学生这样。

2. 年级特征

对不同年级学生的选择结果进行统计，结果如表 3-47 所示：

表 3-47　不同年级学生心中老师对不同思路态度的人次百分比（%）

	小四	小五	小六	初一	初二	初三	高一	高二	高三
受到老师的鼓励和认可	73.7	76.5	75.2	72.0	70.4	69.8	76.5	74.9	73.7
受到老师的批评和制止	26.3	23.5	24.8	28.0	29.6	30.2	23.5	25.1	26.3

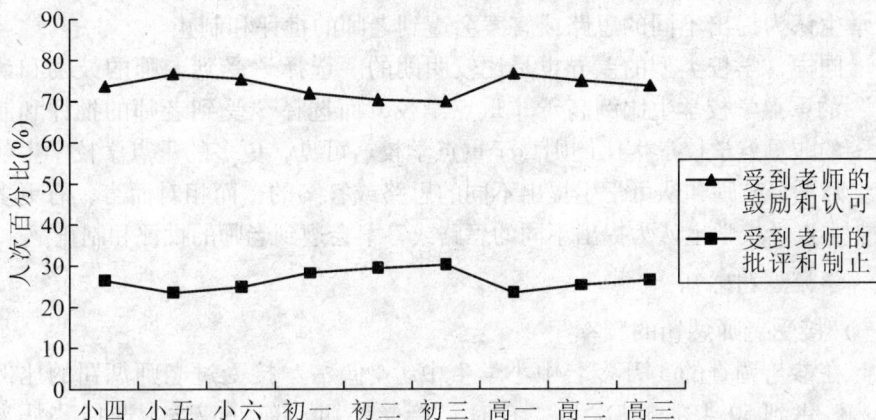

图 3-20　不同年级学生心中老师对不同思路态度的人次百分比

结合表 3-47 和图 3-20 可以看出，学生心目中老师对不同思路的态度随年级的增长变化并不明显。选择"会受到老师的鼓励和认可"的学生比例一直远远高于选择"受到老师的批评和制止"的比例，并且，初中生中选择该项的比例略有下降，高中则基本上与小学持平；相应地，初中生中选择"受到老师批评和制止"的比例略有上升，高中也与小学基本持平。可见，在这个问题上，不同年级学生的看法是基本一致的。

3. 性别、学校所在地及学校类型差异

表 3-48　不同性别、学校所在地及学校类型学生心中
老师对不同思路态度的人次百分比（%）

	男	女	城市	县城	重点	非重点
受到老师的鼓励和认可	71.8	76.2	75.3	71.7	75.2	72.0
受到老师的批评和制止	28.2	23.8	24.7	28.3	24.8	28.0

无论是男生还是女生，学校在城市还是在县城的学生，重点学校还是非重点学校的学生，在这两个选项上的分布与总体是基本一致的。

由表 3-48 可以看出，性别差异是非常明显的。选择"受到老师的鼓励和认可"的女生比例高于男生，而选择"受到老师的批评和制止"的男生比例都高于女生。可见，更多的女生认为老师是会鼓励和认可学生提出不同的思路或答案的，而相对而言，有更多的男生认为提出不同的思路或

答案会遭到老师的批评和制止。

学校所在地的差异也比较明显，选择"受到老师的鼓励和认可"的城市学校学生比例高于县城学校，而选择"受到老师的批评和制止"的县城学校学生比例则高于城市学校。可见，更多的城市学校学生认为老师是会鼓励和认可学生提出不同的思路或答案的，而相对而言，有更多的县城学校学生认为提出不同的思路或答案会遭到老师的批评和制止。

同样，学校类型的差异也是比较明朗的。选择"受到老师的鼓励和认可"的重点学校学生比例高于非重点学校，而选择"受到老师的批评和制止"的非重点学校学生比例则高于重点学校。可见，更多的重点学校学生认为老师是会鼓励和认可学生提出不同的思路或答案的，而相对而言，有更多的非重点学校学生认为提出不同的思路或答案会遭到老师的批评和制止。

三、学校惩罚感知

（一）接受老师惩罚的频率

在参与调查的 3 万多名中小学生中，"偶尔"接受过老师惩罚的比例最高，占到 50.4%，其次是"有时"接受惩罚，有 26.7%，选择"从来没有"接受过惩罚的有 15.4%，而"经常"接受惩罚的只有 7.5%。

1. 十省市基本情况

表3-49 十省市学生接受老师惩罚情况的人次百分比（%）

	北京	广东	浙江	黑龙江	江西	河南	四川	内蒙古	贵州	甘肃	平均数
从来没有	20.3	14.7	16.3	19.4	14.2	14.8	12.1	19.4	13.1	9.0	15.4
偶尔	47.8	50.6	53.1	49.1	51.9	53.1	50.2	47.7	47.2	49.9	50.4
有时	23.9	28.0	24.2	23.6	28.6	25.2	28.3	26.4	29.9	31.7	26.7
经常	8.1	6.6	6.4	7.9	5.3	6.9	9.5	6.5	9.7	9.3	7.5

注：表中涂黑的是十省市中该选项比例最高的和最低的

从表3-49 中可以看出，各省市分布趋势与总体基本一致，不过也存在一些差异。甘肃省选择"有时"的比例是最高的，同时，选择"从来没有"的比例最低；相似的，贵州省选择"偶尔"的比例最低，而选择"经常"的比例最高，这都能从一个侧面说明着两个省的一些学生更容易受到惩罚。北京选择"从来没有"的比例是最高的；类似的，浙江和河南选择"偶尔"的比例是最高的；而江西和黑龙江分别是选择"经常"和"有时"的比例是最低的，这都能从一个侧面说明这些省市的一些学生比较不容易受到惩罚。

2. 年级特征

对不同年级学生的选择结果进行统计，结果如表3-50 所示：

表 3-50 不同年级的学生接受老师惩罚的人次百分比（%）

	小四	小五	小六	初一	初二	初三	高一	高二	高三
从来没有	1.9	2.6	2.5	3.9	3.8	3.8	2.8	2.9	4.1
偶尔	17.6	22.1	28.1	27.4	35.7	41.9	37.5	41.0	41.8
有时	15.5	16.2	16.4	17.8	17.7	15.5	17.8	17.3	16.0
经常	23.0	25.1	27.1	27.0	25.8	24.5	27.6	26.8	27.2

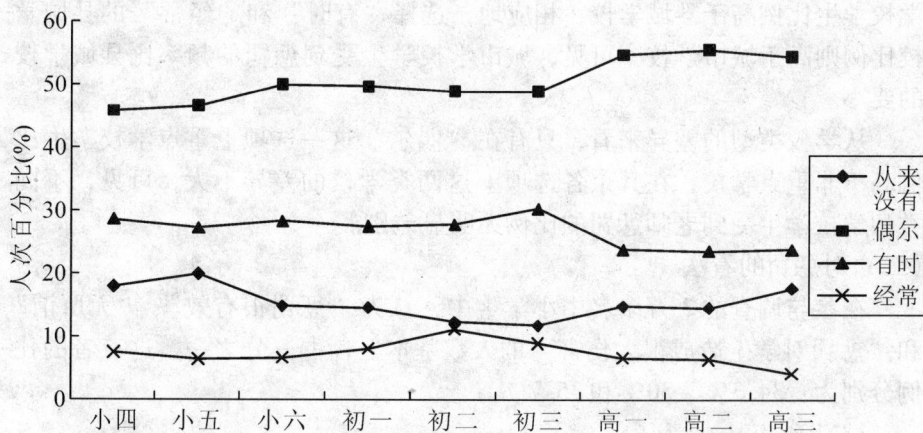

图 3-21 不同年级的学生接受老师惩罚的人次百分比

结合表 3-50 和图 3-21 可以看出，学生接受老师惩罚的频率随年级的变化是差异很小的。选择"经常"接受惩罚的人数比例一直保持在最低，在初二年级中有一个很小幅度的上升；而选择"偶尔"接受惩罚的人数比例则一直保持在最高，在高中之后小幅度上升；选择"从来没有"和"有时"的人数比例一直保持在中间位置。随着年级增长，"偶尔"和"有时"这两条曲线的变化基本上呈现"此消彼长"的互补状态，相似地，"从来没有"和"经常"也呈现出这种互补的变化趋势。可见，学生接受老师惩罚的频率是相对稳定的。

3. 性别、学校所在地及学校类型差异

表 3-51 不同性别、学校所在地及学校类型的学生
接受老师惩罚情况的人次百分比（%）

	男	女	城市	县城	重点	非重点
从来没有	10.6	20.0	16.0	14.7	15.2	15.6
偶尔	47.3	54.3	52.5	48.1	51.3	49.6
有时	31.4	21.2	24.3	29.4	26.2	26.9
经常	10.8	4.5	7.2	7.8	7.3	7.8

　　无论是男生还是女生，学校在城市还是在县城的学生，重点学校还是非重点学校的学生，在这四个选项的分布上与总体是基本一致的。

　　由表3-51可以看出，性别差异是非常明显的。选择"从来没有"和"偶尔"的女生比例远远高于男生，相应地，选择"有时"和"经常"的男生比例远远高于女生。可见，总体而言，女生受到惩罚的频率比男生小得多。

　　学校所在地的差异也比较明显。选择"从来没有"和"偶尔"的城市学校学生比例高于县城学校，相应地，选择"有时"和"经常"的县城学校比例则高于城市学校。可见，城市学校学生受到惩罚的频率比县城学校的要小。

　　从学校类型的差异来看，只有在"偶尔"这一选项上重点学校学生比例高于非重点学校，在其余各选项上这两类学校的差异不大，可见，不同类型学校学生受到老师惩罚的比例无明显差别。

（二）对惩罚的看法

　　在参与调查的3万多名中小学生中，认为"惩罚很有效"、"无所谓"和"惩罚对学生造成很大伤害"的人数基本上各占三分之一，这三者的比例分别为：34.3%、30%和35.7%。

1. 十省市基本情况

表3-52　十省市学生对惩罚看法的人次百分比（%）

	北京	广东	浙江	黑龙江	江西	河南	四川	内蒙古	贵州	甘肃	平均数
惩罚很有效	36.4	34.8	30.7	36.9	32.5	30.5	34.7	36.9	34.7	36.4	34.3
无所谓	30.2	36.1	32.4	33.2	27.3	31.8	29.6	21.5	31.0	24.3	30.0
惩罚对学生造成很大伤害	33.4	29.1	36.9	29.9	40.2	37.7	35.7	41.6	34.3	39.4	35.7

　　注：表中涂黑的是十省市中该选项比例最高的和最低的

　　从表3-52中可以看出，各省市分布趋势与总体基本一致，大致都是认为"惩罚对学生造成很大伤害"的比例略高，不过也存在一些差异。内蒙古选择"惩罚很有效"和"惩罚对学生造成很大伤害"这两个选项的人数比例都是最高的，而持"无所谓"的态度的比例最低；黑龙江选择"惩罚很有效"的比例也是最高的，而河南选择该选项的比例最低；广东省持"无所谓"态度的学生比例是最高的，而选择"惩罚对学生造成很大伤害"的人数比例最低。

2. 年级特征

对不同年级学生的选择结果进行统计，结果如表3-53所示：

表 3-53　不同年级的学生对惩罚看法的人次百分比（%）

	小四	小五	小六	初一	初二	初三	高一	高二	高三
惩罚很有效	57.1	51.3	44.2	40.0	32.4	26.5	20.3	18.9	16.6
无所谓	16.6	17.6	22.3	25.9	28.4	34.0	39.4	42.8	43.8
惩罚对学生造成很大伤害	26.3	31.2	33.5	34.0	39.2	39.5	40.4	38.2	39.6

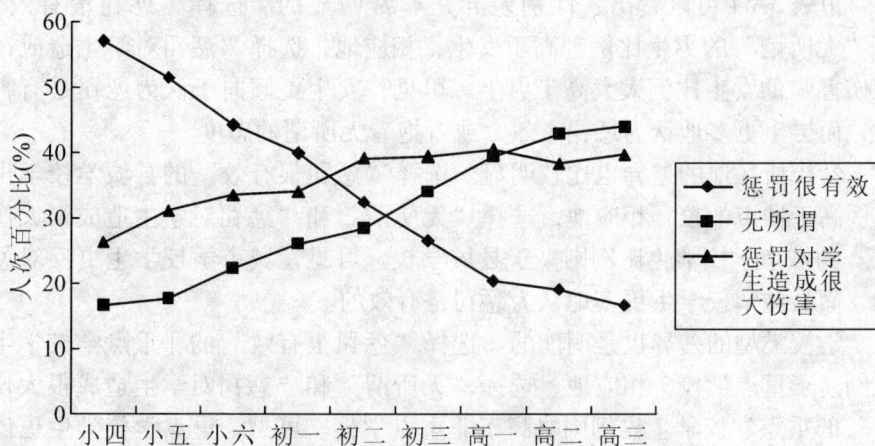

图 3-22　不同年级的学生对惩罚看法的人次百分比

结合表3-53和图3-22可以看出，学生对惩罚的看法随年级的增长是有差异的。认为"惩罚很有效"的学生比例随年级的增长持续大幅度地下降，在小学四年级中，持这种看法的人数远远多于其他选项，而从初二以后，持这种看法的人数比例就保持在最低的位置了，且与其他选项的距离不断增大；而认为"惩罚对学生造成很大伤害"的学生比例随年级的增长小幅度地上升，但在小学和高中阶段都保持在第二位的水平，只有在初中生中，选择该选项的人数比例才略高于其他选项；持"无所谓"态度的学生比例随年级的增长逐渐上升，到高二时已经是比例最大的选项了，高三学生中持这种态度的人更是将近半数。可见，随着年级的增高，越来越少的学生坚持认为惩罚是有效的，更多的学生已经采取了无所谓的态度，认为惩罚有害的学生也在增多。

3. 性别、学校所在地及学校类型差异

表 3-54　不同性别、学校所在地及学校类型的学生对惩罚的看法的人次百分比（%）

	男	女	城市	县城	重点	非重点
惩罚很有效	34.1	31.3	30.8	37.8	32.4	34.8
无所谓	32.2	29.1	32.3	27.6	30.6	29.9
惩罚对学生造成很大伤害	33.7	39.6	36.9	34.6	36.9	35.3

　　无论是男生还是女生，学校在城市还是在县城的学生，重点学校还是非重点学校的学生，在这三个选项上的分布与总体是基本一致的。

　　由表 3-54 可以看出，性别差异是非常明显的。选择"惩罚很有效"和"无所谓"的男生比例都高于女生，相应地，选择"惩罚对学生造成很大伤害"的女生比例大大高于男生。可见，女生更倾向于认为惩罚是有害的，而男生更多地认为惩罚有效，或者抱着无所谓的态度。

　　学校所在地的差异也比较明显。选择"惩罚很有效"的县城学校学生比例高于城市学校，相应地，选择"无所谓"和"惩罚对学生造成很大伤害"的城市学校学生比例则高于县城学校。可见，城市学校学生更反对惩罚，而县城学校学生更多地认为惩罚是有效的。

　　学校类型的差异也是明朗的。选择"惩罚很有效"的非重点学校学生比例高于重点学校，相应地，选择"无所谓"和"惩罚对学生造成很大伤害"的重点学校学生比例则略高于非重点学校。可见，重点学校学生更反对惩罚，而非重点学校学生更多地认为惩罚是有效的。

第三节　同伴交往

　　随着年龄的增长，同伴在儿童青少年的人际关系中占据了越来越重要的地位，尤其是在学校中。青少年在同伴关系的建立以及与同伴的交往过程中习得相应地人际交往技能，并且在相互帮助中学习与发展。那么中小学生是如何看待友谊的，他们会选择什么样的人做自己的朋友，经常会与朋友在一起做些什么，以及学校的大环境里是否有小帮派等等。这些在某种程度上都可能直接或者间接地影响着青少年学习能力与心理的发展。在这一部分，我们对这些问题进行了探讨。

一、知心朋友

　　知心朋友的数量反映了学生的友谊的发展和人际交往状况，从总体上看，被调查学生平均拥有的知心朋友数量为 4.35 个。

　　1. 十省市基本情况

　　广东省学生拥有朋友的平均数最高，为 4.91 个，贵州省的学生此题目

上的平均数最低，为 3.70 个。但是整体来说各省市之间的差异并不是很大。

表 3-55   各省市学生拥有知心朋友的平均数量

	贵州	内蒙古	河南	甘肃	江西	黑龙江	浙江	北京	四川	广东	平均数
知心朋友（个）	3.70	3.87	4.08	4.27	4.27	4.40	4.45	4.65	4.85	4.91	4.35

2. 年级特征

由图 3-23 可见，从各个年级的学生比较来看，呈现出随年级增加，知心朋友的数量逐渐递减的趋势。小四同初一至高三年级差异均显著，小五和小六同初二至高三年级差异均显著，初一同初三至高三年级差异均显著。

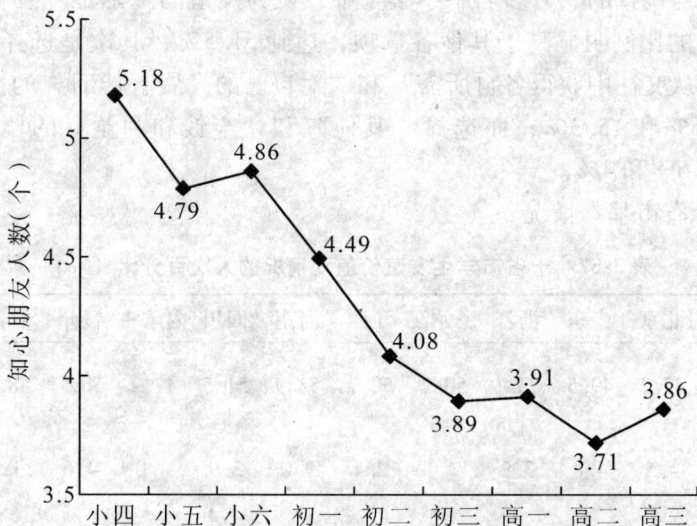

图 3-23   各年级学生拥有知心朋友的平均数量

儿童友谊的发展具有一定的阶段性，从数据中我们可以看出，在小学阶段，学生的知心朋友较多，他们交友的范围较为广泛，但到了初中阶段，知心朋友的数量有降低的趋势，到了高中之后就较为稳定在一个水平上了。这可能是由于初中阶段的学生正处于青春期，他们逐渐懂得了忠诚、理解、共同兴趣是友谊的基础，他们互相倾诉秘密、互相帮助、解决问题。但这时的友谊有强烈的排他性。因此造成知心朋友的数量减少，而到了高中阶段，基本已经形成了对友谊的正确理解，一般也拥有较为稳定的友谊关系，因而拥有的知心朋友数量保持一个较为稳定的水平。

3. 性别、学校所在地及学校类型差异

表3-56　各类学生拥有知心朋友的数量

	男	女	城市	县城	重点	非重点
知心朋友（个）	5.36	3.88	5.25	4.06	5.06	4.38
t 检验（df）	5.996（21279）***		4.982（27578）***		2.564（24796）**	

注：*在 0.05 水平上显著，**在 0.01 水平上显著，***在 0.000 水平上显著（下同）

对各类学生的知心朋友数量进行比较发现，男生比女生的多，城市学校的学生比县城学校的学生多，重点学校的学生比非重点学校的学生多，其差异均达到了显著性水平。

二、友谊价值观

在参与调查的 3 万多名中小学生中，认为友谊的基础是"友情、亲情等感情"的比例明显高于其他各选项，达到 51.5%；其次是选择"互惠，双方都能从交往中获得各自所需"和"对自己的发展有帮助"的比例，分别为 20.6% 和 15.3%；而选择"其他"和"金钱和利益"的比例最低，分别为 8.6% 和 4%。

1. 十省市基本情况

表3-57　十省市学生友谊价值观情况的人次百分比（%）

	北京	广东	浙江	黑龙江	江西	河南	四川	内蒙古	贵州	甘肃	平均数
友情、亲情等感情	53.2	49.5	55.1	50.2	52.7	53.9	51.5	47.2	50.1	48.7	51.5
金钱和利益	4.5	4.8	3.2	7.4	2.4	3.0	3.9	3.0	4.6	3.9	4.0
对自己的发展有帮助	15.5	15.8	12.5	14.6	17.1	14.3	15.8	18.1	13.6	15.4	15.3
互惠	18.1	21.7	21.5	19.0	18.9	20.3	20.5	23.4	21.4	23.2	20.6
其他	8.7	8.2	7.7	8.8	8.9	8.6	8.4	8.2	10.4	8.9	8.6

注：表中涂黑的是十省市中该选项比例最高的和最低的

从表3-57中可以看出，各省市分布趋势大致与总体一致，不过也存在一些差异。浙江省选择"友情、亲情等感情"的比例是最高的，同时，选择"对自己的发展有帮助"和"其他"的比例是最低的；而内蒙古选择"友情、亲情等感情"的比例则是最低的，并且，选择"对自己的发展有帮助"和"互惠"的比例都是最高的；而北京选择"互惠"的比例则最

低。另外，黑龙江省选择"金钱和利益"的比例是最高的，而江西省选择这一项的比例则是最低的。

2. 年级特征

对不同年级学生的选择结果进行统计，结果如表3-58所示：

表3-58 不同年级的学生友谊价值观情况的人次百分比（%）

	小四	小五	小六	初一	初二	初三	高一	高二	高三
友情、亲情等感情	40.9	45.6	51.3	48.6	45.7	52.5	58.4	60.8	60.9
金钱和利益	4.2	3.3	3.8	5.1	4.6	4.3	3.1	3.7	4.1
对自己的发展有帮助	22.4	20.9	15.7	16.8	17.0	13.6	10.8	10.1	9.6
互惠	20.4	21.2	20.8	21.1	24.4	21.1	19.6	18.3	18.4
其他	12.1	9.0	8.3	8.4	8.3	8.5	8.2	7.2	7.0

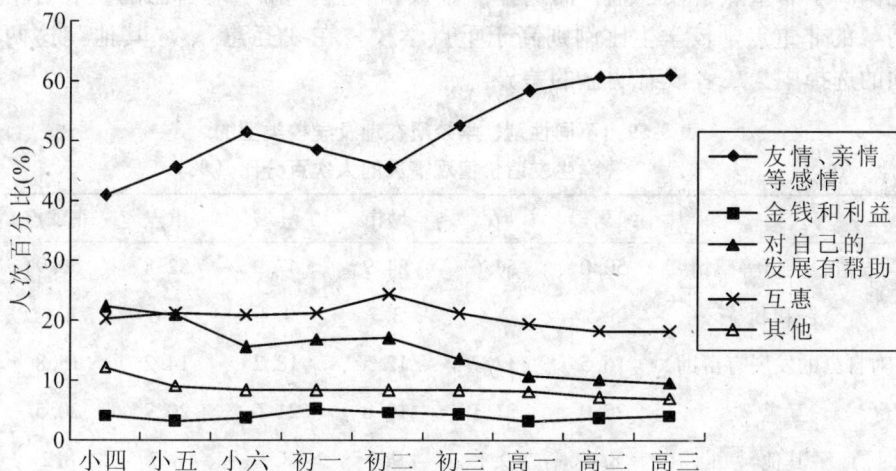

图3-24 友谊价值观的年级发展趋势

结合表3-58和图3-24可以看出，学生的友谊价值观随年级的增长是有变化的。选择"友情、亲情等感情"的比例一直远远高于其他各项，并且呈现出曲折上升的趋势，除在初二年级比例有所下降以外，总的来看，中学生选择此项的比例高于小学；而选择"对自己的发展有帮助"的比例随年级的增长缓慢下降；选择"互惠"的比例随年级的增长变化不大，只在初二时有小幅度的上升；另外，选择"金钱和利益""其他"的比例随年级增长变化也不大，并且都保持在最低的比例位置。可见，中小学生心目中友谊的基础还是以"友情、亲情等感情"为主的，并且，随着年级的增长，持这种观点的人也逐渐增多。

3. 性别、学校所在地及学校类型差异

无论是男生还是女生，学校在城市还是在县城的学生，重点学校还是非重点学校的学生，在这五个选项的分布上与总体是基本一致的。

从性别差异来看，选择"友情、亲情等感情"的女生比例明显高于男生，选择"互惠"和"其他"的女生比例也略高于男生；而选择"金钱和利益"以及"对自己的发展有帮助"的男生比例明显高于女生。可见，女生更倾向于认为友谊的基础是情感性的，相对而言，男生则更多地从利益、理性的角度看待友谊。

从学校所在地的差异来看，选择"友情、亲情等感情"的城市学校学生比例大大高于县城学校学生；而选择"对自己的发展有帮助"和"互惠"的县城学校学生比例则高于城市学校。在"金钱和利益"、"其他"这两项的选择中，二者没有明显的差异。

从学校类型的差异来看，选择"友情、亲情等感情"的重点学校学生比例高于非重点学校学生；而选择"金钱和利益"和"对自己的发展有帮助"的非重点学校学生比例则高于重点学校。在"互惠"、"其他"这两项的选择中，二者没有明显的差异。

表 3-59　不同性别、学校所在地及学校类型的
学生友谊价值观情况的人次百分比（%）

	男	女	城市	县城	重点	非重点
友情、亲情等感情	50.0	54.6	54.9	47.9	52.8	50.9
金钱和利益	5.5	2.4	3.7	4.4	3.6	4.6
对自己的发展有帮助	16.5	12.7	12.5	18.2	14.2	15.8
互惠	20.0	21.1	19.8	21.5	20.7	20.5
其他	8.0	9.1	9.0	8.1	8.7	8.2

三、友伴来源状况

在参与调查的 3 万多名中小学生中，认为自己的朋友中"在校学生多于社会上的青年"的比例最高，达到 66.3%；其次是选择"在校学生少于社会上的青年"的比例，为 20.4%；而选择"在校学生等于社会上的青年"的比例最低，为 13.3%。

1. 十省市基本情况

表 3-60　十省市学生友伴来源状况的人次百分比（%）

	北京	广东	浙江	黑龙江	江西	河南	四川	内蒙古	贵州	甘肃	平均数
在校学生多于社会青年	64.9	68.9	69.3	65.6	65.9	67.2	63.1	64.8	64.6	67.4	66.3
在校学生等于社会青年	15.3	13.8	11.0	13.6	12.5	12.7	14.7	14.0	13.3	12.6	13.3
在校学生少于社会青年	19.8	17.3	19.7	20.9	21.6	20.1	22.2	21.2	22.1	20.0	20.4

注：表中涂黑的是十省市中该选项比例最高的和最低的

从表 3-60 中可以看出，各省市分布趋势与总体基本一致，不过也存在一些差异。浙江省选择"在校学生多于社会青年"的比例最高，而选择"在校学生等于社会青年"的比例最低；四川省选择"在校学生多于社会青年"的比例最低，而选择"在校学生少于社会青年"的比例最高；另外，广东省选择"在校学生少于社会青年"的比例最低。

2. 年级特征

对不同年级学生的选择结果进行统计，结果如表 3-61 所示：

表 3-61　不同年级的学生友伴来源状况的人次百分比（%）

	小四	小五	小六	初一	初二	初三	高一	高二	高三
在校学生多于社会青年	47.9	52.4	59.2	60.0	67.5	72.3	79.6	79.5	78.3
在校学生等于社会青年	23.7	18.6	15.6	14.9	11.4	9.8	7.8	9.0	9.0
在校学生少于社会青年	28.4	29.0	25.2	25.0	21.1	17.9	12.7	11.5	12.6

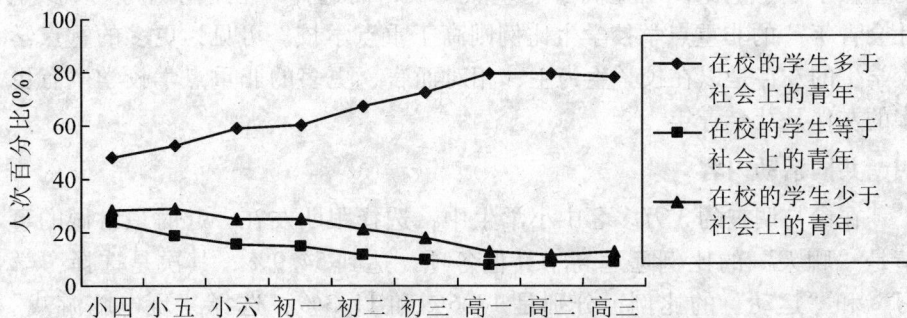

图 3-25　不同年级的学生友伴来源状况的人次百分比

结合表 3-61 和图 3-25 可以看出，学生友伴的来源随年级的增长是有变化的。选择"在校学生多于社会青年"的比例一直远远高于其他两个选项，并且随着年级的增长不断上升，到高中阶段已经稳定在接近 80% 的比例；而选择"在校学生少于/等于社会青年"的比例则一直处于比较低的水平，并且随年级的增长缓慢下降，其中，选择"少于"的比例略高于选择"等于"的比例。

3. 性别、学校所在地及学校类型差异

表 3-62　不同性别、学校所在地及学校类型的
学生友伴来源状况的人次百分比（%）

	男	女	城市	县城	重点	非重点
在校学生多于社会青年	65.2	70.0	69.0	63.4	69.3	64.6
在校学生等于社会青年	14.5	10.6	12.1	14.6	11.5	14.6
在校学生少于社会青年	20.2	19.4	18.9	22.0	19.2	20.8

无论是男生还是女生，学校在城市还是在县城的学生，重点学校还是非重点学校的学生，在这三个选项上的分布与总体是基本一致的。

由表 3-62 可以看出，性别差异是比较明显的。选择"在校学生多于社会青年"的女生比例明显高于男生，而选择"在校学生等于/少于社会青年"的男生比例都高于女生。可见，更多的女生友伴是以在校学生为主，相对而言，更多的男生有更多的友伴是社会青年。

学校所在地的差异也比较明显，选择"在校学生多于社会青年"的城市学校学生比例明显高于县城学校，而选择"在校学生等于/少于社会青年"的县城学校学生比例则高于城市学校。可见，更多的城市学校学生的友伴是以在校学生为主，相对而言，更多的县城学校学生有更多的友伴是社会青年。

同样，学校类型的差异也是明朗的。选择"在校学生多于社会青年"的重点学校学生比例明显高于非重点学校，而选择"在校学生等于/少于社会青年"的非重点学校学生比例则高于重点学校。可见，更多的重点学校学生的友伴是以在校学生为主，相对而言，更多的非重点学校学生有更多的友伴是社会青年。

四、共同活动内容

在参与调查的 3 万多名中小学生中，选择跟朋友在一起时最常做的事情是"聊天"的比例远远高于其他各项，达到 54.9%；其次是选择"学习"和"运动"的比例，分别是 17.6% 和 11.3%；选择"玩电脑游戏"的比例是 6.4%，排在第四位；而选择"逛街""抽烟喝酒""打群架"

"旅游""唱歌跳舞"和"赌博"的比例都比较低，分别是 3.7%，2.3%，1.4%，1.2%，1.1% 和 0.3%。

1. 十省市基本情况

表3-63　十省市学生与友伴共同活动状况的人次百分比（%）

	北京	广东	浙江	黑龙江	江西	河南	四川	内蒙古	贵州	甘肃	平均数
学习	18.5	16.5	15.8	20.9	20.4	18.7	13.4	21.0	15.6	14.1	17.6
聊天	56.2	56.2	56.4	51.8	55.9	57.0	50.0	53.1	57.7	56.2	54.9
抽烟喝酒	2.1	4.1	1.6	2.7	1.0	1.7	1.9	2.8	3.7	2.4	2.3
打群架	1.6	1.0	1.2	2.1	1.0	1.2	1.5	1.1	2.3	1.0	1.4
逛街	3.2	3.3	3.9	3.8	2.0	3.3	6.0	3.9	4.2	3.3	3.7
运动	8.6	11.6	11.9	10.5	11.9	10.2	12.8	11.1	9.7	13.4	11.3
旅游	0.7	1.0	1.0	0.9	0.9	1.0	2.8	0.9	1.3	1.1	1.2
赌博	0.3	0.3	0.4	0.3	0.3	0.1	0.5	0.1	0.7	0.2	0.3
玩电脑游戏	7.5	5.5	7.3	5.8	6.1	5.6	9.3	4.8	3.0	7.0	6.4
唱歌跳舞	1.2	0.5	0.5	1.3	0.5	1.2	1.8	1.2	1.8	1.2	1.1

注：表中涂黑的是十省市中该选项比例最高的和最低的

从表3-63中可以看出，各省市分布趋势与总体基本一致，不过也存在一些差异。北京市选择"运动"和"旅游"的比例都是最低的；广东省选择"抽烟喝酒"的比例是最高的，而选择"打群架"和"唱歌跳舞"的比例是最低的；贵州省选择"聊天""打群架""赌博"和"唱歌跳舞"的比例都是最高的，选择"玩电脑游戏"的比例却是最低的；四川省选择"学习""聊天"的比例都是最低的，而选择"逛街""旅游""玩电脑游戏"和"唱歌跳舞"的比例都是最高的；江西省则在"抽烟喝酒""打群架""逛街"和"唱歌跳舞"这几个选项上的比例都是最低的；还有，内蒙古在选择"学习"上的比例是最高的，而在"赌博"上的比例是最低的；甘肃在选择"打群架"上的比例是最低的，在"运动"上面的比例是最高的。由此，我们可以从一些侧面看到不同省市之间的差异。

2. 年级特征

对不同年级学生的选择结果进行统计，结果如表3-64所示：

表 3-64 不同年级的学生与友伴共同活动状况的人次百分比（%）

	小四	小五	小六	初一	初二	初三	高一	高二	高三
学习	33.6	28.5	21.2	19.1	15.3	11.6	8.9	9.8	9.0
聊天	33.7	42.5	50.2	52.9	57.4	61.8	67.0	65.8	63.3
抽烟喝酒	1.7	1.6	1.8	3.2	2.8	2.3	1.7	2.7	2.8
打群架	1.0	0.8	0.9	2.0	2.2	1.1	1.3	0.9	2.0
逛街	2.2	2.7	2.8	3.7	4.1	4.5	4.2	4.4	4.3
运动	15.9	14.0	12.7	10.5	9.5	9.5	9.1	10.0	10.3
旅游	2.2	1.8	1.3	1.5	0.8	0.9	0.9	0.5	0.7
赌博	0.2	0.2	0.3	0.4	0.5	0.4	0.1	0.3	0.2
玩电脑游戏	7.2	6.6	8.0	5.5	6.1	7.0	6.0	5.0	6.7
唱歌跳舞	2.3	1.2	0.8	1.1	1.2	0.9	0.7	0.6	0.8

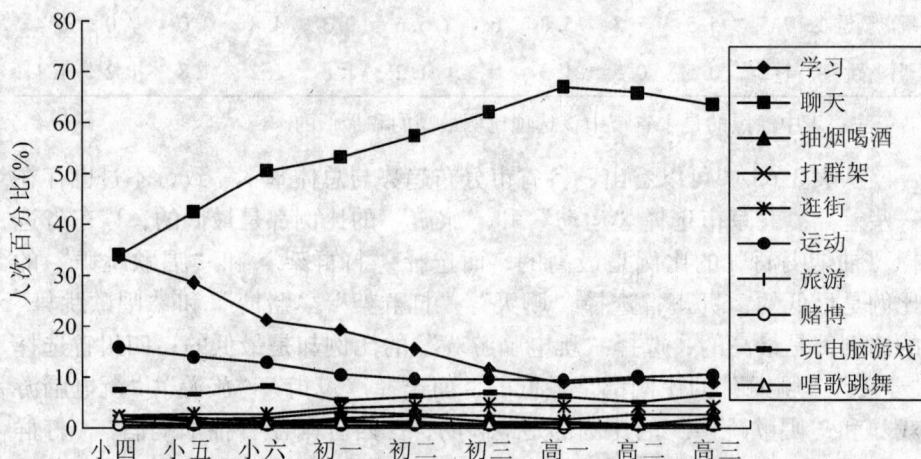

图 3-26 不同年级的学生与友伴共同活动状况的人次百分比

结合表 3-64 和图 3-26 可以看出，学生与友伴共同活动的状况随年级的增长是有变化的。选择"聊天"的人数一直远远多于其他各选项，并且随着年级的增长缓慢增加，到高中时已经稳定在 65% 以上；而与此相悖的是，选择"学习"的比例则随着年级的增长不断下降，小学四年级时还与"聊天"的比例相当，下降到高中时已经稳定在 10% 以下了。选择"运动"和"玩电脑游戏"的比例随年级增长都有一点小幅度的下降。而其余各项活动则一直保持在很低的比例水平，随年级增长变化不大。可见，随着年级的增长，学生与友伴之间的共同活动更多地倾向于"聊天"这样的情感交流，而不是学习伙伴了。

3. 性别、学校所在地及学校类型差异

表3-65 不同性别、学校所在地及学校类型的
学生与友伴共同活动状况的人次百分比（%）

	男	女	城市	县城	重点	非重点
学习	16.3	17.1	14.9	20.2	16.9	17.4
聊天	44.8	67.2	56.6	53.1	55.4	55.5
抽烟喝酒	3.1	1.2	1.6	3.0	2.0	2.8
打群架	2.1	0.7	1.2	1.5	1.3	1.5
逛街	3.1	4.7	3.5	3.9	3.5	4.0
运动	16.9	4.8	12.2	10.3	11.7	10.1
旅游	1.4	1.0	1.0	1.3	1.2	1.2
赌博	0.5	0.1	0.3	0.3	0.3	0.3
玩电脑游戏	11.1	1.7	7.6	5.2	6.8	6.1
唱歌跳舞	0.7	1.4	1.1	1.1	1.0	1.1

无论是男生还是女生，学校在城市还是在县城的学生，重点学校还是非重点学校的学生，在这十个选项上的分布与总体是基本一致的。

由表3-65可以看出，性别差异是非常明显的。选择"聊天"的女生比例远远高于男生，而在"学习""逛街"和"唱歌跳舞"这三个选项上，女生比例也高于男生；而在其余的六个选项上，男生的比例都不同程度地高于女生，尤其是"运动""玩电脑游戏"这两项差异非常明显，"抽烟喝酒"和"打群架"这两项上的差异也比较明显。我们可以清晰地看到不同性别的中小学生热衷的活动不同。

学校所在地的差异也比较明显，选择"学习"的县城学校学生比例明显高于城市学校学生，同时，在"抽烟喝酒""打群架""逛街"和"旅游"这几个选项上面，县城学校学生的比例也略高于城市学校；而城市学校学生在"聊天""运动"和"玩电脑游戏"这几个选项上的比例则明显高于县城学校学生。二者在"赌博"和"唱歌跳舞"这两项上的比例没有差异。

从学校类型的差异来看，选择"学习""抽烟喝酒""逛街"的非重点学校学生比例略高于重点学校，而选择"运动"和"玩电脑游戏"的重点学校学生比例则略高于非重点学校。二者在其余几个选项上的比例基本没有差异。可见，不同学校类型的学生与友伴共同活动的内容没有明显差异。

五、小帮派情况

在参与调查的 3 万多名中小学生中,认为自己的班里或学校"有"小帮派存在的比例为 36.6%,认为"没有"的比例为 28.4%,而持"不知道"态度的比例为 34.9%。

1. 十省市基本情况

表 3-66　十省市学生对身边小帮派情况感知的人次百分比（%）

	北京	广东	浙江	黑龙江	江西	河南	四川	内蒙古	贵州	甘肃	平均数
有	35.7	33.2	33.1	33.3	33.5	40.2	35.6	42.1	38.9	45.4	36.6
没有	32.2	29.0	33.0	30.0	30.0	25.3	27.6	26.2	25.4	22.5	28.4
不知道	32.1	37.8	33.9	36.7	36.5	34.5	36.8	31.6	35.7	32.1	34.9

注:表中涂黑的是十省市中该选项比例最高的和最低的

从表 3-66 中可以看出,各省市分布趋势与总体基本一致,不过也存在一些差异。浙江省选择"有"和"没有"的比例基本相当,分别是该选项在十省市中比例最低和最高的;而甘肃省选择"有"的比例则是最高的,选择"没有"的比例是最低的。

2. 年级特征

表 3-67　不同年级学生对身边小帮派情况感知的人次百分比（%）

	小四	小五	小六	初一	初二	初三	高一	高二	高三
有	28.5	30.1	39.3	31.3	41.2	44.8	38.2	38.6	37.7
没有	34.1	35.2	27.4	27.4	23.0	23.9	25.5	28.8	31.4
不知道	37.4	34.7	33.3	41.2	35.9	31.3	36.3	32.6	30.9

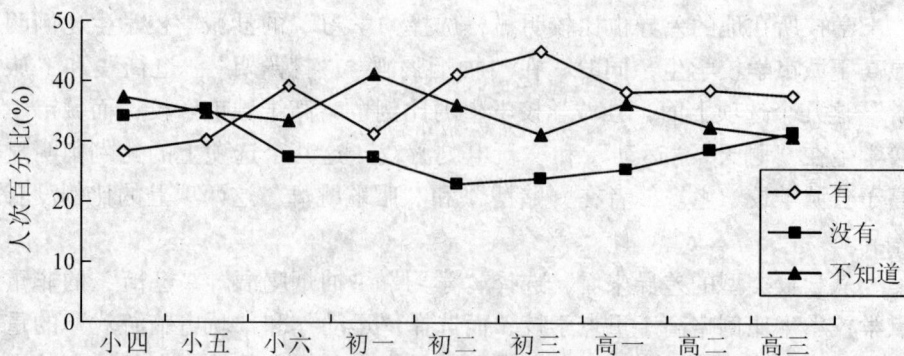

图 3-27　不同年级学生对身边小帮派情况感知的人次百分比

对不同年级学生的选择结果进行统计,结果如下所示。结合表 3-67 和

图 3-27 可以看出，学生对身边小帮派感知的状况随年级的增长是有复杂的变化的。选择"有"小学六年级学生和初三学生比例最高，相比而言，初中的比例比小学要高，而高中则基本稳定在一个中等的水平；相应地，选择"没有"的比例变化则相反，在小学六年级和初中阶段达到最低。可见，处于青春期发育初期的小学六年级和初中学生中小帮派相对最多，并且在一个集体即将解散、一个阶段即将结束时，小帮派的数量可以达到一个小的高潮。

3. 性别、学校所在地及学校类型差异

表 3-68　不同性别、学校所在地及学校类型学生
对身边小帮派情况感知的人次百分比（％）

	男	女	城市	县城	重点	非重点
有	36.9	37.5	37.1	36.2	36.2	37.9
没有	30.0	26.3	27.9	29.0	28.8	28.0
不知道	33.1	36.2	34.9	34.8	35.1	34.1

无论是男生还是女生，学校在城市还是在县城的学生，重点学校还是非重点学校的学生，在这三个选项上的分布与总体是基本一致的。

从性别差异来看，选择"没有"的男生比例明显高于女生，而选择"不知道"的女生比例则高于男生。二者在选择"有"的比例上基本没有差异。这可能是因为女生对小帮派的熟悉和注意程度低于男生所致。

学校所在地的差异则比较明显，选择"有"的城市学校学生比例高于县城学校，相应地，选择"没有"的县城学校学生比例高于城市学校。二者选择"不知道"的比例相当。可见，城市学校中小帮派多于县城学校。

同样，学校类型的差异也比较明朗。选择"有"的非重点学校学生比例高于重点学校，而选择"没有"和"不知道"的重点学校学生比例则高于非重点学校。可见，重点学校学生似乎更不关注或更不了解有关小帮派的事情，而非重点学校学生中小帮派相对较多。

第四章 情感

第一节 人生感受

一、身体健康感

1. 十省市基本情况

表 4-1 十省市中小学生身体健康感觉状况的人次百分比（%）

	良好	比较良好	一般	不是很好	不好
北京	33.1	28.1	26.2	10.2	2.4
广东	25.9	32.0	28.2	12.4	1.4
浙江	28.3	29.1	29.2	11.0	2.4
黑龙江	32.9	27.6	25.0	11.1	3.4
江西	29.4	29.6	27.0	10.9	2.9
河南	32.5	29.8	26.1	9.8	1.8
四川	31.2	30.4	26.1	10.4	1.9
内蒙古	33.8	30.5	25.0	8.5	2.1
贵州	23.6	27.7	29.6	15.0	4.2
甘肃	29.4	29.5	26.2	11.6	3.3
总数	30.2	29.5	26.8	11.0	2.5

总的来说，在各省市中感觉自己身体状况良好或比较良好的学生比例较高，约60%左右。内蒙古地区有33.8%的学生感觉自己身体健康状况良好，有30.5%的学生感觉自己身体健康状况比较良好，在十省市中所占比例最高。而贵州省有15.0%的学生认为自己健康状况不是很好，还有4.2%的学生认为自己健康状况不好，这一比例也是十省市中最高的。

2. 年级特征

表 4-2　不同年级中小学生身体健康感觉状况的人次百分比（％）

	良好	比较良好	一般	不是很好	不好
小四	40.6	25.8	22.6	8.4	2.6
小五	41.2	26.0	22.3	8.7	1.8
小六	40.3	27.4	21.3	9.1	1.8
初一	32.3	30.2	25.6	8.9	2.9
初二	28.2	30.4	27.5	11.1	2.8
初三	24.3	32.6	28.7	11.9	2.6
高一	22.5	30.3	31.7	12.6	2.9
高二	22.0	32.8	30.3	12.9	2.0
高三	17.9	30.6	32.2	16.2	3.0
总数	30.2	29.5	26.8	11.0	2.5

注：该百分比统计值不计缺失项目

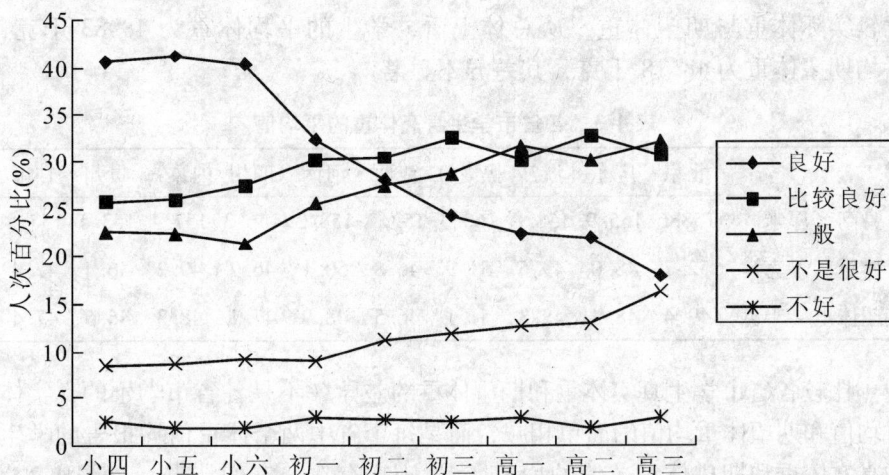

图 4-1　不同年级中小学生身体健康感觉状况

卡方检验的结果显示，不同年级中小学生对自己身体健康状况的感觉存在显著的差异（$\chi^2 = 780.60$，$p < 0.001$）。从图 4-1 可以看出，在感觉良好的情况中，小学四年级到高中三年级的学生在情况中所占比例逐渐下降；在感觉一般以及不是很好的情况中，从小学四年级到高中三年级的学生所占比例逐渐升高。可见，随着年级的升高，学生感觉自己身体健康感觉良好的情况逐渐下降，而身体健康感觉不是很好的情况在逐渐上升。这一方面可能与学习压力有关；另一方面与体育锻炼时间及次数的减少有关，没有机会锻炼身体、调节心理及生理状态。

二、形体满意度

（一）总体情况

学生的身高和体重也从某一方面反映了当前各地区学生的生长和发育状况。从整体上看，被调查学生的身高平均为 156.97 厘米，平均体重为 48.83 千克，期望的平均体重为 48.18 千克。

1. 十省市基本情况

在身高上，江西省的学生平均身高最低，为 153.16 厘米，黑龙江省的学生平均身高最高，为 160.28 厘米。黑龙江、浙江和北京三地的学生平均身高无显著差异，但显著高于其他各省市学生的身高。在体重上，贵州省学生的平均体重最低，为 46.43 千克，北京的学生平均体重最高，为 52.66 千克。各省市之间差异达到显著性水平。其中，北京和黑龙江学生的体重差异不显著，与其他省的差异均达到显著性水平。在平均期望体重上，贵州省学生最低，为 46.45 千克，黑龙江省学生的平均期望体重最高，为 51.08 千克。黑龙江省学生的平均期望体重显著高于其他各省市的数值。比较实际体重与期望体重，从总体上看，学生的平均体重为 48.83 千克，平均期望体重为 48.18 千克，其差异不显著。

表 4-3　各省市学生身高体重的平均值

	北京	广东	浙江	黑龙江	江西	河南	四川	内蒙古	贵州	甘肃
身高（厘米）	158.6	155.9	158.8	160.3	153.2	158.2	156.3	157.4	153.5	157.8
体重（千克）	52.7	48.0	49.5	51.9	46.8	50.1	46.7	49.2	46.4	47.4
期望体重（千克）	49.4	48.4	48.3	51.1	46.5	48.9	47.1	48.3	46.5	47.4

比较各省市学生真实体重和期望体重的差异（不是各省市学生的真实体重均值和期望体重均值的简单相减，而是每个省中两个体重值均报告的学生的真实体重和期望体重差值的均值），发现也存在一定的特点（见图 4-2）。北京学生的真实体重与期望体重的差值显著高于其他省的学生在此项上的差异值。北京、河南、浙江、内蒙古和黑龙江五省、市学生的期望体重显著低于真实体重，其他各省市学生的期望体重和真实体重差异不显著。

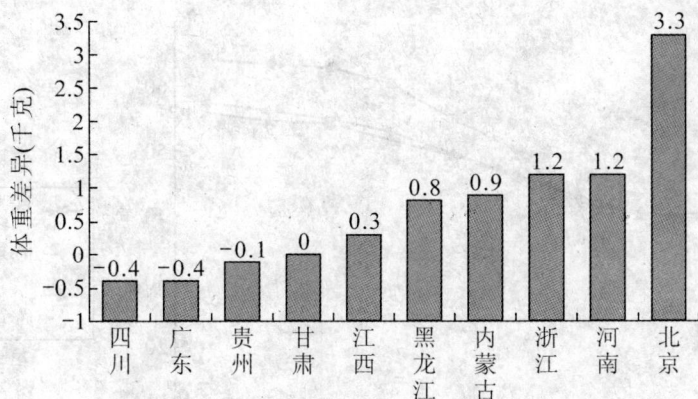

图4-2　各省市学生真实体重与期望体重差异

2. 年级特征

表4-4　各年级学生体重和身高情况

		小四	小五	小六	初一	初二	初三	高一	高二	高三
身高	平均数	139.4	144.1	151.1	157.2	160.4	163.8	165.4	165.7	166.3
（厘米）	标准差	14.8	12.1	10.1	28.5	11.1	20.6	26.5	12.7	28.4
体重	平均数	39.6	40.3	42.9	46.2	49.5	53.0	55.0	56.3	57.4
（千克）	标准差	15.4	16.8	14.3	13.5	13.4	19.7	13.2	17.4	20.7
期望体重	平均数	40.4	40.2	42.0	45.9	49.3	51.6	54.1	54.8	56.1
（千克）	标准差	17.7	15.8	13.7	16.1	17.7	14.3	15.5	13.7	14.8

由表4-4可以看出，整体来说，随着年级的增长，学生的身高和体重都逐渐增加。在身高上，除了高中三个年级之间的差异不显著外，其余各年级之间的差异均达到显著性水平。在体重上，除了小学四、五年级差异不显著外，其余各年级之间的差异均达到显著性水平。在期望体重上，除了小学四、五年级之间，高一年级和高二年级之间差异不显著之外，各年级学生的差异均达到显著性水平。

从图4-3中我们看到，学生的真实体重与期望体重的差异并不是很大。我们对学生的真实体重与期望体重的差异进行分析后发现，其随年龄呈现出曲折发展的趋势，其差异在小学四年级至六年级逐渐增加，到初一年级和初二年级有少许的下降。小学五年级和初一、初二年级的学生其真实体重和期望体重之间无显著性差异，其他年级则存在显著差异。在小学四年级，期望体重要大于其真实体重，但到了五年级以上期望体重就要大于其真实体重了。

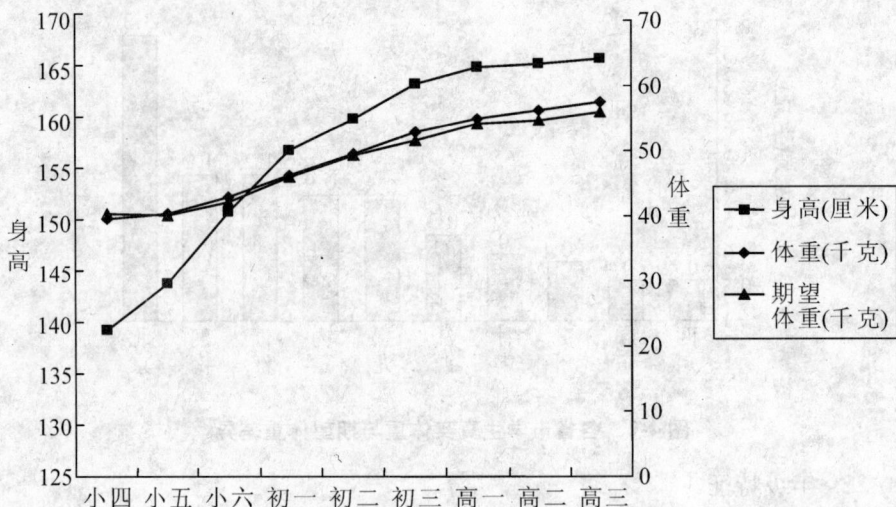

图4-3 各年级学生的身高和体重

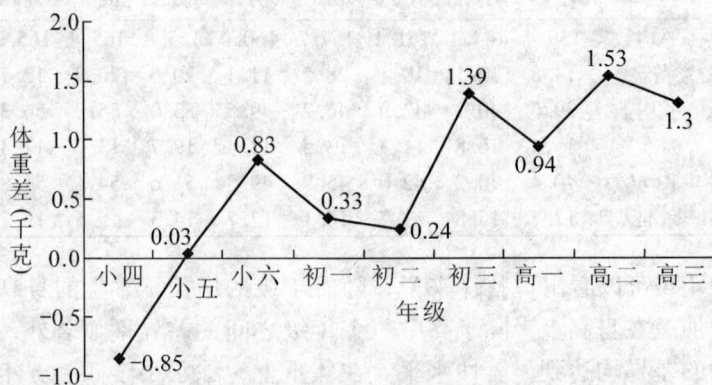

图4-4 各年级学生真实体重和期望体重差异

我们可以从图4-4中看出，随着年龄的增长，学生逐渐期望自己的体重比实际的要轻，但轻的数量呈波浪式变化，尤其到了初三年级以后，随着对自我身体知觉的提高，会更加注重自身的形象，因而也就期望自己的体重能比真实的更轻一些。

3. 性别、学校所在地及学校类型差异

从性别差异来看，男生的身高和体重均高于女生，但是男生更希望自己体重比真实值高一些，而女生则更希望自己的体重轻一些。从数据上可以看出，男生更希望自己强壮，而女生则更希望自己苗条。

从学校所在地的差异来看，学校在城市的学生的平均身高要显著高于学校在县城的学生的平均身高。学校在城市的学生的平均体重明显高于学校在县城的学生的平均体重，在期望体重上，学校在城市的学生的期望体重比真实体重要轻，而学校在县城的学生的期望体重则高于真实体重，两者的数据都更加趋于整体的平均值。从数据中，我们可以看到学校在城市和县城的学生都更希望自己的体重处于平均水平。

从重点非重点学校的差异来看，虽然重点学校学生的身高、体重和期望体重的数值都要高于非重点学校的学生，但数据上的差异并不是很大。

表4-5　不同性别、学校所在地及学校类型学生的身高和体重情况

	男	女	城市	县城	重点	非重点
身高（厘米）	159.98	155.19	157.75	155.15	156.90	156.27
真实体重（千克）	52.08	46.88	50.38	46.87	49.15	48.49
期望体重（千克）	54.12	44.18	49.55	47.24	48.93	48.25

（二）中小学生对自己的体形、体重的态度和看法

1. 对自己体形的看法

中小学生对自己体形、体重的看法已构成他们自我认知的一个重要部分。我们考查了持有以下四种看法的人数情况。

A. 无所谓，只要健康就行

B. 想保持苗条的或强壮的身体，但不会对自己强求

C. 非常在乎别人的看法，总觉得自己的身材不够好

D. 采取一些措施使自己的身材保持苗条或强壮，有时候会对身体有所损害

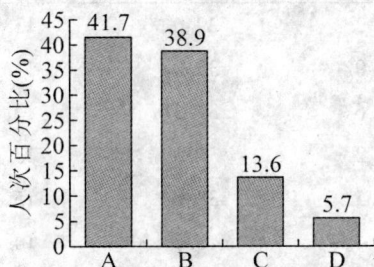

图4-5　中小学生对自己体形看法的人次百分比

从图4-5所显示的描述统计结果可以看出，41.7%的中小学生认为"无所谓，只要健康就行"，38.9%的青少年"想保持苗条的或强壮的身体，但不会对自己强求"，13.6%的青少年"非常在乎别人的看法，总觉得自己的身材不够好"，另外5.7%的青少年会"采取一些措施使自己的身材保持苗条或强壮，有时候会对身体有所损害"，这一部分中小学生对自己体形的态度是有一定偏差的，他们会为了自己的体形，而采取一些有害于身体健康的方式。总的看来，中小学生中大多数（A、B两项合计，超过半数）不会对自己的体形过分要求。

（1）地区差异

表4-6 对自己体形看法的人次百分比（%）

	A	B	C	D
一片地区	39.2	41.9	13.6	5.2
二片地区	43.5	38.6	12.0	5.9
三片地区	41.7	35.3	16.8	6.2

不同地区的中小学生在对自己体形的看法上存在显著差异，卡方检验显著（$\chi^2 = 171.60$，$p < 0.001$）。一片地区的中小学生在"想保持苗条的或强壮的身体，但不会对自己强求"上所占比例最高，而三片地区的中小学生"非常在乎别人的看法，总觉得自己的身材不够好"和"采取一些措施使自己的身材保持苗条或强壮，有时候会对身体有所损害"上比例最高。三片地区的教育水平是三个地区中最低的，可能导致中小学生没有树立起对待自己体形的正确观念，过多地关注自己的体形在别人心目中的印象，一片地区和二片地区的中小学生在良好的教育下，能更好地将重心转移到学习上。

（2）年级特征

表4-7 各年级学生对自己体形看法的人次百分比（%）

	A	B	C	D
小四	50.2	29.6	13.1	7.1
小五	50.9	32.0	11.3	5.8
小六	48.6	33.3	13.3	4.8
初一	45.2	34.5	13.6	6.7
初二	40.5	38.0	15.5	6.0
初三	38.4	41.2	14.8	5.6
高一	35.0	46.0	14.3	4.7
高二	33.2	48.4	13.1	5.3
高三	31.8	48.9	13.9	5.4

注：该百分比统计值不计缺失项目

经卡方检验，不同年级中小学生在对自己体形的看法上存在显著差异（$\chi^2 = 638.90$，$p < 0.001$）。如图4-6所示，小学生在对自己体形无所谓上所占比例最高，初中其次，高中最低，而选择"想保持苗条的或强壮的身体，但不会对自己强求"的，小学所占比例最低，其次是初中，高中最高。这里我们可以看出一个年级发展的趋势，那就是随着年级升高，中小

学生开始越来越多地对自己的体形提出要求。另外，我们注意到，初中生在"非常在乎别人的看法，总觉得自己的身材不够好"和"采取一些措施使自己的身材保持苗条或强壮，有时候会对身体有所损害"这两项上所占比例最高，这反映了初中时期的中小学生刚进入青春期，开始关注自己的体形，但由于理智还不够成熟，容易受外界因素的影响，因此产生了一些非理性的想法，甚至是产生相关的行为，这是非常值得注意的。

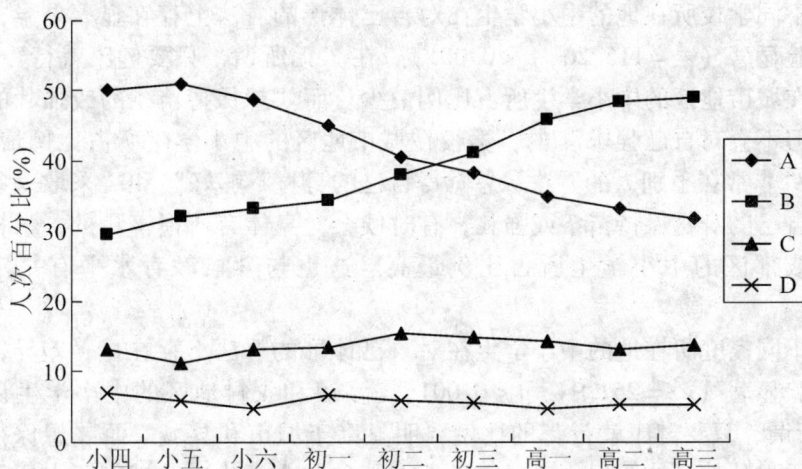

图 4-6　各年级学生对自己体形看法的人次百分比

（3）性别、学校所在地、家庭所在地及学校类型差异

表 4-8　不同性别、学校和家庭所在地及学校类型学生对自己体形看法的人次百分比

		A	B	C	D
性别	男	45.3	36.0	12.2	6.5
	女	36.7	43.9	14.5	5.0
学校所在地	城市	41.4	41.2	12.2	5.2
	县城或郊区	42.0	36.5	15.1	6.4
家庭所在地	城市	39.1	42.5	13.1	5.3
	县城	40.4	39.0	14.6	5.9
	乡镇	43.8	36.9	13.3	5.9
	农村	42.0	36.4	15.4	6.3
学校类型	重点	40.8	41.1	12.5	5.6
	非重点	40.7	38.0	15.3	5.9
总数		41.7	38.9	13.6	5.7

注：该百分比统计值不计缺失项目

不同性别的中小学生在对自己体形的看法上存在显著差异,卡方检验显著($\chi^2 = 420.80$,$p < 0.001$)。女生选择"想保持苗条的或强壮的身体,但不会对自己强求"和"非常在乎别人的看法,总觉得自己的身材不够好"这两项的比例明显高于男生,男生认为"无所谓,只要健康就行"的比例则高于女生。这反映了女生比男生更为关注自己的体形,在意自己在别人心目中的形象。

不同学校所在地的中小学生在对自己体形的看法上存在显著差异,卡方检验显著($\chi^2 = 115.26$,$p < 0.001$)。在"无所谓,只要健康就行"上,学校在城市地区的中小学生所占比例最少。而"想保持苗条的或强壮的身体,但不会对自己强求"的,学校在城市地区的中小学生所占比例最高。认为"非常在乎别人的看法,总觉得自己的身材不够好"和"采取一些措施使自己的身材保持苗条或强壮,有时候会对身体有所损害"的,学校在县城或郊区的中小学生所占比例最高。这也与学校教育水平有一定的关系。

不同家庭所在地的中小学生在对自己体形的看法上存在显著差异,卡方检验显著($\chi^2 = 251.94$,$p < 0.001$)。乡镇和农村地区的中小学生认为"无所谓,只要健康就行"的比例要明显高于城市和县城。而"想保持苗条的或强壮的身体,但不会对自己强求"的中小学生中,城市所占比例最高。另外,选择"非常在乎别人的看法,总觉得自己的身材不够好"和"采取一些措施使自己的身材保持苗条或强壮,有时候会对身体有所损害"这两项的是农村地区的中小学生居多,这提醒我们在中小学生青春期自我意识的苏醒之后,急切地需要给予其正确的引导。

不同学校的中小学生在对自己体形的看法上存在显著差异,卡方检验显著($\chi^2 = 224.57$,$p < 0.001$)。选择"非常在乎别人的看法,总觉得自己的身材不够好"和"采取一些措施使自己的身材保持苗条或强壮,有时候会对身体有所损害"的中小学生中,非重点学校所占比例要高于重点学校,这充分说明儿童形成对自己体形的正确认识离不开良好的教育和引导。

2. 对自己体重的看法

人们对自己体重的看法和他们实际的体重是不一致的,这反映了他们观念上对自己体重的接受和认同的程度。本项目就是考查中小学生对自己体重的看法。

中小学生对自己体重状况的看法基本上处于一种正态分布,即认为自己体重正常者最多,接近50%,认为自己"过瘦"和"过胖"的人数很少,只有10%左右。

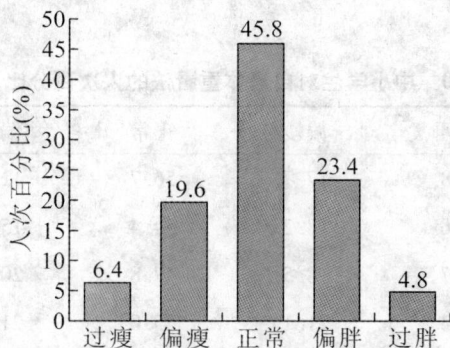

图 4-7　中小学生对自己体重看法的人次百分比

（1）十省市基本情况

在十省市份的中小学生中，认为自己体重正常的比例最高的是甘肃，其次是内蒙古、广东。另外，我们注意到，认为自己过胖的这一项里，贵州省的中小学生所占比例最高，且远远高出其他省份。而在对自己体形的看法上，选择"非常在乎别人的看法，总觉得自己的身材不够好"比例最高的也是贵州省。

表 4-9　十省市中小学生对自己体重看法的人次百分比（%）

	过瘦	偏瘦	正常	偏胖	过胖
北京	5.7	13.8	47.0	27.6	6.0
贵州	8.5	18.0	40.5	21.7	11.3
黑龙江	7.1	18.5	42.9	26.0	5.6
浙江	6.1	20.4	42.1	26.6	4.8
河南	5.6	19.4	44.8	24.8	5.3
内蒙古	4.8	18.2	49.8	23.1	4.0
四川	6.7	22.6	45.2	22.3	3.3
甘肃	5.3	19.7	50.2	21.4	3.4
广东	6.5	21.0	48.2	20.0	4.3
江西	8.0	22.3	47.0	19.7	3.1

注：该百分比统计值不计缺失项目

（2）年级特征

表 4-10　中小学生对自己体重看法的人次百分比（%）

	过瘦	偏瘦	正常	偏胖	过胖
小四	9.8	17.7	56.7	12.2	3.7
小五	7.6	18.2	54.4	15.6	4.0
小六	6.7	18.5	47.8	20.6	6.3
初一	7.3	21.1	45.0	21.3	5.2
初二	5.9	20.1	43.8	25.4	4.8
初三	4.9	20.3	41.6	28.4	4.9
高一	4.5	19.0	41.0	30.2	5.3
高二	5.6	20.0	41.0	29.0	4.2
高三	5.2	21.0	39.3	29.0	5.4

注：该百分比统计值不计缺失项目

　　对不同年级中小学生对自己体重的看法进行卡方检验，结果表明不同年级的中小学生在对自己体重的看法上存在显著差异（$\chi^2 = 526.35$, $p < 0.001$）。如图 4-8 所示，其中认为自己体重正常的，小学生所占比例是最高的，其次是初中生，最低是高中生。这跟前面对自己体形的看法上结果是一致的，小学儿童选择自己体形无所谓的，所占比例最高，初中其次，高中最低。而在认为自己偏胖和过胖这两项上，都是高中生所占比例高于初中生，初中生所占比例又高于小学生。这反映了随着中小学生进入青春期，开始越来越关注自己的体形，并希望自己的体形能够符合大众审美，而大众化的审美又将美定位于瘦，因此不少青少年对自己也提出了瘦的要求，进而认为自己偏胖或过胖。这体现了中小学生对自我形象的一个认识发展，但同时我们也需要合理地引导他们，不要让他们被大众审美观所误导，或过度沉迷于对自己体形的改造。

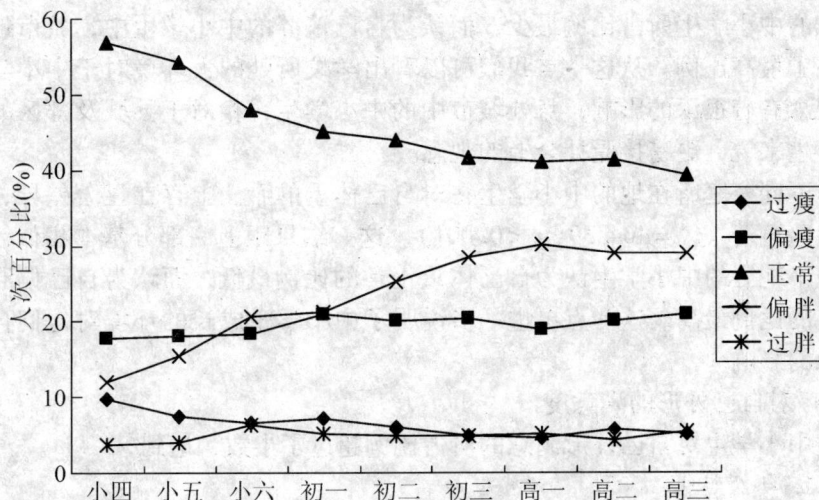

图 4-8　各年级学生对自己体重看法的人次百分比

（3）性别、学校所在地及家庭所在地差异

表 4-11　不同性别、学校所在地及家庭所在地对自己体重看法的人次百分比（%）

		过瘦	偏瘦	正常	偏胖	过胖
学校所在地	城市	5.3	19.1	44.0	26.3	5.3
	县城或郊区	7.6	20.1	47.6	20.4	4.3
家庭所在地	城市	5.3	18.9	42.5	27.6	5.7
	县城	6.4	20.1	45.1	23.5	4.9
	乡镇	7.5	20.5	48.2	19.8	4.0
	农村	7.3	20.6	47.9	20.1	4.1
总数		6.4	19.6	45.8	23.4	4.8

注：该百分比统计值不计缺失项目

　　由上表可知，不同性别的中小学生在对自己体重的看法上存在显著差异，卡方检验显著（$\chi^2 = 1109.83$，$p < 0.001$）。女生认为自己偏胖的在女生群体中的比例要高于男生，这也是由于大众审美对女性的要求主要是身形苗条，而女生普遍接受了这一观念，认为瘦即美，从而对自己的体形也提出了这样的要求。而男生恰恰相反，认为自己偏瘦或过瘦的比例明显高于女生，这也可能因为社会所赋予男性的角色就是要扮演女性的保护者，因此男性的典型形象通常都被塑造为高大伟岸，而男生接受了这一观点，因而会对自己提出类似的要求来。

　　不同学校所在地的中小学生在对自己体重的看法上存在显著差异，卡方检验显著（$\chi^2 = 232.67$，$p < 0.001$）。认为自己体重正常的，学校在城市

地区的中小学生所占比例最少，而认为自己偏胖的中小学生中，城市地区又占了最高比例。从这一点我们可以看出学校所处的大环境对于中小学生的观念有着很深的影响，身处城市中的中小学生，相对于县城及郊区的中小学生来说，更易接受社会上的观念。

不同家庭所在地的中小学生在对自己体重的看法上存在显著差异，卡方检验显著（$\chi^2 = 464.39$，$p < 0.001$）。这一结果跟上一部分基本相似，家在城市地区的中小学生认为自己体重正常的比例最低，而认为自己偏胖或过胖的比例最高。这一点更进一步说明了中小学生成长的环境对他们自身观念的影响。

（三）对自己外形的满意度

中小学生对自己外形满意的所占比例超过了半数，达到56.4%。

1. 年级特征

表 4-12 各年级学生外形满意度的人次百分比（%）

	满意	不满意
小四	71.1	28.9
小五	70.7	29.3
小六	64.6	35.3
初一	55.5	44.5
初二	50.8	49.2
初三	51.3	48.7
高一	46.4	53.6
高二	48.7	51.3
高三	47.4	52.6

注：该百分比统计值不计缺失项目

对不同年级中小学生对自己的外形满意度进行卡方检验，结果表明不同年级的中小学生在对自己外形的满意度上存在显著差异（$\chi^2 = 708.10$，$p < 0.001$）。从图 4-9 可以看出，中小学生对自己外形满意所占的比例随着年级的上升而出现下降的趋势，而对自己外形不满意所占比例随年级上升呈现下降趋势。这表明，青少年进入青春期后，越来越注意自己的外形，并越来越多地对自己的外形提出了要求。

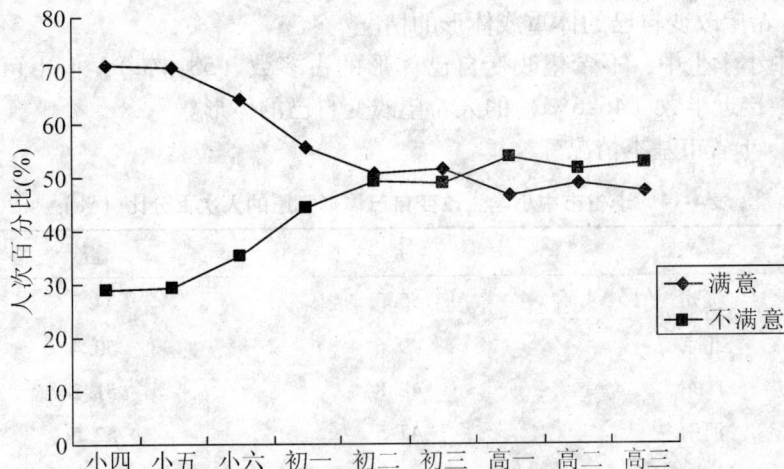

图 4-9　不同年级中小学生对自己外形满意度的人次百分比

2. 性别和家庭所在地差异

表 4-13　不同性别和家庭所在地外形满意度的人次百分比

		满意	不满意
性别	男	59.5	40.5
	女	51.4	48.6
家庭所在地	城市	53.8	46.1
	县城	56.8	43.2
	乡镇	59.4	40.6
	农村	55.1	44.9
总数		56.4	43.6

注：该百分比统计值不计缺失项目

　　经卡方检验，结果表明不同性别的中小学生对自己外形的满意度存在显著差异（$\chi^2 = 292.71$，$p < 0.001$）。从表 4-13 可以看出，男生对自己外形满意的所占的比例要高于女生，相反，女生对自己外形不满意的所占比例要高于男生。这说明女生中有更多对自己的外形提出了要求。

　　不同家庭所在地的中小学生在对自己体形的看法上存在显著差异，卡方检验显著（$\chi^2 = 146.36$，$p < 0.001$）。来自城市地区的中小学生更多地表现出对自己外形的不满意，是四个地区中外形满意度最低的。而来自乡镇地区的中小学生对自己外形满意所占的比例是最高的。依旧可能是由于城市观念开放，中小学生更容易接受来自社会上的观念。而在不同学校所在地并无差异，也表明中小学生这种审美意识可能更多受了从小成长的家庭环境的影响。

（四）希望改变自己的体重或体形的情况

中小学生中，不希望改变自己体形的占多数（53.4%），但不可忽视的是，接近半数（46.6%）的人希望改变自己的体形。

1. 十省市基本情况

表4-14　十省市中小学生改变自己体形意愿的人次百分比（%）

	是	否
贵州	55.3	44.7
北京	49.6	50.4
广东	48.8	51.2
河南	47.5	52.5
黑龙江	46.1	53.9
浙江	45.4	54.4
内蒙古	45.4	54.6
四川	44.7	55.3
甘肃	44.6	55.4
江西	42.3	57.7

注：该百分比统计值不计缺失项目

十省市的中小学生中，希望改变自己外形的所占比例，由高到低依次是：贵州、北京、广东、河南、黑龙江、浙江、内蒙古、四川、甘肃、江西。其中，只有贵州省的中小学生希望改变自己外形的超过半数（占55.3%），这与前面贵州省中小学生中认为自己过胖所占的比例最高，远超过其他省市是一致的。

2. 年级特征

表4-15　各年级中小学生改变自己体形意愿的人次百分比（%）

	是	否
小四	37.3	62.7
小五	37.3	62.7
小六	43.4	56.5
初一	41.0	59.0
初二	46.4	53.6
初三	50.5	49.5
高一	53.3	46.7
高二	55.6	44.4
高三	56.3	43.7

注：该百分比统计值不计缺失项目

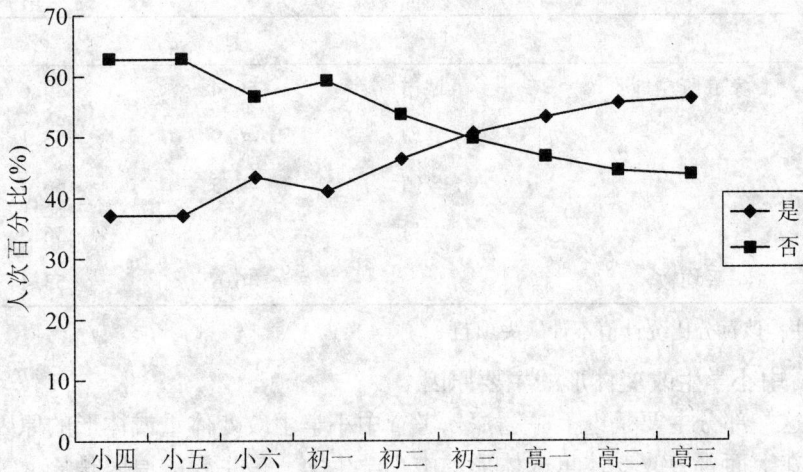

图 4-10 各年级学生改变自己体形意愿的人次百分比

经卡方检验，结果表明不同年级的中小学生在改变自己体形的意愿上存在显著差异（$\chi^2 = 456.12$，$p < 0.001$）。图 4-10 显示了这样一个趋势，随着年级升高，希望改变自己体形的所占比例逐渐上升。其中，高中生中希望改变自己体形的超过了半数，达到 55.0%。这与前面中小学生对自己外形、体重的看法及对自己体形的满意度的结果是一致的。

3. 性别和家庭所在地差异

由下表可知，不同性别的中小学生改变自己体形的意愿上存在显著差异，卡方检验显著（$\chi^2 = 257.17$，$p < 0.001$）。女生中更多的人希望改变自己的体形，而男生中不希望改变自己体形的占多数，这也与前面女生对自己外形满意度低于男生的结果是一致的。

不同家庭所在地的中小学生在改变自己体形的意愿上存在显著差异，卡方检验显著（$\chi^2 = 186.32$，$p < 0.001$）。家在城市的中小学生中希望改变自己体形的比例最高，其次是县城，最低是乡镇和农村。这与前面中小学生对自己外形满意度的结果是基本一致的。同时这也反映了中小学生希望改变自己体形的现象在城市中更为集中，可能是因为城市的观念更为开放，城市中的中小学生也比非城市的更早地接受一些来自社会的观念。

表 4-16 不同性别和家庭所在地改变自己体形意愿的人次百分比（%）

		是	否
性别	男	42.7	57.3
	女	51.6	48.4

续表

		是	否
家庭所在地	城市	50.4	49.6
	县城	46.9	53.1
	乡镇	43.3	56.7
	农村	43.5	56.5
平均数		46.6	53.4

注：该百分比统计值不计缺失项目

（五）中小学生改变体形的主要原因

这一部分主要是继上一题深入考查中小学生改变体重或体形的原因。

在上面希望改变体重或体形的中小学生中，最主要的原因是：

A. 为了健康　　　　　　　B. 苗条的人更加漂亮，更受周围人欢迎

C. 父母希望我改变　　　　D. 电视、杂志的广告宣传

E. 周围人（比如我的同学）都觉得苗条的体形很重要

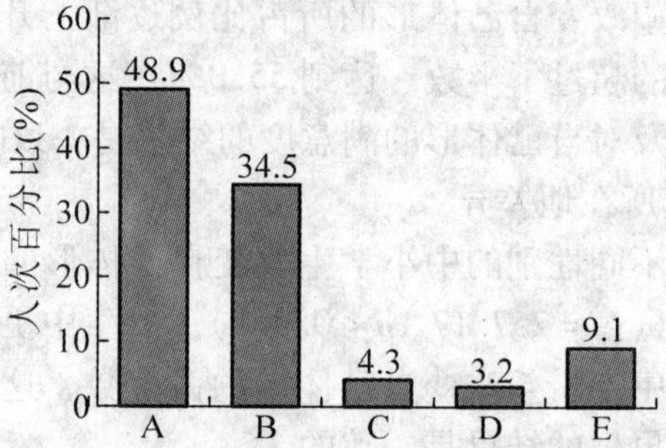

图4-11　中小学生改变自己体形原因的人次百分比

如图 4-11 所示，在所有希望改变体重或体形的被试中，占最多数的是为了健康而改变，占总人数的 48.9%，其次是为了变漂亮，占 34.5%，其余的是为了其他原因，诸如获得同伴的认同、赞美，家长的要求，或者是为了迎合别人的审美观点。

1. 十省市基本情况

通过下表可知，在这十省市的中小学生中，选择"为了健康"的，占最高比例的是贵州，其次是广东、河南，它们都超过了 50%，分别为58.1%，53.5%，50.2%。减轻体重出于"苗条的人更加漂亮，更受人欢迎"的，占比例最高的是黑龙江（占 41.6%）。

表 4-17　十省市中小学生改变自己体形原因的人次百分比（%）

	A	B	C	D	E
江西	46.6	31.9	4.2	4.8	12.5
甘肃	49.5	30.8	3.3	4.3	12.0
浙江	42.3	36.9	6.0	3.6	11.3
贵州	58.1	26.2	2.9	2.6	10.2
内蒙古	49.0	33.6	2.9	4.5	10.0
广东	53.5	32.0	3.3	2.7	8.5
北京	48.7	36.3	5.4	1.7	7.9
河南	50.2	34.0	4.1	4.3	7.4
黑龙江	44.6	41.6	5.5	1.5	6.7
四川	49.6	38.0	4.0	2.6	5.8

注：该百分比统计值不计缺失项目（另，统计的人数仅包括 s427 回答为"是"的被试）

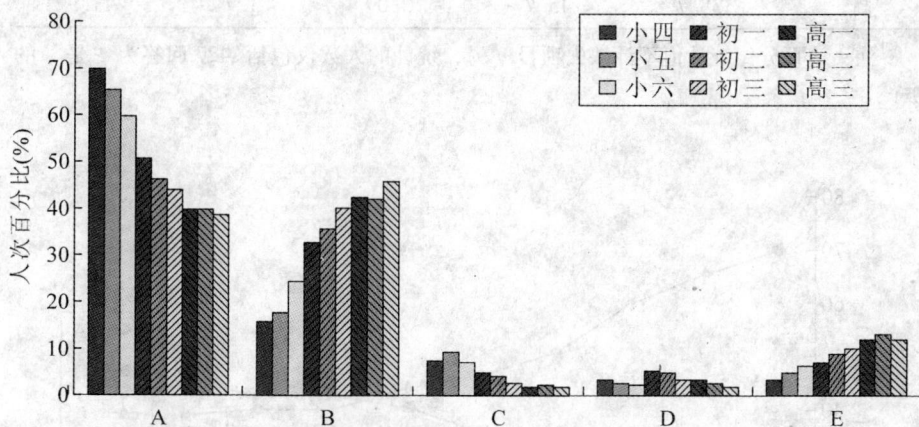

图 4-12　十省市中小学生改变自己体形原因的人次百分比

2. 年级特征

经卡方检验，结果表明不同年级的中小学生在改变自己体形的主要原因上存在显著差异（$\chi^2 = 779.42$，$p < 0.001$）。如图 4-13 所示，从小学到初中，再到高中呈现出一个明显的变化，小学生和初中生希望改变自己体形的主要原因是为了健康，而到了高中，主要原因是为了变苗条变漂亮，同时，由于这个原希望改变自己体形的比例也随着年级升高而呈上升趋势，这集中反映了中小学生在进入高年级阶段后，尤其进入青春期后，开

始越来越注意自己的外形。另外，出于父母的期望所占的比例随着年级升高有所下降，这表明中小学生随着年龄增长，开始表现出独立的趋势，不再单纯听从父母的安排；而出于迎合别人期望的比例却随着年级升高呈上升趋势，这也反映了中小学生在看待自己体形上受到一定同伴的影响，他们越来越关注自己在别人心目中的形象。

表4-18 各年级中小学生改变自己体形原因的人次百分比（%）

	A	B	C	D	E
小四	69.8	15.8	7.5	3.4	3.5
小五	65.5	17.8	9.3	2.6	4.7
小六	59.8	24.4	7.1	2.3	6.4
初一	50.6	32.6	4.8	5.1	7.0
初二	46.2	35.8	4.2	4.8	9.0
初三	43.8	40.2	2.7	3.3	10.0
高一	39.9	42.5	1.9	3.5	12.2
高二	39.9	42.2	2.1	2.8	13.0
高三	38.7	45.7	2.0	1.7	11.9

注：该百分比统计值不计缺失项目（另，统计的人数仅包括 s427 回答为"是"的被试）

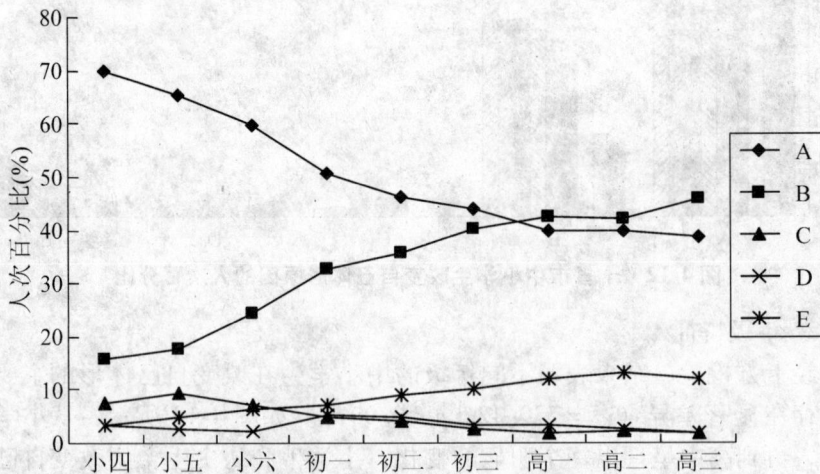

图4-13 各年级中小学生改变自己体形原因的人次百分比

3. 性别和学校所在地差异

表 4-19　不同性别和学校所在地改变自己体形的人次百分比（%）

		A	B	C	D	E
性别	男	57.0	27.9	4.8	3.6	6.7
	女	39.7	42.4	3.4	3.0	11.5
学校所在地	城市	51.1	33.7	4.8	2.8	7.5
	县城或郊区	54.0	27.0	5.5	4.0	9.6
平均数		48.9	34.5	4.3	3.2	9.1

注：该百分比统计值不计缺失项目（另，统计的人数仅包括 s427 回答为"是"的被试）

不同性别的中小学生在改变自己体形的主要原因上存在显著差异，卡方检验显著（$\chi^2 = 651.63$，$p < 0.001$）。首先，女生希望改变自己体形主要是为了变苗条变漂亮，而男生主要是为了健康，且女生为了变漂亮而希望改变体形在女生群体中所占比例也高于男生的。另外，在迎合周围人的期望上，女生比男生所占比例更高，表明女生较之男生更为在意周围人对自己体形的评价。

不同学校所在地的中小学生在改变自己体形的主要原因上存在显著差异，卡方检验显著（$\chi^2 = 124.69$，$p < 0.001$）。学校在县城及郊区的中小学生改变自己体形，出于健康的考虑，及受周围人和环境影响，要多于城市中小学生所占比例。学校在城市及县城郊区的中小学生希望改变自己体形的主要原因是出于"苗条的人更加漂亮，更受人欢迎"所占的比例要高于县城及郊区中小学生。这表明，城市中小学生改变体形更多是出于自我认同，希望通过这一途径得到周围人的接受。

（六）中小学生有关进食的相关态度和行为

1. 是否想过或尝试过减轻体重

很多中小学生对于自身的体重开始越来越关注，他们为了获得周围人的认同，于是开始尝试减轻体重。本项目就在于考查中小学生中有过减轻体重想法的情况。

从图 4-14 我们可以看出，中小学生中想过或尝试过减轻体重的只占总人数的 9.9%，偶尔想过的占 27.5%，从没想过的所占比例最多，达到 62.6%。

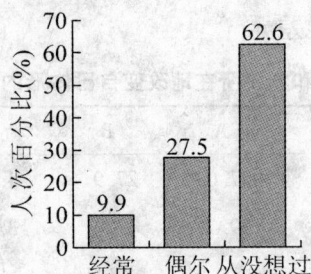

图4-14 中小学生尝试减轻体重的人次百分比

（1）十省市基本情况

表4-20 十省市中小学生尝试减轻体重的人次百分比（%）

	经常	偶尔	从没想过
江西	7.9	23.8	68.3
内蒙古	9.3	24.3	66.4
四川	8.9	25.0	66.2
甘肃	9.0	25.3	65.7
广东	10.3	28.5	61.2
河南	9.8	29.1	61.1
浙江	9.8	28.8	61.0
黑龙江	9.8	29.2	60.9
贵州	10.0	30.7	59.3
北京	14.3	30.4	55.3

注：该百分比统计值不计缺失项目

　　十省市的中小学生中，经常想过或尝试过减轻体重的，占最多比例的是北京，其次是广东、贵州，都超过10%。而从没想过或尝试过减轻体重的，十省市都超过了50%。

（2）年级特征

表4-21 各年级学生尝试减轻体重的人次百分比（%）

	经常	偶尔	从没想过
小四	9.0	19.3	71.2
小五	8.5	19.6	71.7

续表

	经常	偶尔	从没想过
小六	9.9	23.2	66.7
初一	8.2	24.1	67.8
初二	9.5	27.8	62.7
初三	10.4	31.1	58.5
高一	10.9	32.2	56.9
高二	10.7	35.0	54.2
高三	11.1	35.2	53.7

注：该百分比统计值不计缺失项目

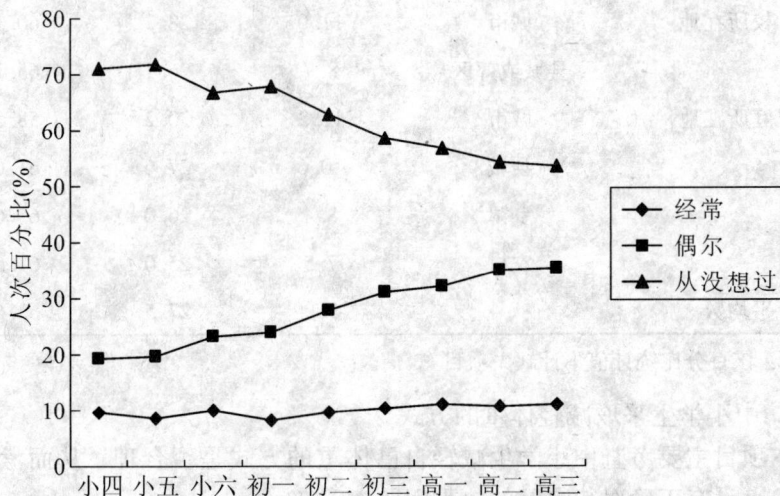

图 4-15　各年级中小学生尝试减轻体重的人次百分比

经卡方检验，结果表明不同年级的中小学生在尝试减轻体重的情况上存在显著差异（$\chi^2 = 451.18$，$p < 0.001$）。如图 4-15 所示，随着年级上升，选择经常或偶尔想过或尝试过减轻体重的所占比例越来越高。这也进一步说明了中小学生随着年龄增长，开始越来越关注自己的外形，并试图去将自己塑造成理想中的形象。

（3）性别、学校所在地及家庭所在地差异

不同性别的中小学生尝试减轻体重的情况存在显著差异，卡方检验显著（$\chi^2 = 1076.25$，$p < 0.001$）。女生中选择经常或偶尔想过或尝试过减轻体重的比例要明显高于男生。这也进一步说明了女生比起男生，更为关注自己的体形。

不同学校所在地的中小学生尝试减轻体重的情况存在显著差异，卡方检验显著（$\chi^2 = 87.76$，$p < 0.001$）。学校城市地区的中小学生选择经常或偶尔想过或尝试过减轻体重的比例要明显高于县城郊区和农村地区的。这还是说明了中小学生所处的环境对他们所造成的影响。

不同家庭所在地的中小学生尝试减轻体重的情况存在显著差异，卡方检验显著（$\chi^2 = 268.94$，$p < 0.001$）。家在城市和县城的中小学生选择经常或偶尔想过或尝试过减轻体重的比例要明显高于乡镇和农村地区的，这也表明儿童成长的环境对于他们的重要性。

表4-22 不同性别、学校所在地及家庭所在地尝试减轻体重情况的人次百分比（%）

		经常	偶尔	从没有过
性别	男	7.8	21.0	71.2
	女	12.1	35.2	52.7
学校所在地	城市	11.0	28.7	60.2
	县城或郊区	8.7	26.1	65.1
家庭所在地	城市	11.2	30.2	58.5
	县城	10.6	27.6	61.6
	乡镇	8.4	26.0	65.6
	农村	7.5	25.0	67.5
平均数		9.9	27.5	62.6

注：该百分比统计值不计缺失项目

2. 中小学生采取减轻体重的方式

本项目主要考查中小学生减轻自己体重的方式是否合理，从而考查中小学生有没有正确对待自己的体重问题。

在那些"经常"或"偶尔"想减轻体重的中小学生中，为了减轻或保持体重，曾采取过下列方式：

A. 节食甚至不吃东西　　B. 服用泻药或减肥茶
C. 过量运动　　　　　　D. 吃完东西呕吐出来
E. 从没尝试过以上任何方式

从图4-16我们可以看出，在尝试过减轻体重的中小学生中，除其他方式以外，采用得最多的方式是过量运动，占23.1%，其次是节食，占20.3%。

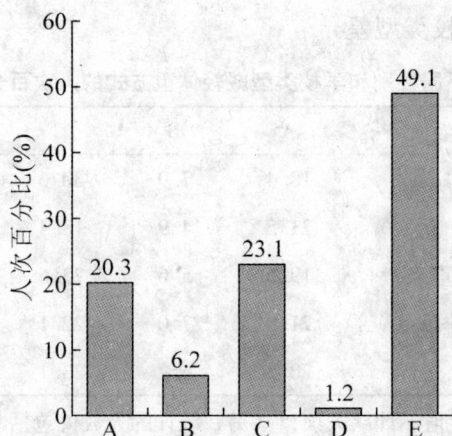

图 4-16　中小学生减轻体重方式的人次百分比

（1）十省市基本情况

表 4-23　十省市中小学生减轻体重方式的人次百分比（%）

	A	B	C	D	E
广东	16.6	7.7	17.4	1.4	56.9
浙江	15.6	5.9	23.5	0.9	53.8
江西	19.1	3.9	21.6	1.6	53.7
河南	19.6	5.6	22.6	0.7	51.0
甘肃	18.7	5.7	24.4	1.5	49.8
内蒙古	22.5	5.1	23.0	0.8	48.0
四川	17.8	7.4	26.1	1.4	47.2
黑龙江	23.4	5.4	23.9	1.2	46.1
北京	20.9	5.3	26.6	1.2	45.9
贵州	32.4	11.2	20.7	1.5	34.2

注：该百分比统计值不计缺失项目（另，统计的人数仅包括 s422 选择 A 或 B 的被试）

十省市的中小学生中，采取节食方式减轻体重的，所占比例从高到低依次是贵州、黑龙江，其中，贵州超过30%，达到32.4%。采取服用泻药或减肥茶方式减轻体重的，所占比例由高到低依次是贵州、广东、四川，其中，贵州已超过10%，达到11.2%。采取吃完东西呕吐出来方式减轻体重的，所占比例由高到低依次是江西、甘肃、贵州。而从没尝试过以上任何方式的，所占比例最低的是贵州。

（2）性别和学校类型差异

表 4-24　不同性别和学校类型减轻体重方式的人次百分比（%）

		A	B	C	D	E
性别	男	18.4	7.9	30.6	2.1	41.0
	女	21.5	4.9	18.4	0.7	54.6
学校类型	重点	19.5	5.6	23.6	1.1	50.2
	非重点	21.8	7.0	22.1	1.3	47.9
平均数		20.3	6.2	23.1	1.2	49.1

注：该百分比统计值不计缺失项目（另，统计的人数仅包括 s422 选择 A 或 B 的被试）

不同性别的中小学生在减轻体重的方式上存在显著差异，卡方检验显著（$\chi^2 = 319.02$，$p < 0.001$）。男生比女生更多地采取过量运动的方式减轻体重，女生更多是通过节食来达到减轻体重的目的。

不同学校的中小学生在减轻体重的方式上存在显著差异。卡方检验显著（$\chi^2 = 36.26$，$p < 0.001$）。非重点学校的中小学生采取节食、服用泻药或减肥茶、吃完东西呕吐出来以及过量运动的方式减轻体重的比例都要高于重点学校的中小学生。这再一次提醒我们学校教育条件及氛围对于学生的影响是很重要的。

3. 中小学生暴食情况

暴食是一种不合理的饮食习惯，它与体重、体形息息相关。本项目主要考查中小学生中的暴食情况。

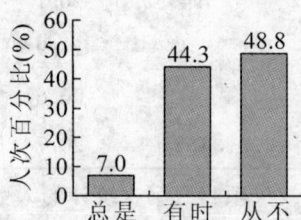

图 4-17　中小学生暴食情况的人次百分比

如图 4-17 所示，中小学生中总是暴食的只占总人数的 7.0%，有时会暴食的占 44.3%，而从不暴食的占 48.8%。

（1）十省市基本情况

表 4-25　十省市中小学生暴食情况的人次百分比（%）

	总是	有时	从不
北京	5.4	38.4	56.2
内蒙古	4.7	41.1	54.3
江西	5.0	42.5	52.5
黑龙江	5.6	43.8	50.7
河南	5.3	45.1	49.6
甘肃	5.4	46.6	48.0
广东	9.6	42.9	47.6
四川	5.9	47.1	47.0
浙江	6.7	49.6	43.6
贵州	20.7	44.4	34.9

注：该百分比统计值不计缺失项目

十省市的中小学生中，总是有暴食倾向的，所占比例最高的是贵州，且其所占比例远远超出了其他省份，达到了 20.7%。

（2）年级特征

卡方检验显著（$\chi^2 = 1014.21$，$p < 0.001$），这表明不同年级的中小学生的暴食情况存在显著差异。从图 4-18 中可以看出，中小学生随着年级升高，从不暴食的所占比例有所下降，而有时会暴食的比例有所上升，这也表明暴食倾向随着年龄增长还是存在一定的增长趋势。

表 4-26　各年级学生暴食情况的人次百分比（%）

	总是	有时	从不
小四	9.6	26.3	64.1
小五	6.8	29.7	63.4
小六	9.5	38.8	51.7
初一	6.1	42.8	51.1
初二	5.7	45.6	48.7
初三	6.2	51.3	42.5
高一	5.6	56.4	38.1
高二	6.7	55.1	38.1
高三	6.5	55.2	38.2

注：该百分比统计值不计缺失项目

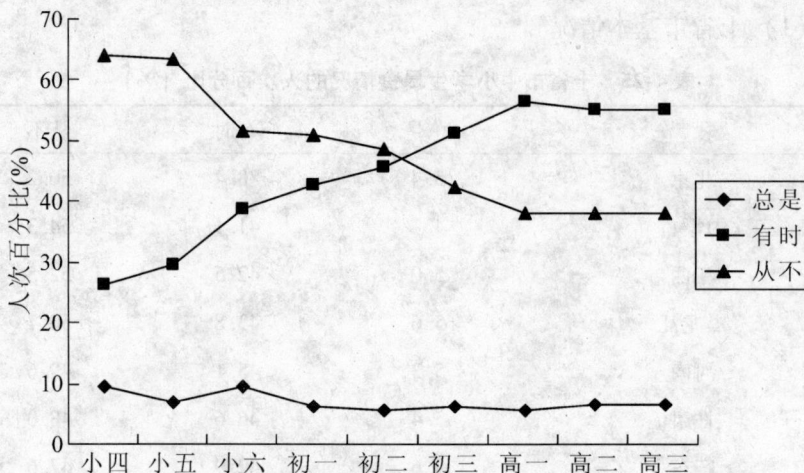

图4-18　各年级学生暴食情况的人次百分比

（3）性别及家庭所在地差异

表4-27　不同性别及家庭所在地暴食情况的人次百分比（%）

		总是	有时	从不
性别	男	6.7	45.9	47.3
	女	5.8	45.3	48.9
家庭所在地	城市	6.4	46.7	46.8
	县城	7.0	48.0	45.0
	乡镇	6.8	42.7	50.4
	农村	7.2	44.8	48
平均数		7.0	44.3	48.8

注：该百分比统计值不计缺失项目

不同性别的中小学生的暴食情况存在显著差异，卡方检验显著（$\chi^2 =$ 327.75，$p < 0.001$）。男生中暴食倾向的比例比女生更高，选择"总是"和"有时"的合计达到52.6%，女生为51.1%，都超过了半数。

不同家庭所在地的中小学生的暴食情况存在显著差异。卡方检验显著（$\chi^2 = 299.98$，$p < 0.001$）。家在城市和县城的中小学生有时存在暴食倾向的比例要高于家在乡镇和农村的中小学生，且家在乡镇和农村的中小学生从没有暴食倾向的比例要高于家在城市和县城的中小学生。这可能与家庭所在地经济发展水平有关。

4. 中小学生体重下降情况

中小学生在一个月内体重的变化情况能够反映出其健康状况。

我的体重在一个月内最多下降:

A. 少于 2 公斤 　　B. 2～3 公斤 　　C. 4～5 公斤

D. 6～8 公斤 　　　E. 8 公斤以上

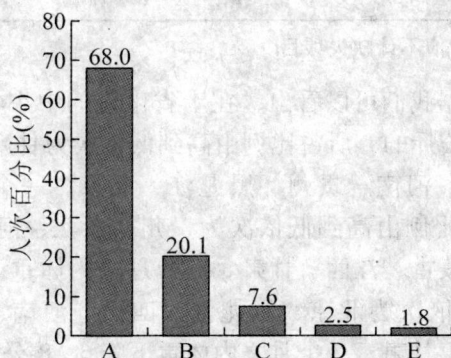

图 4-19　中小学生体重下降的人次百分比

　　一般中小学生的体重处于发育阶段,会呈现出不断增加的趋势,而体重在一个月内下降的太多,则有可能说明这些人群的健康状况会出现一些问题。一般而言,即使是已经发育成熟的人,在一个月内的体重波动也不会太大, "少于 2 公斤"被认为是在合理范围内进行波动的。而其余31.5%的人体重都会有较大的变化,甚至 538 人(1.8%)的体重在一个月内会下跌 8 公斤以上,这是需要引起教师和家长关注的问题。从图 4-19来看,一个月之内体重下降少于 2 公斤的还是占绝大多数(68.0%),这表明大多数中小学生的体重浮动属于一个正常的范畴内。

(1)十省市基本情况

表 4-28　十省市中小学生体重下降的人次百分比 (%)

	A	B	C	D	E
黑龙江	62.8	19.7	10.6	3.9	3.1
北京	62.5	20.8	10.6	3.3	2.9
四川	67.1	20.3	8.1	2.8	1.7
河南	66.3	21.2	7.9	2.8	1.7
贵州	64.5	25.9	5.7	2.4	1.6
江西	72.9	17.4	6.6	1.5	1.6
内蒙古	72.8	17.6	6.0	2.1	1.5

续表

	A	B	C	D	E
广东	69.0	20.7	6.9	2.0	1.4
浙江	67.7	21.8	7.2	2.1	1.2
甘肃	75.9	16.1	5.0	1.8	1.2

注：该百分比统计值不计缺失项目

从图表中的数据我们可以看出，在十省市份的中小学生中，一个月之内体重下降少于2公斤的，所占比例由高到低依次为甘肃、江西、内蒙古、广东、浙江、四川、河南、贵州、黑龙江、北京。一个月之内体重下降2~3公斤的，所占比例由高到低依次为贵州、浙江、河南、北京、广东、四川、黑龙江、内蒙古、江西、甘肃。一个月之内体重下降4~5公斤的，所占比例由高到低依次为北京、黑龙江、四川、河南、浙江、广东、江西、内蒙古、贵州、甘肃。一个月之内体重下降6~8公斤的，所占比例由高到低依次为黑龙江、北京、四川、河南、贵州、浙江、内蒙古、广东、甘肃、江西。一个月之内体重下降8公斤以上的，所占比例由高到低依次为黑龙江、北京、四川、河南、贵州、江西、内蒙古、广东、浙江、甘肃。可以看到，一个月之内体重下降4公斤以上的，北京、黑龙江、四川这三个省份的中小学生所占比例最高。

（2）性别、学校所在地及家庭所在地差异

表4-29　不同性别、学校所在地及家庭所在地体重下降情况的人次百分比（%）

		A	B	C	D	E
性别	男	68.0	18.2	8.4	3.1	2.4
	女	67.4	21.6	7.4	2.2	1.4
学校所在地	城市	66.7	20.4	8.1	2.7	2.1
	县城或郊区	69.4	19.8	7.1	2.3	1.5
家庭所在地	城市	64.9	21.2	8.6	2.9	2.3
	县城	69.1	19.9	6.9	2.2	1.9
	乡镇	68.9	19.8	7.6	2.4	1.4
	农村	71.5	18.4	6.6	2.4	1.2
平均数		68.0	20.1	7.6	2.5	1.8

注：该百分比统计值不计缺失项目

由表4-29可知，不同性别的中小学生体重下降存在显著差异，卡方检验显著（$\chi^2 = 180.50$, $p < 0.001$）。其中，一个月之内体重下降少于2公斤的，女

生所占比例低于男生，一个月之内体重下降在2~3公斤的，女生所占比例高于男生，而一个月之内体重下降在4~5公斤、6~8公斤以及8公斤以上的，都是男生所占比例高于女生，体重下降超过4公斤的累计达到13.9%，这表明男生比女生更多地表现出体重浮动的不正常，这是值得我们关注的。

不同学校所在地的中小学生体重下降存在显著差异，卡方检验显著（$\chi^2 = 42.71$，$p < 0.001$）。一个月之内体重下降少于2公斤的，县城或郊区中小学生所占比例要高于城市中小学生。一个月之内体重下降在2~3公斤、4~5公斤以及8公斤以上的，都是城市地区占最高比例。后四项累计计算，一个月之内体重下降超过2公斤的，城市地区占33.3%，县城或郊区占30.7%。

不同家庭所在地的中小学生体重下降存在显著差异，卡方检验显著（$\chi^2 = 174.98$，$p < 0.001$）。总的看来，家在城市地区的中小学生比家在非城市地区的在B、C、D、E上所占比例要更高，即家在城市地区的中小学生出现体重非正常下降现象的比率要高于非城市地区的中小学生。而家在农村地区的中小学生中一个月体重下降少于2公斤的在同区人数中所占比例是高于非农村地区中小学生在同区人数中所占比例的。

（七）家长对孩子体重的看法

1. 父母对孩子体重的看法

父母对孩子体重的看法大致呈现为正态分布，认为自己孩子体重正常的比例最高，占53.7%，其次是认为稍轻或稍重的，合计占35.6%，另外，有10.6%的父母认为自己的孩子过轻或过重。

（1）学历差异

经卡方检验，结果表明不同学历的父母在对自己孩子体重的看法上存在显著差异（$\chi^2 = 165.87$，$p < 0.001$）。如图4-20所示，在认为自己孩子体重正常的父母中，其学历所占比例由高到低依次是文盲、小学、初中、高中、本科、专科、硕士研究生、双学位，我们可以大致看出一个趋势，随着学历升高，父母也更多地认为自己孩子体重正常。

表4-30 不同学历父母对孩子体重看法的人次百分比（%）

	过轻	稍轻	正常	稍重	过重
双学位	6.3	12.5	43.8	31.3	6.3
硕士研究生及以上	9.4	19.2	45.7	20.1	5.6
本科	5.5	19.0	50.8	18.6	6.1
专科	6.0	18.3	50.4	18.1	7.2
高中	6.0	20.8	52.4	16.0	4.8

续表

	过轻	稍轻	正常	稍重	过重
中专	6.9	20.7	51.3	15.5	5.7
初中	5.5	21.9	55.6	12.9	4.1
小学	5.9	19.1	63.1	9.2	2.7
文盲	4.6	16.9	69.2	9.2	0.0

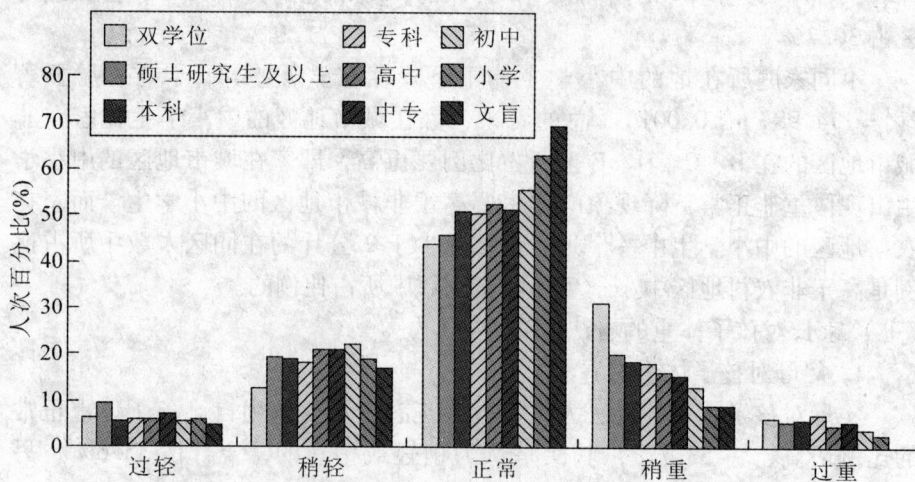

图 4-20　不同学历父母对孩子体重看法的人次百分比

（2）家庭成员类型差异

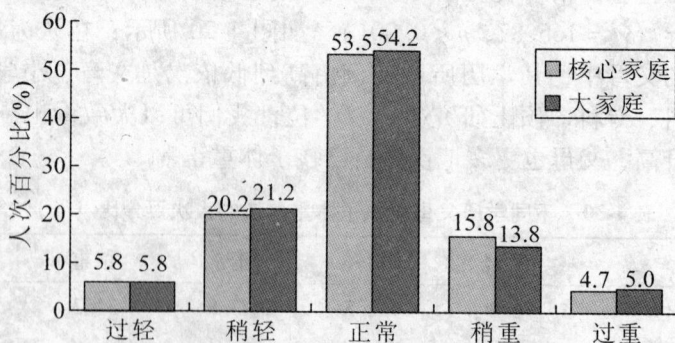

图 4-21　不同家庭成员父母对孩子体重看法的人次百分比

经卡方检验，结果表明不同家庭成员类型的父母在对自己孩子体重的看法上存在显著差异（$\chi^2 = 12.69$，$p = 0.013$）。在认为自己孩子体重正常的父母中，大家庭的父母所占比例高于核心家庭的父母。在认为自己孩子稍重或偏重的父母中，核心家庭的父母所占比例最高，而大家庭的父母更多认为自己孩子稍轻。

2. 父母对孩子减肥的态度

作为家长，79.4%的人不赞成学生采取一些不健康的形式，如节食、服用减肥茶来保持身材和体重，14.6%的家长认为无所谓，只有6.0%的家长表示赞成。

（1）不同年级孩子的父母对其减肥的态度

由下表知，卡方检验显著（$\chi^2 = 54.33$，$p < 0.001$），这表明不同年级孩子的父母对其减肥的态度上存在显著差异。如图4-22所示，表示不赞成的，占最多数的是来自小学生的父母，其次是初中生，再是高中生。而持无所谓态度的，高中生的父母居多，初中次之，小学最少，这可能与父母管理孩子有关，随着孩子年龄增长，开始要求独立，有一些事情父母不再插手。而表示赞成的，小学生的父母所占比例最高，其次是初中，再就是高中。

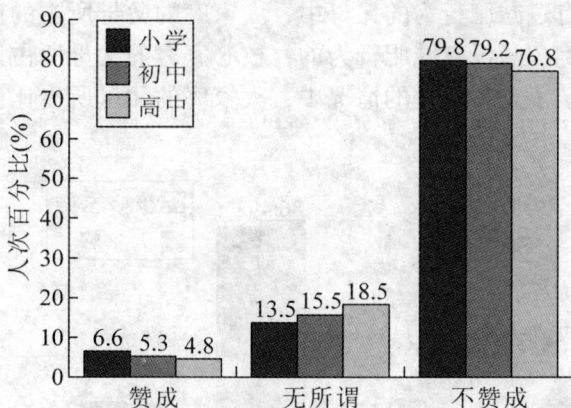

图4-22　不同年级父母对孩子减肥态度的人次百分比

（2）父亲或母亲对孩子减肥的态度

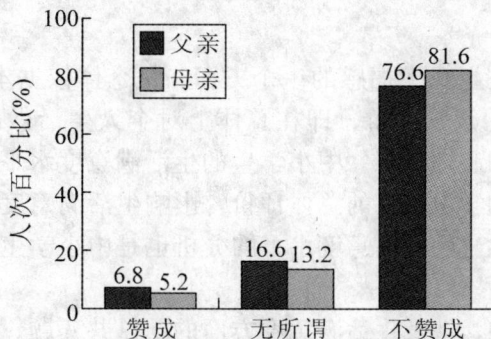

图4-23　父亲或母亲对孩子减肥态度的人次百分比

卡方检验显著（$\chi^2 = 51.28$，$p < 0.001$），这表明父亲和母亲对孩子减肥的态度存在显著差异。如图4-23所示，表示不赞成的，母亲所占比例超

过父亲，同时，表示赞成和无所谓的，都是父亲所占比例超过母亲，这可能是由于父母在抚养孩子的过程中，母亲更多地关注孩子的饮食起居和其身体健康状况。

3. 父母对孩子减肥的知晓情况

（1）总体情况

当问到家长是否知道孩子曾经采取过不利于健康的方式减轻体重的时候，3.2%的家长知道孩子曾经有过这些行为，85.6%的家长也清楚地知道孩子没有使用过这些方式和行为，另外有11.2%的家长对孩子这方面的信息并不清楚。

（2）家庭成员类型差异

由下图知，卡方检验显著（$\chi^2 = 15.13$，$p < 0.001$），这表明不同家庭成员类型父母对孩子减肥的知晓状况存在显著差异。从图4-24我们可以看出，知道孩子有过减肥行为的父母中，大家庭的父母所占的比例要比核心家庭高，而明确孩子没有减肥行为的，核心家庭的父母所占比例要高于大家庭。不知道孩子是否有过的情况中，大家庭的父母所占比例要高于核心家庭。

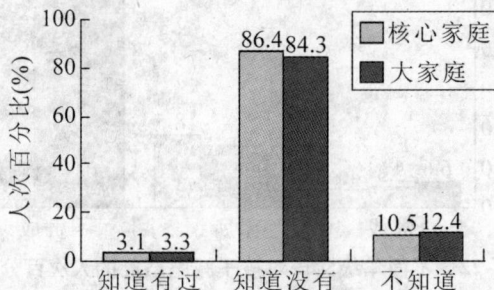

图4-24　不同家庭成员类型父母对孩子减肥知晓情况的人次百分比

三、生活满意度

生活满意度是主观幸福感的一个方面，是个体依据本人设定的标准，对生活总体质量的认知评价，即在总体上对个人生活做出满意判断的程度，是一种综合的心理指标。中小学生的生活满意度水平，反映了中小学生对目前的生活和学习情况的总体评价。影响生活满意度的因素可能是多方面的，对中小学生生活满意度水平的分析也是中小学生心理发展状况的重要方面。

在本次调研中，涉及生活满意度方面的题目共7题，包括总体生活满意度、对环境的满意度、对人际的满意度等，但都可以作为总体生活满意度的某方面，故将各项合并进行分析。具体方法为：采用四点计分法，对于正面陈述的题目（共6题），选项从1＝从没这样想过/完全不同意/不肯定，过渡到 4 = 一直如此/非常同意/非常肯定。对于负面陈述的题目，选项从 1 = 非常肯定，过渡到 4 = 不肯定。7 项题目的得分进行相加，最高分为 28 分，分数越高，生活满意度越高。

通过对中小学生生活满意度的总分进行分析，我们发现中小学生生活满意度平均分为 19.20，标准差为 3.35，显示他们的生活满意度处于中等偏上水平。

1. 十省市基本情况

通过对中小学生生活满意度分数进行省区差异检验，结果表明不同省区学生的生活满意度水平具有极其显著的差异（$F = 46.08$，$p < 0.001$）。根据各省市区生活满意度平均分进行排序，生活满意度水平最高的是北京地区的中小学生，而生活满意度水平最低的则是贵州省的中小学生。

表 4-31　十省市中小学生生活满意度的情况

	北京	内蒙古	浙江	黑龙江	河南	四川	江西	甘肃	广东	贵州
分数	19.68	19.66	19.39	19.36	19.30	19.29	19.04	18.99	18.84	18.11

2. 年级特征

为考查生活满意度是否有年级差异，我们对各年级的生活满意度进行平均分检验，结果表明生活满意度分数确实存在显著的年级差异（$F = 329.62$，$p < 0.001$）。各年级生活满意度分数的描述统计数据显示，生活满意度的平均分和标准差有随年级变化而变化的趋势，随着年级的增高生活满意度的得分逐渐降低，标准差也随着降低。说明中小学生随着年级的增加生活满意度逐渐降低，而生活满意度的差异性也逐渐降低。从表 4-32 和图 4-25 我们可以更加清楚地看到各年级生活满意度变化的趋势，小学四年级与小学五年级的生活满意度水平基本相同，从小学五年级到初中三年级生活满意度水平下降速度比较快，初三以后生活满意度水平下降速度减慢，但仍呈下降趋势。

表 4-32　不同年级中小学生生活满意度的情况

年级	小四	小五	小六	初一	初二	初三	高一	高二	高三
分数	20.49	20.42	20.02	19.67	19.04	18.45	18.29	18.15	18.02

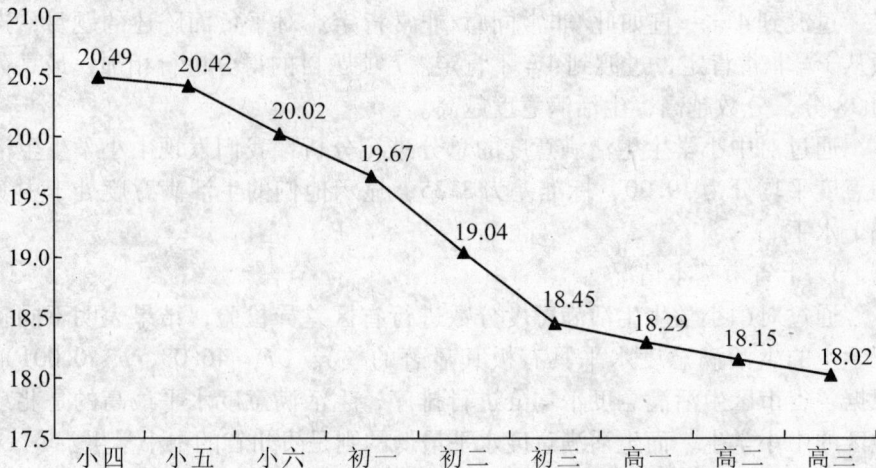

图4-25　中小学生生活满意度平均分随年级变化的趋势

3. 性别、学校所在地及学校类型差异

表4-33　不同性别、学校所在地和学校类型学生生活满意度的情况

变量	性别		学校所在地		学校类型	
	男	女	城市	县城	重点	非重点
分数	19.10	19.18	19.38	19.02	19.34	19.02

对中小学生生活满意度分数进行性别、学校所在地和学校类型的差异检验，结果表明生活满意度水平存在显著的性别差异（$F = 3.29$，$p < 0.05$）、学校所在地差异（$F = 97.40$，$p < 0.001$）和学校类型（$F = 66.19$，$p < 0.001$）差异。

由表4-33可知，城市学校中小学生的生活满意度高于县郊区学校中小学生的生活满意度，这可能与城市地区的物质水平较高，生活物资充足，接受的外界信息较多有关；而重点学校的中小学生生活满意度则高于非重点学校的学生，这可能与重点学校和非重点学校的学校环境有很大的关系，重点学校的学生可以享有的学习资源比较充足，而且教师和家长对学生的关注程度较高，学生虽然有较大的学习压力，但生活满意度水平还是较高的。

第二节　人生观念

一、价值观

价值观是对事物和行为等的意义进行评价的观念系统，是推动并指引人们采取决定和行动的价值取向和标准。价值观为个体提供了理想、信念和价值导向。随着社会活动的变化，价值观也是不断变化的，并且随着年龄的增长，价值观也在不断发展，中小学阶段是正确积极的价值观形成的重要时期。处于社会转型期的今天，来自各个方面的价值取向充斥、碰撞，处在这种环境下的中小学生，其价值观也可能面临着较大的转变，对价值观现状进行调查就显得非常重要。

为了考查中小学生的核心价值观，或是基本的价值取向，问卷设置了"你认为什么是最重要的方面"这一题目共有9个选项，分别是健康、自由、金钱、权力、爱情、亲情、友情、正义和公理、事业。通过对中小学生的总体分析发现，中小学生认为健康最重要的百分比最高，达到了29.82%，其次是自由，其他百分比比较高的是亲情、友情、正义公理和事业，认为爱情、权力和金钱最重要的百分比相对较低，权力和金钱的百分比之和为8.08%，并且认为权力最重要的百分比最低。

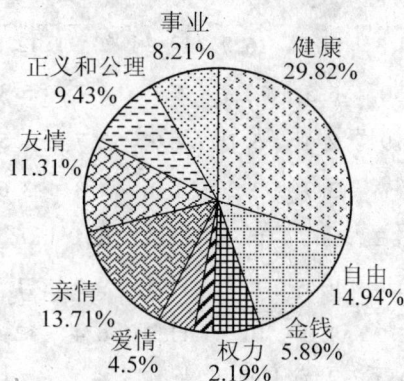

图4-26 中小学生认为最重要的方面的频数

1. 十省市基本情况

通过对中小学生认为最重要的方面的百分比进行卡方检验，结果表明中小学生认为最重要的方面存在显著的省市差异（$\chi^2 = 850.92$，$p < 0.001$）。在中小学生认为最重要的方面中，健康方面的百分比最高，其次是自由，再次是亲情、友情、正义公理和事业，其他百分比都不是很高。各省市的排列顺序与此基本相似，多数省份仅在个别排序上有细微差别，只有贵州省、内蒙古及四川省与各省市总体情况的差别最大，在州省中小学生认为最重要方面中，百分比最高的前三项是：健康、自由和亲情，其次是金钱、正义公理，以及友情和事业，其他百分比都不是很高。内蒙古中小学生认为正义公理最重要的百分比仅次于健康，在第二位，其次才是自由，而友情和事业都是高于亲情的。而在四川地区，亲情则仅次于健康排在第二位，其次才是自由，以及友情、事业和正义公理。

在认为健康最重要的党小学生，以广东地区的百分比最高，达到了36%，其次是北京，再次是内蒙古，以下依次是黑龙江、浙江、河南、贵州、江西、甘肃和四川等。中小学生认为自由最重要的百分比以黑龙江地区最高（20.97%），明显高于其他省市，以下依次是贵州、四川、浙江、北京、甘肃、河南、广东、江西和内蒙古等。认为亲情最重要的百分比以江西最高，四川次之，以下依次是河南、广东、浙江、甘肃、北京、黑龙江、贵州和内蒙古等。认为友情最重要的百分比以四川地区最高，其次是甘肃，以下依次是浙江、江西、内蒙古、河南、北京、广东、黑龙江和贵州等。

表4-34 各省市中小学生认为最重要方面的人次百分比

最重要的方面	省市									
	北京	甘肃	广东	贵州	河南	黑龙江	江西	内蒙古	四川	浙江
健康	32.4	25.8	36.0	29.0	30.4	31.3	27.9	31.6	23.4	30.8
自由	14.4	14.3	14.0	16.0	14.2	20.9	12.8	12.7	15.4	14.5
金钱	5.6	5.0	6.5	10.7	4.1	6.7	5.3	4.3	6.4	5.7
权力	2.2	1.9	2.6	3.1	2.0	2.7	1.5	2.4	2.0	2.0
爱情	4.6	4.7	3.9	3.2	4.0	4.3	3.6	4.4	6.7	5.2
亲情	13.0	13.2	13.7	11.0	15.1	12.0	16.7	9.8	16.3	13.7
友情	10.9	12.8	10.6	8.7	11.1	9.5	11.9	11.3	13.1	12.2
正义和公理	8.3	11.2	7.0	10.2	11.0	6.4	12.6	12.9	8.1	7.9
事业	8.6	11.1	5.7	8.1	8.1	6.2	7.9	10.8	8.8	8.1

2. 年级特征

通过对中小学生认为最重要的方面的百分比进行卡方检验，我们发现中小学生认为最重要的方面存在显著的年级差异（$\chi^2 = 1432.92$，$p < 0.001$）。由表4-35和图4-27可以看出，认为健康最重要的百分比始终高于其他方面，并随着年级的增长呈倒U型的趋势变化，小学四年级的学生认为健康最重要的百分比最高，但随着年级的增长逐渐降低，初一到高一学生认为健康最重要的百分比比较低，但在高一以后又有所增加。认为自由最重要的百分比，与亲情表现出相似的趋势，随年级增加曲折增长，但认为自由最重要的百分比在高中后有所下降，而认为亲情最重要的百分比则有所增加，并且高中生认为亲情最重要的百分比高于初中生，初中生又高于小学生。与此类似，认为事业最重要的百分比也随年级逐渐增加。认为友情和正义公理最重要的百分比变化趋势也比较相似，都在小学五年级达到最高后逐渐下降，高三时达到最低值。而认为爱情、金钱、权力最重要的百分比都比较低，并且没有随年级变化的明显趋势。认为友情最重要的百分比中，以小学五年级到初中一年级较高，而且初中生和小学生的百

分比都高于高中生。

表4-35 不同年级中小学生认为最重要方面的人次百分比（%）

最重要的方面	年级								
	小四	小五	小六	初一	初二	初三	高一	高二	高三
健康	41.8	36.4	30.7	25.3	26.3	23.2	24.6	28.6	30.9
自由	10.4	11.7	15.2	15.6	17.6	16.7	17.0	14.9	15.6
金钱	4.3	2.6	4.7	5.9	6.9	7.7	5.8	7.4	8.3
权力	1.9	1.7	2.4	2.3	2.0	2.3	2.1	2.1	2.8
爱情	2.4	2.3	3.8	4.5	5.5	7.0	5.9	5.2	4.1
亲情	9.5	11.2	12.2	14.5	11.6	14.5	16.9	16.7	16.8
友情	11.8	15.1	13.9	14.5	11.1	10.4	10.6	7.6	5.9
正义和公理	10.0	12.8	10.5	10.9	10.4	9.1	8.4	6.8	5.2
事业	7.9	6.1	6.5	6.4	8.6	9.0	8.7	10.7	10.3

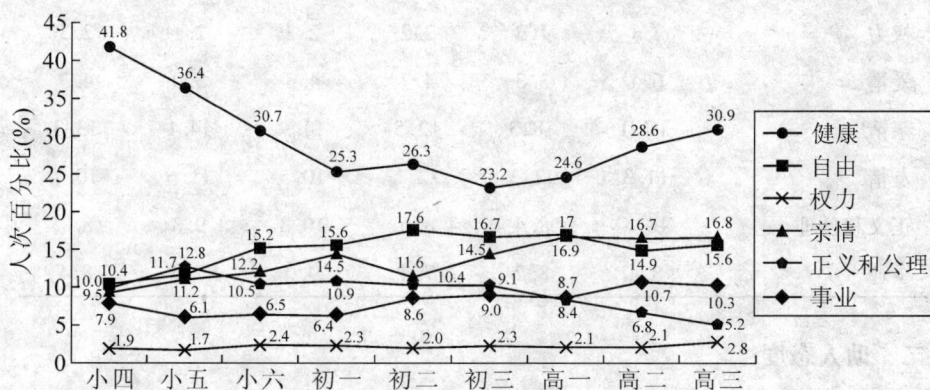

图4-27 中小学生认为最重要方面的年级差异

3. 性别、学校所在地和学校类型差异

通过对认为最重要的方面的百分比进行卡方检验，结果表明中小学生认为最重要方面的百分比存在显著的性别差异（$\chi^2 = 675.90$，$p < 0.001$）、学校所在地差异（$\chi^2 = 156.86$，$p < 0.001$）和学校类型差异（$\chi^2 = 71.59$，$p < 0.001$）。

比较中小学生认为最重要方面的性别差异，结果表明认为健康最重要的百分比在男生和女生中都是最高的。在认为金钱、权力、正义公理和爱情最重要的百分比上，男生高于女生；而认为亲情最重要的百分比上则是女生高于男生。

比较中小学生认为最重要方面的学校所在地差异，结果表明两地区的中小学生认为健康是最重要的百分比都最高，百分比相同；但学校在城市的中小学生认为自由、友情最重要的百分比高于学校在县城的学生，而学校在县城的中小学生认为亲情、正义公理和事业最重要的百分比则高于学校在城市的学生。

比较中小学生认为最重要方面的学校类型差异，结果表明在认为健康最重要的百分比上两类学校的学生表现出最大的差异，非重点学校的学生认为健康最重要的百分比高于重点学校学生。其他方面的差异不是很显著，如重点学校的学生认为自由、亲情、友情和正义公理最重要的百分比略高于非重点学校。

表 4-36　不同性别、学校所在地及学校类型学生认为最重要方面的人次百分比（%）

最重要的方面	性别		城乡		学校类型	
	男	女	城市	县城	重点	非重点
健康	27.9	29.7	29.8	29.8	28.6	31.0
自由	15.6	14.9	16.4	13.5	15.5	14.6
金钱	7.2	4.7	6.2	5.5	5.3	6.7
权力	3.1	1.3	2.2	2.2	2.1	2.3
爱情	6.1	3.3	4.7	4.3	5.0	4.3
亲情	10.0	18.3	12.5	14.9	14.1	13.3
友情	11.3	11.3	12.1	10.5	11.6	10.7
正义和公理	10.4	8.4	8.6	10.3	9.8	8.7
事业	8.4	8.2	7.4	9.0	7.9	8.4

二、助人态度

中小学生认为助人为乐在现代社会提倡的必要性的题目共有 5 个选项，根据选项采用五点计分法，选项从 1 = 不大，过渡到 5 = 很大。为了分析的方便将前两项合并，后两项合并变成三等级形式：不必要、一般和很有必要。对中小学生对于助人为乐必要性三个选项的百分比进行分析，75% 的学生认为在现代社会提倡助人为乐很有必要。

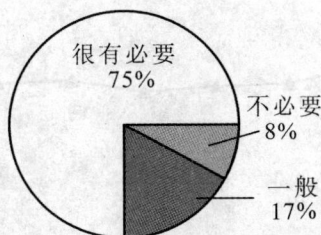

图 4-28 中小学生对提倡助人为乐必要性的态度的百分比

1. 十省市基本情况

比较各省市中小学生对助人为乐必要性态度的百分比，各选项间的百分比高低顺序均为很有必要＞一般＞不必要。中小学生认为助人为乐"很有必要"的百分比以广东省最高，内蒙古最低；认为"一般"的百分比以内蒙古最高，广东最低；而认为"不必要"的百分比以贵州省最高，广东省最低。其他各省市间只有不太显著的差别。

表 4-37 各省市中小学生对助人为乐必要性态度的人次百分比（％）

助人为乐必要性	省市									
	北京	甘肃	广东	贵州	河南	黑龙江	江西	内蒙古	四川	浙江
不必要	7.1	7.4	5.7	11.1	7.9	9.9	7.0	10.0	7.5	6.0
一般	17.9	18.6	15.6	15.8	17.5	18.3	16.3	19.7	16.7	17.3
很有必要	75.0	74.1	78.7	73.1	74.6	71.8	76.6	70.3	75.8	76.7

2. 年级差异

表 4-38 不同年级中小学生对助人为乐必要性态度的人次百分比（％）

助人为乐必要性	年级								
	小四	小五	小六	初一	初二	初三	高一	高二	高三
不必要	6.6	6.7	7.0	9.6	8.6	9.5	8.0	6.9	7.2
一般	15.2	15.7	15.4	17.5	18.7	19.2	17.9	19.6	16.9
很有必要	78.2	77.6	77.6	72.9	72.7	71.3	74.1	73.5	75.9

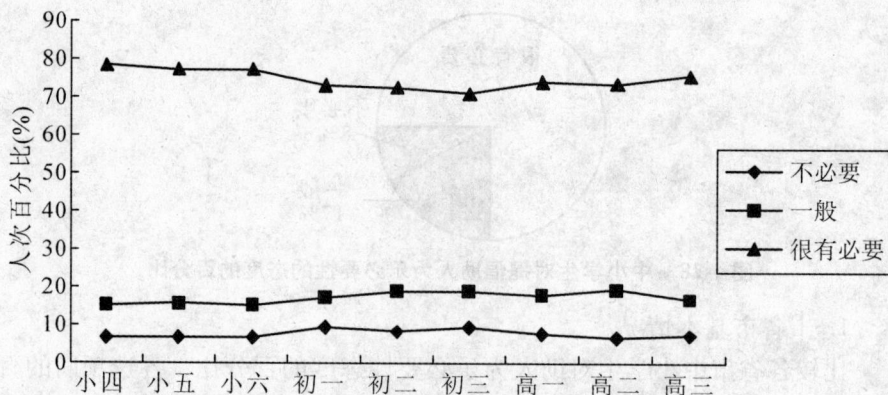

图 4-29　不同年级中小学生对助人为乐必要性态度的人次百分比

比较各年级中小学生对助人为乐必要性态度的百分比，认为助人为乐"很有必要"的百分比随年级增高呈缓慢曲折的先增高后降低趋势，而认为"一般"和"不必要"的百分比随年级增高呈缓慢曲折的先增加后降低趋势，但变化都不是很明显。

3. 性别、学校所在地和学校类型差异

表 4-39　不同性别、学校所在地和学校类型学生对助人为乐必要性态度的人次百分比（％）

助人为乐必要性	性别		学校所在地		学校类型	
	男	女	城市	县城	重点	非重点
不必要	8.9	6.9	6.8	8.8	7.2	8.3
一般	17.5	17.5	16.6	18.1	16.2	18.3
很有必要	73.6	75.6	76.6	73.1	76.6	73.4

比较对助人为乐必要性态度的性别、学校所在地和学校类型差异，我们发现女生认为提倡助人为乐"很有必要"的百分比高于男生，而认为"不必要"的百分比低于男生，认为"一般"的百分比与男生相当；学校在城市的中小学生认为提倡助人为乐"很有必要"的百分比高于学校在县城的学生，而认为"不必要"和"一般"的百分比低于学校在县城的学生；重点学校学生认为提倡助人为乐"很有必要"的百分比高于非重点学校学生，而认为"不必要"和"一般"的百分比低于非重点学校的学生。

三、崇拜对象

学生最崇拜的人一般是他们的榜样或努力的方向。对于最崇拜的人，有些学生没有最崇拜的人，其他学生主要提到了以下一些人物：

表 4-40　学生最崇拜的人的类别及人次百分比

崇拜人类别		具体举例	百分比（%）
A1 名人	A11 影视歌明星	周杰伦，SHE，成龙，孙燕姿，周星驰，羽泉，飞儿乐团，范冰冰，陈好等	23.0
	A12 体育明星	刘翔，姚明，乔丹，加内特等	5.6
	A13 政治名人	毛泽东，周恩来，拿破仑，格瓦拉，秦始皇，江泽民，孙中山，等	8.4
	A14 科学家（商人）	牛顿，居里夫人，爱因斯坦，爱迪生，比尔·盖茨，李嘉诚等	7.9
	A15 文学家	鲁迅，冰心，李白，莎士比亚等	3.9
	A16 音乐家	贝多芬，柴可夫斯基，斯特劳施等	0.7
	A17 军事家	孙膑，诸葛亮，周瑜，曹操，戴高乐，艾森豪威尔等	1.0
	A18 小说漫画人物	福尔摩斯等	1.4
	A19 社会先进人物	雷锋，张海迪，李素丽，赖宁等	1.8
A2 非名人	A21 自己	自己	6.6
	A22 家人	爸爸，妈妈，爷爷，奶奶，姐姐，哥哥等亲友	27.6
	A23 同学	同班同学，学校同学	5.8
	A24 教师	语文老师，外语老师，年级主任，校长	8.7
	A25 有出众才能的人	精通电脑的人，有才华的人，帅哥美女，会街舞的人	2.5
	A26 某种职业的人	医生，有钱人，律师，总经理	1.9
A3 无			8.2

注：各项的百分比为该项的报告人数占总人数的百分比

　　整体上来说，学生中报告最崇拜的人是名人和非名人的百分比相差不大，分别为 51.9% 和 52.1%，有 8.2% 的学生报告没有最崇拜的人。

　　由表 4-40 可以看出，学生最崇拜的人中，占第一、二位的分别是家人和影视歌明星，两者的比例在所有类别中是最高的；第三、四位分别是教师和政治名人；有 8.2% 的学生没有最崇拜的人，占第五位；科学家（商人）占第六位，崇拜自己的占到第七位。

1. 十省市基本情况

各省市学生最崇拜的人中，前两位具有很高的一致性，是家人和影视歌明星，在 10 个省份中，四川省学生最崇拜的人中，影视歌明星是处于首位，其他省均为家人，广东省崇拜影视歌明星的比例最少，只有 13.1%，其他省都在 20% 以上。北京和广东两地没有最崇拜人的学生百分比占到了第三位，浙江省则处于第四位。四川省学生最崇拜的人中处于第三位的是自己。其他详细情况见表 4-41。

表 4-41 各省市学生最崇拜的人的人次百分比（%）

		北京	广东	浙江	黑龙江	江西	河南	四川	内蒙古	贵州	甘肃
A1 名人	a11 影视歌明星	23.8	13.1	23.5	23.5	23.3	23.7	29.0	23.7	20.2	26.3
	a12 体育明星	4.7	5.6	9.4	5.5	4.2	4.3	5.9	3.5	6.0	6.9
	a13 政治名人	7.8	8.9	8.3	7.9	9.7	10.4	7.1	7.6	6.8	9.4
	a14 科学家（商人）	5.6	7.8	8.5	7.4	9.6	8.1	8.5	6.8	8.6	7.5
	a15 文学家	2.6	3.4	4.1	3.3	4.5	5.0	3.2	3.4	4.3	5.2
	a16 音乐家	0.5	0.8	0.5	0.4	0.6	1.1	0.7	0.7	0.9	0.7
	a17 军事家	0.8	1.0	1.1	1.0	1.1	1.0	1.1	1.4	0.8	0.9
	a18 小说漫画人物	1.1	1.3	1.6	1.9	1.3	1.3	1.7	1.2	1.1	1.1
	a19 社会先进人物	0.9	1.6	0.9	1.2	3.5	2.4	0.7	3.1	1.8	1.8
A2 非名人	a21 自己	4.8	5.2	8.5	8.0	5.2	8.5	9.2	6.0	5.1	4.8
	a22 家人	30.8	32.0	24.0	25.9	25.3	28.2	23.5	31.9	24.7	32.3
	a23 同学	5.8	7.2	5.0	4.5	7.6	6.8	4.9	6.4	6.2	4.1
	a24 教师	7.5	5.3	6.7	15.5	8.2	8.7	6.8	10.6	8.3	9.6
	a25 有出众才能的人	2.6	2.6	2.1	2.2	2.3	2.4	2.3	3.0	2.7	2.5
	a26 某种职业的人	1.6	1.6	1.1	2.2	2.0	1.9	1.8	1.8	2.1	2.6
A3 无		11.9	11.9	8.7	6.9	7.6	6.6	7.5	7.3	7.0	6.4

注：各省市各项上的百分比为该项的报告人数占该省总人数的百分比

2. 年级特征

各年级学生最崇拜人物的情况，可参见表 4-42，各年级学生普遍崇拜家人和影视歌明星。初一学生最崇拜的是影视歌明星，而到了高三则下降到第三位。

表 4-42　各年级学生最崇拜的人的人次百分比（%）

		小四	小五	小六	初一	初二	初三	高一	高二	高三
A1 名人	a11 影视歌明星	24.5	26.2	27.4	30.6	25.5	22.5	18.9	14.9	14.6
	a12 体育明星	3.3	3.1	4.0	5.1	6.6	7.0	7.7	6.8	7.8
	a13 政治名人	3.6	5.4	4.2	5.4	7.6	8.7	11.6	14.2	16.7
	a14 科学家（商人）	4.8	4.9	7.0	7.4	8.1	8.7	9.5	11.7	10.1
	a15 文学家	2.0	2.2	3.0	4.0	4.2	4.3	5.3	5.1	5.4
	a16 音乐家	0.4	0.7	1.0	0.8	0.8	0.6	0.9	0.6	0.4
	a17 军事家	0.3	0.6	0.7	0.8	0.9	1.1	1.9	1.7	1.5
	a18 小说漫画人物	0.9	0.7	1.4	1.2	1.9	1.6	1.9	1.6	1.4
	a19 社会先进人物	2.1	2.4	1.8	2.0	1.5	1.6	1.4	1.2	1.7
A2 非名人	a21 自己	1.4	2.4	4.0	6.5	8.2	10.4	9.7	8.9	9.6
	a22 家人	28.8	29.2	30.4	25.8	28.3	26.9	26.2	26.3	26.0
	a23 同学	12.4	10.2	6.8	5.0	4.8	3.6	2.6	2.6	2.6
	a24 教师	12.9	12.6	11.8	10.8	8.9	7.5	3.9	4.1	3.5
	a25 有出众才能的人	1.5	1.3	1.7	2.0	2.4	2.5	3.1	4.2	3.9
	a26 某种职业的人	1.8	1.8	1.4	1.6	1.9	2.1	2.1	2.0	2.2
A3 无		8.7	7.4	6.4	6.2	6.0	7.7	9.1	10.3	12.4

注：各年级各项上的百分比为各项报告人数占该年级总人数的百分比

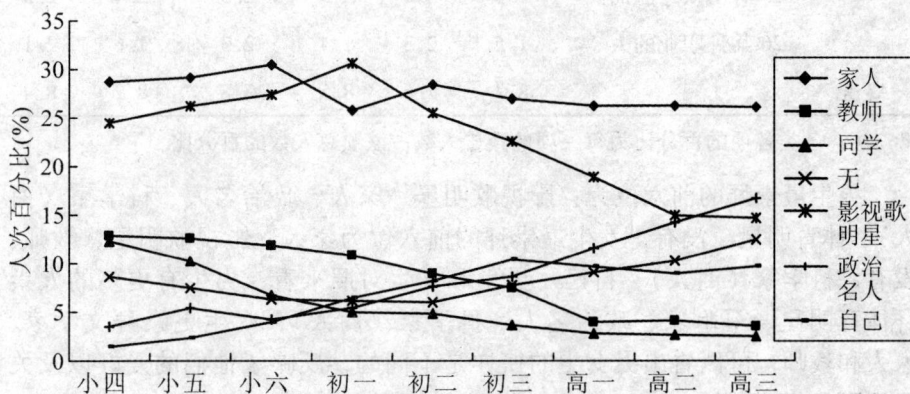

图 4-30　学生最崇拜的人的年级趋势

由图 4-30 可知，随着年级的增长，学生对于家人的崇拜比较稳定，一直都比较崇拜，只有在初一时被影视歌明星超过；对于政治家的崇拜则逐渐升高；对老师和同学的崇拜逐渐降低；而没有崇拜人的情况，随着年级的升高先降低后升高；崇拜自己和影视歌明星的，则随着年级的升高先升高后降低。

3. 性别、学校所在地及学校类型差异

表 4-43　各类型学生最崇拜人的人次百分比（%）

		性别		学校所在地		学校类型	
		男	女	城市	县城或郊区	重点	非重点
A1 名人	a11 影视歌明星	24.1	23.6	23.4	22.6	23.0	23.5
	a12 体育明星	8.5	3.3	6.4	4.8	6.1	5.2
	a13 政治名人	10.2	7.3	8.6	8.2	9.5	7.6
	a14 科学家（商人）	9.5	6.9	8.3	7.5	8.7	7.2
	a15 文学家	3.1	4.9	3.9	3.9	4.6	3.3
	a16 音乐家	0.4	0.9	0.8	0.5	0.7	0.7
	a17 军事家	1.7	0.5	1.2	0.8	1.2	0.9
	a18 小说漫画人物	1.5	1.4	1.8	0.9	1.5	1.3
	a19 社会先进人物	1.7	1.6	1.3	2.3	1.6	1.8
A2 非名人	a21 自己	7.9	6.6	8.1	5.1	7.4	6.4
	a22 家人	21.1	33.8	26.5	28.6	27.1	28.5
	a23 同学	5.3	5.1	4.6	7.1	5.5	6.0
	a24 教师	6.7	10.5	6.8	10.5	8.3	8.9
	a25 有出众才能的人	1.9	3.1	2.4	2.5	2.4	2.5
	a26 某种职业的人	1.5	2.3	1.4	2.3	1.6	2.1
A3 无		8.4	7.6	8.5	7.8	8.2	8.4

注：各类各项的百分比为每一项的报告人数占该项总人数的百分比

男生最崇拜的前六位为：影视歌明星、家人、政治名人、科学家（商人）、体育明星、没有，女生最崇拜的前六位为家人、影视歌明星、教师、没有、科学家（商人）、自己。男生和女生对照来看，男生有更多的人崇拜体育明星、军事家、政治名人、科学家（商人），女生更崇拜文学家、家人和教师，可以看出男女生的榜样是不同的，反映了他们的爱好以及关注视野是很不同的。

从学校所在地差异来看，由表 4-43 可以看出，学校在城市的学生最崇拜的前六位人物依次是：家人、影视歌明星、政治名人、没有、科学家（商人）和自己；学校在县城的学生最崇拜的前六位人物依次是：家人、影视歌明星、教师、政治名人、没有、科学家（商人）。与学校在县城的学生相比，学校在城市的学生有更多的人崇拜自己和小说漫画里的文学人物，对教师和同学的崇拜则相对要少。

重点学校学生最崇拜的前六位为：家人、影视歌明星、政治名人、科学家（商人）、教师、没有，非重点学校学生最崇拜的前六位为：家人、影视歌明星、教师、没有、政治名人、科学家（商人）。和非重点学校的学生相比，重点学校的学生有更多人崇拜政治名人。从这些差异中可以看出重点学校学生和非重点学校学生在榜样或者努力方向上的不同，这些不同可能是由于不同的办学目标和学校氛围造成的。

四、职业兴趣

根据职业倾向的研究表明，对所从事职业的兴趣决定了工作者的主观幸福感和工作的积极主动性。职业倾向与职业兴趣对中小学生学业和生活也有重大影响。职业兴趣作为深层驱动力，可能会影响中小学生在不同课程中的学习动机、学习主动性和学习成绩，以及影响对生活事件等的兴趣。当然对各种职业的兴趣受到多种因素的影响，该研究虽然只涉及了几个方面，但对全国中小学生职业兴趣的广泛了解也是非常有意义的。本研究中最希望从事的职业这一题目，共有五个选项，分别是服务性职业、艺术类职业、科研性职业、操作性职业、领导支配性职业。

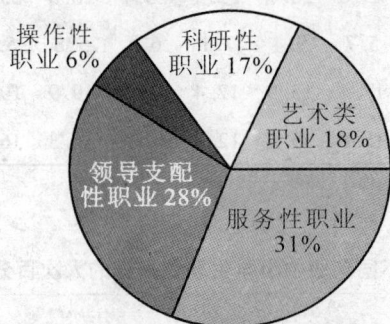

图 4-31 中小学生职业兴趣的百分比

对中小学生的总体分析发现，中小学生最希望从事的职业中服务性职业的百分比最高，达到了31%。其次是领导支配性职业，也达到了28%之高，再次是艺术性职业、科研性职业和操作性职业。

1. 十省市基本情况

通过对中小学生职业兴趣取向的百分比进行卡方检验，结果表明中小学生的职业兴趣取向存在显著的省区差异（$\chi^2 = 385.22$，$p < 0.001$）。由表4-44可以看出，在各省市中小学生都最感兴趣的服务性职业中，甘肃省的百分比最高，达到了35.1%，其次是贵州和北京，最低的是四川和浙江等。在最喜爱领导支配性职业的百分比中，贵州省最高，达到了33.4%，其次是浙江省，这两省的百分比与其他省市有较大差异，以下依次是四川、广东和北京，甘肃省中小学生喜爱的百分比明显低于其他省份。在最喜爱艺术类职业的百分比中，四川省最高，达到了20.7%，以下依次是北京和浙江等，贵州省的百分比最低。在最喜爱科研类职业的百分比中，黑龙江省最高，其次是江西和河南等，这三省高于其他各省市，贵州省最低。中小学生对操作性职业的兴趣普遍不高，但以广东省的百分比在各省市中最高，其次是贵州，其他各省市的百分比相当。

表4-44   各省市中小学生职业兴趣的人次百分比（%）

职业兴趣	省市									
	北京	甘肃	广东	贵州	河南	黑龙江	江西	内蒙古	四川	浙江
服务性职业	33.2	35.1	30.4	34.4	31.5	31.3	33.0	32.7	26.9	26.6
领导支配性职业	27.4	23.0	28.7	33.4	25.7	26.8	25.9	25.7	29.5	30.6
操作性职业	5.7	5.7	9.4	7.1	6.4	5.8	5.5	5.8	5.6	5.4
科研性职业	14.4	17.4	15.9	12.4	19.1	19.9	19.1	17.6	17.4	18.1
艺术性职业	19.3	18.8	15.6	12.7	17.4	16.3	16.5	18.2	20.7	19.3

2. 年级特征

表4-45   不同年级中小学生职业兴趣的人次百分比（%）

职业兴趣	年级								
	小四	小五	小六	初一	初二	初三	高一	高二	高三
服务性职业	38.9	36.8	30.5	31.3	30.1	28.3	28.4	27.5	27.6
领导支配性职业	23.8	22.4	27.0	23.8	26.1	29	30.5	33.6	34.1
操作性职业	5.2	4.2	5.0	5.0	6.0	6.3	6.6	8.2	9.9
科研性职业	12.8	16.3	16.8	19.5	18.2	17.7	20.3	18.2	16.7
艺术性职业	19.3	20.5	20.7	20.4	19.6	18.7	14.2	12.5	11.7

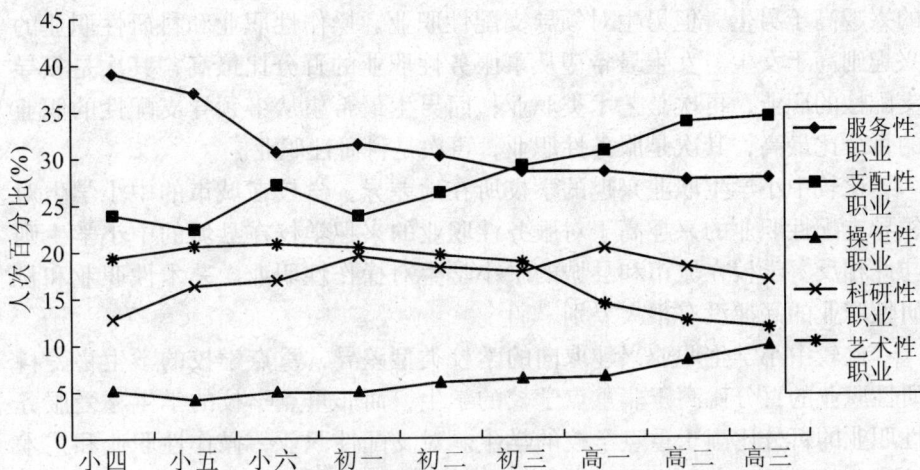

图4-32　不同年级中小学生职业兴趣的人次百分比

对中小学生职业兴趣取向的百分比进行卡方检验，结果表明不同年级之间的职业兴趣取向有显著的差异（$\chi^2 = 692.47$，$p < 0.001$）。由表4-45和图4-32可以看出，随着年级的增长，中小学生最希望从事的职业有不同的变化趋势，对于服务性职业和艺术性职业的兴趣随年级增高逐渐下降，高三学生的兴趣最低。与之相反，对领导支配性职业的兴趣和对操作性职业的兴趣则随着年级的增加逐渐增加。对科研性职业的兴趣的年级变化趋势不明显，但中学生的兴趣高于小学生的兴趣水平，高一时达到最高。

3. 性别、学校所在地和学校类型差异

表4-46　不同性别、学校所在地和学校类型学生职业兴趣的人次百分比（%）

职业兴趣	性别		城乡		学校类型	
	男	女	城市	县城	重点	非重点
服务性职业	24.2	37.7	28.0	34.5	28.5	33.3
领导支配性职业	30.7	24.6	29.5	25.7	28.9	27.1
操作性职业	9.1	3.1	5.6	6.8	5.9	6.6
科研性职业	23.8	11.5	18.2	16.5	19.3	15.3
艺术性职业	12.1	23.1	18.7	16.5	17.3	17.6

通过对中小学生职业兴趣取向的百分比进行卡方检验，表明中小学生职业兴趣取向有显著的性别差异（$\chi^2 = 2035.18$，$p < 0.001$）、学校所在地差异（$\chi^2 = 199.99$，$p < 0.001$）和学校类型差异（$\chi^2 = 137.56$，$p < 0.001$）。

比较中小学生职业兴趣的性别差异，女生对服务性职业和艺术性职业的兴趣高于男生，但男生对领导支配性职业、操作性职业和科研性职业的兴趣则高于女生。女生最希望从事服务性职业的百分比最高，其次是领导支配性的职业，再次是艺术类职业；而男生最希望从事领导支配性的职业的百分比最高，其次是服务性职业，再次是科研性职业。

比较中小学生职业兴趣的学校所在地差异，学校在城市的中小学生对领导支配性职业的兴趣高于对服务性职业的兴趣学校在县城的中小学生则与此相反。学校在城市和县城的中小学生对操作性职业、艺术性职业和科研性职业的兴趣没有很大差别。

比较中小学生职业兴趣取向的学校类型差异，重点学校的学生喜爱科研性职业的百分比高于非重点学校的学生，而非重点学校的学生喜爱服务性职业的百分比高于重点学校的学生。对支配性职业、操作性职业和艺术性职业的兴趣取向两类学校的学生间差别不大。

第三节　人生需求

一、生活愿望

让孩子们许三个愿望，那么这三个愿望一定是他们目前最渴求的东西。孩子们的愿望有些是出于自己的需求，有些是出于父母的灌输，但都是他们内心状态的最好展现。我们让学生写出自己三个愿望并进行编码分析。

综合分析学生的愿望，可归纳为 16 类（见表 4-47）。

表 4-47　学生的愿望类别及人次百分比

愿望类别	具体举例	百分数（%）
a 身体健康	自己身体健康，家人身体健康，同学身体健康，长生不老	29.6
b 物质要求得到满足	赚很多的钱，拥有想要的东西（如房屋、汽车、书）	25.1
c 做想做的事情	玩玩具，吃东西，周游世界，探索宇宙，环游世界，与偶像在一起，穿越时空	24.3
d 自由自在、快乐地生活	自己自由快乐，朋友自由快乐，无忧无虑，开心，身边的人自由快乐	17.5
e 学业有成	学习更好，成绩更好，考上大学，受老师表扬，评为三好学生	49.4
f 事业有成	自己事业有成，家人事业有成，开一个公司	12.8

愿望类别	具体举例	百分数（%）
g 实现自己的理想，成为有影响力的人（强调远期目标）	成为科学家、天文学家、律师、演员、人民公仆、完美的人	18.4
h 完善自我（强调近期目标）	成为功夫好的人、漂亮的人、个子长高、成熟、减肥成功、更瘦更漂亮、有孙悟空的能力、拥有更强的能力和技能、拥有超能力	14.5
i 做个好孩子、好人	好好学习、认真听讲、成为一个好人	2.5
j 拥有良好的人际关系	友好、不打架、有更多的朋友	6.2
k 拥有和谐的感情	拥有爱情、友情、亲情	9.4
l 家人幸福快乐、家庭幸福美满	让父母过得更好，永远和家人在一起，让家人更快乐健康，家庭生活更融洽、幸福	11.7
m 使世界和中国变得更好	和平、富有、没有环境问题、没有战争、人人平等、没有骗子	8.8
n 再许更多的愿望	再许三个愿望、再许更多的愿望	2.2
o 改善家庭关系	不再挨打、父母不再唠叨我、家长理解我	5.9
p 改变教育制度	取消考试	2.0

注：各愿望的百分比是每个愿望的报告人数占总人数的百分比

从整体上按照学生各愿望的百分数从多到少进行排序，详细情况见表4-47。可以看出，所有学生的前五大愿望依次是：学业有成、身体健康、物质要求得到满足、做想做的事情、实现自己的远期理想成为有影响力的人。排在后三位的是：做个好孩子好人、再许更多的愿望、改变教育制度。将近50%的学生希望学业有成，学习成绩能更好，受老师表扬，评为三好学生，最终考上大学。可见学生们最关注的还是自己的学业问题。

1. 十省市基本情况

对于十省市学生愿望的具体情况，可以参看表4-48。对于各种愿望的顺序，浙江、四川、内蒙古、贵州和甘肃五省与总体的愿望顺序具有较大差别，而甘肃与贵州具有很大的一致性；北京和广东两地的学生愿望顺序相同。

表 4-48　十省市学生愿望的人次百分比（%）

	北京	广东	浙江	黑龙江	江西	河南	四川	内蒙古	贵州	甘肃
a 身体健康	33.0	31.7	31.6	30.5	28.8	33.9	26.1	25.3	25.5	29.5
b 物质要求得到满足	24.1	25.2	31.5	26.0	25.0	22.2	31.1	21.8	22.2	19.3
c 做想做的事情	22.9	24.5	28.3	26.1	22.8	23.4	25.3	20.8	23.8	23.6
d 自由自在、快乐地生活	14.9	17.5	17.5	16.5	18.1	20.3	15.8	17.0	20.6	16.3
e 学业有成	54.7	47.3	43.6	46.3	52.6	49.1	40.7	57.1	54.3	52.2
f 事业有成	12.7	13.9	10.4	12.9	12.2	15.9	12.0	14.0	11.5	12.5
g 实现自己的理想，成为有影响力的人（强调远期目标）	13.4	14.8	14.6	16.4	20.8	18.0	19.6	23.3	22.7	20.7
h 完善自我（强调近期目标）	13.2	13.1	16.5	14.2	14.8	15.1	18.2	14.3	11.7	13.2
i 做个好孩子、好人	1.8	2.9	1.6	2.2	2.2	2.3	2.6	3.5	2.7	4.1
j 拥有良好的人际关系	7.4	5.6	6.7	6.6	6.2	4.0	7.5	5.4	5.2	7.1
k 拥有和谐的感情	8.1	7.6	8.4	11.5	9.6	8.8	10.6	10.5	8.0	11.2
l 家人幸福快乐、家庭幸福美满	11.2	11.9	7.9	12.5	13.4	13.6	14.3	10.9	9.9	11.1
m 使世界和中国变得更好	6.2	9.4	7.6	8.2	9.4	12.1	8.4	8.9	7.6	10.3
n 再许更多的愿望	1.6	2.5	3.9	1.9	1.4	2.8	2.8	1.3	1.9	1.6
o 改善家庭关系	6.8	4.8	5.8	5.6	5.8	6.1	6.1	4.0	7.2	5.7
p 改变教育制度	2.4	1.7	3.4	1.7	1.4	2.2	1.6	1.5	1.5	3.0

注：各省市各个愿望的百分比是该愿望上的报告人数与该省中小学生总人数的比值

　　十省市的学生位于首位的愿望均为学业有成，除四川省外，第二位的愿望均为身体健康。在整体中位于第五位的愿望——实现自己的理想，成为有影响力的人，浙江省的学生将它排在了第七位，他们更希望能自由自在、快乐地生活；他们对做好孩子的愿望也不如其他省强烈。与身体健康相比，四川省的学生更希望物质要求得到满足。内蒙古学生更希望能够实现自己的理想成为有影响力的人。贵州和甘肃两省的学生对于物质要求得到满足的愿望要比总体及其他省的学生小很多。与其他省的学生相比，北京和广东省的学生很希望能改变教育制度，他们对于使世界和中国变得更好的愿望要比其他省小很多。

2. 年级特征

表 4-49　各年级学生愿望的人次百分比（%）

	小四	小五	小六	初一	初二	初三	高一	高二	高三
a 身体健康	21.0	23.7	28.5	30.6	28.7	28.2	34.5	37.4	37.0
b 物质要求得到满足	26.8	25.7	29.2	26.7	27.3	24.9	21.5	22.1	20.5
c 做想做的事情	23.3	24.1	26.7	21.2	23.9	26.5	25.8	23.7	23.6
d 自由自在、快乐地生活	12.0	11.7	14.7	17.1	17.8	20.6	21.4	22.1	22.2
e 学业有成	46.4	46.9	48.7	51.3	52.2	51.3	46.9	48.0	54.3
f 事业有成	6.4	7.1	10.1	11.4	13.4	14.9	14.8	19.3	20.0
g 实现自己的理想，成为有影响力的人（强调远期目标）	20.1	23.1	17.3	18.5	18.8	18.4	18.2	14.8	14.8
h 完善自我（强调近期目标）	10.6	11.6	14.7	15.5	16.9	15.0	17.5	16.4	13.1
i 做个好孩子、好人	4.4	3.1	2.5	3.3	2.4	1.7	1.7	1.6	1.5
j 拥有良好的人际关系	3.9	4.7	5.9	8.0	7.7	6.9	7.4	5.3	5.9
k 拥有和谐的感情	3.1	4.7	5.7	8.4	9.8	11.7	13.7	15.4	14.2
l 家人幸福快乐、家庭幸福美满	8.3	8.7	10.6	13.7	11.7	11.0	13.0	15.1	14.5
m 使世界和中国变得更好	9.4	10.3	8.2	8.1	7.1	7.9	9.3	9.4	9.5
n 再许更多的愿望	1.3	1.6	2.1	2.1	2.6	2.9	2.3	2.5	2.6
o 改善家庭关系	9.1	8.9	8.5	7.5	6.1	4.2	3.1	2.2	1.7
p 改变教育制度	1.6	1.5	2.4	2.7	2.3	2.3	2.4	1.8	1.3

注：各年级各个愿望上的百分比是该愿望上的报告人数占该年级总人数的百分比

9 个年级学生的愿望情况参见表 4-49，可知，9 个年级的学生位于前五位的愿望分别为：学业有成、身体健康、做想做的事情、物质要求得到满足、实现自己的理想成为有影响力的人、自由自在快乐地生活。各年级普遍把学业有成作为最大的愿望，小学中占第二位的愿望是物质要求得到满足，初高中学生则为身体健康；做想做的事情的愿望在学生中也具有很高的普遍性。

对几个有明显变化的愿望做出趋势图。可知，随着年级的升高，学生对某些愿望的期望度逐渐变大，如：身体健康、自由自在快乐地生活、事业有成、拥有和谐的感情，由此可以看出随着年级的升高，他们所追求的东西越来越成熟理智；同时随着年级的升高，他们对满足物质要求的期望逐渐变小，说明他们逐渐脱离了物质的、表面东西的束缚；对改善家庭关系的期望也变小，有可能是理解或适应了自己家庭的组织方式，或者是家庭生活已经趋于和谐，家长不再把学生当做孩子，亲子之间能够更加互相理解。

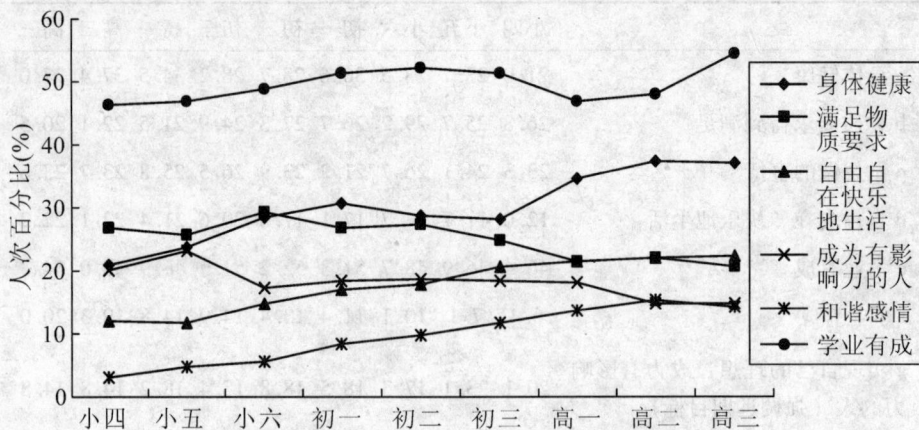

图4-33　各年级学生愿望的人次百分比

3. 性别、学校所在地及学校类型差异

表4-50　各类型学生愿望的人次百分比（%）

	性别		城乡		学校类型	
	男	女	城市	县城	重点	非重点
a 身体健康	27.1	33.9	30.1	29.2	29.9	29.8
b 物质要求得到满足	30.6	19.6	27.8	22.3	25.1	25.2
c 做想做的事情	24.3	24.1	27.1	21.4	26.0	22.4
d 自由自在、快乐地生活	14.4	21.1	17.4	17.7	16.9	17.9
e 学业有成	42.3	57.1	46.5	52.4	47.8	50.4
f 事业有成	12.2	14.6	12.1	13.5	12.5	13.2
g 实现自己的理想，成为有影响力的人（强调远期目标）	19.3	16.6	16.5	20.3	17.4	18.7
h 完善自我（强调近期目标）	15.4	14.8	16.7	12.3	15.8	13.6
i 做个好孩子、好人	2.5	2.3	1.9	3.1	2.4	2.7

续表

	性别		城乡		学校类型	
	男	女	城市	县城	重点	非重点
j 拥有良好的人际关系	5.4	7.4	6.4	6.0	6.0	6.5
k 拥有和谐的感情	10.3	9.7	9.3	9.5	9.9	9.3
l 家人幸福快乐、家庭幸福美满	9.8	14.7	9.0	14.6	11.8	12.1
m 使世界和中国变得更好	9.7	7.9	9.1	8.5	9.1	8.4
n 再许更多的愿望	3.0	1.7	3.2	1.2	2.7	1.8
o 改善家庭关系	5.0	6.6	4.9	6.9	5.7	6.1
p 改变教育制度	2.4	1.9	2.7	1.4	2.3	1.9

　　注：各类各项的百分比为每一项的报告人数占该项总人数的百分比

　　各类学生的愿望情况可参见表4-50，男生排在前五位的愿望分别为学业有成、物质要求得到满足、身体健康、做想做的事情、实现自己的理想成为有影响力的人，排在最后的是改变教育制度。女生排在前五位的愿望分别为学业有成、身体健康、做想做的事情、自由自在快乐地生活、物质要求得到满足，排在最后的是再许更多愿望。可以看出，男女生最大的愿望都是学业有成，男生有42.3%的人提到，女生有57.1%的人提到，女生更加看重学业有成。男生对物质要求得到满足的愿望比女生更加普遍，男生中有30.6%的人提到，而女生只有19.6%的人提到；成为有影响力的人的愿望也是男生更加普遍。而女生更希望自由自在快乐地生活，有21.1%的女生提到这个愿望，男生只有14.4%提到。这些差异既反映了男女生的价值取向和追求的异同，也反映了他们内心需求的异同。

　　从学校所在地来看，学校在城市和县城的学生前四位的愿望相同，分别为：学业有成、身体健康、物质要求得到满足、做想做的事情。学校在城市和县城的学生在自由自在快乐地生活、拥有良好的人际关系和拥有和谐的感情三个愿望上没有差异，可能因为这些都是基本的精神需求。学校在城市的学生对于物质要求得到满足、做想做的事情、完善自我、再许更多愿望和改变教育制度的期望要显著高于学校在县城的学生；而学校在县城的学生对于学业有成、实现自己的理想成为有影响力的人、做好孩子好人、家人幸福快乐和家庭幸福美满、改善家庭关系的期望要显著高于学校在城市的学生。

　　重点学校学生中排在前五位的愿望为：学业有成、身体健康、做想做的事情、物质要求得到满足、实现自己的理想成为有影响力的人。排在最后的是改变教育制度。非重点学校学生中排在前五位的愿望是学业有成、身体健康、物质要求得到满足、做想做的事情、实现自己的理想成为有影响力的人。排在最后的是再许更多愿望。和非重点学校学生相比，重点学校中有更多的学生希望可以做想做的事情，可能是由于重点学校压力较大，学习和生活的自由度比较低。

二、最快乐的事件

由图4-34和表4-51整体来看，学生最开心的事情集中在个人事件上，占所有事件的47%，其中开心程度最高的是娱乐休闲，和朋友在一起及参加聚会等人际交往活动是学生第三开心的事情；学业成就方面的开心事占到30%，在这一方面，学习好、考试成绩好是学生比较开心的事情。家庭方面的开心事占到13%，家庭和睦、家人理解关心等事件经历让学生感到很开心。

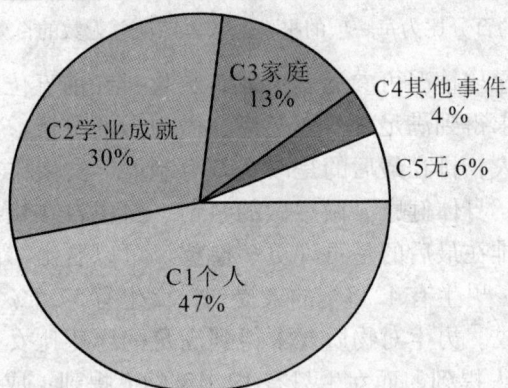

图4-34 学生各类开心事件在总事件中的比例

表4-51 学生最开心事情的人次百分比

		举例	百分比（%）
C₁ 个人	C_{11} 身体状况	身体健康	0.7
	C_{12} 人际交往	和朋友在一起，和男女朋友一起，参加聚会，和同学聊天，有很多朋友	13.2
	C_{13} 经济状况	自己有钱，能买好多东西，家长给钱	2.3
	C_{14} 情绪，性格	自己开心，有好心情，无忧无虑，往好处想，希望大笑	1.3
	C_{15} 娱乐休闲	玩，旅游，听音乐，弹钢琴，唱歌，看电视，看书，网络，玩电脑，和朋友一起玩，和明星一起	23.8

续表

	举例	百分比（%）
C_{16}安全感	希望自己更强壮，许多人爱护自己	0.4
C_{17}自我效能感	有自信心，受夸奖	1.6
C_{18}其他	过生日，吃火锅，梦想成真，帮助别人	12.3
C_2学业成就 C_{21}考试（成绩）	学习好，成绩好，考试顺利	16.0
C_{22}竞争（排名）	排名往前，超过同学，比赛第一，获奖	2.0
C_{23}升学	考好大学，好高中	2.8
C_{24}前途未来	找个好工作，成功，成就高，有前途	2.6
C_{25}师生关系	得到老师表扬，老师赞同	0.9
C_{26}其他		3.5
C_3家庭 C_{31}家庭关系	家人理解，家庭和睦，有好家庭，和家人一起，父母不吵架，和家人聊天，家人关心	10.8
C_{32}家人健康	家人健康，治好病	0.6
C_{33}家庭安全	家人安全	0.1
C_{34}家庭经济	家里有钱，富裕，生意兴隆	0.1
C_4其他事件 C_{41}社会事件	美国遭袭击	0.5
C_{42}生活大事件	过节日，放假，过春节，中彩票	3.2
C_5无,不知道		5.5

注：各项上的百分比为该项的报告人数占总人数的百分比

1. 十省市基本情况

各省市学生最开心的事情均为娱乐休闲；对于第二开心的事情，广东、浙江、黑龙江、江西和内蒙古五省为学习好、考试顺利，北京、四川、贵州和甘肃四省市为人际交往，他们和朋友在一起更加开心，而河南省学生则对良好的家庭关系比较开心；没有最开心事情的学生在各省市中也具有一定的相似性，除河南省外，其他省市均占第六位，可见这些省市有一小部分学生感到没有开心的事情。详见表4-52。

表4-52　各省市学生最开心事情的人次百分比（%）

		北京	广东	浙江	黑龙江	江西	河南	四川	内蒙古	贵州	甘肃
	C_{11}身体状况	0.5	1.0	1.2	0.9	0.6	0.5	0.6	0.3	0.5	0.5
	C_{12}人际交往	15.9	10.2	8.8	14.5	11.8	13.8	13.4	15.3	12.9	16.5
	C_{13}经济状况	1.5	2.9	2.4	2.5	2.2	2.0	3.5	1.7	2.0	1.7
C_1 个人	C_{14}情绪，性格	0.8	1.6	1.1	1.1	1.6	1.5	2.0	1.0	0.9	1.4
	C_{15}娱乐休闲	23.8	20.3	24.4	20.6	22.0	24.9	25.2	28.1	24.0	25.5
	C_{16}安全感	0.2	0.3	0.4	0.5	0.4	0.4	0.7	0.1	0.4	0.1
	C_{17}自我效能感	1.5	1.5	1.9	1.2	2.2	1.6	1.4	1.5	1.4	1.3
	C_{18}其他	10.5	13.8	13.9	11.6	12.6	12.4	13.4	9.4	12.7	11.3
	C_{21}考试（成绩）	13.8	17.1	20.6	18.1	20.5	15.1	13.1	16.3	10.4	14.9
	C_{22}竞争（排名）	2.6	1.6	2.7	2.0	2.3	2.0	1.9	1.6	1.4	1.7
C_2 学业成就	C_{23}升学	3.1	2.7	2.1	2.5	3.5	3.0	3.0	2.8	2.9	3.6
	C_{24}前途未来	2.0	3.4	2.2	2.0	2.7	2.8	3.0	1.9	2.4	3.4
	C_{25}师生关系	0.4	0.6	1.0	1.1	0.9	1.1	0.9	1.2	1.1	1.2
	C_{26}其他	4.0	2.9	3.1	3.9	3.6	4.0	2.8	3.4	4.0	3.2
	C_{31}家庭关系	10.7	9.2	8.2	10.9	10.6	15.4	10.4	10.7	11.8	9.9
C_3 家庭	C_{32}家人健康	0.4	0.8	0.5	0.9	0.6	0.6	0.4	0.7	0.6	0.5
	C_{33}家庭安全	0.1	0.2	0.0	0.2	0.1	0.2	0.1	0.1	0.0	0.1
	C_{34}家庭经济	0.1	0.1	0.1	0.1	0.1	0.1	0.1	0.2	0.0	0.1
C_4 其他事件	C_{41}社会事件	0.3	0.7	0.6	0.6	0.5	0.5	0.5	0.4	0.3	0.3
	C_{42}生活大事件	3.2	3.9	3.2	3.0	3.0	2.7	3.2	3.5	3.0	3.5
C_5无，不知道		8.5	8.6	5.2	5.9	4.5	2.5	5.5	5.1	4.6	4.8

注：各省市各项上的百分比为该项上的报告人数占该省总人数的百分比

2. 年级特征

各年级学生最开心事情的情况见表4-53。可知，对于学生们最开心的事情，小学四年级到初三均为娱乐休闲，高中则为人际交往；处于第二位的，小学四年级到初二为考试顺利，初三为人际交往，高一、高二则为娱乐休闲。对于没有开心事情的学生，小学四年级和五年级占第五位，小学六年级及初二到高二的学生则占第六位。

　　由表 4-53 和图 4-35 可知，随着年级的升高，学生对各种事件的开心程度有不同的变化。随着年级的升高，学生对于人际交往方面事件的开心程度逐渐增加，到高中阶段成为学生们最开心的事情。娱乐休闲带来的开心程度在各个年级都很高，随着年级的增长略有降低。具有良好的家庭关系带来的开心愉悦，随着年级的增长而逐渐增长。

　　考试顺利带来的开心先升高后下降，在所有令学生们开心的事件中占有重要位置。在每个学习阶段，顺利升学的开心程度随着年级的增长而增长，每次毕业时都达到一次高潮。具有好的前途未来带来的开心程度也随着年级的升高而缓慢增加。没有最开心事情的学生比率先降低后升高。

表 4-53　各年级学生最开心事情的人次百分比（%）

		小四	小五	小六	初一	初二	初三	高一	高二	高三
C_1个人	C_{11}身体状况	0.3	0.4	0.4	0.8	0.9	0.7	0.7	1.0	0.7
	C_{12}人际交往	4.9	5.6	7.5	12.0	14.1	17.4	21.3	19.3	19.1
	C_{13}经济状况	2.7	1.5	2.3	2.5	2.6	2.4	2.3	2.2	1.9
	C_{14}情绪，性格	0.9	0.7	0.6	1.6	1.7	1.6	1.3	1.9	1.7
	C_{15}娱乐休闲	33.2	34.6	32.2	24.2	21.8	20.4	15.3	15.5	13.1
	C_{16}安全感	0.1	0.1	0.4	0.4	0.2	0.5	0.5	0.8	0.6
	C_{17}自我效能感	0.7	1.5	1.0	1.8	1.6	1.6	2.3	1.8	2.0
	C_{18}其他	11.8	10.6	9.8	11.6	12.3	11.2	12.6	13.6	15.9
C_2学业成就	C_{21}考试（成绩）	14.0	16.5	16.5	20.5	20.7	16.6	13.5	13.2	11.4
	C_{22}竞争（排名）	1.7	1.9	2.9	2.7	2.4	1.7	1.9	1.3	1.4
	C_{23}升学	0.9	0.9	2.2	1.2	1.7	3.8	3.0	4.7	7.9
	C_{24}前途未来	0.8	1.1	1.8	2.0	2.2	2.7	4.7	4.6	4.1
	C_{25}师生关系	0.9	1.0	1.4	1.8	1.2	0.9	0.7	0.5	0.1
	C_{26}其他	5.2	5.0	4.0	3.8	3.2	2.8	2.2	2.6	1.8
C_3家庭	C_{31}家庭关系	8.7	8.2	9.5	11.1	10.5	10.4	12.7	13.4	13.7
	C_{32}家人健康	0.6	0.5	0.5	0.6	0.7	0.6	0.6	0.6	0.5
	C_{33}家庭安全	0.1	0.1	0.2	0.1	0.1	0.1	0.1	0.1	0.2
	C_{34}家庭经济	0.1	0.1	0.2	0.1	0.1	0.2	0.1	0.1	0.2
C_4其他事件	C_{41}社会事件	0.2	0.2	0.2	0.3	0.3	0.3	0.3	0.7	0.5
	C_{42}生活大事件	4.2	3.7	3.4	3.6	3.4	2.6	3.1	2.3	2.1
C_5无， 不知道		7.9	7.6	5.6	3.6	3.5	4.9	4.7	5.3	5.9

　　注：各年级各项上的百分比为该项上的报告人数占该年级总人数的百分比

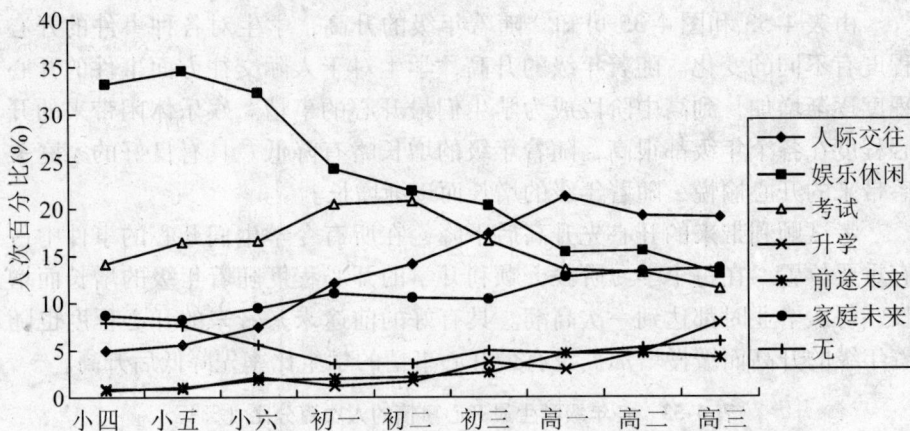

图4-35　不同年级学生最开心的事情

3. 性别、学校所在地及学校类型差异

表4-54　各类学生最开心事情的人次百分比（%）

		性别		城乡		学校类型	
		男	女	城市	县城	重点	非重点
C_1个人	C_{11}身体状况	0.6	0.8	0.8	0.5	0.6	0.7
	C_{12}人际交往	11.8	16.9	12.2	14.2	12.7	14.2
	C_{13}经济状况	2.9	1.7	2.7	1.9	2.2	2.3
	C_{14}情绪，性格	1.2	1.5	1.5	1.1	1.3	1.4
	C_{15}娱乐休闲	27.5	19.1	23.8	23.7	24.1	23.6
	C_{16}安全感	0.4	0.4	0.5	0.3	0.5	0.3
	C_{17}自我效能感	1.4	1.7	1.7	1.4	1.8	1.4
	C_{18}其他	11.8	13.2	13.3	11.2	12.6	12.1
C_2学业成就	C_{21}考试（成绩）	14.4	17.3	17.2	14.7	17.6	14.2
	C_{22}竞争（排名）	2.1	2.2	2.1	1.9	2.2	1.9
	C_{23}升学	2.9	3.1	3.1	2.4	2.7	3.0
	C_{24}前途未来	2.9	2.6	2.5	2.7	2.4	2.9
	C_{25}师生关系	0.7	1.2	0.9	0.9	1.1	0.8
	C_{26}其他	3.9	3.2	3.0	4.0	3.4	3.7

续表

		性别		城乡		学校类型	
		男	女	城市	县城	重点	非重点
C_3 家庭	C_{31} 家庭关系	7.4	15.1	8.6	13.1	10.4	11.5
	C_{32} 家人健康	0.4	0.9	0.6	0.6	0.6	0.6
	C_{33} 家庭安全	0.1	0.1	0.1	0.1	0.1	0.1
	C_{34} 家庭经济	0.1	0.1	0.1	0.1	0.2	0.1
C_4 其他事件	C_{41} 社会事件	0.8	0.2	0.5	0.5	0.6	0.4
	C_{42} 生活大事件	2.9	3.3	3.0	3.4	3.1	3.5
C_5 无，不知道		6.3	3.8	5.6	5.4	5.3	5.7

注：各类各项的百分比为每一项的报告人数占该项总人数的百分比

由表4-54可知，男生的最开心事情主要集中在娱乐休闲、考试成功和人际交往上，休闲娱乐带来的开心要远胜于其他；而女生最开心的事情主要集中在娱乐休闲、考试成功、人际交往和家庭关系上，女生的最开心事情近乎均衡地分散在这四件事情上。同时可以看出人际交往良好、考试成功、家庭关系良好带给女生的快乐比男生要普遍；而娱乐休闲带给男生的开心比女生普遍。对没有最开心事情的比例，男生要远高于女生，可见女生比较容易找到让自己快乐的事情。

从学校所在地来看，学校在城市和县城的学生最开心事情的情况相差不大。对于最开心事情的前两位，学校在城市和县城的学生相同，均为娱乐休闲和考试成绩好。升学在城市学校学生最开心事件中的位置比在县城学校学生中的位置靠前，升学没有人际关系和家庭关系带来的开心多。家庭经济情况不是使学生开心的主力，只有极少的学生把它看作最开心的事情。学校在城市的学生把考试成绩好作为最开心事情的比率要比学校在县城的学生低；而学校在县城的学生比学校在城市的学生更看重家庭关系和人际交往所带来的快乐。

重点学校和非重点学校学生的最开心事情都集中在娱乐休闲、考试成功、人际交往以及家庭关系和睦上，但略有不同的是，重点学校学生考试成功比人际交往良好带来的快乐普遍，而非重点学校两者给学生带来开心的普遍程度相同。与重点学校相比，非重点学校学生中，有更多的人从人际交往、家庭关系中获得快乐，而重点学校学生中有更多的人从考试成功中获得快乐。

三、最担忧的事件

学生们最担忧的事情主要包括有关个人的问题（包括生理、心理）、学业成就、家庭的问题以及其他事件，详细列举如下：

表4-55　学生总体上最担忧事情的人次百分比

最担忧事的类别		具体举例	百分比（%）
B₁个人	B₁₁身体状况	生病，自己变丑	3.9
	B₁₂人际交往	与朋友翻脸，与同学不能很好相处，男朋友抛弃我	4.0
	B₁₃经济状况	没钱，花钱，将来穷	1.7
	B₁₄情绪，性格	心情不好，孤独，不会快乐	1.2
	B₁₅娱乐休闲	没有游戏玩，不能打篮球	0.8
	B₁₆安全感	天会不会掉下来，人会死，出事故，失去现在的生活	3.2
	B₁₇自我效能感	无成就，得不到别人认可	1.3
	B₁₈其他	找不到东西	6.3
B₂学业成就	B₂₁考试（成绩）	考试成绩不好，成绩下降，高考	30.5
	B₂₂竞争（排名）	学校排名	0.6
	B₂₃升学	考不上重点中学，能否考上大学	12.0
	B₂₄前途未来	长大后没有用，找不到工作，以后的事业	4.3
	B₂₅师生关系	老师批评，被老师冷落	1.2
	B₂₆其他	没书，怕写作文，不好好学习	8.0
B₃家庭	B₃₁父母关系	父母吵架，父母感情不和	3.8
	B₃₂亲子关系	父母不爱我，与家人翻脸，被父母打骂	4.3
	B₃₃家人健康	父母生病，父母将要老去	4.3
	B₃₄家庭安全	家被诈，家里被偷	1.3
B₄其他事件	B₄₁社会事件	发生灾难，地球被破坏	3.0
	B₄₂生活大事件	家中有人去世	1.1
B₅不知道、没有			8.2

注：各项的百分比为该项的报告人数占总人数的百分比

整体来看，学生们最担忧的事情是学业成就问题，尤其是考试和升学问题；其次担忧自己的生理和心理各方面的发展问题；第三担忧的是家庭问题；但有8.2%的学生没有最担忧的事情，可以说这部分学生生活得还比较无忧无虑。

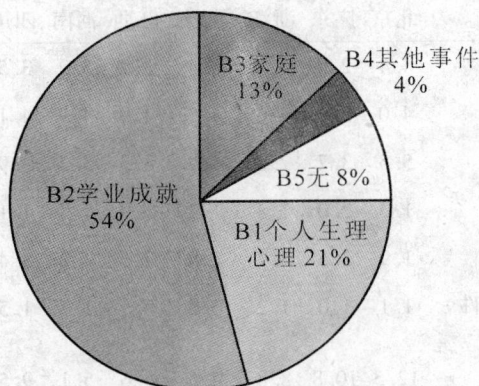

图4-36　学生各类担忧事件在所有事件中的比例

1. 十省市基本情况

表4-56　各省市学生最担忧事情的人次百分比（%）

		北京	广东	浙江	黑龙江	江西	河南	四川	内蒙古	贵州	甘肃
	B_{11}身体状况	3.3	4.7	5.5	4.9	4.1	3.4	4.3	2.6	2.9	2.8
	B_{12}人际交往	3.8	3.1	3.2	5.0	3.8	4.6	4.2	4.3	2.9	5.0
	B_{13}经济状况	1.0	2.9	1.7	1.8	1.6	1.1	2.5	1.3	1.5	1.4
B_1	B_{14}情绪，性格	0.9	1.6	0.9	1.5	1.6	1.7	1.1	0.9	0.8	1.1
个人	B_{15}娱乐休闲	0.7	0.6	1.2	0.9	1.2	1.1	1.1	0.6	0.4	0.5
	B_{16}安全感	2.1	2.9	3.9	2.3	3.9	4.1	3.8	2.2	3.0	2.9
	B_{17}自我效能感	1.0	0.7	1.2	2.0	2.0	1.7	1.2	1.6	0.5	1.0
	B_{18}其他	4.4	8.2	7.1	5.9	5.9	6.2	7.0	3.5	7.2	6.8
	B_{21}考试（成绩）	31.4	26.5	36.0	29.1	33.0	30.6	29.4	33.8	25.1	31.4
	B_{22}竞争（排名）	0.6	0.4	0.4	0.5	0.5	0.6	0.7	0.5	0.8	0.7
B_2学	B_{23}升学	13.2	10.3	7.1	9.9	12.8	11.3	10.1	16.2	15.3	15.2
业成就	B_{24}前途未来	2.5	5.0	3.0	3.2	4.6	4.9	5.6	4.6	4.2	4.9
	B_{25}师生关系	0.7	0.4	1.8	1.2	1.1	1.2	0.9	1.5	1.2	1.8
	B_{26}其他	7.7	10.7	6.9	8.3	9.2	7.6	6.3	6.0	8.1	9.2

续表

		北京	广东	浙江	黑龙江	江西	河南	四川	内蒙古	贵州	甘肃
B₃ 家庭	B₃₁父母关系	4.4	2.9	3.2	3.4	3.2	5.9	3.5	4.3	4.6	2.8
	B₃₂亲子关系	4.0	2.9	4.0	4.5	4.9	4.9	4.1	4.8	4.8	4.2
	B₃₃家人健康	5.5	3.7	2.6	4.9	3.5	5.7	3.9	4.3	4.7	4.4
	B₃₄家庭安全	1.3	2.0	1.4	1.2	0.9	1.7	1.1	0.9	1.2	1.1
B₄其他事件	B₄₁社会事件	1.9	3.6	3.1	2.8	3.6	3.2	3.4	2.4	2.0	2.6
	B₄₂生活大事件	1.1	1.0	1.2	1.0	0.5	1.7	1.5	1.4	0.9	1.1
B₅不知道、无		12.5	10.8	8.8	9.6	5.6	5.1	9.5	8.1	6.5	5.9

注：各省市学生各项的百分比为该项的报告人数占该省总人数的百分比

各省市学生最担忧事情的情况参见表4-56，所有省市学生最担忧的事情均为考试和成绩的问题；位于第二位的，广东和浙江两省为没有最担忧的事情，其他则为升学的问题；位于第三位的主要是其他学习问题，北京、黑龙江、四川和内蒙古是没有最担忧的事情。

2. 年级特征

各年级学生最担忧事情的情况可参见表4-57。各年级普遍最担忧的是考试和升学问题，小四年级和小五年级的学生没有太多考试升学压力，所以他们位于第二位的是没有最担忧的事，这时候的学生还比较无忧无虑。

表4-57 各年级学生最担忧事情的人次百分比（%）

		小四	小五	小六	初一	初二	初三	高一	高二	高三
B₁个人	B₁₁身体状况	2.2	3.1	2.9	3.8	3.6	3.6	5.6	5.0	4.6
	B₁₂人际交往	2.0	2.7	3.2	4.5	4.1	4.8	5.9	4.8	4.1
	B₁₃经济状况	0.7	0.6	0.9	1.3	1.9	2.4	2.3	2.9	2.8
	B₁₄情绪，性格	0.9	1.2	1.2	1.1	0.9	1.3	1.2	1.8	1.6
	B₁₅娱乐休闲	1.3	1.2	0.9	0.7	1.0	0.6	0.7	0.4	0.4
	B₁₆安全感	4.8	4.0	3.2	3.5	2.7	2.6	2.8	2.0	2.2
	B₁₇自我效能感	0.6	0.7	0.9	1.5	1.1	1.1	1.8	1.9	2.4
	B₁₈其他	7.5	5.6	6.3	6.3	6.4	5.7	6.6	6.2	6.0
B₂学业成就	B₂₁考试（成绩）	26.4	32.4	31.7	42.0	38.9	30.9	29.8	22.2	18.2
	B₂₂竞争（排名）	0.4	0.5	0.7	0.8	0.3	0.4	0.8	0.8	0.7
	B₂₃升学	4.8	4.3	8.5	5.6	9.2	19.5	11.8	19.0	29.6

		小四	小五	小六	初一	初二	初三	高一	高二	高三
	B₂₄前途未来	1.9	2.0	1.9	2.4	4.0	5.1	5.8	8.5	7.8
	B₂₅师生关系	1.4	1.5	1.7	1.9	1.9	0.7	0.5	0.4	0.3
	B₂₆其他	10.4	10.2	10.2	8.5	8.3	7.6	5.6	5.9	4.6
B₃家庭	B₃₁父母关系	5.2	5.0	5.7	4.3	3.9	2.4	2.8	2.9	1.9
	B₃₂亲子关系	6.3	5.7	5.3	5.4	4.4	2.6	3.1	2.7	2.6
	B₃₃家人健康	5.6	3.7	3.8	3.5	3.8	3.6	4.6	5.3	5.0
	B₃₄家庭安全	1.7	1.1	1.8	1.0	1.2	1.1	1.3	1.2	1.1
B₄其他事件	B₄₁社会事件	2.9	2.8	3.2	2.1	2.7	3.2	3.2	3.2	3.8
	B₄₂生活大事件	1.3	0.9	0.9	0.9	1.1	1.0	1.7	1.2	1.2
B₅不知道、无		12.8	13.8	9.0	6.2	5.7	6.3	6.3	6.5	6.2

注：各年级各项的百分比为该项上的报告人数占该年级总人数的百分比

由表 4-57 和图 4-37 可知，随着年龄的增长，学生对一些事件的担忧程度不断变化。学生们始终担忧的事情是考试和成绩的问题，这个问题萦绕着所有年级的学生，它的变化趋势是先升高后降低，初一时最高。学生对于升学的担忧随着年级的增长不断起伏变化，高峰迭起，每一次面临升学时都出现一次骤升，高三年级时达到最高。对于前途未来的担忧，小学四年级到初一程度不大，到高二、高三年级时达到较高的程度，说明学生开始考虑自己长远的事情。

学生没有最担忧事情的比例在小四、小五年级时最高，13% ~ 14% 的学生没有最担忧的事情，然后从小六年级开始，这种情况逐渐下降并达到稳定状态。

还有另外一些最担忧的事情变化不明显，如图 4-38，这些最担忧的事变化范围大概在 4 ~ 5 个百分点之间。其中对亲子关系、父母关系、安全感的担忧不断下降；而对身体状况、人际交往的担忧不断上升；对家人健康的担忧先下降后上升。

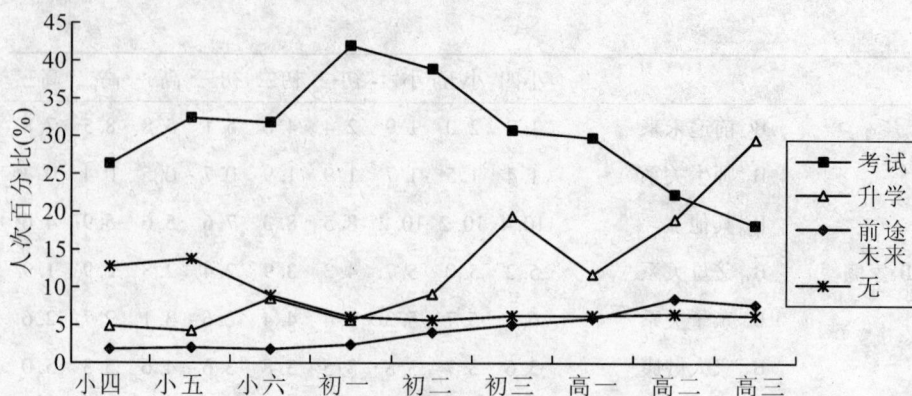

图 4-37　各年级学生最担忧的事情的人次百分比（1）

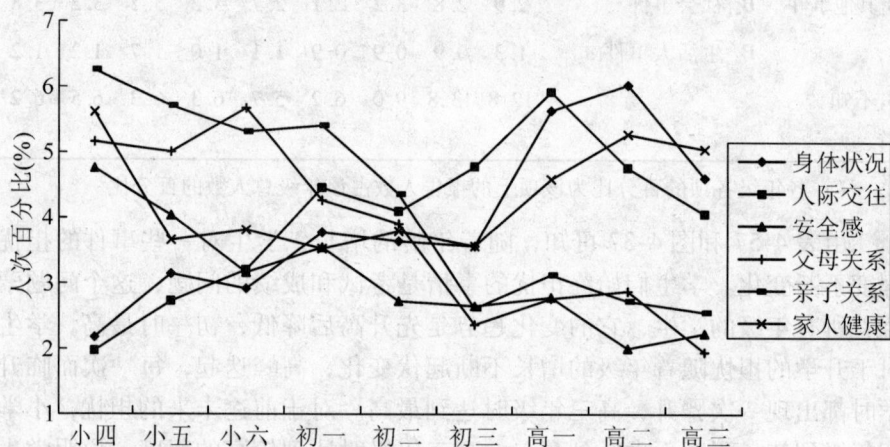

图 4-38　各年级学生最担忧的事情的人次百分比（2）

3. 性别、学校所在地及学校类型差异

表 4-58　各类型学生最担忧事情的人次百分比（%）

		性别		城乡		学校类型	
		男	女	城市	县城	重点	非重点
B_1 个人	B_{11} 身体状况	3.8	4.3	4.4	3.4	4.5	3.6
	B_{12} 人际交往	3.6	4.9	4.1	3.8	4.0	4.1
	B_{13} 经济状况	2.4	1.2	1.8	1.6	1.5	1.9
	B_{14} 情绪，性格	1.0	1.4	1.4	1.0	1.3	1.2
	B_{15} 娱乐休闲	1.1	0.5	0.8	0.8	0.9	0.7
	B_{16} 安全感	4.0	2.3	3.2	3.1	3.3	3.1
	B_{17} 自我效能感	1.3	1.5	1.3	1.3	1.4	1.2

续表

		性别		城乡		学校类型	
		男	女	城市	县城	重点	非重点
	B₁₈ 其他	7.1	5.4	5.8	6.8	6.2	6.6
B₂ 学业成就	B₂₁ 考试（成绩）	27.3	34.7	32.9	28.1	33.2	28.4
	B₂₂ 竞争（排名）	0.5	0.7	0.6	0.5	0.7	0.6
	B₂₃ 升学	10.7	14.4	10.7	13.2	10.7	13.0
	B₂₄ 前途未来	4.9	4.2	4.1	4.4	3.8	4.9
	B₂₅ 师生关系	1.2	1.2	1.0	1.3	1.3	1.1
	B₂₆ 其他	8.0	7.4	7.5	8.6	7.0	8.8
B3 家庭	B₃₁ 父母关系	2.9	4.7	2.9	4.7	3.7	4.0
	B₃₂ 亲子关系	3.8	4.6	3.9	4.7	3.9	4.6
	B₃₃ 家人健康	3.7	5.2	3.4	5.2	4.2	4.6
	B₃₄ 家庭安全	1.1	1.4	1.0	1.5	1.1	1.3
B₄ 其他事件	B₄₁ 社会事件	4.2	1.9	3.2	2.8	3.3	2.7
	B₄₂ 生活大事件	1.2	1.1	1.2	1.1	1.3	1.0
B₅ 不知道、无		9.4	6.0	8.9	7.5	8.8	7.9

注：各类各项的百分比为每一项的报告人数占该项总人数的百分比

由表4-58可知，男生、女生最担忧的事均为考试和升学；男生没有最担忧事件的人数多于女生，担忧安全感、社会事件和经济状况的人数也多于女生；而女生担忧人际交往、考试、升学、父母关系和家人健康的比例比男生高。可以看出，女生是关系取向的，更关注人际交往及家庭关系。

从学校所在地的差异来看，学校在城市和县城的学生担忧的前五位事情是相同的；而第六位到第九位，学校在城市的学生担忧的是自己的身体状况、前途、人际交往，学校在县城的学生担忧的则是家人健康和家庭关系。学校在城市的学生对自己身体状况、情绪性格和考试成绩的担忧高于学校在县城的学生，没有担忧事情的学生比例也高于学校在县城的学生。学校在县城的学生对升学、父母关系、家人健康的担忧高于学校在城市的学生。

重点学校和非重点学校的学生的最担忧的事情均为考试成绩和升学问题，两类学校中也有不少学生没有担忧的事情。非重点学校的学生比重点学校的学生更担忧前途未来、经济状况、亲子关系、家人健康；重点学校的学生更担忧身体状况和社会事件。

四、最不希望发生的事件

学生们最不希望发生的事情可以分为七类：学习、人际关系、家庭状况、心理行为、健康、安全、环境氛围。详细情况如下：

表 4-59　学生最不希望发生的事情的人次百分比

最不希望发生的事件类别		具体举例	百分比（%）
a 学习方面	a_1学习能力	学习不好；我的考试分数低；画画不好；唱歌、体育不好	42.1
	a_2作业负担	不想写作业写的时间太长；父母给我太多的课外作业、补课	3.1
	a_3升学与前途	没考上好中学；将来没有工作，被开除，失学	12.2
	a_4学校活动	家长会；老师请家长谈话	1.9
	a_5其他	假期来临，迟到，占课	4.3
b 人际关系	b_1与老师关系	我们老师批评我；钢琴老师把我逐出师门	9.0
	b_2与家人关系	家人离开我；打我；批评我；不爱我；与姐姐打架	15.6
	b_3与同学朋友关系	同学不理我；失去同学；同学们嘲笑我；与朋友绝交	19.0
	b_4与异性关系	有人示爱；与异性相恋	2.8
	b_5总体的人际状况	所有的人都不理我；没人疼；没有朋友	3.4
c 家庭状况	c_1家人关系	爸爸妈妈打架；爸爸妈妈离婚	10.3
	c_2经济拮据	吃不好穿不好；零花钱少	5.2
	c_3家人行为	父亲喝酒抽烟；母亲唠叨；父母偷看日记	3.1
	c_4家人不顺	弟弟考不上高中；爸爸妈妈失业	2.5
	c_5其他	不喜欢回到一个无生气的家，搬家	2.5
d 心理行为	d_1不良行为	打架；骂人；偷东西；说坏话，陷害	7.0
	d_2压抑自主性	不让我看电视；没电脑玩；被强迫做自己不喜欢做的事情；跑步	6.0
	d_3情绪困扰	不开心；有事心静不下来；自卑；误会	7.9
	d_4自尊受损	被老师提问，答不出来；当众出丑；被骂；隐私；上当受骗	5.9

续表

最不希望发生的事件类别		具体举例	百分比（%）
e 健康	e_1家人健康	家里人去世（生病）	10.2
	e_2自身健康	自己生病；失眠	10.7
f 安全	f_1家人安全	爸爸出车祸	3.8
	f_2自身安全	被绑架；被人打一顿	8.1
	f_3环境安全	战争；发生灾害；世界末日；地球毁灭；交通事故；死亡	15.8
	f_4财物安全	我的小狗不见了；我养的乌龟死了；我丢了钱	3.0
g 环境氛围	g_1班级氛围	班上发生打架事件	1.8
	g_2社会氛围	全世界都说英语；物价上涨；制度	1.1
	g_3人际氛围	朋友有矛盾；朋友不开心；朋友打架；离别；讨厌的人	2.6

注：各项上的百分比为该项上的报告人数占总人数的百分比

整体来看，在学生们最不希望发生的事情中，学习方面处于首位，人际关系其次，安全第三，心理行为第四，家庭情况第五，健康第六（见图4-39）。由此可知，学生最不希望自己学习能力差，其次不希望与同学朋友的关系不好，第三不希望发生一些严重危害生命安全的事故、灾害或战争。学生们也不希望与家人关系不好，不希望家长批评责骂自己、离开自己、不再爱自己。其他很不希望发生的事情是升学不顺或前途暗淡、自己健康出问题、家人关系不好和家人健康出问题等。

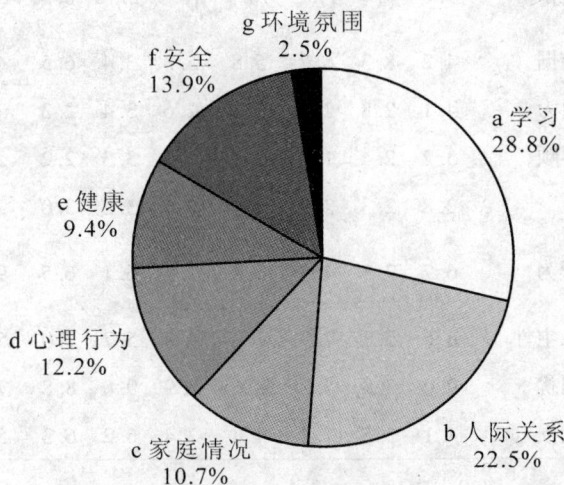

图4-39 各类最不希望发生事件在总事件中的比例

1. 十省市基本情况

十省市学生最不希望发生的事情中，排第一位的均为学习能力不高；第二位的普遍是与同学朋友关系不好，广东、浙江、四川三省是环境安全问题，可能与他们特殊的地理位置有关。处于第三位的普遍是与家人的关系，只有北京学生是升学和前途问题。其他情况可参见表4-60。

表4-60 各省市学生最不希望发生的事情的人次百分比（%）

		北京	广东	浙江	黑龙江	江西	河南	四川	内蒙古	贵州	甘肃
a 学习方面	a_1 学习能力	42.8	40.5	46.7	40.5	45.6	45.6	41.9	40.8	34.4	41.7
	a_2 作业负担	4.3	2.2	3.8	3.0	1.6	4.0	3.4	3.0	1.9	4.3
	a_3 升学与前途	15.8	11.8	9.1	12.6	9.2	12.3	11.8	13.9	13.9	12.7
	a_4 学校活动	2.4	0.7	1.2	2.5	1.6	2.6	1.9	2.4	2.1	1.8
	a_5 其他	4.0	2.7	3.4	3.9	4.3	5.7	4.5	5.7	4.7	4.6
b 人际关系	b_1 与老师关系	7.6	4.9	7.6	7.7	9.1	10.9	7.2	14.1	8.5	14.5
	b_2 与家人关系	13.3	13.2	14.3	15.8	15.9	18.0	14.1	18.1	17.1	16.6
	b_3 与同学朋友关系	17.3	16.3	15.9	19.0	18.8	20.0	17.8	23.1	18.7	24.9
	b_4 与异性关系	1.9	2.2	2.4	3.0	2.8	2.4	4.0	4.3	2.4	3.6
	b_5 总体的人际状况	1.6	4.0	3.8	4.4	3.6	4.1	4.2	2.7	2.4	2.6
c 家庭状况	c_1 家人关系	9.6	9.4	11.2	10.9	10.3	11.2	8.9	10.5	10.6	10.6
	c_2 经济拮据	4.2	8.3	6.2	5.8	5.3	3.4	6.5	4.7	4.8	2.8
	c_3 家人行为	4.1	2.8	2.6	2.8	2.3	2.3	2.3	3.0	3.7	3.7
	c_4 家人不顺	3.2	2.4	1.8	2.1	2.5	3.3	2.2	2.2	2.3	2.9
	c_5 其他	2.8	2.3	2.9	1.1	2.6	3.2	3.0	2.4	2.7	1.7
d 心理行为	d_1 不良行为	6.7	7.5	4.8	6.8	7.5	6.1	6.5	9.2	8.5	7.2
	d_2 压抑自主性	6.6	5.8	7.9	7.2	6.7	5.7	7.0	5.1	5.1	4.8
	d_3 情绪困扰	9.0	7.8	7.4	8.6	8.9	9.0	8.8	7.1	4.7	7.5
	d_4 自尊受损	4.1	5.5	7.2	4.8	7.4	6.2	6.3	5.7	7.0	4.8

		北京	广东	浙江	黑龙江	江西	河南	四川	内蒙古	贵州	甘肃
e 健康	e_1 家人健康	12.0	8.6	10.8	13.3	7.5	9.1	10.1	9.1	10.5	10.4
	e_2 自身健康	10.3	12.9	12.7	10.4	10.3	10.3	11.0	8.7	10.1	9.3
f 安全	f_1 家人安全	3.2	3.2	4.3	2.7	4.1	4.4	3.7	2.6	4.6	4.4
	f_2 自身安全	4.8	8.2	10.1	5.6	12.1	8.1	8.8	6.3	9.5	6.5
	f_3 环境安全	11.9	17.6	19.0	12.1	15.8	16.4	19.3	13.3	15.8	14.9
	f_4 财物安全	2.3	3.3	3.3	2.2	4.0	3.2	4.0	2.4	2.0	2.5
g 环境氛围	g_1 班级氛围	2.5	1.2	0.8	2.2	1.6	1.6	0.6	3.1	1.7	3.4
	g_2 社会氛围	1.3	1.1	0.6	1.4	0.8	1.5	0.6	1.5	0.9	1.4
	g_3 人际氛围	1.8	2.7	1.5	4.1	2.4	2.6	2.1	2.3	2.8	3.4

注：各省市各项上的百分比为该项上的报告人数占该省总人数的百分比

2. 年级特征

表 4-61　各年级学生最不希望发生的事情的人次百分比（%）

		小四	小五	小六	初一	初二	初三	高一	高二	高三
a 学习方面	a1 学习能力	28.8	35.7	42.1	50.6	49.5	40.0	51.6	44.5	37.2
	a_2 作业负担	2.6	3.5	3.9	4.1	4.3	2.3	2.7	3.1	1.6
	a_3 升学与前途	4.8	3.9	10.4	5.4	8.8	24.0	8.5	17.8	31.1
	a_4 学校活动	1.1	1.6	2.5	2.7	3.1	2.2	2.1	1.2	1.0
	a_5 其他	3.5	3.3	3.4	5.5	5.6	4.9	5.1	4.1	3.3
b 人际关系	b_1 与老师关系	7.6	9.2	10.7	12.7	13.6	9.0	7.2	5.6	4.6
	b_2 与家人关系	14.4	14.6	18.2	18.6	18.1	15.7	16.0	12.3	12.0
	b_3 与同学朋友关系	8.6	10.5	16.2	20.1	19.8	22.9	26.4	25.8	23.5
	b_4 与异性关系	0.6	0.5	0.7	2.2	3.0	4.0	6.0	4.9	4.4
	b_5 总体的人际状况	1.9	2.6	2.4	3.7	3.7	4.4	4.6	3.9	3.4
c 家庭状况	c_1 家人关系	11.4	12.0	14.6	10.5	11.6	9.6	7.6	7.9	7.0
	c_2 经济拮据	2.8	3.0	3.4	4.8	6.2	6.5	6.6	7.7	7.0
	c_3 家人行为	5.1	4.2	4.3	3.6	3.5	2.0	1.8	1.4	1.3

续表

		小四	小五	小六	初一	初二	初三	高一	高二	高三
	c_4家人不顺	2.5	1.5	2.3	2.6	2.6	2.2	3.0	3.4	2.5
	c_5其他	1.6	1.8	1.9	2.3	2.9	2.9	3.5	2.6	3.2
d 心理行为	d_1不良行为	12.2	10.2	7.2	7.8	6.7	5.8	4.9	3.5	3.2
	d_2压抑自主性	5.5	6.6	8.0	7.6	7.5	6.7	4.6	4.4	3.3
	d_3情绪困扰	5.3	5.0	5.9	7.9	8.7	8.3	9.8	9.6	11.5
	d_4自尊受损	4.6	5.5	6.4	8.0	6.8	5.8	5.8	5.5	5.0
e 健康	e_1家人健康	7.7	8.1	9.1	9.7	9.5	9.8	11.9	13.4	13.1
	e_2自身健康	7.7	8.6	9.3	8.4	9.8	9.7	12.2	14.7	17.4
f 安全	f_1家人安全	2.7	2.8	4.1	3.2	3.6	4.0	4.8	4.8	4.3
	f_2自身安全	9.4	11.7	9.8	8.9	7.4	6.7	6.7	5.5	6.0
	f_3环境安全	22.0	18.7	16.9	12.2	12.2	14.0	13.9	15.6	15.4
	f_4财物安全	3.9	4.1	3.9	2.8	2.4	2.6	2.1	2.6	1.8
g 环境氛围	g_1班级氛围	2.3	2.1	2.3	2.7	1.9	1.4	1.2	1.2	0.9
	g_2社会氛围	1.3	1.3	1.3	0.9	0.7	0.6	1.1	1.2	1.3
	g_3人际氛围	2.5	2.3	2.3	2.5	2.2	2.9	2.7	3.2	2.7

注：各年级各项上的百分比为该项上的报告人数占总人数的百分比

各年级学生最不希望发生的事情中，处于首位的仍然是学习不好；处于第一位的，小学四五年级为环境安全出现问题，小学六年级为与家人关系不好，初一、初二、高一、高二为与同学朋友关系出现问题，而初三和高三等面临升学的学生不希望发生的是升学不顺利。

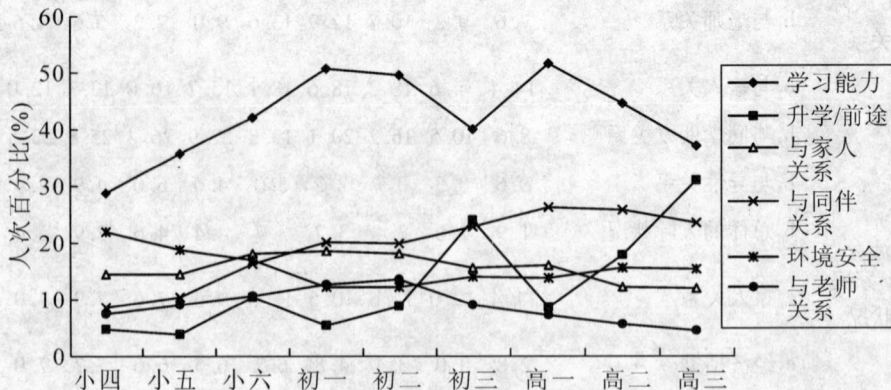

图4-40　不同年级学生最不希望发生的事情的人次百分比（1）

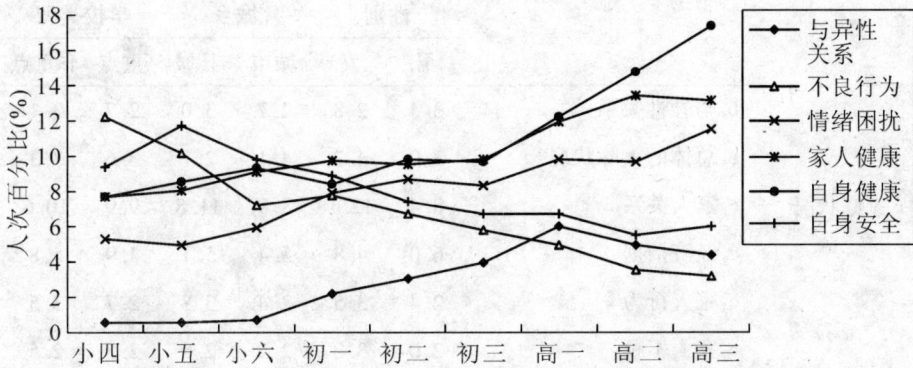

图 4-41　不同年级学生最不希望发生的事情的人次百分比（2）

由图 4-40 和图 4-41 可知，随着年级的增长，学生不希望一些事情发生的程度不断变化。随着年级的增长，学生不希望自己学习能力差和升学前途不顺的比率起伏变化，初一、初二和高一这三个年级不希望自己学习不好的比率最高，小六、初三和高三这三个面临毕业的年级是学生们最不希望自己升学不顺的时候。

不希望与老师关系和与家人关系不好的比率则随着年级增长先升高后降低；不希望出现环境安全问题的比率则先降低后升高。

随着年级的增长，学生们不希望一些事情出现的比率变大，如与同伴/异性的关系出现问题、情绪困扰、自身和家人健康出问题。比率变小的有：自身安全出问题和不良行为。

3. 性别、学校所在地及学校类型差异

表 4-62　各类学生最不希望发生的事件的人次百分比（%）

		性别		城乡		学校类型	
		男	女	城市	县城	重点	非重点
a 学习方面	a_1 学习能力	37.2	49.0	44.5	39.6	44.1	40.5
	a_2 作业负担	3.3	3.3	3.7	2.6	3.5	3.0
	a_3 升学与前途	12.5	13.0	13.4	11.0	11.7	12.7
	a_4 学校活动	2.3	1.7	2.3	1.6	2.0	1.9
	a_5 其他	4.6	4.6	4.0	4.7	4.5	4.4
b 人际关系	b_1 与老师关系	8.5	10.2	7.4	10.6	9.4	8.9
	b_2 与家人关系	13.3	17.9	15.1	16.0	15.0	16.2
	b_3 与同学朋友关系	15.8	24.8	17.1	21.0	18.3	20.1

续表

		性别		城乡		学校类型	
		男	女	城市	县城	重点	非重点
	b_4 与异性关系	3.4	2.8	2.7	3.0	2.7	3.1
	b_5 总体的人际状况	3.0	4.2	4.1	2.7	3.6	3.3
c 家庭状况	c_1 家人关系	8.4	12.1	8.9	11.8	9.9	10.6
	c_2 经济拮据	6.0	4.8	5.4	5.1	4.9	5.8
	c_3 家人行为	2.4	3.5	2.4	3.8	2.7	3.5
	c_4 家人不顺	2.0	3.2	2.2	2.8	2.5	2.5
	c_5 其他	2.5	2.7	2.3	2.7	2.9	2.1
d 心理行为	d_1 不良行为	8.2	4.8	4.9	9.2	6.1	7.8
	d_2 压抑自主性	6.8	5.3	7.0	5.1	6.4	5.6
	d_3 情绪困扰	7.2	9.5	8.1	7.7	8.2	8.0
	d_4 自尊受损	5.7	6.1	6.1	5.8	6.1	5.6
e 健康	e_1 家人健康	9.1	12.0	10.4	10.0	10.8	9.6
	e_2 自身健康	11.0	10.5	12.1	9.2	11.3	10.0
f 安全	f_1 家人安全	3.6	4.1	3.7	3.8	3.8	3.7
	f_2 自身安全	9.8	5.4	9.0	7.2	8.1	7.7
	f_3 环境安全	18.9	11.9	17.4	14.1	16.5	14.9
	f_4 财物安全	3.5	2.5	3.3	2.6	3.1	2.9
g 环境氛围	g_1 班级氛围	1.6	2.0	1.2	2.4	1.6	1.9
	g_2 社会氛围	1.2	1.1	1.0	1.2	1.2	1.1
	g_3 人际氛围	2.2	3.1	2.1	3.0	2.1	3.1

注：各项的百分比为该项的报告人数占该项总人数的百分比

男生最不希望发生的事中前六位的依次是：学习不好、环境安全出问题、与同学朋友关系不好、升学与前途不好、自身健康状况出问题、自身安全出问题；女生最不希望发生事的前六位依次是：学习不好、与同学朋友关系不好、与家人关系不好、升学与前途不好、家人关系不好、家人健康出问题、环境安全出问题。和男生比，有更多的女生更不希望家人关系不好、自己与家人关系不良、与同学朋友关系不好、与老师关系不好、家人健康、有情绪困扰；有更多的男生不希望环境安全出问题、自身安全出问题、有不良行为。可以看出女生更多是关系取向的，希望与周围的人关系良好、和谐相处，关注周围人的健康和安全问题，看重情绪健康；而男生更关注自身的健康和安全问题，关注自身行为方面。

学校在城市和县城的学生最不希望发生的事情中，处于首位的均为学习不好；处于第二位的，学校在城市的学生为环境安全问题，学校在县城的学生是与同学和朋友的关系出问题，环境安全出问题则在第四位，这可能是由于城市由于车辆较多，交通繁忙，容易出现交通事故，危害生命安全；与学校在城市的学生相比，学校在县城的学生更加不希望家人关系出现问题、与老师关系出现问题、出现不良行为、家人行为不当、周围人际氛围不好、家人遇事不顺利；学校在城市的学生则更不希望自身安全出问题、自主性受到压抑和作业负担过重。

重点学校学生最不希望发生的事中前六位的依次是：学习能力有问题、与同学朋友关系不好、环境安全出问题、与家人关系不好、升学或前途不好、自身健康出问题；非重点学校学生最不希望发生的事中前六位的依次是：学习能力不好、与同学朋友关系不好、与家人关系不好、环境安全出问题、升学与前途不好、家人之间关系不好。有更多的非重点学校学生不希望与同学朋友关系不好、家人关系不好；有更多的重点学校学生不希望环境安全出问题。

可以看出，无论是哪个省、哪个年级，无论男生、女生，无论城乡，无论重点学校或非重点学校，学生们普遍最不希望自己的学习能力不好。

五、最希望父母做的事

随着我国经济的发展和计划生育政策的实行，越来越多的家庭只有一个孩子，而家长与子女之间的关系问题也成为众多教育学者的关注点。当前我国学生同父母的关系呈现出什么样的状况和趋势？我们试图从学生对父母期望的事情和不期望的事情中看出一二。研究采用开放式问题，让学生写出最希望和最不希望父母做的事情各三件，并对其进行编码分析。

从表4-63可知，学生关注最多的前五项依次是：关爱，购买电子用品，自由，善待和理解。除了购买电子用品这一项外，其余四项都属于同父母情感交流方面的，可见当前学生最希望父母做的事情还是多同自己进行情感上的交流。

表 4-63　学生最希望父母做的事情的编码及人次百分比

		编码	举例	百分比（%）
A 对父母自身的希望	A₁ 针对父母个人的希望	A₁₁ 心情好	希望父母能心情好，凡事看开，每天开心、压力别太大、享受生活、不为工作担忧	9.3
		A₁₂ 身体好	希望父母能身体健康，多锻炼身体、注意休息、好好活着、体谅自己、多买些自己喜欢的/想吃的东西、多照顾自己，不要工作太辛苦/太拼命等	11.1
		A₁₃ 没有不良嗜好	如抽烟、喝酒、打麻将、赌博等	5.3
		A₁₄ 多学习	希望父母能多学习一些新东西，有良好的社会公德等	2.2
		A₁₅ 工作	工作顺利、找到工作、	4.3
		A₁₆ 社会公德	与别人和睦相处，环保，帮助残疾人，捐款，关注社会问题	1.8
		A₁₇ 思想不封建		0.3
	A₂ 对整个家庭的希望	A₂₁ 家庭和睦	希望家庭和睦，父母不吵架，相互关心，白头偕老	10.9
		A₂₂ 对家庭负责	照应父母、多回家、多看望长辈	3.5
		A₂₃ 家庭生存	挣钱买房子	3.7
		A₂₄ 家务	一起做家务劳动	2.8
B 希望父母对自己做的事情	B₁ 物质上的	B₁₁ 金钱方面	如能多给自己零用钱	8.9
		B₁₂ 食物方面	如能吃肯德基	3.8
		B₁₃ 穿着方面	如给自己买漂亮的衣服等	2.0
		B₁₄ 电子用品	如电脑、数码相机、手机等	18.9
		B₁₅ 教育投资	给我一个更好的学习环境、送我出国学习、让我受最好的教育、报辅导班	2.8

续表

编码	举例	百分比（%）
B$_{21}$指导学习	希望父母能指导学习，如帮助学习、一起讨论问题、多讲课外知识、教我正确对待挫折、监督我学习、每天安排时间给我学习每一门功课，检查作业	6.8
B$_{22}$学习负担与压力	在学习负担和压力方面，少留作业，少做辅导资料，别检查作业，少报辅导班，不要评价学习成绩；少制造心理负担、不要给以太多压力，放松，不要讨论学习，不过分要求学习，不定过高目标	7.7
B$_{23}$旅游		6.2
B$_{24}$娱乐	在娱乐方面，能一起逛街、唱歌、看电影、出去玩等，一起去游乐园、讲故事、做游戏	6.6
B$_{25}$游戏	多进行交流活动，如说知心话，做卡片，谈心，关心学习以外的事情	0.7
B$_{26}$陪伴	一起过周末、吃饭、过年、看电视，早些退休，多待在家里，散步，经常来学校看我，一起过生日	9.0
B$_{27}$交流	和我说知心话，做卡片，谈心，关心学习以外的事情	9.6
B$_{31}$关爱	对学习关心、鼓励、赞扬、支持、奖励，对我好，不要偏心，体贴；人格发展的指导，精神帮助，关心生活	27.9
B$_{32}$认可	不要拿自己的孩子和别人比，对孩子充满信心	6.5
B$_{33}$理解	凡事从孩子的角度，了解孩子的心情，了解行为的原因，做自己的知己、朋友，实现所有的愿望和要求、理想	14.6
B$_{34}$善待	不要管得太严，不要打骂孩子，民主，多一些时间管孩子，不要控制孩子、放纵孩子，不要管不该管的事，过多要求，性格好，温和，太宠爱，别太烦，体谅，安慰，顺从，宽容，讲理	16.8

（B 希望父母对自己做的事情：B$_2$ 活动或事件上；B$_3$ 情感交流上）

续表

编码			举例	百分比（%）
B 希望父母对自己做的事情	B₃ 情感交流上	B₃₅ 自由	父母别唠叨（别唠叨、少说点，少管），时间空间需求（给空闲时间、自由学习空间、让孩子能支配学习之外的所有时间）宽松的环境，支持孩子玩，如玩电脑（让玩电脑、上网），交友自由（别干扰孩子交朋友、恋爱）	18.3
		B36 独立自主	多让孩子自立，允许孩子买自己想要的东西、让孩子自己去旅游、住校，让孩子自由，操心孩子，担心孩子，关注孩子，干涉孩子，别把孩子当小孩	10.4
		B37 尊重	不在别人面前说孩子好或者坏，不看日记本，让孩子有个人的邮箱、隐私，尊重孩子的意见、尊重孩子的权利、以朋友身份交流，不要让孩子做不愿意的事情，私生活	5.4

从上表可以看出，学生希望父母做的事主要分为五大类。根据各类别报告人数的频次所占比例计算，结果表明，学生更多希望父母给予自己情感上的关注，其次是在一些活动事件上的愿望。

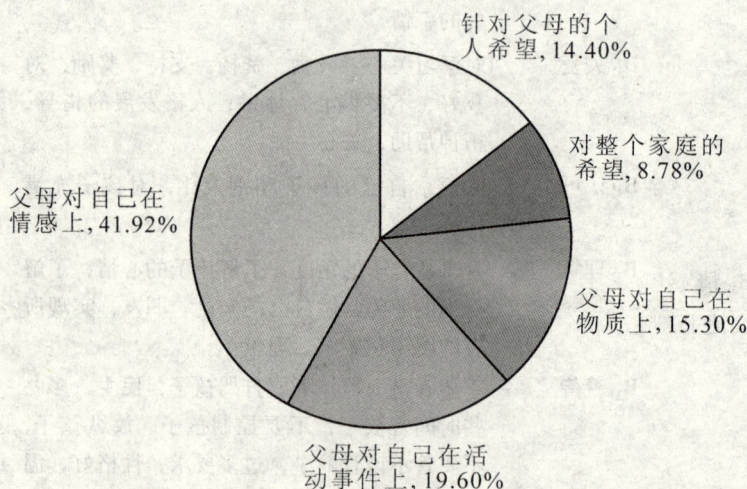

图 4-42　学生期望父母做的各类事情的人次百分比

综合以上结果，我们发现在最希望父母做的事情中，学生报告最多的是与父母的关系和交流方面。他们希望父母能更多地与自己进行情感交流，对自己多一些关心、鼓励、赞扬、支持和奖励，另外学生还希望父母能保证自己的物质需求。

1. 十省市基本情况

对各省市的情况进行分析，在学生希望父母在五个大的方面做的事情上，虽然各省市的数值有所不同，但总体趋势是一致的，具体见表4-64，在报告分类的二级编码中，所占比例最大的一项为学生对同父母的情感交流的需要。其中，甘肃、江西和贵州三省报告人数占本省人数的比例较多，而北京最低。另外，广东、浙江、四川和甘肃四省在针对父母的个人愿望方面，学生报告的数量占本省人数的比例高于对于物质上的需求，与其他省不同。

表4-64　各省市学生希望父母做的事情的人次百分比（%）

编码			北京	广东	浙江	黑龙江	江西	河南	四川	内蒙古	贵州	甘肃
A	A_1	A_{11}	10.1	8.4	8.9	9.5	7.8	12.5	9.0	8.2	9.8	8.6
		A_{12}	13.2	10.7	9.9	10.3	10.7	14.6	10.6	9.8	10.9	9.9
		A_{13}	6.2	4.6	3.4	4.5	3.6	4.1	5.9	7.5	10.7	3.0
		A_{14}	2.6	2.8	2.4	1.9	2.2	1.9	2.2	1.7	1.4	2.8
		A_{15}	5.6	4.4	4.7	1.9	4.9	4.3	4.3	4.2	4.1	4.1
		A_{16}	1.0	2.6	1.3	1.0	1.9	1.5	1.6	1.7	2.7	2.9
		A_{17}	0.2	0.5	0.2	0.3	0.0	0.4	0.4	0.2	0.5	3.3
	A_1总		38.5	39.0	35.3	29.4	30.9	29.3	40.6	33.9	33.3	40.0
	A_2	A_{21}	11.0	9.4	8.1	10.8	10.6	13.7	10.1	12.9	11.9	11.1
		A_{22}	3.6	3.7	2.1	2.5	3.5	3.9	3.6	2.9	4.1	5.5
		A_{23}	4.0	4.5	4.0	2.4	3.6	3.6	4.5	4.0	3.1	3.1
		A_{24}	3.0	3.0	3.2	1.9	2.0	2.0	2.9	2.9	2.9	3.2
	A_2总		24.5	21.6	20.9	17.4	18.3	19.7	24.5	19.8	23.3	22.0
B	B_1	B_{11}	5.6	11.7	10.6	8.6	8.7	7.0	12.7	8.5	7.6	6.8
		B_{12}	3.3	2.5	3.9	5.5	4.6	4.1	6.4	3.0	1.8	2.6
		B_{13}	1.9	1.0	1.9	2.7	2.5	2.6	2.7	1.8	1.6	1.3
		B_{14}	19.2	14.5	21.7	18.4	19.6	18.3	24.1	21.8	15.7	16.4
		B_{15}	2.2	2.8	1.9	2.4	2.5	3.2	3.0	3.5	3.5	3.0
	B_1总		43.6	32.3	32.5	39.9	37.6	37.9	35.2	48.5	38.7	30.3
	B_2	B21	7.8	5.4	5.3	6.6	8.6	6.0	5.4	10.5	7.0	7.0
		B_{22}	5.8	6.0	7.8	8.8	9.5	8.5	7.8	7.0	7.9	7.7

编码		北京	广东	浙江	黑龙江	江西	河南	四川	内蒙古	贵州	甘肃
	B23	5.0	6.5	9.9	4.9	6.6	5.2	8.7	4.6	4.9	5.2
	B24	8.7	4.8	10.4	6.7	6.2	5.7	8.0	5.0	4.7	4.9
	B25	0.9	0.7	0.9	0.8	0.7	0.7	0.7	0.7	0.6	0.4
	B26	9.7	8.9	11.3	10.2	7.7	8.9	7.2	12.1	8.7	6.2
	B27	9.6	11.4	10.2	8.9	10.8	9.0	8.3	9.3	8.1	11.2
B2总		49.6	47.6	43.8	55.8	46.8	50.1	44.0	46.1	49.2	41.7
B3	B31	21.7	31.3	25.6	25.8	33.3	30.0	28.3	24.6	28.3	28.9
	B32	5.0	7.2	4.7	6.9	6.6	6.5	5.9	5.9	8.0	8.9
	B33	12.9	14.1	11.3	14.9	15.6	16.2	14.3	15.1	15.1	16.8
	B34	16.3	14.0	17.4	14.9	15.3	16.5	15.6	21.1	19.2	19.1
	B35	17.4	14.3	19.2	20.6	20.4	18.7	16.2	20.0	17.1	20.4
	B36	10.0	10.2	10.7	11.4	9.1	10.9	10.5	8.7	10.3	13.1
	B37	4.5	5.8	4.8	5.3	6.4	4.7	4.5	6.6	5.6	6.3
B3总		87.8	97.1	93.6	99.7	106.7	102.8	95.2	102.0	103.7	113.6

注：计算方法为各省市学生报告每一类情况占该省市人数的百分比

从具体的细类来分析，可以看出各省市排列在前五位的与全国前五位相差不多，依次是关爱、购买电子用品、自由、善待和理解，只是所占的比例略有不同。各省市学生都将父母的关爱放在第一位，但是其中江西、广东、河南三省位居前列，而内蒙古、北京则相对较低。北京和河南的学生更希望父母的心情好身体好，贵州的学生十分希望父母没有不良嗜好。河南和内蒙古的学生比浙江的学生更希望家庭和睦，父母少一些争吵。黑龙江、江西和甘肃的学生比广东的学生更强调自由。四川学生对电子用品方面的需求远远超过广东学生。

2. 年级特征

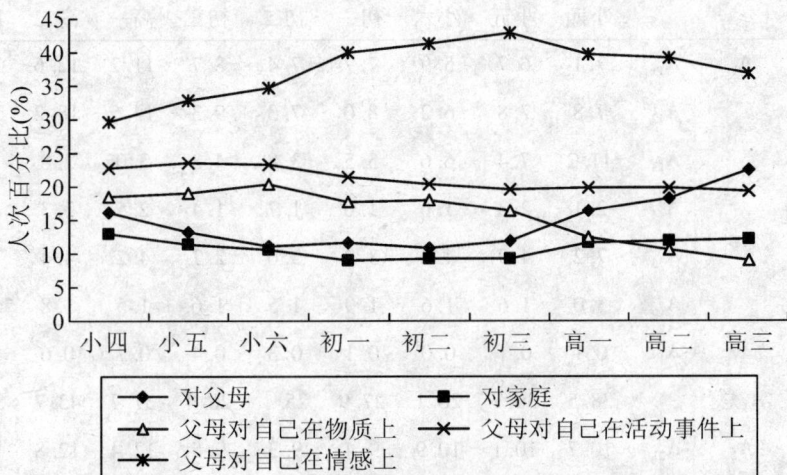

图 4-43 各年级学生希望父母做的五类事情的人次百分比

从年级来看，学生们不管是哪个年级都希望父母对自己在情感上多投入一些，尤其在初中以后，其报告次数占本年级人数的百分比显著高于小学。在学生对家长给予的物质上的希望上各年级也存在显著差异，小学三个年级学生频次百分比要显著高于初高中学生的百分比，初中的三个年级也显著高于高中的三个年级，到了高中以后，学生对父母在物质上的希望减少了很多。对父母本身的希望各年级也存在一定的差异。而各年级学生在对家庭的希望和父母与自己活动上的希望两个方面没有显著的差异。

从具体的细类来看，各年级学生放在第一位的均为父母的关爱，而居于第二位的里面小学四年级至初中二年级都为一些物质上的用品，高三年级学生却是希望父母的身体好，另外，从各年级的特点来看，小学生都希望父母能满足自己想要的东西；初中学生则更多地希望父母能够理解他们，并给予更多的自由，让其更加的独立自主；而高中年级的学生则显示出随着年级的升高，更希望父母身体健康，开始显示出对父母的关心。

表 4-65　各年级学生希望父母做的事情的人次百分比（%）

编码			小四	小五	小六	初一	初二	初三	高一	高二	高三
A	A₁	A₁₁	7.1	6.7	5.9	7.7	7.4	8.7	11.2	12.6	18.1
		A₁₂	7.8	7.8	6.2	8.0	7.3	9.3	14.5	18.2	23.2
		A₁₃	11.2	7.4	6.6	5.5	3.8	4.3	3.0	2.8	1.9
		A₁₄	2.1	2.3	1.6	1.6	1.7	1.4	2.5	3.3	3.3
		A₁₅	7.2	4.9	4.2	3.2	3.0	2.7	4.2	4.4	4.9
		A₁₆	3.0	1.6	1.6	1.9	1.5	1.6	1.5	1.8	1.7
		A₁₇	0.1	0.1	0.0	0.1	0.3	0.4	0.7	0.6	0.2
	A₁总		38.5	30.7	26.1	27.9	25.1	28.4	37.7	43.7	53.2
	A₂	A₂₁	10.7	10.1	10.9	9.4	9.3	9.5	12.4	12.8	13.7
		A₂₂	4.2	3.0	3.9	3.1	2.9	3.5	3.9	3.9	3.6
		A₂₃	4.0	3.4	3.5	3.0	3.3	3.1	4.1	4.8	4.0
		A₂₄	5.6	4.2	2.8	2.1	2.6	1.7	2.1	1.6	1.7
	A₂总		24.5	20.6	21.1	17.6	18.2	17.7	22.6	23.1	23.0
B	B₁	B₁₁	4.8	6.4	9.3	10.6	12.6	12.7	8.9	8.2	6.9
		B₁₂	5.3	5.6	6.4	4.0	3.3	3.0	2.3	1.7	2.3
		B₁₃	3.2	2.4	2.1	2.0	2.9	2.1	1.4	1.0	1.0
		B₁₄	27.5	26.5	30.9	21.8	20.5	15.0	10.8	9.0	5.7
		B₁₅	2.8	2.9	3.3	2.7	3.3	2.7	2.7	2.4	2.3
	B₁总		43.6	43.8	52.0	41.2	42.6	35.5	26.1	22.3	18.1
	B₂	B₂₁	11.3	10.5	7.6	8.6	7.2	4.9	3.6	3.7	2.4
		B₂₂	5.3	6.5	7.9	7.7	8.5	8.2	10.0	8.4	7.6
		B₂₃	5.4	6.5	8.9	5.5	5.3	5.9	5.9	6.9	6.1
		B₂₄	9.9	10.5	10.1	6.9	5.6	5.4	5.4	3.1	3.0
		B₂₅	1.8	1.4	1.0	0.5	0.5	0.3	0.3	0.3	0.2
		B₂₆	11.1	10.7	11.2	9.6	8.3	7.6	7.9	7.5	6.8
		B₂₇	5.0	5.6	7.6	9.4	11.1	9.9	11.8	13.7	14.6
	B₂总		49.6	51.7	54.3	48.2	46.4	42.2	43.0	43.6	40.6
	B₃	B₃₁	25.1	25.8	26.5	31.6	32.6	31.0	25.9	26.1	26.8
		B₃₂	2.8	3.7	4.4	6.3	7.4	9.4	7.8	9.6	8.4

编码	小四	小五	小六	初一	初二	初三	高一	高二	高三
B_{33}	4.6	5.6	8.3	13.7	17.3	19.8	20.9	22.8	21.7
B_{34}	17.5	19.1	20.9	21.2	18.2	18.2	12.9	12.0	9.6
B_{35}	10.6	14.0	20.4	20.8	22.2	23.7	21.6	18.3	14.7
B_{36}	4.8	6.2	7.2	11.1	12.1	13.2	15.4	13.6	11.5
B_{37}	2.4	3.1	4.1	6.6	6.4	6.5	6.9	6.9	6.4
B_3总	67.9	77.5	91.7	111.2	116.2	121.9	111.5	109.2	99.1

注：各年级学生报告每一类情况占该年级人数的百分比

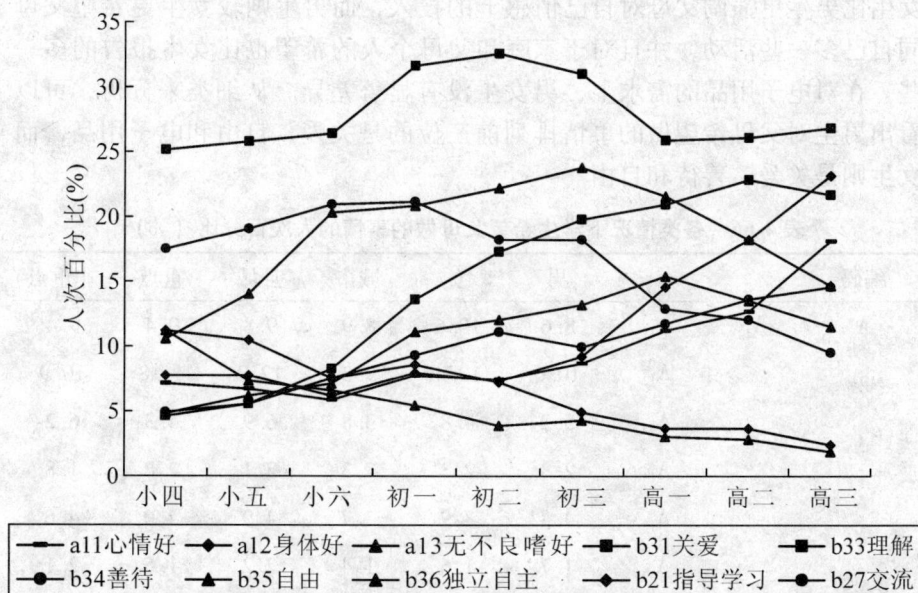

图4-44 各年级学生希望父母做的事情的人次百分比

图4-44 中表示的是随年级变化趋势较为明显的几项，从中我们看到呈现出几种不同的曲线形式。首先是呈现出倒 U 形曲线的有：关爱，善待和自由，小学和高中阶段这三项所占的比例并不是很大，在初中阶段表现尤为突出。这是因为在初中阶段，学生正处于青春期，他们既希望家长能多给予他们关心鼓励、赞扬、支持、奖励，又希望父母能少对自己加以管制，少提出过多的要求。呈现上升曲线的有两类：一个是希望父母的心情好身体好；另一个是希望父母能多和自己进行交流，多一些理解，多给以独立自主的机会等。这个结果说明，随着学生年龄的增长，他们表现出更多对父母的关心，同时也要求父母将他们视为成长的人，要求更多平等的机会。呈现出下降曲线的有：要求父母无不良嗜好，以及指导自己的学

习，这也体现出来小学生独立自主的能力比较差，因此父母的不良嗜好等会严重影响到他们的学习和生活，同时他们的学习也更多需要家长的指导。

3. 性别、学校所在地及学校类型差异

从性别差异情况来看，男生和女生都希望父母多给以自己关怀，但在五类希望父母做的事情中的排列次序上，男女生有所不同。男生报告的顺序从多到少依次是：父母对自己在情感上，在活动事件上，在物质上，对父母的希望，对家庭的希望。女生报告的顺序依次是：父母对自己在情感上，父母对自己在物质上，在活动事件上，对父母的希望，对家庭的希望。具体情况如表4-66所示。在报告的百分比上，男女生的差异均显著。女生比男生更强调父母对自己情感上的投入，而男生则较女生更希望父母同自己多一些活动，并且对于家庭和父母个人的希望也比女生报告的多一些。在对电子用品的需求上，男女生没有显著差异。从细类来分析，可以看出男生对父母希望做的事情排列前三位的是关爱、自由和电子用品，而女生则是关爱、善待和自由。

表4-66 各类情况下学生希望父母做的事情的人次百分比（%）

编码			男	女	城市	县城	重点	非重点
A	A_1	A_{11}	8.6	10.6	8.9	9.8	9.4	9.4
		A_{12}	10.6	12.4	9.3	12.9	11.8	10.9
		A_{13}	5.2	4.8	3.8	6.9	4.3	6.2
		A_{14}	2.3	2.3	2.3	2.1	2.8	1.8
		A_{15}	4.4	3.9	3.7	4.9	4.0	4.6
		A_{16}	1.7	1.6	1.4	2.2	1.5	2.1
		A_{17}	0.2	0.4	0.4	0.2	0.2	0.3
	A_1总		38.5	33.0	35.9	29.7	39.1	34.0
	A_2	A_{21}	9.7	12.5	8.4	13.4	10.5	11.2
		A_{22}	3.3	3.8	2.9	4.2	3.5	3.7
		A_{23}	4.0	3.5	3.7	3.7	3.8	3.8
		A_{24}	2.7	2.5	2.4	3.2	2.6	2.9
	A_2总		24.5	19.8	22.3	17.5	24.5	20.4
B	B_1	B_{11}	11.5	6.8	10.2	7.6	8.8	9.0
		B_{12}	4.1	3.5	4.2	3.5	4.3	3.5
		B_{13}	1.6	2.3	1.9	2.2	1.9	2.1

续表

编码		男	女	城市	县城	重点	非重点
	B₁₄	22.9	14.3	20.2	17.7	19.4	18.6
	B₁₅	2.7	3.0	2.7	2.9	2.6	3.0
B₁总		43.6	42.8	29.9	39.1	33.8	37.0
B₂	B₂₁	6.4	6.8	6.0	7.6	6.6	6.9
	B₂₂	7.6	8.2	8.3	7.1	8.1	7.2
	B₂₃	4.6	7.7	7.1	5.4	7.1	5.4
	B₂₄	5.7	7.3	8.2	5.0	7.9	5.5
	B₂₅	0.6	0.6	0.9	0.5	0.8	0.6
	B₂₆	7.0	10.5	9.8	8.3	9.7	8.0
	B₂₇	7.6	12.5	9.5	9.8	9.7	9.6
B₂总		49.6	39.4	53.6	49.8	43.7	49.8
B₃	B₃₁	25.6	30.2	24.1	31.8	26.6	28.9
	B₃₂	5.8	7.5	6.5	6.5	6.0	6.9
	B₃₃	12.4	18.9	14.8	14.4	14.4	15.1
	B₃₄	17.6	15.3	17.3	16.3	16.5	17.0
	B₃₅	20.8	17.2	22.3	14.3	19.1	17.6
	B₃₆	10.6	11.4	11.2	9.7	10.7	10.2
	B₃₇	4.8	6.3	6.0	4.8	5.6	5.2
B₃总		67.9	97.6	106.9	102.3	97.7	98.9

注：各年级学生报告每一类情况占该年级人数的百分比

　　从学校所在地的差异情况来看，学校在城市的学生和学校在县城的学生都希望父母多给以自己关怀。但在五类希望父母做的事情中的排列次序上，学校在城市和县城的学生有所不同。学校在城市的学生报告的顺序从多到少依次是：父母对自己在情感上，在活动事件上，在物质上，对父母的希望，对家庭的希望。学校在县城的学生报告的顺序依次是：父母对自己在情感上，在活动事件上，对父母的希望，父母对自己在物质上。具体情况如表4-66所示。在报告的百分比上，学校在城市和县城的学生之间差异均显著。希望父母对自己情感上多些关注以及多些一起的活动这两项上，学校在城市的学生的频次百分比要显著高于学校在县城的学生。但在对父母的身体的期望和希望父母在物质上的给自己以满足等方面的频次百分比，学校在县城的学生要显著高于学校在城市的学生。对家庭和睦的希望，学校在城市和县城的学生没有显著差异。从细类来分析，可以看出在所有的报告中，学校在城市和县城的学生排在前几位的都相似，均为关爱、善待和理解，都属于希望父母能给以自己多一些情感上的交流和关注。另外，学校在县城的学生希望父母关爱自己的愿望要比城市学生更强烈。在对电子用品上的需求和在对自由的要求上学校在城市的学生报告的百分比均高于学校在县城的学生。

重点非重点学校之间没有显著性差异，在对父母自身和家庭的希望上，重点学校的学生比非重点学校的学生报告的要多一些，而父母对自己在情感、活动事件、物质等方面的满足的希望上，非重点学校的学生要比重点学校的学生报告的相对多一些。

六、最不希望父母做的事

从整体来看学生最不希望父母做的三件事中，主要包括了三个大类的内容，对父母自身的方面、亲子关系方面以及其他。

父母自身：指不希望父母身上发生的事情，和自己无关。其中"不良生活习惯"指一般生活中的小事，而"不良行为"则指性质比较严重的恶劣事件，如犯罪等。

亲子关系：指父母与子女交往中出现的一些问题。其中前五项，即"日常生活""人际交往""学业方面""个人隐私"和"沟通方面"均指比较具体的事件。而后两项，即"父母态度"与"评价和期望"则是指父母对子女的一般性的态度和期望，不涉及具体事实。

其他：不包括以上内容的其他方面。

以下具体说明几个方面的内容：

表 4-67　学生最不希望父母做的事情的编码及人次百分比

编码			举例	百分比
A 父母自身	A_1 父母生活方面	A_{11} 不良生活习惯	抽烟，喝酒，天天玩，不在家，晚回家，不承认错误	18.8
		A_{12} 不良行为	赌博；犯罪	8.8
		A_{13} 不良情绪	总生气；情绪不好；沉默，小心眼	5.6
		A_{14} 社会交往	总和别人吵架，管别人闲事	3.8
		A_{15} 身体健康	生病	2.4
		A_{16} 自杀		7.0
		A_{17} 经济	家庭出现财政困难	26.7

续表

编码			举例	百分比
A 父母自身	A₂父母工作方面		出差；工作太辛苦，过分劳累	7.0
	A₃父母关系方面		吵架；离婚	26.7
	A₄其他		对自己太忽视，出意外，出事	1.2
B 亲子关系	B₁日常生活		不给买想要的东西，零花钱少，总给零花钱	11.5
	B₂人际交往		太关心孩子的交友空间	4.3
	B₃学业方面		太关心孩子的学习，不让上学，开家长会	16.4
	B₄个人隐私		偷看我的信件	9.2
	B₅沟通方面	B₅₁交流方式	唠叨，无休止地盘问，烦我，说我，对我说谎，老难为我，不弄清原因就发脾气，有事情不告诉我	20.4
		B₅₂奖惩	父母采取打、骂、批评等方式	27.5
	B₆父母态度	B₆₁专制	限制自由，不让看电视，限制业余爱好，管得太严，干涉孩子的个人隐私，给予孩子太多压力	23.9
		B₆₂怀疑	看着我做事，不相信我，不信任我，担心或伤心	5.4
		B₆₃冷漠（或溺爱）	放纵孩子，不了解、不关心孩子；对孩子失望；疼爱溺爱孩子	14.7
	B₇评价和期望	B₇₁评价方式	总拿自己孩子与别人比，在别人面前评价	7.7
		B₇₂评价结果	老认为孩子很小，总是当成小孩	1.2
		B₇₃不合理期望	对孩子期望太高	2.5
	B₈其他			0.1
C 其他方面				2.5

可以看出学生最不希望父母做的事情前五项依次是：奖惩，父母的经济问题，父母的关系方面，父母专制和与父母的沟通方式。从中可以看

出，学生不希望父母对自己进行批评、打骂等惩罚方式，限制自身的自由、干涉隐私、管制过多等；学生对于父母关系也非常关注，不希望他们吵架、离婚。另外，有很多学生关注家庭经济方面，不希望父母出现任何经济上的危机和困扰。

从这些内容来看，主要分为以下三大类，根据各类别报告人数的频次占总报告频次的百分比计算，结果表明与亲子关系有关的内容所占的比重较大，达到近60%。如图4-45所示。

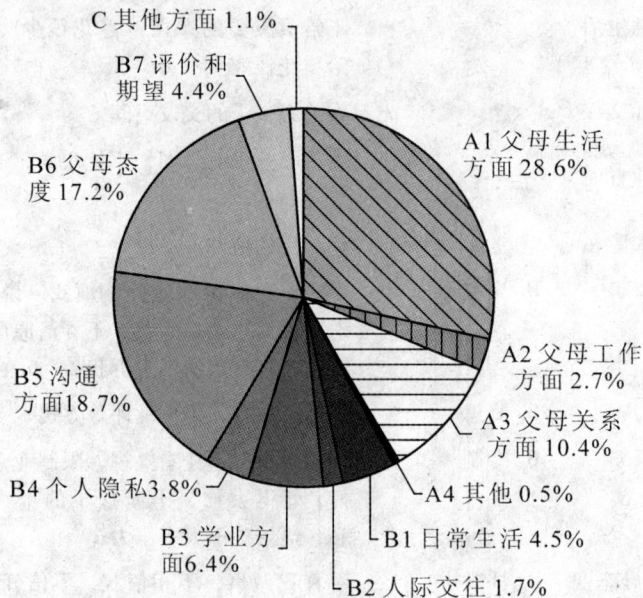

图 4-45　学生最不希望父母做的各类事情的频次所占总频次的百分比

综合以上结果，我们发现在最不希望父母做的事情中，学生报告的最多的也是与父母的关系和交流方面，这点同最希望父母做的事情是一样的。他们希望父母能少一些打骂与惩罚，给自己更多自由支配的空间和时间，少一些唠叨与管制。从这可以看出当前的学生与父母的关系并不是很好，父母并不知道应该如何同自己孩子处理好关系，在教育子女的问题上缺乏必要的知识。另外，学生不希望家庭出现经济困难。这也从另一方面反映了随着我国经济的发展，人民收入提高，学生的物质需求也不断地增长，他们希望家长能提供给更多的资金购买时尚消费品。

1. 十省市基本情况

对各省市的情况进行分析，学生最不希望父母做的事情依次涉及父母的生活方面，父母与子女的沟通问题，父母对子女的态度，父母之间的关系以及父母对待子女的学业问题等方面。综合来看内蒙古和贵州的学生与甘肃和浙江的学生相比，更不希望父母的生活方面出现问题，如具有抽

烟、喝酒的陋习；天天出去玩，不在家或晚回家等。另外，广东、江西和
甘肃的学生和其他省的学生相比更不希望父母总拿自己与别人比，在别人
面前对自己有过多的评价，或是给予太高期望。

从具体细类来分析，可以看出，各省市学生不希望父母做的事情的类
别有些区别。其中，只有浙江省的学生将专制作为首要不希望父母做的事
情；北京、河南、内蒙古和贵州的学生均将父母关系破裂方面作为首要不
希望发生的事情，其余各省市的学生则最不希望父母对自己进行惩罚。

表4-68 各省市学生最不希望父母做的事情的人次百分比（%）

编码			北京	广东	浙江	黑龙江	江西	河南	四川	内蒙古	贵州	甘肃
A	A_1	A_{11}	20.6	17.5	14.9	17.6	14.7	18.5	19.7	25.1	24.8	15.2
		A_{12}	5.6	11.2	9.1	4.9	8.3	4.6	13.3	8.5	16.7	4.3
		A_{13}	7.6	5.2	4.1	5.1	4.7	7.7	5.7	5.9	5.1	5.0
		A_{14}	4.1	3.7	3.6	2.5	4.3	3.4	3.7	5.2	4.2	3.7
		A_{15}	3.1	1.8	2.1	3.0	1.3	3.2	1.8	2.4	2.3	2.0
		A_{16}	7.5	7.7	5.5	5.8	7.9	10.5	5.8	6.9	7.0	5.3
	A_1总		63.8	55.4	50.3	44.6	40.0	37.2	35.7	42.1	44.1	63.8
	A_2		7.5	7.7	5.5	5.8	7.9	10.5	5.8	6.9	7.0	5.3
	A_3		27.0	25.3	23.3	24.7	24.5	32.9	23.4	33.9	28.7	25.4
	A_4		1.5	1.4	0.8	0.4	1.3	0.9	1.8	2.2	0.9	1.3
B	B_1		10.3	10.5	13.5	13.1	10.5	12.9	13.1	11.5	10.2	8.8
	B_2		4.1	4.1	4.2	3.9	4.9	4.1	3.6	4.2	3.6	6.2
	B_3		17.8	13.1	18.1	17.3	18.3	16.8	15.7	17.8	13.0	16.5
	B_4		9.0	10.3	10.4	9.9	10.3	8.8	7.9	9.8	8.7	12.9
	B_5	B_{51}	20.7	19.4	19.3	23.2	22.9	20.0	17.8	19.6	19.2	22.7
		B_{52}	21.3	26.1	29.1	26.8	30.7	29.5	29.7	27.9	24.3	29.3
	B_5总		42.0	45.5	48.4	49.9	53.6	49.6	47.5	47.4	43.5	52.0
	B_6	B_{61}	22.0	23.9	29.2	24.6	22.4	23.9	23.3	20.5	21.4	28.0
		B_{62}	4.8	4.2	4.5	4.2	7.2	6.2	3.1	5.7	6.2	8.6
		B_{63}	12.7	15.1	12.9	13.4	17.0	15.6	17.0	12.9	14.7	14.8
	B_6总		39.5	43.3	46.6	42.2	46.6	45.6	43.4	39.2	42.3	51.4
	B_7	B_{71}	6.7	8.0	7.1	7.1	10.4	7.7	6.4	6.5	6.2	10.5

续表

编码		北京	广东	浙江	黑龙江	江西	河南	四川	内蒙古	贵州	甘肃
	B_{72}	1.1	0.9	1.1	0.7	1.5	1.6	1.0	1.3	1.2	1.0
	B_{73}	1.7	3.5	1.7	1.8	2.9	3.0	2.5	2.6	2.3	2.8
B_7总		9.5	12.5	10.0	9.6	14.7	12.4	9.9	10.4	9.7	14.4
	B_8	0.0	0.1	0.0	0.0	0.4	0.0	0.0	0.1	0.0	0.1
C		5.9	1.9	3.5	2.1	1.9	2.2	2.5	2.4	3.8	2.2

注：计算方法为各省市学生报告每一类情况占该省人数的百分比

2. 年级特征

从年级来看，学生都不希望父母做的事情主要是属于亲子关系方面，但是各年级在亲子关系和父母自身这两大类上所报告的比重有所不同。小学生在这两方面没有显著差异，但到了初中和高中以后，学生更加关注的是亲子关系方面的问题。

在亲子关系方面，小学四五年级显著低于其他各年级在此项上的频次百分比，而初中和高中之间的整体差异不显著，到了高三则有所降低，显著低于初中各年级在此项的频次百分比。

在父母自身方面，各年级也存在一定的差异，主要是初三和高一年级要显著低于小学四五年级在此项上的频次百分比。

从细类上看，各年级呈现出不同的特点，在占据的频次百分比最高的一项中可以看到，从小学四年级到初中二年级学生都不希望父母对自己有任何惩罚的行为，而到了初三和高一年级的时候，不希望父母专制则成为首要的关注点，而惩罚这一项逐渐降低了，从高二到高三则变成了不希望父母的关系出现问题，他们更加关注于父母本身的问题，专制则位列第三，惩罚已经不在前几位了。另外，在小学四年级到六年级不希望父母出现不良行为，即赌博、犯罪等问题，这在其他年级中排列则比较靠后。

表4-69 各年级学生最不希望父母做的事情的人次百分比（%）

编码			小四	小五	小六	初一	初二	初三	高一	高二	高三
A	A_1	A_{11}	31.8	25.1	23.6	17.9	15.5	14.0	11.6	12.9	13.5
		A_{12}	13.4	12.3	10.8	10.0	8.8	6.4	4.9	6.3	4.9
		A_{13}	5.1	5.8	5.2	6.0	5.1	4.7	5.3	5.6	7.4
		A_{14}	5.6	4.6	4.1	3.5	3.2	3.5	3.0	3.4	3.0
		A_{15}	1.9	2.3	2.1	1.9	2.1	1.9	2.7	3.9	3.9
		A_{16}	6.1	5.9	5.3	5.1	5.5	6.4	8.4	10.0	11.5

续表

编码		小四	小五	小六	初一	初二	初三	高一	高二	高三
	A_1总	63.8	55.4	50.3	44.6	40.0	37.2	35.7	42.1	44.1
	A_2	6.1	5.9	5.3	5.1	5.5	6.4	8.4	10.0	11.5
	A_3	24.7	25.6	27.0	22.6	24.1	25.7	28.4	30.9	33.1
	A_4	0.9	0.6	0.6	1.0	1.4	1.3	1.5	2.1	1.6
B	B_1	11.2	11.5	14.1	12.5	14.5	11.5	11.2	9.0	7.7
	B_2	1.1	1.5	2.1	3.9	4.8	6.4	7.2	6.8	5.3
	B_3	13.3	14.5	16.8	18.4	18.6	17.4	17.7	16.4	14.8
	B_4	2.2	3.3	5.8	8.9	12.8	13.4	15.2	15.1	12.8
B_5	B_{51}	9.2	9.9	13.9	20.5	24.1	26.7	27.2	28.0	27.9
	B_{52}	35.0	36.0	36.7	33.6	31.2	24.5	18.4	14.9	13.3
B_5总		42.0	44.2	45.9	50.6	54.1	55.3	51.2	45.6	42.9
B_6	B_{61}	12.0	14.3	21.6	25.7	26.4	29.0	30.2	30.7	28.5
	B_{62}	1.8	2.5	3.2	4.6	5.6	7.4	8.0	8.6	8.0
	B_{63}	12.5	12.3	17.0	17.2	15.6	14.7	14.8	14.9	14.0
B_6总		39.5	26.4	29.1	41.8	47.5	47.6	51.1	53.1	54.2
B_7	B_{71}	3.7	4.7	7.1	7.4	8.2	10.8	9.3	9.4	9.2
	B_{72}	0.6	0.6	0.8	1.6	1.4	1.5	1.2	1.2	1.6
	B_{73}	1.3	1.6	1.8	2.1	2.4	3.0	3.5	3.4	3.5
B_7总		9.5	5.6	7.0	9.7	11.2	11.9	15.3	14.1	14.1
	B_8	0.0	0.1	0.1	0.1	0.1	0.2	0.0	0.1	0.1
C		3.3	3.0	2.3	2.1	2.8	2.8	3.7	2.7	2.9

注：各年级学生报告每一类情况占该年级人数的百分比

从图 4-46 中可以看出，随着年龄的增长，学生最不希望父母有不良的生活习惯以及父母对自己的惩罚这两项逐渐降低，而父母的专制、怀疑、冷漠等态度逐渐成为学生最不希望的事情，另外，父母与孩子不良的交流方式，对学生个人隐私的干涉，以及不合理的评价和期望等所报告的频次逐渐提升，反映出随着学生年龄的增长。自我意识的提高，不希望父母过多地干涉自己。而其余一些方面，则并没有太大的变化。

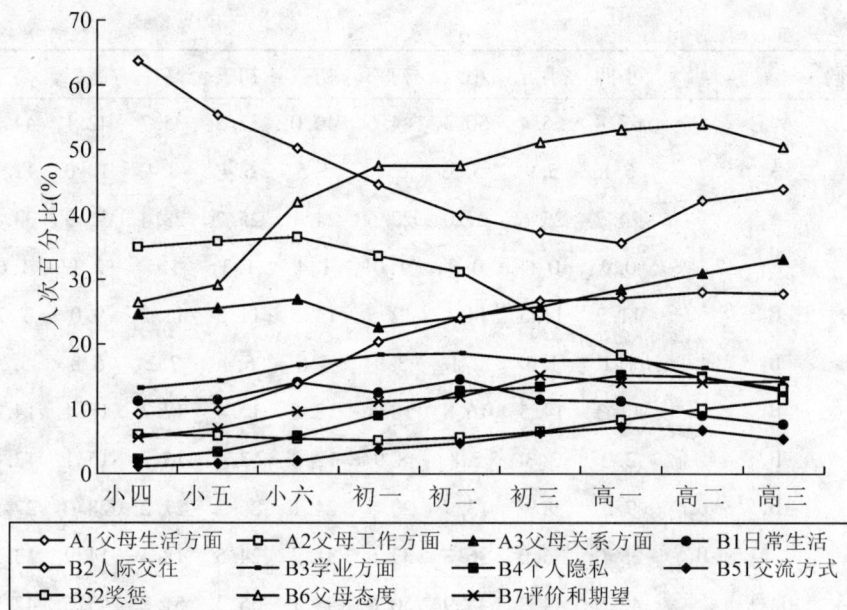

图4-46　各年级学生最不希望父母做的事情的百分比趋势图

3. 性别、学校所在地及学校类型差异

从性别差异情况来看，男生和女生最不希望父母做的事情均为同父母沟通方面的。但在各类不希望父母做的事情中的排列次序上，男女生有所不同。男生报告的顺序从多到少依次是：沟通方面、父母的生活方面、父母的态度、父母的关系方面、学业方面等；女生报告的顺序从多到少依次是：沟通方面、父母的态度、父母生活方面、父母的关系方面、学业方面等。具体情况如表4-70所示。在报告的百分比上，男女生的差异均显著。女生更不希望父母对自己有专制、怀疑和冷漠（溺爱）等方面的不良态度，也不希望父母同自己的沟通方式上出现问题，另外女生对父母的关系也更加敏感，不希望父母出现吵架、打骂等现象。

从学校所在地差异来看，学校在城市的学生和在县城的学生在不希望父母做的事情的类型上存在一些差异，在涉及亲子关系的事情上，学校在城市的学生比学校在县城的学生更不希望父母做这类的事情，而学校在县城的学生更关注与父母自身有关的问题。在不希望父母做的事情中的排列次序上，城市和县城学校的学生有所不同。学校在城市的学生报告的顺序从多到少依次是：同父母的沟通、父母的态度、父母的生活方面、学业方面等；学校在县城的学生报告的顺序依次是：父母的生活方面、同父母的沟通、父母的态度、学业方面等。具体情况如表4-70所示。从细类来看，学校在城市的学生关注的前三位都是属于亲子关系方面，分别属于同父母的沟通方面和父母的态度方面的内容。而学校在县城的学生和在城市的学生有所不同，他们关注较多的是父母自身的问题，首先是父母不良嗜好和父母的关系问题，然后才关注父母的惩罚和专制等方面。

重点和非重点学校之间没有显著性差异，只是非重点学校的学生更不希望父母的生活方面出现问题。

表 4-70 各类情况下学生最不希望父母做的事情的人次百分比（%）

编码			男	女	城市	郊县	重点	非重点
A	A_1	A_{11}	18.1	17.6	16.3	21.3	18.1	19.1
		A_{12}	8.3	7.5	5.3	12.4	6.9	10.0
		A_{13}	5.1	6.2	5.4	5.8	5.6	5.6
		A_{14}	3.8	3.4	2.9	4.7	3.6	4.0
		A_{15}	2.4	2.5	2.1	2.6	2.3	2.4
		A_{16}	6.7	7.5	5.2	8.9	6.3	7.9
	A_1总		44.5	44.7	37.1	55.7	42.8	48.9
	A_2		6.7	7.5	5.2	8.9	6.3	7.9
	A_3		24.4	29.5	22.5	31.0	25.9	27.3
	A_4		1.1	1.4	1.2	1.3	1.3	1.2
B	B_1		12.9	10.0	13.0	10.0	11.9	11.0
	B_2		3.5	5.4	4.1	4.4	4.0	4.4
	B_3		16.6	16.8	17.2	15.6	17.5	15.5
	B_4		8.0	12.2	10.6	8.8	10.4	9.0
	B_5	B51	18.5	23.7	22.6	18.3	20.1	20.5
		B_{52}	28.7	25.6	29.4	25.5	27.7	27.1
	B_5总		42.0	47.2	49.3	52.0	43.8	47.8
	B_6	B_{61}	23.8	26.0	26.8	21.0	25.1	23.4
		B_{62}	4.7	6.6	5.5	5.3	5.3	5.5
		B_{63}	13.0	16.5	14.7	14.8	14.9	14.5
	B_6总		39.5	41.5	49.0	47.0	41.1	45.3
	B_7	B_{71}	6.1	9.5	7.7	7.6	7.5	7.6
		B_{72}	1.0	1.4	1.2	1.1	1.2	1.1
		B_{73}	2.0	2.8	2.3	2.7	2.3	2.3

续表

编码		男	女	城市	郊县	重点	非重点
	B7 总	9.5	9.0	13.7	11.2	11.4	11.0
	B_8	0.1	0.1	0.1	0.1	0.1	0.1
C		3.7	2.2	3.4	2.2	2.9	3.0

注：各年级学生报告每一类情况占该年级总人数的百分比

4. 综合讨论

学生们的愿望从一个侧面可以反映出他们同家长之间的关系情况。从上述的研究结果我们可以了解到学生们最希望家长做的事情和最不希望家长做的事情，进一步分析到当前学生的最需要家长做什么，而不是家长认为自己应该怎么做，以便更好地指导家长和自己的孩子处理好相互的关系，促进学生健康的成长。我们研究发现，不论是哪个地区、哪个年级的学生都希望父母能对自己多一些情感上的交流：多对自己进行鼓励、赞扬、支持、对自身的人格发展进行指导；凡事从学生的角度考虑，深入了解学生，如了解行为的原因，而不要一概打骂；多创造一种民主宽松的环境，不要过度地控制、干涉，也不要过度地放纵、溺爱。另一方面，也希望父母能够健康地生活，家庭能够和睦；不希望父母有任何不良的生活嗜好，如抽烟、喝酒、赌博等，不希望父母吵架、离婚，家庭破裂等。学生们更期盼一种和谐的生活环境，而这些可能是当今做父母的较少考虑到的问题，他们也许认为把孩子交给学校就可以不用管了，或者认为孩子要成才就应该打骂，这些不正确的教育思想会导致自己孩子的身心发展出现问题，严重的可能还会影响到学生的社会适应问题。因此，做父母的应该从孩子的角度出发，建立和谐的家庭环境，创造一个美好的明天。

第四节　情绪状况

小学、初中和高中是个体身心发展的重要阶段。这三个阶段的发展既是一个连续的过程，又各有特点，如小学儿童逐渐步入青春发育期，发展过程表现出明显的协调性和过渡性的特点；初中生是个体身体发展迅速、心理发展相对滞后的阶段，这使他们面临着一系列的心理危机；高中生在生理发育上已达成熟，心理表现出更加丰富和稳定的特征。中小学生心理发展的这些特点决定了他们会有不同的情绪表现。

一、负性情绪

(一)负性情绪的发生

1. 十省市基本情况

表 4-71　不同省市中小学生的焦虑、抑郁、孤独、愤怒和自卑状况

情绪	北京	广东	浙江	黑龙江	江西	河南	四川	内蒙古	贵州	甘肃
焦虑	1.23	1.28	1.34	1.31	1.34	1.28	1.34	1.26	1.56	1.40
抑郁	1.10	1.11	1.18	1.20	1.21	1.16	1.21	1.08	1.37	1.26
孤独	1.00	1.07	1.11	1.11	1.11	1.04	1.07	1.12	1.25	1.15
愤怒	1.06	1.13	1.15	1.13	1.16	1.14	1.17	1.22	1.33	1.29
自卑	0.80	0.94	0.85	0.87	0.91	0.85	0.85	0.86	1.11	0.82

调查显示,我国不同省市中小学生的负性情绪表现有差异,其中北京地区中小学生的焦虑、孤独、愤怒和自卑体验最少,内蒙古中小学生的抑郁体验最少,而贵州省中小学生各种负性情绪的体验最多。

2. 年级特征

表 4-72　不同年级中小学生的焦虑、抑郁、孤独、愤怒和自卑状况

情绪	小四	小五	小六	初一	初二	初三	高一	高二	高三
焦虑	0.88	0.94	1.03	1.32	1.39	1.51	1.58	1.55	1.64
抑郁	0.73	0.77	0.84	1.10	1.22	1.33	1.48	1.49	1.56
孤独	0.88	0.87	0.90	1.04	1.13	1.18	1.30	1.25	1.35
愤怒	0.95	1.00	1.12	1.24	1.23	1.29	1.22	1.19	1.22
自卑	0.69	0.71	0.67	0.89	0.80	0.95	1.03	0.97	0.87

调查显示,不同年级中小学生的负性情绪表现有所差异,其中小学四年级学生体验到的焦虑、抑郁和愤怒最少,高中三年级学生体验到的焦虑、抑郁和孤独最多,五年级学生体验到最少的孤独感,六年级学生自卑感最少,初三学生体验到的愤怒最多,高一学生体验到的自卑最多。

如图 4-47 所示,焦虑、抑郁和孤独感有随年级上升而增多的趋势,而愤怒在小学生和高中生中相对较少,初中生体验到的最多,自卑感在高一学生中体验最多。

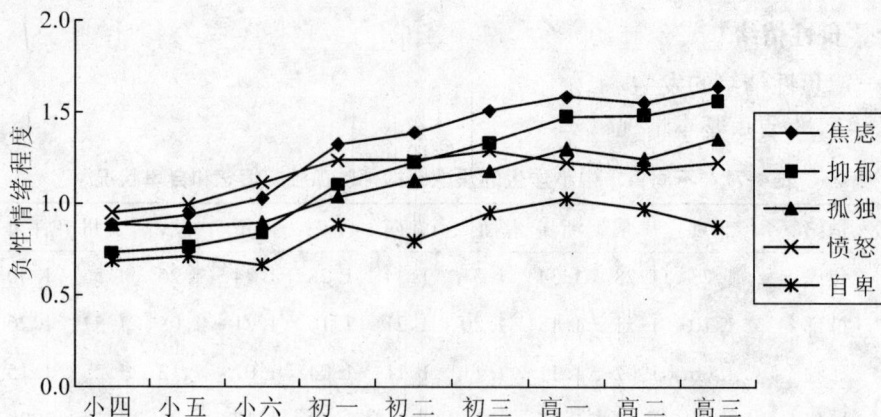

图 4-47　不同年级中小学生体验到的焦虑、抑郁、孤独、愤怒和自卑状况

3. 性别、学校所在地及学校类型差异

表 4-73　不同性别、学校所在地及学校类型学生的焦虑、抑郁、孤独、愤怒和自卑状况

情绪	性　别		学校所在地		学校类型	
	男	女	城市	县城	重点	非重点
焦虑	1.33	1.38	1.27	1.38	1.33	1.34
抑郁	1.19	1.23	1.15	1.22	1.20	1.19
孤独	1.12	1.13	1.03	1.18	1.10	1.13
愤怒	1.16	1.20	1.13	1.21	1.15	1.19
自卑	0.87	0.91	0.81	0.94	0.88	0.90

　　调查显示，中小学生中，男生的负性情绪普遍少于女生；城市学校学生的负性情绪少于县城或郊区学校学生；除抑郁外，重点学校学生的负性情绪普遍少于非重点学校学生。

（二）负性情绪应对方式

1. 十省市基本情况

表 4-74　不同省市中小学生处理负性情绪方式的人次百分比（%）

方式	北京	广东	浙江	黑龙江	江西	河南	四川	内蒙古	贵州	甘肃
摔东西	4.1	8.3	3.7	3.4	3.5	4.8	3.1	4.2	4.1	4.2
憋在心里	12.2	16.7	17.1	13.8	17.2	14.4	14.7	13.1	24.2	16.1
和人打架	3.3	2.8	3.6	4.3	2.8	2.6	4.0	3.0	3.2	3.7
找人说说	30.3	28.4	30.7	26.1	24.7	27.6	26.9	27.2	25.6	24.2
大声喊叫	6.7	5.2	6.9	6.3	5.9	5.7	6.5	6.3	6.5	7.2

续表

方式	北京	广东	浙江	黑龙江	江西	河南	四川	内蒙古	贵州	甘肃
哭	11.1	8.3	7.4	10.5	10.4	12.2	8.6	10.3	11.4	11.6
骂人	6.4	6.2	6.6	8.9	8.5	7.7	6.6	8.8	2.6	7.6
锻炼	8.3	9.2	4.9	7.7	6.9	7.5	8.9	8.1	7.9	9.3
逛街购物	5.8	4.2	9.8	4.7	4.7	3.7	6.2	4.2	5.0	3.5
看书排解	11.8	10.8	9.5	14.3	15.4	13.8	14.4	14.8	9.5	12.6

调查显示，中小学生处理负性情绪的方式在不同省（市、自治区）的分布有所差异。广东有8.3%的中小学生采取摔东西的方式缓解情绪，而四川只有3.1%；贵州有24.2%的中小学生心情不好时会憋在心里，而北京只有12.2%；黑龙江有4.3%的中小学生通过与人打架缓解情绪，而河南只有2.6%；浙江有30.7%的中小学生情绪不好时会找人说说，而甘肃只有24.2%；甘肃有7.2%的中小学生通过大声喊叫缓解情绪，而广东只有5.2%；河南有12.2%的中小学生通过哭缓解情绪，而浙江只有7.4%；内蒙古有8.8%的中小学生会用骂人的方式缓解情绪，而贵州只有2.6%；甘肃有9.3%的中小学生通过锻炼缓解情绪，浙江只有4.9%；浙江有9.8%的中小学生心情不好时逛街购物，而甘肃只有3.5%；江西有15.4%的中小学生通过看书排解消极情绪，而浙江和贵州都只有9.5%。

2. 年级特征

表4-75 不同年级中小学生处理负性情绪方式的人次百分比（%）

方式	小四	小五	小六	初一	初二	初三	高一	高二	高三
摔东西	4.8	3.9	4.4	5.2	3.5	3.9	3.1	4.3	4.1
憋在心里	3.6	3.5	4.0	15.8	18.3	20.1	23.3	25.6	24.9
和人打架	2.6	2.5	3.4	4.7	5.4	3.5	2.5	2.2	3.1
找人说说	20.8	23.8	25.4	27.8	28.0	27.8	31.8	31.0	30.0
大声喊叫	3.9	4.6	6.3	7.5	7.4	7.0	7.1	6.8	6.0
哭	12.1	12.0	10.9	10.3	11.0	11.6	8.0	7.4	7.3
骂人	14.7	17.1	16.9	2.4	2.9	3.2	3.2	3.2	2.5
锻炼	8.0	7.0	7.3	8.2	8.5	7.6	8.2	6.6	8.5
逛街购物	6.2	6.0	5.6	5.8	5.6	4.8	4.2	4.2	5.0
看书排解	23.3	19.7	15.8	12.2	9.5	10.3	8.6	8.6	8.6

调查显示，不同处理负性情绪的通常方式在不同年级中小学生中有所

差异。有 5.5% 的初一学生通过摔东西缓解情绪，而高一学生只有 3.1%；有 25.6% 的高二学生心情不好时会憋在心里，而五年级只有 3.5%；有 5.4% 的初二学生心情不好时会和人打架，而高二只有 2.2%；有 31.8% 的高一学生心情不好时会找人说说，而四年级只有 20.8%；有 7.5% 的初一学生通过大声喊叫缓解情绪，而四年级只有 3.9%；有 12.1% 的四年级学生通过哭缓解情绪，而高三学生只有 7.3%；有 17.1% 的五年级学生通过骂人缓解情绪，而初一学生只有 2.4%；有 8.5% 的高三和初二学生通过锻炼缓解情绪，而高二只有 6.8%；有 6.2% 的四年级学生通过逛街购物缓解情绪，而高一和高二只有 4.2%；有 23.3% 的四年级学生通过看书排解消极情绪，而高中三个年级都只有 8.6%。

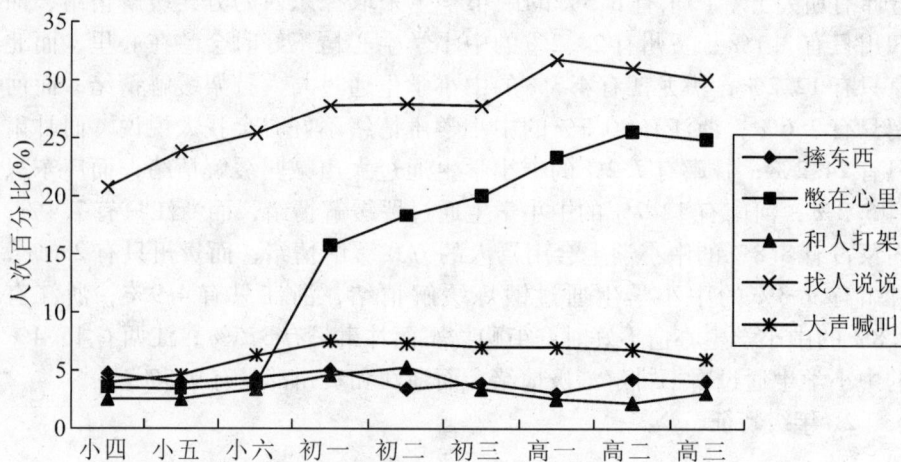

图 4-48　中小学生常用负性情绪处理方法在不同年级的分布状况（上）

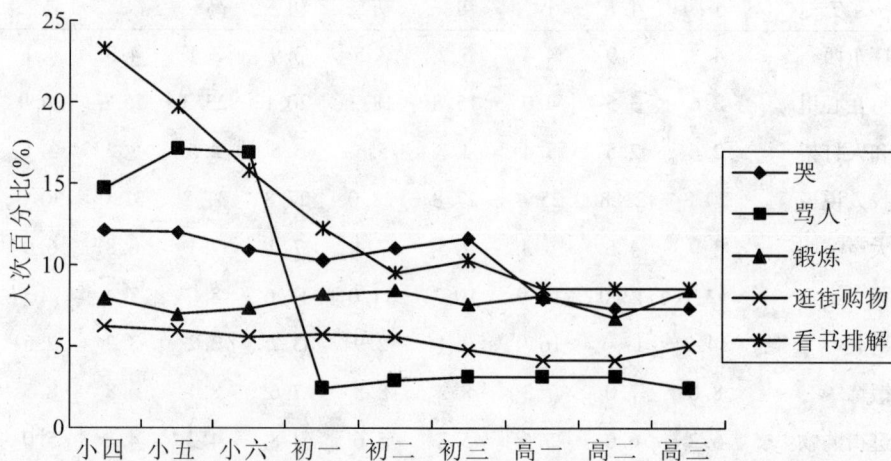

图 4-49　中小学生常用负性情绪处理方法在不同年级的分布状况（下）

如图所示，不同的常用负性情绪处理方法在中小学生中随年级呈现不同的趋势，如使用"找人说说"和"憋在心里"这两种方式处理情绪的人数比例有随年级的增高而增多的趋势，而使用"哭"和"看书排解"方式的人数比例却有随年级增高而减少的趋势。也有些方法没有明显的随年级变化的趋势，如"骂人"缓解的方法在小学生中使用比例较高，在初中生和高中生中的比例较低且比较稳定，"和人打架"的缓解方式在初中生中的使用比例比其他年级人数更高。

3. 性别、学校所在地及学校类型差异

调查表明（见表 4-76），不同处理负性情绪的方法在不同性别、学校所在地及学校类型的中学生中有所差异。在中小学生中，更多的男生使用"摔东西""憋在心里""和人打架""大声喊叫""骂人""锻炼"和"看书排解"等方式缓解消极情绪，更多的女生通过"找人说说""哭"和"逛街购物"这些方式缓解消极情绪。更多的城市学校的学生使用"找人说说""哭""骂人""锻炼""逛街购物"以及"看书排解"的方式缓解消极情绪，而县城或郊区学校的学生则更多地通过"摔东西""憋在心里""和人打架"以及"大声喊叫"这些方式处理消极情绪。更多重点学校的学生通过"骂人""锻炼"和"看书排解"这些方式处理消极情绪，更多非重点学校的学生则通过"摔东西""憋在心里""和人打架""逛街购物""找人说说""大声喊叫"以及"哭"的方式处理消极情绪。

表 4-76　不同性别、学校所在地及学校类型学生处理负性情绪方法的人次百分比（%）

情绪	性　别		学校所在地		学校类型	
	男	女	城市	县城	重点	非重点
摔东西	56.0	44.0	43.7	56.3	46.2	53.8
憋在心里	56.4	43.6	48.8	51.2	47.4	52.6
和人打架	73.8	26.2	45.2	54.8	47.7	52.3
找人说说	44.4	55.6	51.8	48.2	49.1	50.9
大声喊叫	55.8	44.2	47.5	52.5	48.2	51.8
哭	22.7	77.3	50.8	49.2	46.7	53.3
骂人	53.9	46.1	53.3	46.7	50.7	49.3
锻炼	73.7	26.3	51.8	48.2	51.1	48.9
逛街购物	40.3	59.7	53.4	46.6	45.1	54.9
看书排解	52.6	47.4	53.7	46.3	54.9	45.1

二、情绪交流

（一）倾诉的对象

1. 十省市基本情况

表 4-77　不同省市中小学生倾诉对象情况的人次百分比（%）

倾诉对象	北京	广东	浙江	黑龙江	江西	河南	四川	内蒙古	贵州	甘肃
父亲	4.4	4.1	4.4	4.1	4.6	3.4	4.1	4.5	2.6	4.3
母亲	15.8	15.1	16.1	18.7	16.0	17.4	16.6	17.4	10.1	15.0
老师	4.6	4.0	3.6	6.0	2.9	3.9	4.0	4.2	5.4	3.6
同学朋友	57.5	56.9	57.0	51.8	53.8	54.7	58.0	55.2	56.5	56.6
谁也不找	17.7	19.9	18.9	19.4	22.6	20.6	17.4	18.7	25.3	20.5

调查显示，不同省市中小学生的倾诉难过心情的对象有所差异。与其他省市相比，向父亲倾诉的江西中小学生人数比例最高，贵州的最低；向母亲倾诉的黑龙江中小学生人数比例最高，贵州的最低；向老师倾诉的贵州中小学人数比例最高，江西的最低；向同学朋友倾诉的四川中小学生人数比例最高，黑龙江的最低；谁也不找的贵州中小学生人数比例最高，四川的最低。

2. 年级特征

调查显示（见表4-78），与其他年级相比，向父亲倾诉的四年级学生人数比例最高，高二的最低；向母亲倾诉的五年级人数比例最高，初三和高一的最低；向老师倾诉的也是初一人数比例最高，最低的是高二和高三学生；向同学朋友倾诉的高一学生人数比例最高，四年级的最低；谁也不找的初三学生人数比例最高，初一的最低。

表 4-78　不同年级中小学生倾诉对象情况的人次百分比（%）

倾诉对象	小四	小五	小六	初一	初二	初三	高一	高二	高三
父亲	7.1	5.3	4.2	4.9	2.8	3.0	3.0	2.5	3.9
母亲	23.6	24.6	18.2	17.3	12.9	10.0	10.0	10.5	12.1
老师	5.2	4.9	3.4	5.3	4.5	3.6	3.1	2.8	2.8
同学朋友	36.5	46.7	54.3	54.7	58.8	61.9	64.4	63.9	60.7
谁也不找	20.4	18.5	19.8	17.9	21.0	21.5	19.5	20.4	19.5

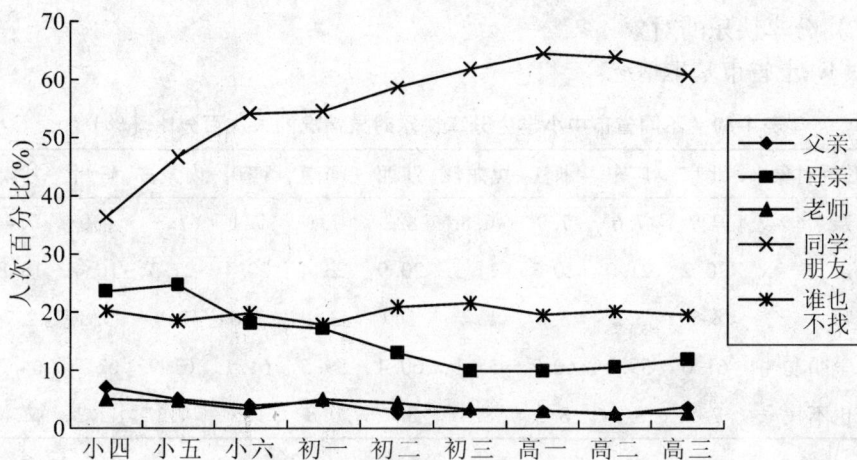

图4-50　不同年级中小学生倾诉对象情况的人次百分比

如图-50所示，中小学生倾诉消极情绪的对象在年级上呈一定的变化趋势。向父亲、母亲和老师倾诉的人数比例有随年级上升而减少的趋势；向同学朋友倾诉的人数比例有随年龄增高而增多的趋势。

3. 性别、学校所在地及学校类型差异

表4-79　不同性别、学校所在地及学校类型学生倾诉对象情况的人次百分比（%）

倾诉对象	性　别		学校所在地		学校类型	
	男	女	城市	县城	重点	非重点
父亲	4.8	3.0	4.2	4.1	4.2	3.8
母亲	14.7	15.9	17.2	15.1	17.1	14.8
老师	5.1	3.2	3.3	5.0	3.8	4.5
同学朋友	53.3	60.6	55.3	56.1	55.5	57.3
谁也不找	22.1	17.2	20.0	19.6	19.3	19.6

调查显示，在中小学生中，心情不好时，男生找父亲、老师倾诉和谁也不找的人数比例多于女生，而女生找同学朋友和母亲的人数多于男生；城市学校学生找父亲、母亲倾诉和谁也不找的人数比例多于县城或郊区学校的学生，而县郊区学校学生找老师和同学朋友倾诉的人数比例多于城市学校学生；重点学校学生找父母倾诉的人数比例多于非重点学校学生，而非重点学校学生找老师、同学朋友倾诉以及谁也不找的人数比例多于重点学校学生。

（二）分享快乐的对象

1. 十省市基本情况

表4-80　不同省市中小学生分享快乐对象情况的人次百分比（%）

倾诉对象	北京	广东	浙江	黑龙江	江西	河南	四川	内蒙古	贵州	甘肃
父亲	7.7	7.6	7.9	6.8	8.2	7.1	7.1	7.3	6.0	7.4
母亲	20.2	21.0	20.3	24.3	20.9	23.4	20.4	21.3	16.4	18.8
老师	3.7	3.2	3.0	5.4	1.9	3.2	4.0	2.4	3.8	2.7
同学朋友	61.0	59.9	60.7	55.1	60.4	59.5	61.1	61.9	62.7	64.0
谁也不找	7.5	8.3	8.1	8.4	8.7	6.8	7.3	7.1	11.1	7.1

调查显示，不同省市中小学生分享快乐的对象有所差异。与其他省市相比，与父亲分享快乐的江西中小学生人数比例最高，贵州的最低；与母亲分享快乐的黑龙江中小学生人数比例最高，贵州的最低；与老师分享快乐的黑龙江中小学人数比例最高，江西的最低；与同学朋友分享快乐的甘肃中小学生人数比例最高，黑龙江的最低；谁也不找的贵州中小学生人数比例最高，河南的最低。

2. 年级特征

表4-81　不同年级中小学生分享快乐对象情况的人次百分比（%）

倾诉对象	小四	小五	小六	初一	初二	初三	高一	高二	高三
父亲	9.5	9.2	7.0	7.2	6.0	5.9	6.7	6.9	8.0
母亲	26.1	23.4	22.1	20.8	18.5	16.1	20.8	21.8	20.1
老师	5.1	3.6	3.1	5.0	3.0	3.0	1.7	2.4	2.6
同学朋友	53.4	57.4	59.6	57.8	63.1	64.9	63.7	62.2	61.5
谁也不找	5.8	6.4	8.1	9.2	9.4	10.1	7.2	6.7	7.9

调查显示，与其他年级相比，与父母分享快乐的四年级学生人数比例最高，初三的最低；与老师分享快乐的也是四年级人数比例最高，最低的是高一学生；向同学朋友分享和谁也不找的初三学生人数比例最高，四年级的最低。

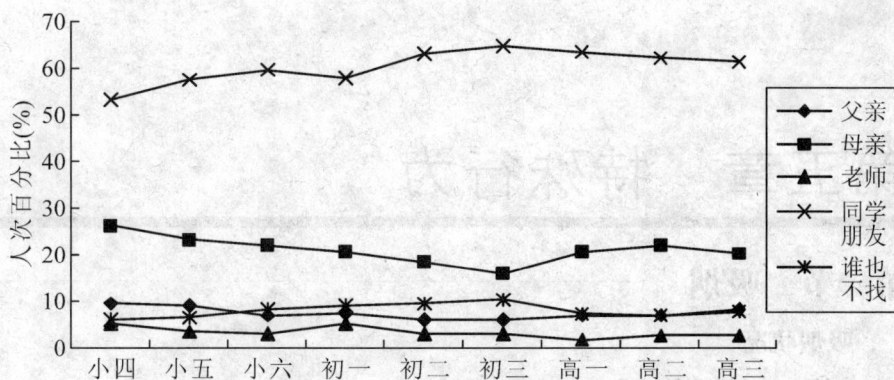

图 4-51　不同年级中小学生分享快乐对象的人次百分比

　　如图所示，中小学生分享快乐的对象在年级上呈一定的变化趋势。向父亲、母亲、同学朋友分享快乐以及谁也不找的中小学生都有一个先下降然后上升的过程，转折点一般在初中阶段，例如向父母分享快乐的人数比例在初三最低，然后又有所上升，而向同学朋友分享快乐的人数比例在初一突然下降，而后有所上升。

　　3. 性别、学校所在地及学校类型差异

表 4-82　不同性别、学校所在地及学校类型学生分享快乐对象情况的人次百分比（%）

倾诉对象	性　别		学校所在地		学校类型	
	男	女	城市	县城	重点	非重点
父亲	8.0	6.5	7.3	7.5	7.6	7.1
母亲	18.4	23.3	21.8	20.2	22.3	19.9
老师	4.1	2.5	2.7	4.0	2.9	3.8
同学朋友	59.6	61.8	60.1	60.7	59.4	61.4
谁也不找	10.0	5.9	8.1	7.6	7.8	7.8

　　调查显示，中学生中，开心时，男生找父亲、老师分享和谁也不找的人数比例高于女生，而女生找同学朋友和母亲的人数多于男生；城市学校学生找母亲分享和谁也不找的人数比例高于县郊区学校的学生，而县郊区学校学生找父亲、老师和同学朋友分享的人数比例高于城市学校学生；重点学校学生找父母分享的人数比例多于非重点学校学生，而非重点学校学生找老师和同学朋友分享的人数比例多于重点学校学生，谁也不找的人数比例却完全相同。

第五章　特殊行为

第一节　吸烟

一、吸烟状况

（一）第一次抽烟的年龄

整体来看，在被调查的学生中报告抽烟的人数占总人数的 16.3%，学生第一次抽烟的平均年龄是 10.23 岁。

1. 十省市基本情况

从不同的省市来看，第一次抽烟的年龄最小的是河南和贵州省，平均年龄为 9.7 岁，最大年龄为黑龙江省，平均为 11.42 岁。各省市之间，黑龙江和内蒙古之间差异不显著，与其他省市差异均达到显著性水平，其余各省市之间差异不显著。

表5-1　各省市学生报告的第一次抽烟的年龄（平均数）

省市	北京	广东	浙江	黑龙江	江西	河南	四川	内蒙古	贵州	甘肃
第一次抽烟年龄	10.48	10.22	10.26	11.42	9.79	9.70	9.89	11.19	9.70	9.07

2. 年级特征

从不同年级学生看，随着年级的升高，所报告的第一次抽烟的年龄也增长，可以推断，学生第一次抽烟的年龄逐年降低。小学四至六年级第一次抽烟的年龄的差异不显著，初三和高一年级差异不显著，高二和高三年级差异不显著，其余各年级之间差异均达到显著性水平。

表5-2　各年级学生报告的第一次抽烟的年龄（平均数）

年级	小四	小五	小六	初一	初二	初三	高一	高二	高三
第一次抽烟的年龄（岁）	7.5	7.6	8.1	9.4	10.0	10.8	11.1	11.7	12.1

3. 性别、学校所在地及学校类型差异

表5-3　各类学生第一次抽烟的年龄（平均数）

	男	女	城市	县城	重点	非重点
第一次抽烟的年龄（岁）	10.98	10.72	10.89	10.73	10.50	11.05

从男女差异来看，男生和女生在第一次抽烟的年龄上没有显著差异，女生和男生均在 10 岁左右就有抽烟的经历了，和人们通常认为的女生要比男生晚的观念不同。

从城市学校和县城学校的学生来看，第一次抽烟的年龄上，城市学校学生为 10.89 岁，县城学校学生为 10.73 岁，差异不显著。可以看出，城市和县城学校学生第一次抽烟的年龄相差不多。

从重点和非重点学校的差异上看，重点学校的学生普遍比非重点学校学生抽烟的年龄要提前一些，但相差不是很大。

（二）吸烟现状

1. 十省市基本情况

在参与吸烟现状调查的 3 万多名中小学生中，选择"从未抽过"的比例远远高于其他各项，占到86.8%；而选择"原来抽过，现在不抽"的比例为 9.8%；选择"每天抽 1～5 支""6～10 支""11～15 支""16～20 支""20 支以上"的比例都很小，分别为 2.1%、0.7%、0.3%、0.2% 和 0.2%。

表5-4　十省市学生吸烟情况的人次百分比（%）

	北京	广东	浙江	黑龙江	江西	河南	四川	内蒙古	贵州	甘肃	总体
从未抽过	90.0	86.6	92.5	89.5	90.5	86.4	83.8	81.7	78.6	80.9	86.8
原来抽过，现在不抽	7.1	10.2	6.1	7.2	7.8	10.0	11.9	12.3	15.4	14.5	9.8
每天抽 1～5 支	1.6	1.6	0.8	1.5	1.0	2.3	2.9	4.1	3.2	3.3	2.1
每天抽 6～10 支	0.8	0.9	0.4	0.6	0.4	0.7	0.7	1.3	1.2	0.5	0.7
每天抽 11～15 支	0.2	0.2	0.0	0.5	0.1	0.1	0.3	0.4	0.8	0.3	0.3
每天抽 16～20 支	0.2	0.2	0.0	0.3	0.1	0.2	0.2	0.2	0.3	0.3	0.2
每天抽 20 支以上	0.2	0.3	0.1	0.4	0.1	0.2	0.3	0.3	0.3	0.2	0.2

注：表中涂黑的是十省市中该选项比例最高的和最低的

从表 5-4 中可以看出，各省市分布趋势大致与总体一致，不过也存在一些差异。浙江省选择"从未抽过"的比例是最高的，同时，在其他各选项上的比例都是最低的；而贵州省选择"从未抽过"的比例是最低的，相应地，在"原来抽过，现在不抽""每天抽 11～15 支"和"16～20 支"上的比例都是最高的；另外，内蒙古在"每天抽 1～5 支"和"6～10 支"上的比例是最高的。

2. 年级特征

对不同年级学生的选择结果进行统计，结果如表 5-5 所示：

表 5-5　不同年级学生吸烟情况的人次百分比（%）

	小四	小五	小六	初一	初二	初三	高一	高二	高三
从未抽过	93.4	92.4	91.2	89.1	85.1	84.7	83.9	81.1	79.9
原来抽过，现在不抽	4.9	6.1	7.5	7.5	11.0	11.6	12.3	13.1	14
每天抽 1～5 支	0.7	0.9	0.7	1.5	2.4	2.5	2.5	3.7	4.1
每天抽 6～10 支	0.3	0.1	0.3	0.8	0.8	0.6	1.0	1.3	1.2
每天抽 11～15 支	0.3	0.1	0.1	0.5	0.2	0.1	0.2	0.3	0.4
每天抽 16～20 支	0.2	0.1	0.1	0.2	0.2	0.1	0.1	0.2	0.3
每天抽 20 支以上	0.1	0.2	0.1	0.3	0.3	0.2	0.1	0.3	0.3

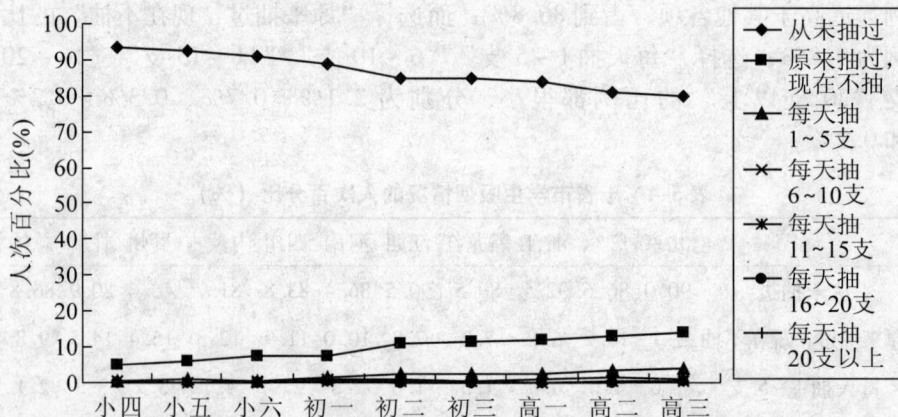

图 5-1　不同年级学生吸烟情况的人次百分比

结合表 5-5 和图 5-1 可以看出，学生的吸烟现状随年级的增长是有变化的。选择"从未抽过"的比例一直远远高于其他各项，并且随年级的增长缓慢下降；而"原来抽过，现在不抽"的比例则随年级的增长缓慢上升；其余各项的比例都保持在极低的水平，且随着年级的增长变化不大。

3. 性别、学校所在地及学校类型差异

表5-6　不同性别、学校所在地及学校类型学生吸烟情况的人次百分比（%）

	男	女	城市	县城	重点	非重点
从未抽过	78.8	94.0	90.0	83.2	88.4	84.6
原来抽过，现在不抽	15.5	4.5	7.3	12.5	8.7	11.2
每天抽 1～5 支	3.6	0.8	1.6	2.6	1.8	2.6
每天抽 6～10 支	1.2	0.3	0.6	0.8	0.6	0.9
每天抽 11～15 支	0.4	0.2	0.2	0.3	0.3	0.3
每天抽 16～20 支	0.2	0.1	0.1	0.2	0.1	0.2
每天抽 20 支以上	0.4	0.1	0.2	0.3	0.2	0.2

无论是男生还是女生，学校在城市还是在县城的学生，重点学校还是非重点学校的学生，在这七个选项的分布上与总体是基本一致的。

性别差异是很明显的，选择"从未抽过"的女生比例明显高于男生，而选择其余各项的男生比例都明显高于女生。可见，男生中吸烟的人数和频率明显比女生多。

学校所在地的差异也很明显，选择"从未抽过"的城市学校学生比例明显高于县城学校学生；而在其余各项的选择中，县城学校学生比例都明显高于城市学校。可见，县城学校学生中吸烟的人数和频率都明显多于城市学校。

学校类型的差异也同样很明显，选择"从未抽过"的重点学校学生比例高于非重点学校学生；而在其余各项的选择中，非重点学校学生比例都明显高于重点学校。可见，非重点学校学生中吸烟的人数和频率都明显多于重点学校。

（三）吸烟的社会氛围

1. 十省市基本情况

在参与调查的 3 万多名中小学生中，选择最经常"和朋友一起"抽烟的比例最多，高达 53.5%，其次是选择"独自一人"抽烟的比例，为 32.0%。"和父母一起""和兄弟姐妹一起"以及"和老师一起"的比例都比较低，分别为 8.1%、4.8% 和 1.6%。

表5-7　十省市学生与他人共同吸烟的人次百分比（%）

	北京	广东	浙江	黑龙江	江西	河南	四川	内蒙古	贵州	甘肃	总体
独自一人	36.2	36.3	30.4	33.7	34.9	26.4	27.7	31.2	33.2	32.0	32.0
和朋友一起	49.0	44.7	50.9	51.3	51.0	60.8	59.6	53.1	57.1	53.5	53.5

	北京	广东	浙江	黑龙江	江西	河南	四川	内蒙古	贵州	甘肃	总体
和父母一起	9.4	12.9	11.0	8.0	7.4	4.6	8.4	7.5	5.0	8.1	8.1
和兄弟姐妹一起	4.0	5.0	5.2	5.2	5.0	7.0	3.8	5.6	3.2	4.8	4.8
和老师一起	1.3	1.1	2.5	1.7	1.7	1.2	0.5	2.7	1.5	1.6	1.6

注：表中涂黑的是十省市中该选项比例最高的和最低的

从表5-7中可以看出，各省市分布趋势大致与总体一致，不过也存在一些差异。广东省选择"独自一人""和父母一起"的比例最高，而选择"和朋友一起"的比例最低；河南省选择"和朋友一起""和兄弟姐妹一起"的比例最高，而选择"独自一人"和"和父母一起"的比例最低。另外，贵州省选择"和兄弟姐妹一起"的比例最低；在"和老师一起"的选择中，内蒙古的比例最高，四川省的比例最低。

2. 年级特征

对不同年级学生的选择结果进行统计，结果如表5-8所示。结合图5-2可以看出，学生抽烟的状态随年级的增长是有变化的。"和朋友一起"抽烟的比例随着年级的增长不断上升，小学六年级以后就保持在比例最高的位置了，初二以后更是大幅度升高，保持在过半的比例，只在高三有下降趋势；而选择"独自一人"情况下抽烟的人数在小学四年级人数比例最高；选择"和父母一起"抽烟的人数比例较低，小学四年级和初一比例最高，在小学和中学阶段分别呈现持续下降的趋势；"和兄弟姐妹一起"抽烟的比例也比较低，并且呈持续地缓慢下降趋势；"和老师一起"抽烟的比例一直保持在最低，且随年级的增长变化不大。可见，学生抽烟的状态与其年龄及所在年级的特性有关，年纪越大的学生越倾向于与朋友一起抽烟；学习压力较大时独自抽烟的比例相对较高。

表5-8　不同年级学生与他人共同吸烟的人次百分比（%）

	小四	小五	小六	初一	初二	初三	高一	高二	高三
独自一人	46.8	39.0	40.8	34.7	28.4	31.2	25.6	27.5	27.7
和朋友一起	26.4	38.5	40.5	43.0	55.1	60.8	65.2	66.6	61.2
和父母一起	15.2	10.3	9.1	13.8	9.6	4.5	5.2	2.7	6.6
和兄弟姐妹一起	8.5	9.6	8.2	6.1	5.2	2.5	2.9	2.6	3.1
和老师一起	3.1	2.6	1.4	2.5	1.7	1.0	1.1	0.6	1.5

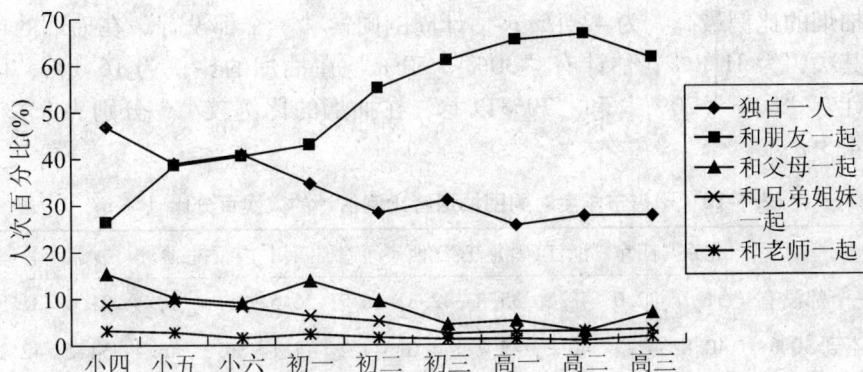

图5-2 不同年级学生与他人共同吸烟的人次百分比

3. 性别、学校所在地及学校类型差异

表5-9 不同性别、学校所在地及学校类型学生与他人共同吸烟的人次百分比（%）

	男	女	城市	县城	重点	非重点
独自一人	26.9	41.3	32.9	31.4	32.5	30.8
和朋友一起	60.3	42.0	52.4	54.2	53.1	55.0
和父母一起	7.0	9.9	8.5	7.8	8.2	8.0
和兄弟姐妹一起	4.2	5.5	4.3	5.2	4.6	4.7
和老师一起	1.6	1.4	1.9	1.4	1.6	1.5

无论是男生还是女生，学校在城市还是在县城的学生，重点学校还是非重点学校的学生，在这五个选项的分布上与总体是基本一致的。

从性别差异来看，选择"独自一人"抽烟的女生比例远远高于男生，同时，选择"和父母一起""和兄弟姐妹一起"抽烟的女生比例也高于男生；而选择"和朋友一起"抽烟的男生比例则明显高于女生；"和老师一起"抽烟的比例男女生相差不多。可见，男生更倾向于把吸烟作为与同伴交往的一种方式，或者与同伴活动的一部分。

从学校所在地的差异来看，选择"独自一人""和父母一起"的城市学校学生比例高于县城学校学生；而选择"和朋友一起""和兄弟姐妹一起"的县城学校学生比例则高于城市学校。在"和老师一起"抽烟的选择中，二者没有明显的差异。

从学校类型的差异来看，选择"独自一人"的重点学校学生比例高于非重点学校学生；而选择"和朋友一起"的非重点学校学生比例则高于重点学校。在其余三项的选择中，二者没有明显的差异。

（四）对吸烟比例的估计

1. 十省市基本情况

在参与调查的3万多名中小学生中，估计周围的同学有"不到30%"

在抽烟的比例最高，为 42.1%；估计周围同学"一个都没有"在抽烟的比例其次，为 31.8%；估计有"30%～50%"在抽烟的比例为 16.1%；而估计有"50%～70%"和"70%以上"在抽烟的比例较小，分别为 5.8%和 4.3%。

表 5-10　十省市学生对周围抽烟者比例估计的人次百分比（%）

	北京	广东	浙江	黑龙江	江西	河南	四川	内蒙古	贵州	甘肃	总体
一个都没有	31.1	32.0	48.2	35.8	42.8	26.7	26.5	26.4	10.4	21.4	31.8
不到30%	40.8	47.3	40.2	42.7	44.0	44.2	44.1	36.3	46.4	34.2	42.1
30%～50%	17.0	14.9	7.7	14.3	9.4	17.7	19.0	19.4	28.0	23.0	16.1
50%～70%	6.3	3.7	2.2	4.0	2.5	6.4	6.3	9.8	9.5	11.6	5.8
70%以上	4.8	2.1	1.7	3.1	1.3	4.9	4.1	8.0	5.7	9.8	4.3

注：表中涂黑的是十省市中该选项比例最高的和最低的

从表 5-10 中可以看出，各省市分布趋势大致与总体一致，不过也存在一些差异。浙江省估计"一个都没有"的人数比例最高，而估计"30%～50%"和"50%～70%"的比例最低；贵州省估计"一个都没有"的比例最低，而估计"30%～50%"的比例最高；甘肃省估计"不到30%"的比例最低，估计"50%～70%"和"70%以上"的比例最高；另外，江西省估计"70%以上"的比例最低。

2. 年级特征

对不同年级学生的选择结果进行统计，结果如表 5-11 所示：

表 5-11　不同年级的学生对周围抽烟者比例估计的人次百分比（%）

	小四	小五	小六	初一	初二	初三	高一	高二	高三
一个都没有	74.8	66.8	54.4	31.0	19.0	13.6	14.0	10.9	7.9
不到30%	17.6	24.2	35.0	44.5	50.9	52.2	48.4	50.3	52.9
30%～50%	4.6	5.3	7.0	15.3	19.4	21.1	22.6	23.8	23.6
50%～70%	1.1	1.7	1.8	5.4	6.4	7.4	9.2	9.0	9.3
70%以上	1.9	2.1	1.8	3.8	4.4	5.7	5.8	6.0	6.3

结合表 5-11 和图 5-3 可以看出，学生对周围抽烟者比例的估计随年级的增长是有复杂的变化的。估计"一个都没有"的比例随着年级的增长持续下降，在小学和初中阶段下降幅度很大；而选择其余各项的比例均随着年级的增长而缓慢增加。可见，随着年级的增长，学生中间抽烟的人数逐渐增多，但程度都比较轻，成瘾的还很少。

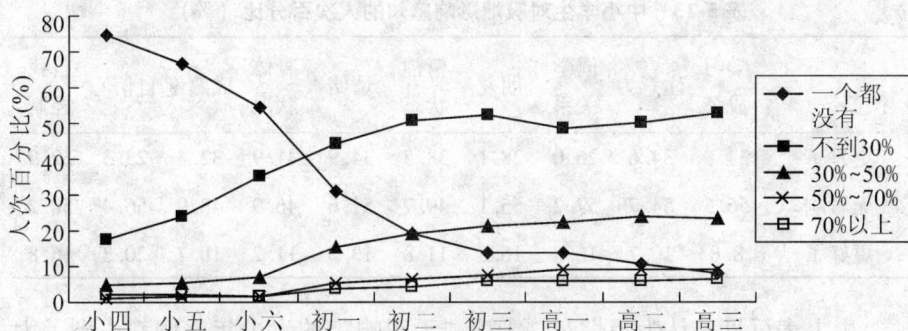

图 5-3　不同年级的学生对周围抽烟者比例估计的人次百分比

3. 性别、学校所在地及学校类型差异

表 5-12　不同性别、学校所在地及学校类型
的学生对周围抽烟者比例估计的人次百分比（%）

	男	女	城市	县城	重点	非重点
一个都没有	28.1	28.9	38.9	24.0	33.6	26.8
不到30%	43.9	43.5	39.5	44.9	44.0	41.6
30%~50%	16.5	17.6	13.8	18.6	14.3	18.9
50%~70%	6.2	6.2	4.6	7.1	4.7	7.3
70%以上	5.2	3.8	3.1	5.5	3.4	5.4

无论是男生还是女生，学校在城市还是在县城的学生，重点学校还是非重点学校的学生，在这五个选项的分布上与总体是基本一致的。

从性别差异来看，估计周围有"30%~50%"的学生抽烟的女生比例高于男生，而估计有"70%以上"学生抽烟的男生比例高于女生，二者在其他三项上的选择比例均无明显差异。

学校所在地的差异就比较明显了，选择"一个都没有"的城市学校学生比例远远高于县城学校；而在其余四项的选择中，县城学校的比例都要高于城市学校。可见，城市学校中抽烟的人数明显少于县城学校。

学校类型的差异也比较明显，选择"一个都没有"和"不到30%"的重点学校学生比例明显高于非重点学校；而在其余三项的选择中，非重点学校的比例都要高于重点学校。可见，重点学校中抽烟的人数少于非重点学校。

二、吸烟观念

参与调查的 3 万多名中小学生对吸烟对以下十个方面的影响的感知如下表所示：

表 5-13　中小学生对吸烟影响感知的人次百分比（%）

	学习成绩	注意力	同学关系	朋友	精神状态	情绪	身体状况	成熟度	自信心	自我控制
更差了	34.8	34.6	26.0	28.1	38.5	34.9	41.9	32.4	23.3	32.9
无影响	56.5	54.7	57.2	55.1	49.7	51.6	46.9	48.9	56.4	50.2
更好了	8.8	10.7	16.8	16.8	11.8	13.5	11.2	18.7	20.3	16.8

由上表可见，认为吸烟对这十项"无影响"的青少年比例都占到了大部分；另外，认为吸烟对这些方面影响是"更差了"的青少年比例也高于选择"更好了"的比例。下文中，我们将求出选择"更好了"与"更差了"的百分比之差，即用选择"更好了"的百分比减去选择"更差了"的百分比，如果差为正数，则表明吸烟对此方面有更多的正面影响，反之亦然。

1. 十省市基本情况

表 5-14　十省市学生对吸烟影响感知的百分比差（%）

	北京	广东	浙江	黑龙江	江西	河南	四川	内蒙古	贵州	甘肃	总体
学习成绩	−30.5	−31.1	−25.1	−11.5	−32.3	−25.7	−14.1	−33.5	−23.6	−31.2	−26.0
注意力	−27.9	−26.9	−21.4	−13.5	−28.5	−23.6	−11.1	−29.9	−23.7	−30.8	−23.9
同学关系	−25.0	−18.1	−15.1	−5.4	−10.8	−5.2	−0.9	−3.2	−3.0	−7.3	−9.1
朋友	−19.8	−16.7	−21.3	−10.3	−14.8	−6.9	2.2	−11.9	−8.8	−10.3	−11.4
精神状态	−31.1	−30.4	−22.0	−16.3	−28.7	−28.0	−16.2	−28.7	−29.1	−34.2	−26.7
情绪	−25.6	−25.5	−22.7	−9.2	−25.7	−21.4	−11.1	−24.2	−20.1	−27.8	−21.4
身体状况	−30.5	−31.3	−20.4	−18.0	−30.6	−28.4	−27.5	−40.2	−32.4	−42.2	−30.7
成熟度	1.4	−10.4	−20.4	−13.5	−21.1	−13.4	−19.5	−14.5	−8.6	−15.2	−13.6
自信心	0.4	−0.5	−7.5	−0.6	−12.4	−6.6	−8.0	−0.3	−1.4	4.9	−3.0
自我控制	−13.3	−36	−14.8	−3.5	−17.1	−20.2	−5.4	−16.3	−12.4	−14.1	−16.1

注：表中涂黑的是十省市中该选项比例最高的和最低的

从表 5-14 中可以看出，各省市分布趋势与总体基本一致，不过也存在一些差异。相对而言，四川省有更多的学生认为吸烟对"注意力""同学关系""朋友"和"精神状态"有正面的影响；而甘肃省则有更多的学生认为吸烟对"注意力""精神状态""情绪"和"身体状况"有负面的影响，但是对"自信心"有更多正面的影响；另外，黑龙江省有更多的学生认为吸烟对"学习成绩""情绪""身体状况"和"自我控制"有正面的影响；北京市有更多的学生认为吸烟对"同学关系"有负面的影响，对"成熟度"有正面的影响；而江西省则有更多的学生认为吸烟对"成熟度"和"自信心"有负面的影响。

2. 年级特征

对不同年级学生的选择结果进行统计，结果如表 5-15 所示：

表 5-15　不同年级学生对吸烟影响感知的百分比差（%）

	小四	小五	小六	初一	初二	初三	高一	高二	高三
学习成绩	-61.6	-62.9	-57.7	-25.2	-17.8	-18.7	-10.0	-10.8	-4.0
注意力	-49.7	-49.6	-35.5	-24.9	-17.6	-22.6	-12	-11.4	-9.8
同学关系	-31.5	-33.5	-27.0	-11.6	-4.9	-4.3	4.3	4.1	4.1
朋友	-33.5	-32.5	-23.0	-19.4	-13.2	-6.8	5.4	2.8	1.9
精神状态	-44.5	-48.2	-40.0	-26.5	-22.0	-26.6	-19.0	-16.9	-12.3
情绪	-39.8	-42.2	-39.9	-21.5	-17.7	-20.3	-9.0	-12.9	-7.4
身体状况	-37.8	-44.0	-36.5	-26.4	-24.1	-30.7	-28.1	-28.7	-28.4
成熟度	-5.3	-13.5	-13.6	-17.5	-8.7	-16.7	-11.3	-19.0	-15.7
自信心	-0.4	0.8	-3.0	-6.2	1.0	-7.8	-0.8	-5.3	-4.5
自我控制	-21.5	-38.8	-30.6	-10.2	-12.5	-12.4	-12.3	-13.1	-3.9
总体影响	-32.6	-36.4	-30.7	-18.9	-13.8	-16.7	-9.3	-11.1	-8.0

注：表中阴影部分表示该年级中百分比差最大的和最小的两项

由表 5-15 可以看出，学生对吸烟影响的感知状况随年级的增长是有变化的。在对吸烟的负面影响的认知中，小学生选择吸烟对"学习成绩"有负面影响的比例最高，而初二以上的学生都是选择对"身体状况"有负面影响的比例最高，初一学生中选择比例最高的是"精神状态"；另一方面，在对吸烟的正面影响的认识中，从小学四年级到初二的学生都是选择对"自信心"有正面影响的比例最高，而初三以后的学生都是选择对"同学关系"和"朋友"有正面影响的比例最高。由此，我们可以清楚地看到随着年级的增长，学生们对吸烟危害的认识从学习方面向身体方面过渡，而对吸烟益处的认识则由"自信心"向"同学、朋友关系"过渡。

3. 性别、学校所在地及学校类型差异

表 5-16　不同性别、学校所在地及学校类型学生对吸烟影响感知的百分比差　（%）

	男	女	城市	县城	重点	非重点
学习成绩	-20.8	-28.5	-18.4	-31.0	-26.0	-24.6
注意力	-21.1	-27.3	-16.9	-28.5	-24.2	-22.5
同学关系	-5.1	-14.0	-5.8	-11.3	-10.6	-7.1
朋友	-5.0	-21.8	-8.1	-13.4	-13.5	-8.1
精神状态	-24.7	-28.4	-16.5	-33.2	-26.9	-25.6
情绪	-18.7	-24.7	-13.7	-26.3	-23.9	-18.9
身体状况	-29.9	-31.3	-23.4	-35.4	-30.9	-29.9
成熟度	-14.8	-9.5	-15.2	-12.7	-11.8	-13.6
自信心	-5.5	2.2	-6.0	-1.2	-1.2	-4.1
自我控制	-10.9	-18.5	-10.4	-19.6	-18.6	-14.1

　　无论是男生还是女生，学校在城市还是在县城的学生，重点学校还是非重点学校的学生，在这十个选项上的分布与总体是基本一致的。

　　由表 5-16 可以看出，性别差异是比较明朗的。除在"成熟度"和"自信心"这两方面，选择吸烟有益处的女生比例多于男生之外，在其余八个方面，选择吸烟有益处的男生比例都不同程度地高于女生。可见，相对而言，有更多的男生认为吸烟是有好处的。

　　类似地，学校所在地的差异也比较明显，除在"成熟度"和"自信心"这两方面，选择吸烟有益处的县城学校学生比例多于城市学校之外，在其余八个方面，选择吸烟有益处的城市学校学生比例都不同程度地高于县城学校。可见，相对而言，在城市学校中有更多的学生认为吸烟是有好处的。

　　同样，我们也可以看出学校类型的差异，除在"成熟度"和"自信心"这两方面，选择吸烟有益处的重点学校学生比例多于非重点学校之外，在其余八个方面，选择吸烟有益处的非重点学校学生比例都不同程度地高于重点学校。可见，相对而言，在非重点学校中有更多的学生认为吸烟是有好处的。

三、吸烟态度

1. 十省市基本情况

　　在参与调查的 3 万多名中小学生中，打算"永远不抽烟"的比例远远高于其他各选项，达到 82.0%；而选择"将来会抽烟"的比例为 11.0%；

打算"戒烟"的比例为 4.6% ;打算"继续抽"的比例为 2.4% 。

表 5-17 十省市学生吸烟打算的人次百分比（%）

	北京	广东	浙江	黑龙江	江西	河南	四川	内蒙古	贵州	甘肃	总体
永远不抽烟	82.7	83.5	86.3	82.8	85.6	80.7	80.8	78.7	73.8	79.1	82.0
将来会抽烟	11.8	10.0	9.7	10.2	10.0	11.1	11.6	11.9	14.1	11.7	11.0
继续抽	1.9	2.5	1.5	3.1	1.0	3.1	2.7	2.6	4.1	2.8	2.4
戒烟	3.6	3.9	2.5	4.0	3.4	5.2	5.0	6.8	8.0	6.4	4.6

注：表中涂黑的是十省市中该选项比例最高的和最低的

从表 5-17 中可以看出，各省市分布趋势大致与总体一致，不过也存在一些差异。贵州省选择"永远不抽烟"的比例最低，选择"将来会抽烟"、"继续抽"和"戒烟"的比例都是最高的；浙江省选择"永远不抽烟"的比例是最高的，而选择"将来会抽烟"和"戒烟"的比例都是最低的；江西省选择"继续抽"的比例是最低的。结合上文中表 5-17 可知，相对而言，浙江、江西两省中小学生吸烟人数是最少的，而贵州省是最多的，这与此处显示的结果相符。

2. 年级特征

对不同年级学生的选择结果进行统计，结果如表 5-18 所示：

表 5-18 不同年级的学生吸烟打算的人次百分比（%）

	小四	小五	小六	初一	初二	初三	高一	高二	高三
永远不抽烟	88.7	88.9	88.1	81.0	80.4	79.3	79.8	76	76.2
将来会抽烟	5.5	5.7	7.6	11.5	11.9	13.5	13.3	14.5	15.0
继续抽	1.1	1.1	1.0	3.3	3.1	2.2	2.7	3.7	3.6
戒烟	4.8	4.3	3.3	4.2	4.7	4.9	4.2	5.8	5.1

结合表 5-18 和图 5-4 可以看出，学生的吸烟打算随年级的增长是有一些变化的。打算"永远不吸烟"的人数比例一直远远高于其他各项，并且随着年级的增长呈现缓慢下降的趋势，尤其是小学与初中的交界处，下降幅度比较明显；而选择"将来会抽烟"的比例则随着年级的增长缓慢上升，同样是在小学与中学的交界处变化较明显；其余两项均保持在最低的比例，且随年级的增长变化不大。可见，相对而言，有更多的中学生打算抽烟。

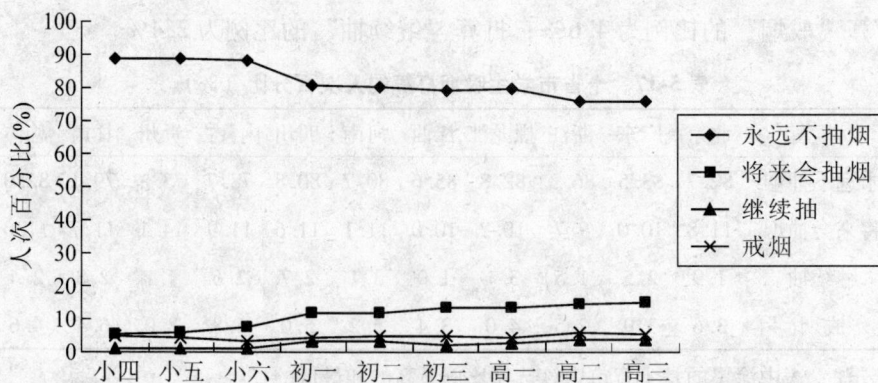

图5-4　不同年级的学生吸烟打算的人次百分比

3. 性别、学校所在地及学校类型差异

表5-19　不同性别、学校所在地及学校类型学生吸烟打算的人次百分比（%）

	男	女	城市	县城	重点	非重点
永远不抽烟	72.8	90.4	84.5	79.4	83.6	79.9
将来会抽烟	16.7	5.9	10.2	11.8	10.6	11.9
继续抽	3.6	1.4	2.1	2.8	2.0	3.0
戒烟	6.9	2.2	3.2	6.1	3.9	5.3

　　无论是男生还是女生，学校在城市还是在县城的学生，重点学校还是非重点学校的学生，在这四个选项的分布上与总体是基本一致的。

　　性别差异是非常明显的，选择"永远不抽烟"的女生比例远远高于男生，相应地，选择"将来会抽烟""继续抽"和"戒烟"的男生比例都明显大于女生。可见，相对而言，有更多的男生有抽烟的行为，或者有抽烟的打算。

　　学校所在地的差异也比较明显，选择"永远不抽烟"的城市学校学生比例明显高于县城学校，相应地，选择"将来会抽烟""继续抽"和"戒烟"的县城学校学生比例都高于城市学校。可见，相对而言，有更多的县城学校学生有抽烟的打算。

　　同样，学校类型的差异也是明朗的，选择"永远不抽烟"的重点学校学生比例明显高于非重点学校，相应地，选择"将来会抽烟""继续抽"和"戒烟"的非重点学校学生比例都高于重点学校。可见，相对而言，有更多的非重点学校学生有抽烟的行为或打算。

第二节　饮酒

一、饮酒状况

(一) 第一次喝酒的年龄

整体来看，在被调查的学生中报告喝酒的学生人数占总人数的41.1%，学生第一次喝酒的平均年龄是10.13岁。

1. 十省市基本情况

从不同的省市来看，第一次喝酒的年龄最小的是江西省，平均为9.14岁，最大年龄为黑龙江，平均为11.62岁。江西、四川和河南之间的差异不显著，这三省学生第一次喝酒的年龄显著低于其他各省市学生的年龄。内蒙古和黑龙江两省之间的差异不显著，但均显著高于其他各省市。

表 5-20　十省市学生报告的第一次喝酒的年龄（平均数）

省份	北京	广东	浙江	黑龙江	江西	河南	四川	内蒙古	贵州	甘肃
第一次喝酒年龄（岁）	10.03	10.08	10.13	11.62	9.14	9.51	9.24	11.42	10.32	10.81

2. 年级特征

从不同年级学生看，随着年级的升高，所报告的第一次喝酒的年龄也增长，可以推断，学生第一次喝酒的年龄均逐年降低。在第一次喝酒的年龄上，除小学四五年级差异不显著之外，其余各年级之间的年龄差异均达到显著性水平。

表 5-21　各年级学生报告的第一次喝酒的年龄（平均数）

年级	小四	小五	小六	初一	初二	初三	高一	高二	高三
第一次喝酒的年龄（岁）	7.6	7.8	8.3	8.9	9.5	10.5	11.1	11.9	12.5

3. 性别、学校所在地及学校类型

表 5-22　不同性别、学校所在地及学校类型学生第一次喝酒的年龄（平均数）

	男	女	城市	县城	重点	非重点
第一次喝酒的年龄（岁）	10.39	10.57	9.96	10.66	10.04	10.58

从性别差异来看，男生和女生在第一次喝酒的年龄上没有显著差异，女生和男生均在10岁左右就有喝酒的经历了，和人们通常认为的女生要比

男生晚的观念不同。

从城市学校学生和县城学校学生来看，在第一次喝酒的年龄上，城市学校学生为 9.96 岁，县城学校学生为 10.66 岁，城市学校学生显著早于县城或郊区学校学生。结合表 5-3 可以看出，城市学校学生喝酒的年龄要明显早于抽烟的年龄，而县城学校学生第一次抽烟、喝酒的年龄相差不多。

从重点和非重点学校的差异上看，重点学校的学生普遍比非重点学校学生抽烟、喝酒的年龄要提前一些，但相差不是很大。

（二）对饮酒种类的选择

1. 十省市基本情况

在参与调查的 3 万多名中小学生中，"什么酒都没喝过"的人数最多，其比例高达 50.4%；其次是喝得最多的酒是"啤酒"和"葡萄酒"的人数，其比例分别为 26.8% 和 18.1%；而喝得最多的是"烈性酒"和"三种酒喝得一样多"的比例最低，分别为 1.8% 和 2.9%。

表 5-23　十省市学生饮酒种类选择的人次百分比（%）

	北京	广东	浙江	黑龙江	江西	河南	四川	内蒙古	贵州	甘肃	总体
什么酒都没喝过	60.6	50.4	57.5	53.6	49.5	46.6	43.7	48.4	46.0	44.8	50.4
啤酒	22.0	30.3	26.0	20.8	30.0	26.2	27.3	26.6	34.4	28.7	26.8
葡萄酒	12.4	15.5	12.8	20.5	18.6	22.0	23.5	18.8	11.5	21.9	18.1
烈性酒（如白酒）	1.7	1.4	1.4	1.6	0.7	2.2	2.2	2.6	3.5	1.7	1.8
三种酒喝得一样多	3.3	2.4	2.3	3.5	1.2	3.0	3.3	3.6	4.5	2.9	2.9

注：表中涂黑的是十省市中该选项比例最高的和最低的

从表 5-23 中可以看出，各省市分布趋势大致与总体一致，不过也存在一些差异。北京市选择"什么酒都没喝过"的比例是最高的；而四川省选择该项的比例是最低的，并且选择喝得最多的是"葡萄酒"的比例是最高的；另外，贵州省选择喝得最多的是"啤酒"、"烈性酒"以及"三种酒喝得一样多"的比例都是最高的，而选择喝得最多的是"葡萄酒"的比例是最低的；江西省选择"烈性酒"和"三种酒喝得一样多"的比例是最低的。

2. 年级特征

对不同年级学生的选择结果进行统计，结果如表 5-24 所示。结合图 5-5 可以看出，学生对饮酒种类的选择随年级的增长是有复杂的变化的。选择"什么酒都没喝过"的人数比例随着年级的增长而不断下降；相反，选择喝过最多的是"啤酒"的比例则随着年级的增长不断上升；选择喝得最多的是"葡萄酒"的比例基本保持在中等偏低的位置，随年级增长的变化不大；而另外两项的比例也没有明显的变化，并且都保持在最低的位置。可见，中小学生开始饮酒是以啤酒和葡萄酒这种低度的酒为主的。

表5-24 不同年级的学生饮酒种类选择的人次百分比（%）

	小四	小五	小六	初一	初二	初三	高一	高二	高三
什么酒都没喝过	65.0	62.3	55.8	59.0	52.0	46.7	41.2	35.2	35.2
啤酒	12.3	14.5	17.6	17.7	24.0	31.1	37.3	44.2	43.5
葡萄酒	19.5	20.2	22.7	17.5	19.0	17.9	16.7	15.4	14.7
烈性酒（如白酒）	0.7	1.0	1.2	2.1	2.2	1.6	1.8	2.0	3.2
三种酒喝得一样多	2.6	2.0	2.7	3.7	2.8	2.7	2.9	3.2	3.4

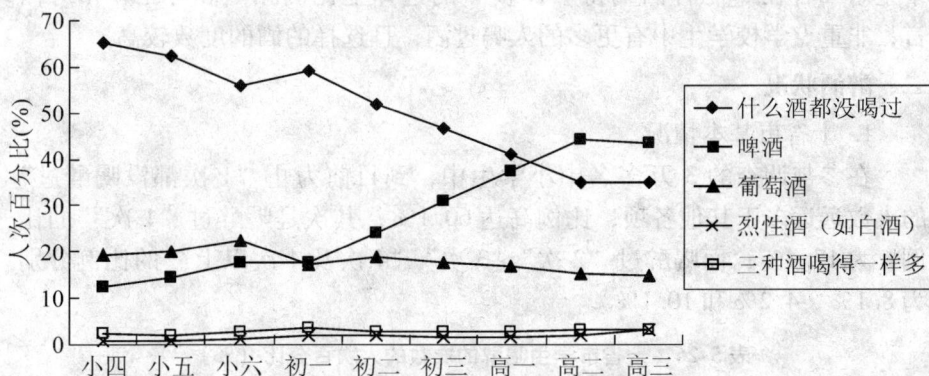

图5-5 学生饮酒种类选择的年级发展趋势

3. 性别、学校所在地及学校类型差异

表5-25 不同性别、学校所在地及学校类型的学生饮酒种类选择的人次百分比（%）

	男	女	城市	县城	重点	非重点
什么酒都没喝过	44.3	55.9	51.2	49.4	51.2	49.5
啤酒	32.5	22.0	25.5	28.2	25.6	28.7
葡萄酒	16.8	18.9	18.9	17.3	18.7	16.8
烈性酒（如白酒）	2.5	1.1	1.4	2.2	1.5	2.1
三种酒喝得一样多	3.8	2.1	3.0	2.8	3.0	2.9

无论是男生还是女生，学校在城市还是在县城的学生，重点学校还是非重点学校的学生，在这五个选项的分布上与总体是基本一致的。

性别差异是比较明显的，选择"什么酒都没喝过"的女生比例远远高于男生，另外，选择喝得最多的酒是"葡萄酒"的女生比例也略高于男生；而选择喝得最多的是"啤酒""烈性酒"以及"三种酒喝得一样多"的男生比例则高于女生。可见，相对而言，男生中有更多的人喝过酒，且选择的酒的度数较高。

学校所在地的差异也比较明显，选择"什么酒都没喝过"和喝得最多的是"葡萄酒"的城市学校学生比例高于县城学校学生；而选择喝得最多的是"啤酒"和"烈性酒"的县城学校学生比例则高于城市学校学生。二者在"三种酒喝得一样多"的选择上比例相当。可见，相对而言，县城学校学生中有更多的人喝过酒，且选择的酒的度数较高。

同样，学校类型的差异也比较明显，选择"什么酒都没喝过"和喝得最多的是"葡萄酒"的重点学校学生比例高于非重点学校学生；而选择喝得最多的是"啤酒"和"烈性酒"的非重点学校学生比例则高于重点学校学生。二者在"三种酒喝得一样多"的选择上比例相当。可见，相对而言，非重点学校学生中有更多的人喝过酒，且选择的酒的度数较高。

二、醉酒状况

1. 十省市基本情况

在参与调查的 3 万多名中小学生中，到目前为止"1 次都没喝醉过"的人数远远多于其他各项，比例高达 60.1%；其次是喝醉过"1 次"的比例，为 17.4%；而喝醉过"2 次""3 次""4 次及 4 次以上"的比例分别为 8.1%、4.2% 和 10.1%。

表 5-26　十省市学生喝醉的次数的人次百分比（%）

	北京	广东	浙江	黑龙江	江西	河南	四川	内蒙古	贵州	甘肃	总体
1 次都没喝醉过	16.8	17.3	18.2	12.7	16.6	10.1	9.9	14.0	9.1	9.3	13.5
1 次	32.8	32.4	38.1	39.6	43.1	33.4	34.1	30.8	31.4	30.0	34.9
2 次	24.3	27.2	24.8	24.8	23.0	24.4	28.0	27.0	27.0	27.8	25.7
3 次	14.8	13.7	9.7	12.6	10.3	16.7	15.0	14.3	16.5	17.0	13.9
4 次及 4 次以上	11.3	9.4	9.2	10.8	7.1	15.3	13.0	13.9	16.1	15.9	12.0

注：表中涂黑的是十省市中该选项比例最高的和最低的

从表 5-26 中可以看出，各省市分布趋势大致与总体一致，不过也存在一些差异。浙江省选择"1 次都没喝醉过"的比例最高，而选择醉过"4 次及 4 次以上"的比例最低；贵州省则是选择"1 次都没醉过"的比例最低，而选择"4 次及 4 次以上"的比例最高；江西省选择醉过"1 次"的比例最高，而醉过"4 次及 4 次以上"的比例最低。

2. 年级特征

表 5-27 不同年级的学生喝醉次数的人次百分比（%）

	小四	小五	小六	初一	初二	初三	高一	高二	高三
1 次都没喝醉过	44.3	31.7	23.3	15.5	10.3	5.3	3.9	2.5	3.3
1 次	35.1	40.9	41.2	39.0	36.9	35.6	33.5	28.9	28.1
2 次	12.7	16.6	19.8	24.0	27.8	29.4	29.2	29.9	33.1
3 次	4.0	4.8	7.8	12.4	13.1	15.8	18.4	20.7	19.7
4 次及 4 次以上	3.9	6.0	7.9	9.2	11.9	13.9	14.9	18.0	15.8

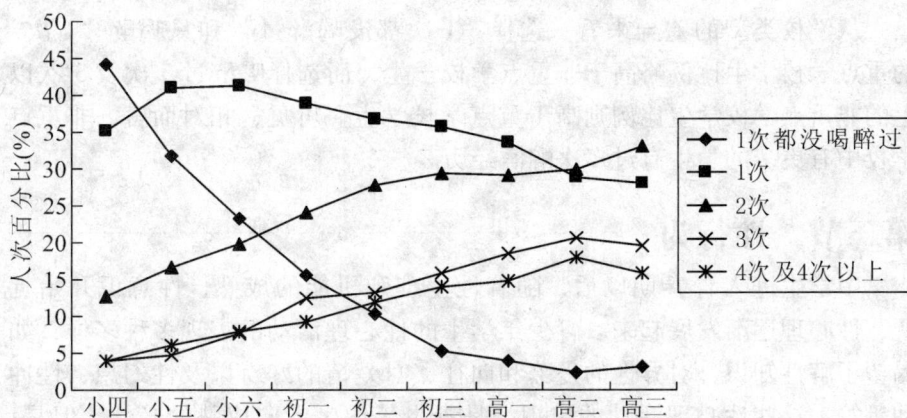

图 5-6 不同年级的学生喝醉次数的人次百分比

对不同年级学生的选择结果进行统计，结果如表 5-27 所示。学生喝酒的次数随年级的增长是有复杂的变化的。选择"1 次都没喝醉过"的人数比例随着年级的增长急速下降，到高三时已稳定在 5% 以内；类似地，选择喝醉过"1 次"的人数比例随年级的增长略有下降；而选择喝醉过"2次""3次"和"4 次及 4 次以上"的人数比例均随年级的增长持续缓慢地增加。可见，随着年级的增长，有过醉酒经历的学生越来越多，但有 3 次及 3 次以上醉酒经历的学生依然是很少的。

3. 性别、学校所在地及学校类型差异

表 5-28 不同性别、学校所在地及学校类型的学生喝醉次数的人次百分比（%）

	男	女	城市	县城	重点	非重点
1 次都没喝醉过	11.8	10.9	12.8	14.1	13.7	12.0
1 次	35.3	33.8	33.6	36.0	34.9	34.1
2 次	26.5	26.6	24.9	26.6	25.6	26.6
3 次	13.9	15.8	14.5	13.4	14.1	14.5
4 次及 4 次以上	12.6	13.0	14.1	9.9	11.7	12.8

无论是男生还是女生，学校在城市还是在县城的学生，重点学校还是非重点学校的学生，在这五个选项的分布上与总体是基本一致的。

从性别差异来看，选择"1次都没喝醉过"和只喝醉"1次"的男生比例高于女生，而选择喝醉过3次及3次以上的女生比例高于男生。可见，相对而言，女生中有更多的人有过多次醉酒经历。

从学校所在地的差异来看，选择"1次都没喝醉过"和喝醉"1次"及"2次"的县城学校学生比例高于城市学校，而在其他两项的选择中，城市学校学生的比例都高于县城学校。可见，相对而言，城市学校有更多的学生有过多次醉酒经历。

从学校类型的差异来看，选择"1次都没喝醉过"和只喝醉"1次"的重点学校学生比例略高于非重点学校学生，而选择喝醉过3次及3次以上的非重点学校学生比例则高于重点学校学生。可见，相对而言，非重点学校中有更多的学生有过多次醉酒经历。

第三节　性行为

中学生进入青春期以后，随着性生理和机能的成熟，性意识开始觉醒，性心理逐渐发展起来。青少年学生的性心理活动的表现多种多样，如渴望了解性知识，对异性的爱慕和向往，对爱情的好奇以及性幻想、性冲动等等。这些性心理活动的出现，是青少年学生走向成熟的必然。但是，由于所在地区、年龄、性别等差异的存在，使得不同群体的中学生的性知识、性心理和态度以及发生性行为的情况必然存在差异。

一、性知识

进入青春期，有关性的知识不可避免的摆在每个学生面前，性心理发展的知识、异性交往的方法、性生理知识、避孕和性病的知识，这些都是处于青春期的学生应该了解和熟悉的知识，那么中学生最想了解的性知识是什么呢？

（一）希望了解的有关性的知识

1. 十省市基本情况

表5-29　不同省市中学生最想了解的性知识的人次百分比（%）

	北京	广东	浙江	黑龙江	江西	河南	四川	内蒙古	贵州	甘肃
性心理发展知识	38.8	38.8	36.5	42.6	41.3	37.4	37.2	40.5	41.5	35.4
异性交往的方法	39.4	33.5	39.2	38.8	34.8	40.2	39.7	37.3	29.9	41.5
性生理知识	13.5	16.7	15.2	10.6	16.0	14.9	14.7	12.4	14.8	14.0
避孕知识	3.7	3.2	4.2	3.5	1.9	2.2	3.4	4.2	3.4	4.1
性病知识	4.6	7.8	5.0	4.6	6.0	5.4	5.0	5.5	10.3	5.0

调查显示,不同省市的中学生在最想了解的性知识方面是有一定共性的,即"性心理发展知识""异性交往的方法"这两方面的知识是所有省市中学生都迫切需要的,其次是"性生理知识""性病知识"和"避孕知识。"

同时也不难发现,不同省份的中学生在希望了解的有关性的知识方面是有差别的,进一步检验发现,这种差异是显著的($\chi^2 = 248.88$,$p < 0.001$)。举例来说,希望获得"性心理发展知识"的学生中,黑龙江省的中学生比例最高(42.6%),甘肃省的比例最低(35.4%);甘肃省的学生最想了解的是"异性交往的方法",而只有29.9%的贵州省的中学生希望获得"异性交往的方法";在"性生理知识"方面,广东省中学生选择的比例为16.7%,而黑龙江省的学生只有10.6%;甘肃省有4.1%的中学生希望了解"避孕知识",而这一方面在江西省仅占1.9%;贵州省有10.3%的中学生希望了解"性病知识",而这一方面在北京和黑龙江学生中只有4.6%。

2. 年级特征

表5-30 不同年级中学生最想了解的性知识的人次百分比(%)

	初一	初二	初三	高一	高二	高三
性心理发展知识	42.5	42.9	40.7	37.9	35.4	33.9
异性交往的方法	29.4	34.7	39.8	40.9	40.3	40.4
性生理知识	16.2	12.4	12.5	13.3	15.0	17.2
避孕知识	2.9	3.3	2.4	3.3	4.1	4.0
性病知识	9.1	6.8	4.6	4.6	5.3	4.5

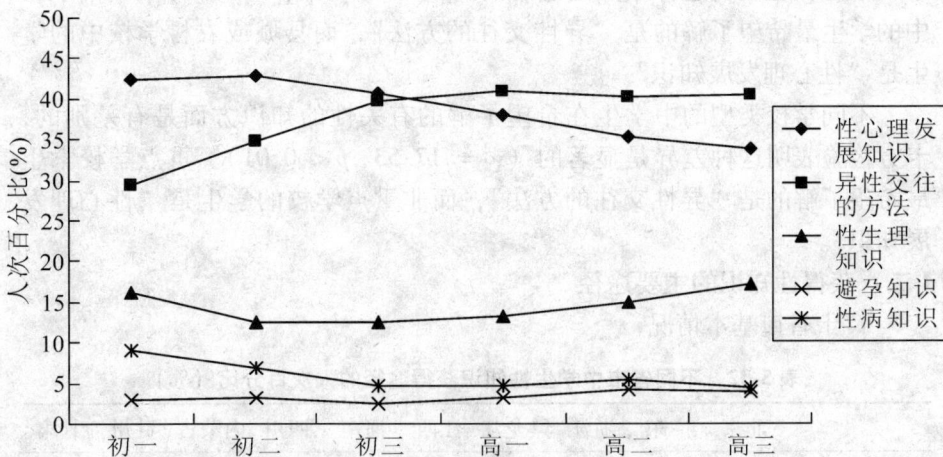

图5-7 不同年级中学生最想了解的性知识的人次百分比

不同年级的中学生在希望了解的有关性的知识方面是存在显著差异的 ($\chi^2 = 321.00$, $p < 0.001$)，由上图可以看出，初中三个年级的学生最希望了解的是"性心理发展知识"，而高中三个年级的学生最希望了解的是"异性交往的方法"。这说明，作为刚刚步入青春期的初中生，对自身的心理发展和变化感到好奇，迫切的需要性心理发展的知识，而到了高中阶段，随着年龄的增长，对自身的发展变化逐渐感到熟悉，因此关注的焦点转移到了异性交往的方法上。

3. 性别、学校所在地及学校类型差异

表 5-31　不同性别、学校所在地及学校类型中学生最想了解的性知识的人次百分比（%）

	性别		学校所在地		学校类型	
	男	女	城市	县城	重点	非重点
性心理发展知识	36.7	41.0	39.0	40.2	37.9	39.7
异性交往的方法	36.8	38.5	37.4	37.1	38.6	37.1
性生理知识	15.7	12.9	14.5	14.3	14.7	13.8
避孕知识	4.3	2.4	3.6	3.0	3.4	3.2
性病知识	6.5	5.2	5.4	5.5	5.3	6.2

结果表明，不同性别的中学生在希望了解的有关性的知识方面是有差别的，男性最希望了解的是"异性交往的方法"，而女性最希望了解的是"性心理发展知识"，其次才是"异性交往的方法"。进一步检验发现，这种差异是显著的 ($\chi^2 = 127.99$, $p < 0.001$)。

不同学校所在地的中学生在希望了解的有关性的知识方面是有差别的，卡方检验表明这种差异是显著的 ($\chi^2 = 61.22$, $p < 0.01$)。城市学校中的学生最希望了解的是"异性交往的方法"，而县城或农村学校中的学生是"性心理发展知识"。

不同学校类型的中学生在希望了解的有关性的知识方面是有差别的，卡方检验表明这种差异是显著的 ($\chi^2 = 17.53$, $p < 0.01$)。重点学校学生最希望了解的是"异性交往的方法"，而非重点学校的学生是"性心理发展知识"。

（二）获得性知识的主要途径

1. 十省市基本情况

表 5-32　不同省市中学生性知识获得途径的人次百分比（%）

	北京	广东	浙江	黑龙江	江西	河南	四川	内蒙古	贵州	甘肃
学校教育	45.8	38.0	44.6	44.4	45.6	35.1	40.5	33.3	37.0	37.2

	北京	广东	浙江	黑龙江	江西	河南	四川	内蒙古	贵州	甘肃
报刊杂志	22.9	33.0	25.2	24.6	29.8	29.9	24.4	31.4	28.2	32.3
网络、光盘等	8.5	6.9	10.7	10.7	7.0	10.4	10.8	10.9	7.7	7.7
朋友	15.7	16.7	14.5	13.5	10.9	19.0	19.7	16.9	19.4	17.5
父母	7.2	5.4	5.0	6.8	6.7	5.5	4.6	7.5	7.7	5.2

结果表明，不同省市的中学生获得性知识的途径都是类似的，占主要部分的是学校教育，接下来依次是报刊杂志、朋友、网络光盘等资源，而来自父母的知识都是最少的，均没有超过10%，这与总体的趋势是一致的。同时可以看出，北京市的中学生通过学校教育获得性知识的比例最高，达到了45.8%，而内蒙古地区的学生通过这一途径获得信息的比例只有33.3%；广东省的学生通过报刊杂志获得性知识的比例为33.0%，而北京的比例只有22.9%；内蒙古自治区的中学生从"网络、光盘等"途径获得的性知识的比例最高，为10.9%，最低的为广东省，只有6.9%；四川省的中学生从朋友处获得的性知识的比例最高，达到19.7%，最低的江西的比例为10.9%；贵州省的中学生则是从父母途径获得性知识的比例最高，为7.7%，仅有4.6%的四川省中学生由父母那里获得了性知识。

2. 年级特征

不同年级的学生获得性知识的途径如图所示，结果存在显著差异（$\chi^2 = 1667.33$，$p < 0.001$）。从图中我们可以发现一个有意思的现象，随着年级的增高，学生从学校教育中获得的性知识越来越少，而通过报刊杂志等途径得到的性知识则越来越多。

表 5-33 不同年级中学生性知识获得途径的人次百分比（%）

	初一	初二	初三	高一	高二	高三
学校教育	50.5	54.1	44.6	37.6	30.6	23.9
报刊杂志	17.4	17.3	25.3	30.6	37.1	42.2
网络、光盘等	7.2	6.3	7.0	9.0	11.0	15.0
朋友	13.7	14.9	16.7	17.9	18.2	15.8
父母	11.2	7.3	6.4	4.9	3.1	3.2

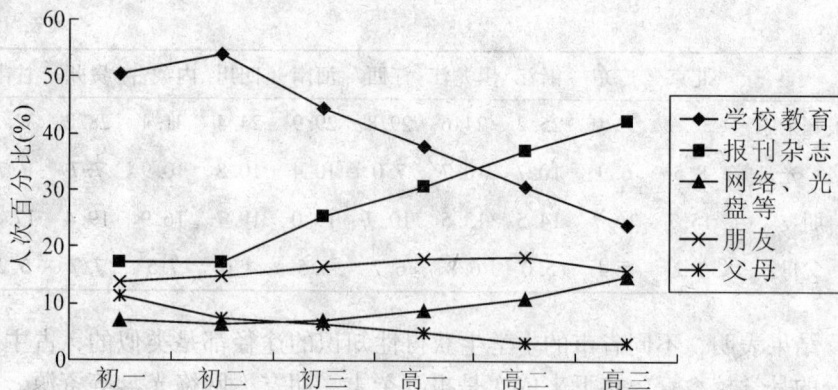

图 5-8　不同年级中学生性知识获得途径的人次百分比

3. 性别、学校所在地及学校类型差异

表 5-34　不同性别、学校所在地及学校类型中学生性知识获得途径的人次百分比（%）

	性别		学校所在地		学校类型	
	男	女	城市	县城	重点	非重点
学校教育	38.6	42.6	43.8	37.3	42.0	39.7
报刊杂志	26.9	29.1	24.0	32.2	26.9	28.7
网络、光盘等	13.8	4.7	9.8	8.4	9.4	9.0
朋友	16.6	15.8	16.2	16.2	16.0	16.4
父母	4.1	7.8	6.3	5.8	5.7	6.2

卡方检验表明，不同性别中学生获得性知识的途径是有差异（$\chi^2 = 592.78$，$p < 0.001$），虽然总体而言，无论男性还是女性，获得性知识的途径与总体的趋势是一致的，但是可以看出，女中学生来自学校教育、报刊杂志和父母的知识多于男中学生，而男中学生通过网络、光盘等资源获得的性知识则明显多于女性。

无论是来自重点学校还是非重点学校，学生获得性知识的途径的总体趋势保持一致，但是从细节中可以看出，重点学校的学生通过学校教育的途径获得的知识较多，而非重点学校的学生通过报刊杂志获得的知识较多（$\chi^2 = 15.76$，$p < 0.01$）。

无论是来自城市还是县城或农村学校，学生获得性知识的途径的总体趋势保持一致，但是从细节中可以看出，来自城市学校的学生通过学校教育的途径获得的知识较多，而来自县城或农村学校的学生通过报刊杂志获得的知识较多（$\chi^2 = 189.41$，$p < 0.01$），这说明在县城或农村等地，学校对于性知识的教育与大城市中的教育还存在一定的差距。

二、性观念

处于青春期的学生，对异性的好奇和渴望。

（一）对同龄人发生性行为的看法

1. 十省市基本情况

表5-35 十省市中学生对同龄人发生性行为看法的人次百分比（％）

	北京	广东	浙江	黑龙江	江西	河南	四川	内蒙古	贵州	甘肃
有感情的话自然可以	19.9	17.9	15.9	20.5	16.0	22.2	20.6	20.9	15.2	19.6
自己能够负责就可以	31.0	34.7	36.4	29.8	21.8	26.3	35.7	25.8	27.7	29.4
不能接受	49.2	47.3	47.7	49.7	62.1	51.5	43.7	53.3	57.1	51.0

调查表明，不同省市的中学生对于身边同龄人发生性行为的态度都是类似的，"不能接受"的占绝大多数，其次是认为"自己能够负责就可以了"，少部分人认为"如果有感情的话自然可以"。具体来看，江西省的中学生不能接受的比例最高，达到了62.1％，而四川省中学生不能接受的比例最低，为43.7％；有22.2％的河南省中学生认为有感情的话自然可以，但是只有15.2％的贵州省中学生赞同这一说法；另外，36.4％的浙江省中学生认为自己能够负责就可以，持此态度的江西省中学生的比例最少，只有21.8％。

2. 年级特征

不同年级的学生对身边同龄人发生性行为的看法存在显著差异（$\chi^2 = 604.21$，$p < 0.001$）。从图中我们可以发现一个有意思的现象，随着年级的增高，认为"不能接受"身边同龄人发生性行为的学生的比例逐渐下降，而认为"自己能够负责就可以""如果有感情的话自然可以"的比例随年级的增高出现上升的趋势。

表5-36 不同年级中学生对同龄人发生性行为看法的人次百分比（％）

	初一	初二	初三	高一	高二	高三
有感情的话自然可以	16.5	16.2	19.1	18.6	19.9	23.7
自己能够负责就可以	21.6	24.2	27.5	32.2	37.3	38.0
不能接受	61.8	59.6	53.4	49.2	42.0	38.4

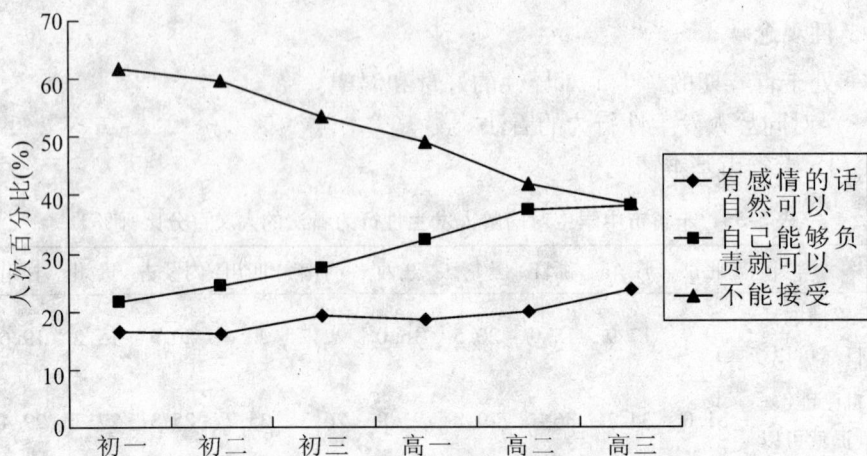

图 5-9　不同年级中学生对同龄人发生性行为看法的人次百分比

3. 性别、学校所在地及学校类型差异

表 5-37　不同性别、学校所在地及学校类型
中学生对同龄人发生性行为看法的人次百分比

	性别		学校所在地		学校类型	
	男	女	城市	县城	重点	非重点
有感情的话自然可以	23.0	15.1	18.6	19.3	18.2	19.9
自己能够负责就可以	32.0	28.1	34.8	25.1	31.5	28.8
不能接受	45.0	56.8	46.6	55.6	50.4	51.3

不同性别的中学生对身边同龄人发生性行为的看法是不同的，卡方检验表明差异显著（$\chi^2 = 325.03$，$p < 0.001$），虽然总体而言，无论男性还是女性，普遍不能接受身边的同龄人发生性行为，能接受的只占很少一部分，但是，女性的态度较之男性是更加不能接受的，而认为"如果有感情的话自然可以"的男性的百分比显著多于女性。

从上表中可以看出，无论是来自重点学校还是非重点学校，学生对身边同龄人发生性行为的看法的总体趋势保持一致，但是从细节中可以看出，重点学校的学生认为"不能接受""如果有感情的话自然可以"的比例略低于非重点学校的学生，而认为"自己能够负责就可以"的比例略高于非重点学校的学生（$\chi^2 = 19.87$，$p < 0.001$）。

结果发现，无论是学校来自城市还是县城或农村，学生对于身边同龄人发生性行为的看法的总体趋势保持一致，但是从细节中可以看出，位于县城或农村的学校，对此种行为"不能接受"的比例远远高于位于城市的学校，而认为"自己能够负责就可以了"的比例则远远低于来自城市学校中的学生，认为"如果有感情的话自然可以"的学生，在两种来源的学校中的比例相似（$\chi^2 = 246.705$，$p < 0.001$），这说明在大城市学校中的学生，对于身边同龄人发生性行为的接受态度要比来自县城或农村的学校中的学生要开放得多。

（二）你对一夜情的态度是

1. 十省市基本情况

表 5-38　十省市中学生对一夜情态度的人次百分比（%）

	北京	广东	浙江	黑龙江	江西	河南	四川	内蒙古	贵州	甘肃
不能接受	62.4	61.5	57.8	60.1	69.1	61.8	55.7	62.0	66.8	62.8
无所谓	27.9	26.6	31.9	29.1	20.8	28.3	29.3	25.3	23.3	26.5
可以接受	9.8	12.0	10.3	10.9	10.1	9.9	14.9	12.6	10.0	10.7

从数据中可以看出，不同省市的中学生对于一夜情的态度是类似的，不能接受的占绝大多数，其次是认为无所谓，只有少部分人认为是可以接受的，不同省之间的差异显著（$\chi^2 = 169.65$，$p < 0.001$），其中江西省的中学生持"不能接受"的观点的比例最高，为 69.1%，而四川省中学生持"不能接受"的观点的比例最低，为 55.7%；另一方面，四川省中学生持"可以接受"的观点的比例最高，为 14.9%，而北京市的中学生持"可以接受"的观点的比例最低，为 9.8%。

2. 年级特征

表 5-39　不同年级中学生对一夜情态度的人次百分比（%）

	初一	初二	初三	高一	高二	高三
不能接受	67.5	65.6	63.7	61.3	57.9	54.4
无所谓	22.6	25.0	26.6	27.4	30.1	30.7
可以接受	9.8	9.5	9.7	11.3	12.1	14.9

不同年级的学生对一夜情的看法存在显著差异（$\chi^2 = 188.03$，$p < 0.001$）。从图中我们可以发现，随着年级的增高，认为"不能接受"一夜情的学生的比例逐渐下降，而认为无所谓、可以接受的比例随年级的增高出现上升的趋势。

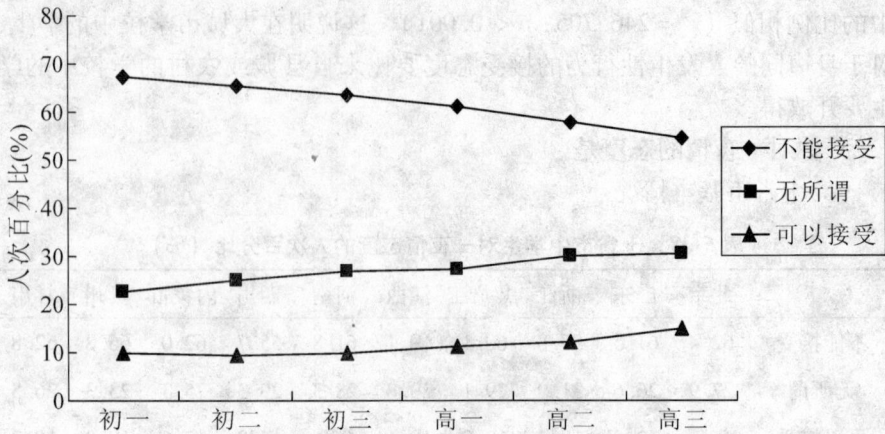

图 5-10　不同年级中学生对一夜情的态度

3. 性别、学校所在地及学校类型差异

表 5-40　不同性别、学校所在地及学校类型中学生对一夜情态度的人次百分比（％）

	性别		学校所在地		学校类型	
	男	女	城市	县城	重点	非重点
不能接受	51.9	71.4	58.1	65.6	60.2	63.1
无所谓	33.6	20.7	60.3	23.7	28.4	26.0
可以接受	14.5	7.9	11.6	10.7	11.4	10.9

不同性别的中学生对一夜情的看法是有差异的，卡方检验表明差异显著（$\chi^2 = 812.46$，$p < 0.001$），虽然总体而言，无论男性还是女性，普遍不能接受一夜情，能接受的只占很少一部分，但是，不能接受的女性（71.4％）的比例远远高于男性（51.9％）。

无论是来自重点学校还是非重点学校，中学生对一夜情看法的总体趋势保持一致，但是从细节中可以看出，非重点学校的学生认为"不能接受"的比例略高于重点学校的学生，而认为"无所谓"的比例略低于重点学校的学生（$\chi^2 = 17.87$，$p < 0.001$）。

无论是来自城市还是县城或农村学校，学生对于一夜情的看法的总体趋势保持一致，但是从细节中可以看出，位于县城或农村的学校，对此种行为"不能接受"的比例高于位于城市的学校，而认为"无所谓"的比例则低于来自城市学校中的学生，认为"如果有感情的话自然可以"的学生，在两种来源的学校中的比例相似（$\chi^2 = 2132.62$，$p < 0.01$），这说明在大城市学校中的学生，对于一夜情的接受态度要比来自县城或农村学校中的学生要开放一些。

三、性行为

随着社会的发展、文化的开放，青少年与性有关的行为的首发年龄呈现出越来越低的趋势。他们是否谈过恋爱、是否与异性发生过身体上的接触？不同群体的中学生分别呈现出什么样的特点，是我们这部分报告关注的内容。

（一）恋爱经历

1. 十省市基本情况

表5-41　十省市中学生恋爱经历的人次百分比（%）

	北京	广东	浙江	黑龙江	江西	河南	四川	内蒙古	贵州	甘肃
是	21.3	17.8	22.0	21.1	13.2	18.3	29.0	34.2	22.4	29.0
否	78.7	82.2	78.0	78.9	86.8	81.7	71.0	65.8	77.6	71.0

从数据中可以看出，不同省市的中学生谈恋爱的情况是相似的，全部是没有谈过恋爱的占大多数，而只有小部分人有过谈恋爱或者正在谈恋爱的经历。但是不同省市之间还是存在差异（$\chi^2 = 412.72$，$p < 0.001$），从图中可以看出，内蒙古自治区的学生谈恋爱的比例最高，达到了34.2%，而江西省的学生谈恋爱的比例最低，只有13.2%。

2. 年级特征

表5-42　不同年级中学生恋爱经历的人次百分比（%）

	初一	初二	初三	高一	高二	高三
是	11.9	15.1	21.1	23.9	30.1	32.9
否	88.1	84.9	78.9	76.1	69.9	67.1

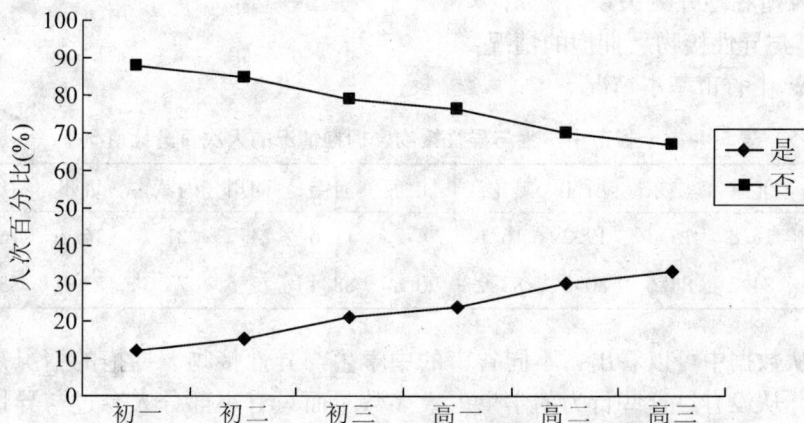

图5-11　不同年级中学生是否谈过恋爱或者正在谈恋爱

不同年级学生的谈恋爱经历存在显著差异（$\chi^2 = 604.21$，$p < 0.001$）。从图中我们可以发现，随着年级的增高，有过恋爱或者正在恋爱的学生的比例逐渐增加，而没有恋爱经历的学生的比例随年级的增高出现下降的趋势。

3. 性别、学校所在地及学校类型差异

表5-43　不同性别、学校所在地及学校类型中学生恋爱经历的人次百分比（%）

	性别		学校所在地		学校类型	
	男	女	城市	县城	重点	非重点
是	24.6	20.1	22.3	22.4	21.1	23.6
否	75.4	19.9	77.7	77.6	78.9	16.4

虽然就总体而言，没有恋爱经历的学生要多于有过恋爱经历的学生，但是不同性别的中学生是否有过恋爱经历是有性别差异的，卡方检验表明差异显著（$\chi^2 = 59.06$，$p < 0.001$），由图中可知，男性有过恋爱经历的比例比女性略高一些。

无论是来自重点学校还是非重点学校，中学生中有过恋爱经历的学生的比例都远远低于没有过恋爱经历的学生的比例，但是从细节中可以看出，重点学校的学生中没有恋爱经历的学生的比例略高于非重点学校的学生，而有过或者正在恋爱的学生的比例略高于非重点学校的学生（$\chi^2 = 17.29$，$p < 0.001$）。

从表中可以看出，无论是城市还是县城或农村，中学生中有过恋爱经历的学生的比例基本一致，分别为22.3%和22.4%，而且进一步卡方检验，差异不显著（$\chi^2 = 0.03$，$p > 0.05$）。可见，学生是否有过恋爱的经历与学校所在地并无关系。

（二）与异性接吻、拥抱的情况

1. 十省市基本情况

表5-44　十省市中学生与异性接吻、拥抱情况的人次百分比（%）

	北京	广东	浙江	黑龙江	江西	河南	四川	内蒙古	贵州	甘肃
有	15.8	15.4	19.2	16.1	9.4	11.6	24.5	21.7	16.3	16.8
无	84.2	84.6	80.8	83.9	90.6	88.4	75.5	78.3	83.7	83.2

从数据中可以看出，不同省市的中学生与异性接吻、拥抱的情况是相似的，从没有过这些行为的学生占大多数，而只有小部分人有过与异性接吻、拥抱的经历。但是不同省份之间还是存在差异（$\chi^2 = 288.90$，$p < 0.001$），从表中可以看出，四川省的学生与异性接吻、拥抱的比例最

高，而江西省的学生与异性接吻、拥抱的比例最低。

2. 年级特征

表 5-45　不同年级中学生与异性接吻、拥抱情况的人次百分比（%）

	初一	初二	初三	高一	高二	高三
有	10.2	11.2	14.8	16.9	21.8	24.9
无	89.8	88.8	85.2	83.1	78.2	75.1

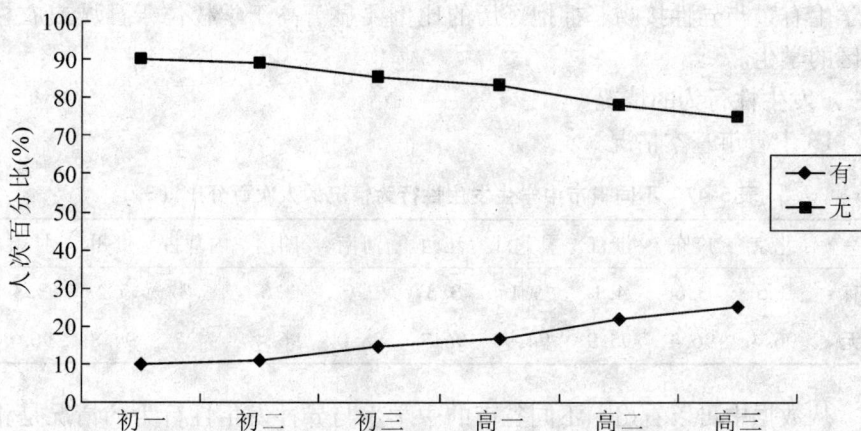

图 5-12　不同年级中学生与异性接吻、拥抱情况的人次百分比

不同年级的学生是否有过与异性接吻、拥抱的经历存在显著差异（$\chi^2 = 415.53$，$p < 0.001$）。从图中我们可以发现，随着年级的增高，有过与异性接吻、拥抱经历的学生的比例逐渐增加，而没有此种经历的学生的比例随年级的增高出现下降的趋势。

3. 性别、学校所在地及学校类型差异

表 5-46　不同性别、学校所在地及学校类型中学生
与异性接吻、拥抱情况的人次百分比（%）

	性别		学校所在地		学校类型	
	男	女	城市	县城	重点	非重点
是	19.3	13.8	18.6	14.4	16.0	17.1
否	80.7	86.2	81.4	85.6	84.0	82.9

虽然就总体而言，没有与异性接吻、拥抱过的学生要多于有过此种行为的学生，但是不同性别的中学生是否有过恋爱经历是有性别差异的，卡方检验表明差异显著（$\chi^2 = 111.45$，$p < 0.001$），由表可知，男性有过与异性接吻、拥抱经历的比例比女性略高一些。

无论是来自重点学校还是非重点学校，中学生中有过与异性接吻、拥抱经历的学生比例都远远低于没有此种行为的学生的比例，但是从细节中可以看出，重点学校的学生中有过此种经历的学生的比例略低于非重点学校的学生，而没有与异性接吻、拥抱经历的学生的比例略高于非重点学校的学生，二者的差异达到边缘显著（$\chi^2 = 4.21$，$p < 0.05$）。

从表中可以看出，无论是城市，还是县城或农村，中学生有过与异性接吻、拥抱经历的学生的比例基本一致，分别为 18.6% 和 14.4%，而且进一步卡方检验差异显著（$\chi^2 = 66.95$，$p < 0.01$）。可见，学校位于大城市中的学生有过与异性接吻、拥抱经历的比例要显著高于学校位于县城或农村地区的学生。

（三）发生性行为的情况

1. 十省市基本情况

表 5-47　不同省市中学生发生性行为情况的人次百分比（%）

	北京	广东	浙江	黑龙江	江西	河南	四川	内蒙古	贵州	甘肃
有	3.6	3.6	4.1	5.1	3.3	2.0	3.6	5.3	5.2	3.3
无	96.4	96.4	95.9	94.9	96.7	98.0	96.4	94.7	94.8	96.7

从数据中可以看出，不同省市的中学生与异性发生性行为的情况是相似的，从没有过这些行为的学生占绝大多数，而只有小部分人有过与异性发生性行为的经历。但是不同省市之间还是存在差异（$\chi^2 = 50.09$，$p < 0.001$），从表中可以看出，内蒙古自治区的学生与异性发生性行为的比例最高（5.3%），而河南省的学生与异性发生性行为的比例最低（2.0%）。

2. 年级特征

表 5-48　不同年级中学生发生性行为情况的人次百分比（%）

	初一	初二	初三	高一	高二	高三
有	5.1	3.9	2.6	2.2	3.7	5.5
无	94.9	96.1	97.4	97.8	96.3	94.5

不同年级的学生的谈恋爱经历存在显著差异（$\chi^2 = 79.75$，$p < 0.001$）。从图中我们可以发现，初一、高三的学生发生性行为的比例是最高的，分别为 5.1% 和 5.3%。这可能是因为，初一的学生刚刚进入青春期，对异性比较好奇，抱着猎奇的心态与异性发生性行为，更可能的原因是由于初一的学生对"性行为"的概念比较模糊，无形中可能扩大了"性行为"的外延，因此得出较高的比例，而到了高三，学生在生理上和心理上都接近成人，这时他们与异性发生性行为的比例是所有年级中最高的。

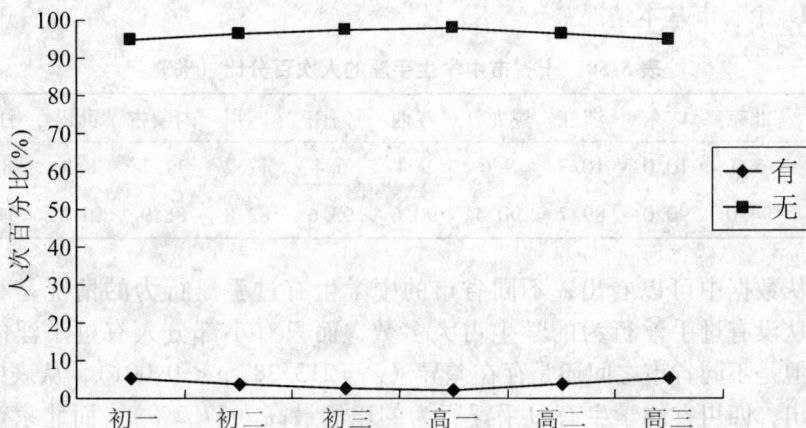

图5-13 不同年级中学生是否与异性发生过性行为的人次百分比

3. 性别、学校所在地及学校类型差异

表5-49 不同性别、学校所在地及学校类型中学生发生性行为情况的人次百分比（%）

	性别		学校所在地		学校类型	
	男	女	城市	县城	重点	非重点
是	5.0	2.6	3.4	4.2	3.6	3.9
否	95.0	97.4	96.6	95.8	96.4	96.1

　　虽然就总体而言，没有与异性发生过性行为的学生要多于有过与异性发生性行为经验的学生，但是不同性别的中学生在此问题上是存在差异的，卡方检验表明差异显著（$\chi^2 = 84.50$，$p < 0.001$），由表中可知，男性（5.0%）与异性发生过性行为的比例要略高于女性（2.6%）。

　　无论是来自重点学校还是非重点学校，中学生中有过与异性发生性行为的比例都远远低于没有过此种行为的学生的比例，有过性行为的中学生的比例非常接近，重点学校为3.6%，非重点学校为3.9%，卡方检验表明差异不显著（$\chi^2 = 0.88$，$p = 0.349$）。

　　从表中可以看出，无论是城市，还是县城或农村，中学生中与异性发生过性行为的学生的比例基本一致，分别为3.4%和4.2%，而且进一步卡方检验，差异显著（$\chi^2 = 8.81$，$p < 0.01$）。说明县城或农村地区的学校中的学生，与异性发生性行为的比例显著高于城市学校中的学生。

（四）手淫的情况

1. 十省市基本情况

表5-50　十省市中学生手淫的人次百分比（%）

	北京	广东	浙江	黑龙江	江西	河南	四川	内蒙古	贵州	甘肃
有	6.0	10.0	10.3	9.6	9.4	6.4	17.2	11.1	8.9	8.8
无	94.0	90.0	89.7	90.4	90.6	93.6	82.8	88.9	91.1	91.2

从数据中可以看出，不同省市的中学生有过手淫行为的情况是相似的，从没有过手淫行为的学生占大多数，而只有小部分人有过手淫的行为。但是不同省市之间还是存在差异（$\chi^2 = 213.28$，$p < 0.001$），从表中可以看出，四川省的学生有过手淫行为的比例最高（17.2%），而北京市的学生有过手淫行为的比例最低（6.0%）。

2. 年级特征

表5-51　不同年级中学生手淫的人次百分比（%）

	初一	初二	初三	高一	高二	高三
有	6.9	6.2	7.9	9.5	13.3	16.3
无	93.1	93.8	92.1	90.5	86.7	83.7

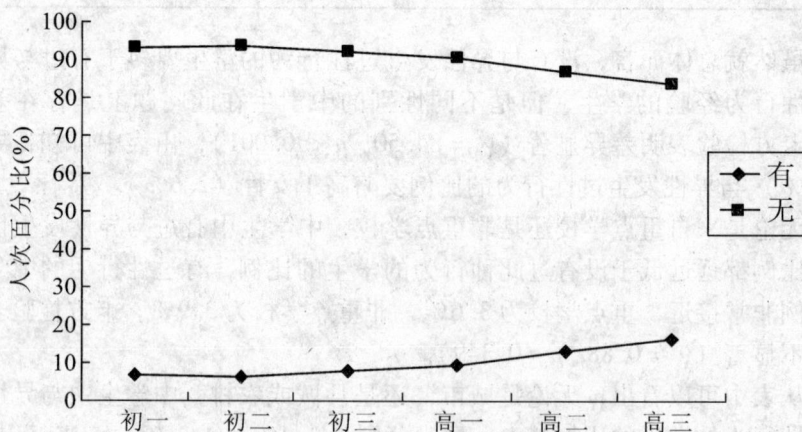

图5-14　不同年级中学生手淫的人次百分比

不同年级的学生手淫行为的比例存在显著差异（$\chi^2 = 297.93$，$p < 0.001$）。从图中我们可以发现，随着年级的增高，有过手淫行为的学生的比例逐渐增加，而没有手淫行为的学生的比例随年级的增高出现下降的趋势。

3. 不同性别、学校所在地及学校类型差异

表 5-52　不同性别、学校所在地及学校类型中学生手淫的人次百分比（%）

	性别		学校所在地		学校类型	
	男	女	城市	县城	重点	非重点
是	15.8	4.1	9.6	10.1	10.9	9.0
否	84.2	95.9	90.4	89.9	89.1	91.0

在是否有过手淫行为这一问题上，存在显著的性别差异（$\chi^2 = 759.36$，$p < 0.001$），有过手淫行为的男性的比例远远高于女性的比例。

无论是来自重点学校还是非重点学校，中学生中有过手淫行为的学生的比例都远远低于没有过手淫行为的学生的比例，但是从细节中可以看出，重点学校的学生中有过手淫行为的学生的比例略高于非重点学校的学生，而没有手淫行为的学生的比例略低于非重点学校的学生（$\chi^2 = 20.55$，$p < 0.001$）。

从表中可以看出，无论是城市，还是县城或农村，中学生中有过手淫行为的学生的比例基本一致，分别为 9.6% 和 10.1%，而且进一步卡方检验，差异不显著（$\chi^2 = 1.39$，$p > 0.05$）。可见，学生是否有过手淫行为与学校所在地并无关系。

四、性教育

（一）家长对子女性心理性行为的认识

由于对性的忌讳和回避，孩子在家庭中很少能从父母那里得到有关性的相关知识，而且对于孩子的"早恋"，家长通常是严厉"镇压"，但是在镇压的同时却不会告诉孩子一些相关的、健康的性生理、心理知识。同时，父母是孩子的第一教师，父母的一些思想、行为会潜移默化的对孩子产生影响，因此，了解父母对青少年发生性行为的态度、了解父母与孩子对于性相关知识的共享程度是十分必要的。

1. 对青少年发生性行为的接受程度

（1）十省市基本情况

表 5-53　不同省市家长对青少年发生性行为接受程度的人次百分比（%）

	北京	广东	浙江	黑龙江	江西	河南	四川	内蒙古	贵州	甘肃
不能接受	91.5	91.0	91.6	89.5	92.5	91.6	90.0	92.2	89.6	92.7
无所谓	4.8	4.9	4.5	5.6	3.3	5.8	5.6	3.9	5.3	3.5
可以接受	3.6	4.2	3.9	4.9	4.2	2.6	4.4	3.9	5.1	3.8

从数据中可以看出，来自不同省市的家长对青少年发生性行为的态度

普遍是不能接受的，只有少部分人认为无所谓或者可以接受，不同省之间的差异显著（$\chi^2 = 46.74$, $p < 0.001$），其中甘肃省的家长持"不能接受"观点的比例最高（92.7%），而黑龙江省家长持"不能接受"观点的比例最低，但是也达到了89.5%；另外，贵州省的家长持"可以接受"的观点的比例最高（5.1%），而河南省的家长持"可以接受"的观点的比例最低，只有2.6%。

（2）年级特征

孩子处在不同年级，家长对青少年发生性行为的接受程度是存在显著差异的，不能接受青少年发生性行为的家长的比例呈现下降的趋势，而认为无所谓、可以接受的比例随年级的增高出现上升的趋势。

表5-54 不同年级家长对青少年发生性行为接受程度的人次百分比（%）

	初一	初二	初三	高一	高二	高三
不能接受	92.1	92.2	91.9	92.4	91.0	86.7
无所谓	3.4	4.1	4.7	4.2	5.3	7.8
可以接受	4.5	3.8	3.4	3.4	3.7	5.6

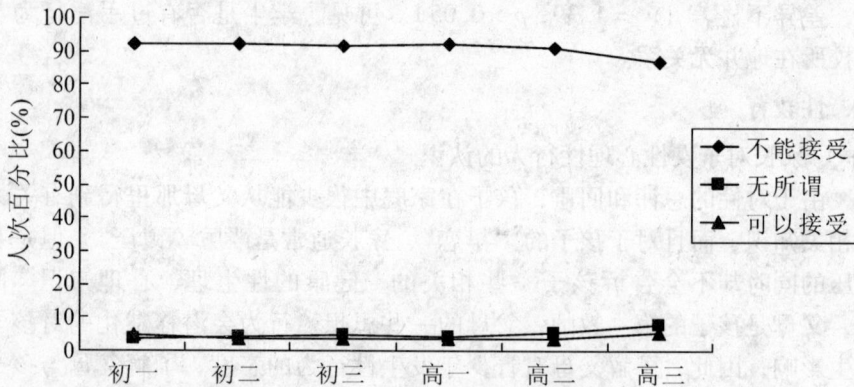

图5-15 不同年级家长对青少年发生性行为接受程度的人次百分比

（3）性别、学历差异

表5-55 不同性别、学历的家长对青少年发生性行为接受程度的人次百分比（%）

	性别		学历		
	父亲	母亲	初中及以下	高中	专科及以上
不能接受	90.4	92.7	90.5	91.8	92.5
无所谓	5.1	3.9	5.2	4.5	3.7
可以接受	4.5	3.4	4.4	3.6	3.8

父亲和母亲对青少年发生性行为的接受程度普遍是不能接受的，但也存在一定差异，卡方检验表明差异显著（$\chi^2 = 26.89$，$p < 0.001$），从数据中可以看出，母亲对于青少年发生性行为的态度是更加难以接受的（92.7%）。

卡方检验表明，不同学历的家长对于青少年发生性行为的接受程度是存在显著差异的（$\chi^2 = 15.56$，$p = 0.001$）。从图中我们可以发现，随着家长学历的升高，从初中及以下到高中、到专科及以上，家长对青少年发生性行为的不接纳的比例是逐渐增加的，而认为无所谓或可以接受的比例则是逐渐减少的。

2. 与孩子讨论与性有关的话题

（1）十省市基本情况

从数据中可以看出，不同省份的家长与孩子讨论有关性的话题的频率是存在显著差异的（$\chi^2 = 146.03$，$p < 0.001$）。结果发现，贵州省的家长经常与孩子讨论性方面的话题的比例最高，为2.6%；浙江省的家长有时会跟孩子讨论性方面的话题的比例最高，达到了36.2%，而江西省的家长有时会与孩子讨论性方面的话题的比例只有21.4%；而江西省的家长从来没有与孩子讨论性方面的话题的比例最高，达到了76.8%，从来没有与孩子讨论过性方面的话题比例最少的为浙江省，但是也达到了62.0%。

表5-56　不同省市家长与孩子讨论性话题的人次百分比（%）

	北京	广东	浙江	黑龙江	江西	河南	四川	内蒙古	贵州	甘肃
经常会	1.7	2.1	1.8	1.8	1.8	1.4	1.6	1.3	2.6	1.8
有时会	28.9	31.7	36.2	26.3	21.4	23.8	28.5	26.2	26.6	23.0
从来没有	69.4	66.3	62.0	71.9	76.8	74.8	69.9	72.5	70.7	75.2

（2）年级特征

表5-57　不同年级家长与孩子讨论性话题的人次百分比（%）

	初一	初二	初三	高一	高二	高三
经常会	1.9	2.0	1.6	1.5	1.7	2.2
有时会	28.1	27.4	25.9	26.9	27.8	26.2
从来没有	69.9	70.7	72.5	71.6	70.5	71.6

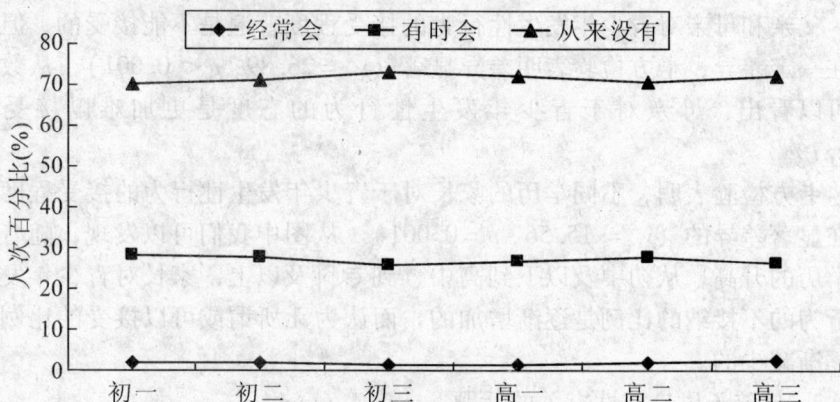

图5-16 不同年级家长与孩子讨论性话题的人次百分比

由结果可知，无论孩子处在哪个年级，家长与孩子讨论性方面的话题的趋势是一致的，进一步的卡方检验发现，差异不显著（$\chi^2 = 11.25$，$p > 0.05$）。也就是说，无论孩子属于哪一个年级，大部分家长的普遍做法都是从来没有与孩子讨论过有关性方面的话题，而只有很少一部分家长经常会与孩子讨论。

（3）性别、学历差异

表5-58 不同性别、学历家长与孩子讨论性话题的人次百分比（%）

	性别		学历		
	父亲	母亲	初中及以下	高中	专科及以上
经常会	1.4	2.0	1.9	1.6	1.7
有时会	21.6	32.0	18.5	26.0	40.8
从来没有	77.0	66.0	79.6	72.4	57.5

父亲或母亲与孩子讨论与性有关的话题的频率是存在显著差异的（$\chi^2 = 222.01$，$p < 0.001$），虽然总体而言，无论父亲还是母亲，更多的家长从来没有与孩子讨论有关性的话题，但是母亲（66.0%）的比例略低于父亲（77.0%），而有时与孩子讨论的比例是母亲略高于父亲。可见，在孩子的性教育方面，母亲起到的作用要大于父亲。

从数据中可以看出，不同学历的家长，与孩子讨论性方面的话题的程度是不同的，且卡方检验发现这种程度的差异是显著的（$\chi^2 = 536.16$，$p < 0.001$）。不难发现，学历越高的家长，与孩子讨论有关性的话题的频率会更高，而学历越低，从来不和孩子讨论有关性的话题的比例就越高。

3. 对孩子谈恋爱情况的了解

（1）十省市基本情况

表 5-59 不同省市家长对孩子恋爱情况了解的人次百分比（%）

	北京	广东	浙江	黑龙江	江西	河南	四川	内蒙古	贵州	甘肃
没有	76.7	78.8	84.2	79.8	84.6	75.4	72.9	74.3	74.6	70.5
正在谈	2.2	2.3	1.9	2.4	1.0	1.1	2.7	3.2	2.0	1.5
谈过	5.9	4.9	2.6	4.8	1.9	6.1	7.4	6.4	6.8	7.3
不知道	15.2	14.1	11.3	13.1	12.5	17.4	17.0	16.1	16.6	20.7

从数据中可以看出，不同省市的家长对孩子是否谈过恋爱或正在谈恋爱的了解程度是存在差异的（$\chi^2 = 228.64$, $p < 0.001$），在这里我们要关注的是"不知道"孩子是否谈过恋爱或者正在谈恋爱的情况。从表中可以看出，甘肃省的家长对这方面的情况最不了解，比例达到了 20.7%，做得比较好的是浙江省的家长，但也有 11.3% 不清楚孩子的状况。

（2）年级特征

表 5-60 不同年级家长对孩子恋爱情况了解的人次百分比（%）

	初一	初二	初三	高一	高二	高三
没有	90.5	84.1	77.8	75.3	67.6	63.4
正在谈	1.0	1.2	1.6	1.7	2.6	4.2
谈过	1.4	2.7	4.9	5.8	8.5	10.7
不知道	7.1	12.1	15.7	17.2	21.3	21.8

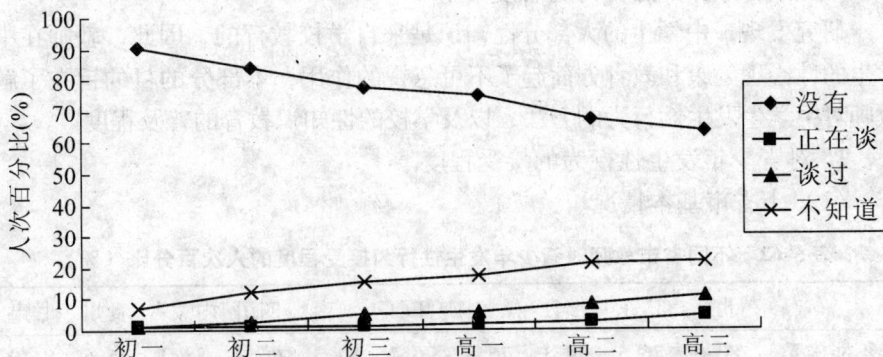

图 5-17 不同年级家长对孩子恋爱情况了解的人次百分比

孩子在不同的年级，家长对孩子是否有过恋爱经历的了解程度也是存在显著差异的（$\chi^2 = 188.03$, $p < 0.001$）。可以看出，随着孩子年级的增

高，认为孩子没有谈过恋爱的家长的比例呈现下降的趋势，而同时，不知道孩子是否谈过恋爱或者正在谈恋爱的家长的比例逐渐上升。这说明，随着孩子年级的升高，家长对孩子的了解程度是逐渐下降的。

（3）性别、学历差异

表 5-61　不同性别、学历家长对孩子恋爱情况了解的人次百分比（%）

	性别		学历		
	父亲	母亲	初中及以下	高中	专科及以上
没有	74.7	80.1	75.9	76.7	80.7
正在谈	2.1	1.7	2.1	1.9	1.4
谈过	5.5	5.2	4.8	6.0	4.8
不知道	17.8	13.0	17.1	15.4	13.0

父亲或者母亲对于孩子是否谈过恋爱或正在谈恋爱的关注情况是存在差异的（$\chi^2 = 74.85$，$p < 0.001$），"不知道"孩子情况的家长中，父亲（17.8%）的比例明显高于母亲（13.0%），这说明母亲对于孩子的关注是比较多的。

从表中我们可以看出，家长的学历不同，对孩子是否有过恋爱经历的了解程度是不同的，卡方检验表明这种差异是显著的（$\chi^2 = 45.80$，$p < 0.001$）。结合柱状图发现，家长的学历越低，就越不清楚孩子是否谈过恋爱或者正在谈恋爱，而家长的学历越高，这方面的了解也就越多。这表明，学历水平较高的家长，比较关注孩子各个方面的发展状况，而学历较低的家长，则容易忽视孩子各个方面的发展情况。

（二）教师对青少年性行为的态度

研究发现，中学生的大部分性知识是来自学校教育的，因此，教师在中学生的性心理健康和教育方面起了不可忽视的作用，本部分的目的旨在了解教师对中学生发生性行为的看法，以及学校的性知识教育的普及程度。

1. 对青少年发生性行为的接受程度

（1）十省市基本情况

表 5-62　不同省市教师对青少年发生性行为接受程度的人次百分比（%）

	北京	广东	浙江	黑龙江	江西	河南	四川	内蒙古	贵州	甘肃
不能接受	80.6	76.5	74.1	76.4	76.7	85.3	66.9	88.2	75.6	84.0
无所谓	6.7	11.2	8.5	7.0	16.3	6.5	12.4	5.9	9.3	1.8
可以接受	12.7	12.4	17.4	16.6	7.0	8.2	20.7	5.9	15.2	14.2

从数据中可以看出，不同省市的中学教师对于青少年发生性行为的态

度类似，不能接受的占绝大多数，但是卡方检验表明，不同省之间的差异显著（$\chi^2 = 59.60$，$p < 0.001$），其中内蒙古自治区的中学教师持"不能接受"的观点的比例最高（88.2%），而四川省的教师持此观点的比例最低，另一方面，四川省的中学教师持"可以接受"的观点的比例最高（20.7%），而内蒙古教师持此观点的比例最低，仅有 5.9%。

（2）性别、学段差异

表 5-63　不同性别、学段教师对青少年发生性行为接受程度的人次百分比（%）

	性别		学段	
	男	女	初中	高中
不能接受	70.6	82.6	81.6	74.1
无所谓	11.7	5.9	6.0	10.5
可以接受	17.7	11.4	12.3	15.4

由表可知，不同性别的中学教师对青少年发生性行为的接受程度是不同的，卡方检验表明差异显著（$\chi^2 = 42.35$，$p < 0.001$），虽然总体而言，无论男性还是女性教师，普遍不能接受青少年发生性行为，能接受的只占很少一部分，但是，不能接受的女性教师（82.6%）的比例远远高于男性教师（70.6%）。

教师所教的学段不同，对青少年发生性行为的接受程度也有所不同，并且存在显著差异（$\chi^2 = 17.64$，$p < 0.001$）。从表中我们可以发现，初中的教师对青少年发生性行为是更加不可接受的（81.6%），而认为可以接受的教师中，高中教师（15.4%）的比例高于初中教师（12.3%）。

2. 性教育

（1）十省市基本情况

表 5-64　不同省市学校教授性相关知识的人次百分比（%）

	北京	广东	浙江	黑龙江	江西	河南	四川	内蒙古	贵州	甘肃
经常会	3.4	4.3	4.8	1.9	0.0	7.1	5.2	0.0	2.6	1.2
有时会	72.2	63.2	77.8	61.3	58.1	58.5	67.0	56.8	56.8	53.8
从来没有	24.5	32.4	17.3	36.8	41.9	34.4	27.7	43.2	40.6	45.0

从数据中可以看出，不同省市的学校对于传授给学生有关性方面的知识的程度是存在差异的（$\chi^2 = 89.17$，$p < 0.001$）。如表所示，河南省的教师表示"经常会给学生传授一些性方面的知识"的比例是最高的，达到了 7.1%，而江西省、内蒙古自治区的教师则没有人认为学校经常给学生传授这方面的知识，比例竟然是 0%。同时，甘肃省、内蒙古自治区、江西

省和贵州省的教师认为学校"从来没有给学生传授有关性方面的知识"的比例较高，都达到了40%以上。由此可见，对于性知识的学校教育方面，上述几个省份的学校开展的较少。

（2）学段差异

表5-65 不同学段学校教授性相关知识的人次百分比（%）

	初中	高中
经常会	4.1	2.5
有时会	70.4	59.2
从来没有	25.4	38.3

不同学段的教师认为该校传授给学生性方面的知识的程度是存在差异的（$\chi^2 = 36.71$, $p < 0.001$）。从表中我们可以发现，"经常会"传授性方面的知识的学校，初中和高中的比例都很低，分别为4.1%和2.5%，而高中阶段的教师（38.3%）认为"从来没有"教给学生有关性的知识的比例远远高于初中阶段的教师（25.4%）。

第四节 过失行为

中小学生在成长和发展过程中，可能由于各种因素的存在和影响，而出现各种各样的问题行为，例如打架、斗殴、偷东西、抽烟、喝酒等等。这些问题行为可能会对中小学生的安全以及健康产生影响，也影响着青少年的学习。这部分对这些问题进行了探讨。

在参与吸烟现状调查的3万多名中小学生中，最近6个月内发生下列五种问题行为的频率如下表所示：

表5-66 中小学生近半年内发生问题行为频率的人次百分比（%）

	从未	1次	2次	3次	3次以上
打架斗殴	65.6	15.1	6.9	3.0	9.4
考试作弊	59.6	17.3	7.7	3.0	12.4
破坏公物	71.8	14.2	5.7	2.5	5.8
偷东西	84.6	7.5	3.3	1.8	2.8
离家出走	86.4	7.6	2.9	1.5	1.6

由上表可见，选择"从未发生"的人数比例远远高于其他各项，各项比例的分布状况相似，只是不同的问题行为发生的频率也有所不同。下文中，我们将在此基础上求出各项行为的加权平均数（加权平均数＝"从未"的百分数×0 ＋ "1次"的百分数×1 ＋ "2次"的百分数×2 ＋ "3

次"的百分数×3 + "3次以上"的百分数×4），来表示各问题行为在近半年内的发生频率。

1. 十省市基本情况

表5-67 十省市学生半年内问题行为发生频率（次）

	北京	广东	浙江	黑龙江	江西	河南	四川	内蒙古	贵州	甘肃	总体
打架斗殴	66.2	60.4	63.0	80.7	75.3	73.1	74.8	96.5	84.4	93.3	75.4
考试作弊	75.1	92.1	72.9	83.8	96.2	91.8	86.7	108.6	149.7	92.1	91.1
破坏公物	48.4	53.7	51.7	53.8	68.3	51.2	55.9	60.6	63.0	60.6	56.3
偷东西	26.9	34.8	25.7	33.1	33.6	26.0	27.5	32.4	36.8	34.7	30.7
离家出走	19.7	21.8	20.8	29.1	21.7	22.9	23.8	25.3	44.7	27.1	24.5

注：表中涂黑的是十省市中该选项比例最高的和最低的

从表5-67中可以看出，各省市分布趋势大致与总体一致，不过也存在一些差异。内蒙古自治区"打架斗殴"的频率是最高的，而广东省则是最低的；贵州省在"考试作弊"、"偷东西"和"离家出走"这三项上的频率都是最高的，而浙江省在"考试作弊"和"偷东西"上的频率是最低的；另外，北京市在"破坏公物"和"离家出走"这两项上的频率都是最低的，江西省在"破坏公物"上是最高的。

2. 年级特征

对不同年级学生的选择结果进行统计，结果如表5-68所示：

表5-68 不同年级学生半年内问题行为发生频率（次）

	小四	小五	小六	初一	初二	初三	高一	高二	高三
打架斗殴	69.0	72.6	82.6	72.7	81.4	78.7	72.5	79.0	70.1
考试作弊	22.5	32.6	58.6	73.7	103.5	124.4	126.9	134.1	142.7
破坏公物	35.1	42.1	47.0	58.2	64.4	64.5	64.9	62.9	65.8
偷东西	21.2	21.0	21.4	36.0	37.3	30.0	33.6	34.4	40.2
离家出走	12.1	11.8	11.6	29.1	37.4	31.1	25.6	29.5	29.9

结合表5-68和图5-18可以看出，学生在近半年内问题行为的发生频率随年级的增长是有变化的。"考试作弊"一项随年级的增长急速增加，其中，在初中阶段增长最快，而到高中则相对稳定，成为中学生中频率最高的问题行为；另外，"破坏公物"的发生频率也随着年级的增长缓慢增加；而"偷东西"和"离家出走"两项都是在初中阶段有明显的增加，到高中时有一些回落；"打架斗殴"这一问题行为的发生频率在各年级中变化不大，稳定在相对较高的水平。

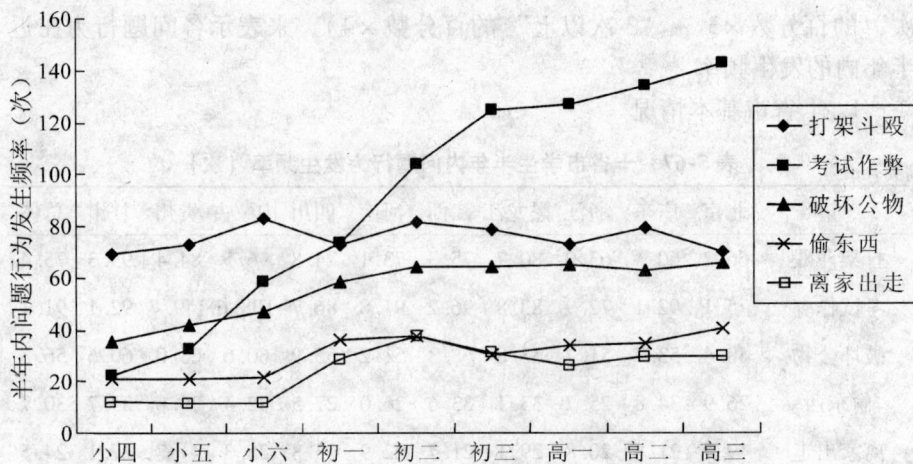

图 5-18 不同年级学生半年内问题行为的发生频率（次）

3. 性别、学校所在地及学校类型差异

无论是男生还是女生，学校在城市还是在县城的学生，重点学校还是非重点学校的学生，在这五个选项的分布上与总体是基本一致的。

由表 5-69 可以看出，性别差异是非常明显的。男生在"打架斗殴""破坏公物""偷东西"和"离家出走"这几项问题行为上的发生频率都远远高于女生，而女生"考试作弊"的发生频率则高于男生。这也符合我们对不同性别角色的认知。

学校所在地的差异也非常明显，在所有五项问题行为中，县城学校学生的发生频率都不同程度地高于城市学校。

同样，学校类型的差异也是很明显的，在所有五项问题行为中，非重点学校学生的发生频率都不同程度地高于重点学校。

表 5-69 不同性别、学校所在地及学校类型学生半年内问题行为发生的频率（次）

	男	女	城市	县城	重点	非重点
打架斗殴	88.5	62.1	67.5	83.8	69.6	80.3
考试作弊	91.2	99.6	85.8	97.0	87.5	98.3
破坏公物	63.4	51.3	51.3	61.6	53.9	59.0
偷东西	35.0	27.5	26.4	35.2	28.4	32.9
离家出走	29.4	21.0	21.5	27.7	22.9	26.8

第五节　自杀

有调查显示，青少年自杀及自杀死亡率呈上升趋势，并成为造成青少年的第二大死因，而且，自杀的青少年有进一步低龄化的趋势。自杀想法、自杀未遂和自杀死亡是与自杀行为相关的三种状况，而自杀想法和自杀未遂是预测自杀死亡的重要指标。

一、自杀想法和自杀行为

1. 十省市基本情况

表5-70 不同省市学生自杀想法和行为情况的人次百分比（%）

自杀	北京	广东	浙江	黑龙江	江西	河南	四川	内蒙古	贵州	甘肃
有自杀想法	28.8	29.0	31.8	35.2	31.6	31.1	36.9	27.3	42.4	34.3
有自杀行为	12.2	17.1	12.8	14.5	11.6	12.0	14.5	10.8	20.7	13.2

调查显示，共有37.8%的中小学生表示自己以前或最近想过自杀的问题，有16.2%的中小学生表示自己曾经有过自杀行为。其中，内蒙古自治区中小学生有自杀想法和自杀行为的人数比例均最低；而贵州省中小学生有自杀想法和自杀行为的人数比例均最高。鉴于学生对于自杀行为的理解可能存在一定问题，产生这一高比例（20.7%）的具体原因还有待于进一步的研究去考证。

2. 年级特征

表5-71 不同年级学生自杀想法和行为情况的人次百分比（%）

自杀	小四	小五	小六	初一	初二	初三	高一	高二	高三
有自杀想法	17.7	21.1	25.4	34.8	38.0	38.5	39.3	38.1	38.0
有自杀行为	8.2	7.0	7.5	18.5	18.5	18.2	13.9	14.2	15.0

调查显示，小学四年级学生有自杀想法的人数比例最低，高一的最高；小学五年级学生有自杀行为的人数比例最低，初一和初二的最高。

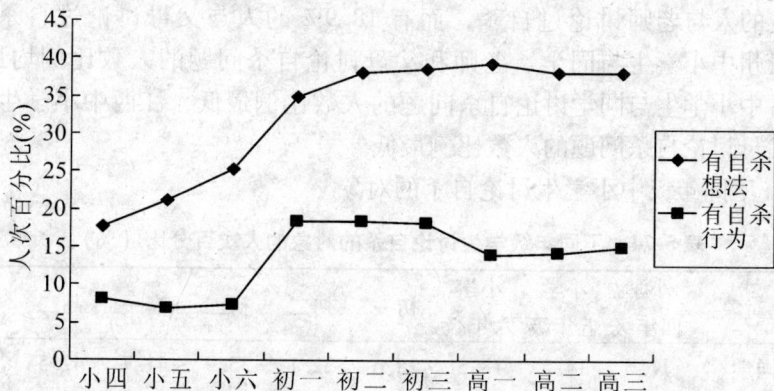

图5-19 不同年级中小学生自杀想法和自杀行为状况

如图所示，中小学生中有自杀想法的人数比例有随年级的增长而增多的趋势，但初中以后人数比例趋于稳定；有自杀行为的人数比例小学生最低，初中生最高。

3. 性别、学校所在地及学校类型差异

表5-72　不同性别、学校所在地及学校类型学生自杀想法和行为情况的人次百分比（%）

自杀	性　别		学校所在地		学校类型	
	男	女	城市	县城	重点	非重点
有自杀想法	32.1	35.5	33.5	31.4	32.3	33.7
有自杀行为	15.4	12.2	11.5	14.8	12.5	13.9

调查显示，中小学中，有自杀想法的男生比例低于女生，而有自杀行为的男生却高于女生；有自杀想法的城市学生比例高于县城和农村学生，而有自杀行为的城市学生比例却低于县城和农村学生；非重点学校的学生有自杀想法和自杀行为的人数比例均高于重点学校的。

二、讨论自杀

1. 十省市基本情况

表5-73　不同省市学生讨论自杀的对象的人次百分比（%）

讨论对象	北京	广东	浙江	黑龙江	江西	河南	四川	内蒙古	贵州	甘肃
与同学	24.6	32.9	31.1	25.7	29.0	32.3	32.0	23.9	43.3	33.6
与老师	8.9	11.0	7.6	10.7	7.4	9.2	12.0	8.0	15.0	8.4
与父母	13.2	19.0	14.0	16.6	11.6	15.6	19.1	13.9	23.7	17.0

调查表明，在中小学生中，有37.6%的人与同学讨论过自杀，有11.5%的人与老师讨论过自杀，而有18.9%的人与父母讨论过自杀。其中，贵州中小学生与同学、老师和父母讨论自杀问题的人数比例均最高，内蒙古中小学生与同学讨论自杀问题的人数比例最低，江西中小学生与老师、父母讨论自杀问题的人数比例最低。

2. 不同年级中小学生讨论自杀的对象

表5-74　不同年级学生讨论自杀的对象的人次百分比（%）

讨论对象	小学四年级	小学五年级	小学六年级	初一	初二	初三	高一	高二	高三
与同学	11.6	14.2	18.3	28.6	32.1	35.9	41.7	42.5	45.8
与老师	6.0	4.8	4.3	15.9	11.5	9.9	10.0	8.5	3.1
与父母	9.8	8.4	9.6	20.8	18.0	17.3	18.5	17.8	20.8

　　调查显示，与同学讨论自杀的高三学生人数比例最高，小学四年级的比例最低；与老师讨论自杀的初一学生人数比例最高，高三年级的比例最低；与父母讨论自杀的初一和高三学生人数比例最高，小学五年级的最低。

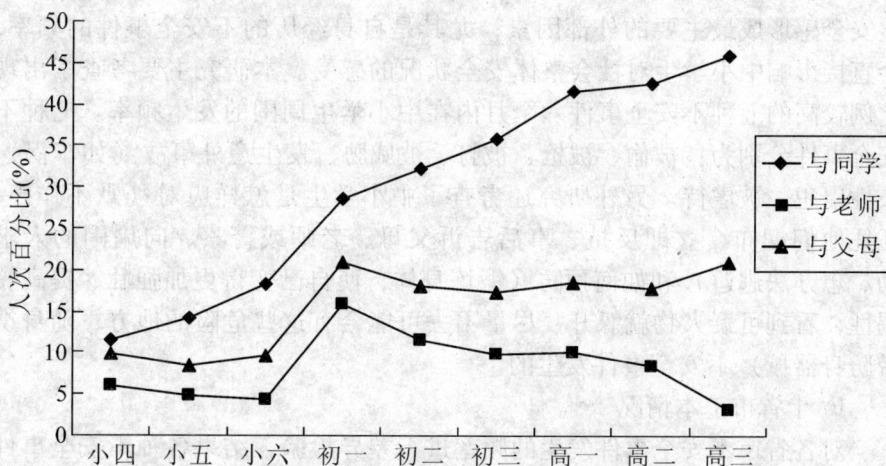

图5-20　不同年级中小学生讨论自杀的对象的状况

　　如图所示，不同年级的学生在讨论自杀的对象上表现出不同的趋势。与同学讨论自杀的人数比例有随年级上升而增多的趋势，与老师讨论自杀的人数比例在初一学生中有一个突然的上升，然后缓慢下降；与父母讨论自杀的人数比例在初一学生中也有一个突然的上升，然后略有下降，并保持稳定。

　　3. 性别、学校所在地及学校类型差异

表5-75　不同性别、学校所在地及学校类型学生讨论自杀的对象的人次百分比（％）

讨论对象	性　别		学校所在地		学校类型	
	男	女	城市	县城	重点	非重点
与同学	27.9	35.3	29.2	31.4	31.2	30.7
与老师	12.0	7.8	8.3	10.9	9.0	10.7
与父母	16.4	16.3	16.2	15.8	16.5	16.3

　　调查表明，与同学讨论自杀的女生人数比例比男生高，而与老师、父母讨论自杀的男生人数比例比女生高；与同学、老师讨论自杀的县城学生人数比例高于城市学生，与父母讨论自杀的城市学生人数比例高于县城学生；与同学、父母讨论自杀的非重点学校学生人数比例低于重点学校学生，与老师讨论自杀的重点学校学生人数比例低于非重点学校学生。

第六节　人身安全

一、安全状况

在中小学生的生活范围内，各种不安全事件的发生频率是构成中小学生安全感形成最主要的外部因素；尤其是自身经历的不安全事件的频率，会直接影响中小学生对社会整体安全状况的感受。本研究主要考查了出现比例较高的七种不安全事件六个月内在中小学生周围的发生频率。七种不安全事件分别为：被偷、被抢、被打、被威胁、发生意外事故（如车祸）、被性侵犯、被虐待。另外研究还考查了中小学生是怎样应对（默不作声，任凭他们摆布、立即反抗、事后告诉父母、老师或警察、向周围的人求助、想办法逃避）和如何预防（锻炼身体，使自己变得更加强壮、提高警惕性，看到可疑人物就躲开、尽量不去可能会有这些危险的地方、随身携带防身器械）不安全事件发生的。

1. 十省市基本情况

对各省市不安全事件发生的频率进行差异检验，结果各种不安全事件的发生频率在省市之间都存在显著性的差异。从表 5-76 可以看出，在被偷事件上，3 次及以上所占比例最高的是江西省，而发生最少（0～1）的为北京；在被抢事件上，3 次及以上所占比例最高的是贵州省，而发生最少（0～1）的为浙江和河南；在被打事件上，3 次及以上所占比例最高的是江西省，而发生最少（0～1）的为河南；在被威胁事件上，3 次及以上所占比例最高的是贵州省，而发生最少（0～1）的为河南；在发生意外事故上，3 次及以上所占比例最高的是黑龙江省，而发生最少（0～1）的为内蒙古和河南；在被性侵犯事故上，3 次及以上所占比例最高的是贵州省，而发生最少（0～1）的为河南；在被虐待上，3 次及以上所占比例最高的是贵州省，而发生最少（0～1）的为四川和河南。

通过对中小学生对不安全事件的应对方式进行省市的卡方检验，结果发现各省市学生对不安全事件的应对方式存在显著性的差异（$\chi^2 = 596.50$，$p < 0.001$）。从表 5-76 可以看出，立即反抗和事后告诉父母、老师或警察这两个选项是各省市中学生选择比例最高的两项。其中在默不作声，任凭他们摆布的方式上，贵州学生相对其他市来说选择比例最高，达到 8.6%；立即反抗选项上，最高的是贵州，最低的为北京；事后告诉父母、老师或警察选项上，最高的是北京，最低的为贵州；向周围人求助选项上，最高的为河南省，最低的为贵州省；想办法逃避选项最高的是江西省，最低的为贵州省。

中小学生对不安全事件可能采取的防范措施也存在显著性的差异（$\chi^2 = 518.82$，$p < 0.001$）。从表 5-76 可以看出，在尽量不去可能有这些危险

的地方这个选项上，比例最高的是河南，其次依次为甘肃、江西、四川、浙江、北京、内蒙古、广东、黑龙江和贵州。在提高警惕性，看到可疑人物就躲开这个选项上，比例最高的是广东，其次依次为内蒙古、黑龙江、浙江、北京、贵州、江西、甘肃、四川、河南。在锻炼身体，使自己变得更加强壮这个选项上，最高的是贵州，其次依次为黑龙江、四川、浙江、河南、江西、北京、广东、甘肃、内蒙古。在随身携带防身器械这个选项上，最高的是黑龙江，其次依次为内蒙古、四川、甘肃、北京、河南、贵州、浙江、广东、江西。

表 5-76　十省市学生不安全事件发生频率及应对和预防方式的人次百分比（%）

		北京	广东	浙江	黑龙江	江西	河南	四川	内蒙古	贵州	甘肃
被偷	0~1次	85.1	79.7	81.9	81.9	75.6	83.9	81.1	79.2	77.3	79.5
	2次	6.7	9.2	8.4	7.4	11.0	8.4	8.8	9.2	10.4	9.2
	3次及以上	8.2	11.1	9.7	10.6	13.3	7.7	10.1	11.6	12.3	11.3
被抢	0~1次	94.2	89.4	94.8	92.2	92.9	94.8	93.7	92.7	86.9	92.8
	2次	2.6	4.3	2.4	3.2	2.9	2.8	2.9	3.5	5.1	3.1
	3次及以上	3.2	6.3	2.8	4.6	4.2	2.4	3.3	3.8	8.0	4.1
被打	0~1次	87.9	86.5	86.9	87.4	85.6	89.3	87.1	85.1	85.5	85.1
	2次	4.8	6.0	6.5	5.8	5.7	5.2	5.3	6.6	6.1	6.9
	3次及以上	7.4	7.5	6.6	6.9	8.7	5.5	7.6	8.3	8.4	8.0
被威胁	0~1次	91.2	89.1	89.3	89.7	90.2	92.4	90.2	90.1	88.3	88.7
	2次	3.5	5.8	5.0	4.6	4.1	3.0	5.0	5.0	5.1	5.1
	3次及以上	5.3	5.1	5.7	5.7	5.8	4.5	4.8	4.9	6.5	6.2
意外事故	0~1次	92.8	92.7	92.0	91.2	93.7	94.4	93.4	94.4	91.1	93.9
	2次	3.6	4.1	4.9	4.1	3.6	3.0	3.7	3.2	4.5	3.4
	3次及以上	3.6	3.2	3.1	4.6	2.7	2.5	2.9	2.4	4.4	2.6
性侵犯	0~1次	95.7	95.3	94.7	94.8	96.2	96.6	95.5	96.4	72.7	95.3
	2次	1.7	2.3	1.9	2.5	1.6	1.4	2.2	1.8	14.8	1.6
	3次及以上	2.6	2.4	3.3	2.8	2.2	1.9	2.4	1.8	12.5	3.0
被虐待	0~1次	94.3	90.6	93.5	93.0	94.4	94.5	94.5	93.7	82.3	94
	2次	2.0	5.1	1.9	2.8	2.1	2.2	2.0	2.5	11.2	2.1
	3次及以上	3.7	4.3	4.6	4.2	3.5	3.3	3.5	3.8	6.5	3.8

		北京	广东	浙江	黑龙江	江西	河南	四川	内蒙古	贵州	甘肃
对不安全事件的反应	默不作声，任他们摆布	2.8	4.1	2.8	3.0	2.7	2.4	2.5	2.7	8.6	2.4
	立即反抗	28.9	33.8	39.4	33.7	29.6	32.9	29.1	31.4	43.5	31.0
	事后告诉父母、老师或警察	34.4	29.8	25.4	30.3	32.5	30.5	30.9	33.7	21.3	32.6
	向周围的人求助	16.0	15.8	16.9	15.1	15.9	17.8	16.4	16.0	11.1	15.1
	想办法逃避	17.9	16.5	15.5	17.9	19.3	16.4	21.1	16.2	15.4	18.9
可能采取的防范措施	锻炼身体，使自己变得更加强壮	15.9	15.9	16.6	17.5	16.1	16.4	16.8	12.7	24.8	15.0
	提高警惕性，看到可疑人物就躲开	38.5	43.9	38.5	39.4	35.5	30.9	32.1	40.5	38.0	32.2
	尽量不去可能会有这些危险的地方	38.7	34.5	38.7	33.8	42.9	45.8	42.4	37.8	30.9	45.6
	随身携带防身器械	7.0	5.7	6.2	9.3	5.6	6.9	8.8	9.0	6.3	7.2

2. 年级特征

表5-77　不同年级学生不安全事件发生频率及应对和预防方式的人次百分比（%）

		小四	小五	小六	初一	初二	初三	高一	高二	高三
被偷	0~1次	82.3	82.1	81.3	79.2	77.6	80.9	80.4	82.3	82.3
	2次	7.8	8.3	7.7	10.0	10.3	9.6	9.2	7.7	8.9
	3次及以上	10.0	9.6	11.0	10.8	12.1	9.6	10.5	10.0	11.6
被抢	0~1次	94.5	95.1	95.0	89.7	91.3	92.4	93.2	92.6	91.0
	2次	2.4	2.5	2.0	4.3	3.8	3.4	2.8	2.9	4.3
	3次及以上	3.1	2.4	3.0	6.0	4.9	4.2	4.0	4.5	4.8
被打	0~1次	84.7	85.3	85.6	85.4	84.5	87.8	89.1	89.3	89.5
	2次	6.7	6.3	5.9	6.9	7.8	4.9	4.4	4.9	5.0
	3次及以上	9.1	8.4	8.6	7.7	7.7	7.3	6.6	5.7	5.5

续表

		小四	小五	小六	初一	初二	初三	高一	高二	高三
被威胁	0~1次	92.7	92.8	91.2	87.2	86.4	89.4	90.0	91.6	90.0
	2次	3.4	3.3	3.5	6.3	6.3	4.5	4.9	3.5	5.0
	3次及以上	3.9	3.9	5.3	6.5	7.4	6.2	5.2	4.9	5.1
意外事故	0~1次	95.4	95.7	96.0	91.1	90.4	93.3	92.4	92.4	91.1
	2次	2.5	2.3	1.9	4.7	5.5	3.3	4.0	4.2	5.1
	3次及以上	2.1	1.9	2.1	4.3	4.0	3.3	3.6	3.4	3.9
性侵犯	0~1次	92.3	94.8	91.8	93.2	92.9	95.3	95.6	95.7	94.2
	2次	4.7	2.3	3.8	3.6	2.6	2.2	2.0	1.8	2.6
	3次及以上	3.1	3.0	4.4	3.4	4.6	2.5	2.5	2.5	3.2
被虐待	0~1次	92.7	93.6	91.9	91.0	90.8	94.2	94.9	95.0	93.2
	2次	4.3	3.3	4.7	3.8	3.3	1.7	2.0	2.0	2.4
	3次及以上	3.1	3.2	3.4	5.2	5.9	4.0	3.1	3.0	4.4
对不安全事件的反应	默不作声，任他们摆布	4.5	3.0	3.5	4.7	3.2	2.7	2.2	2.2	2.6
	立即反抗	19.7	23.0	31.3	25.5	32.5	38.5	39.8	42.3	44.0
	事后告诉父母、老师或警察	43.4	41.3	34.1	31.9	31.5	26.4	23.9	21.6	19.4
	向周围的人求助	14.3	14.4	13.9	18.8	16.8	16.3	15.7	16.4	15.7
	想办法逃避	18.2	18.2	17.3	19.2	16.0	16.2	18.4	17.5	18.3
可能采取的防范措施	锻炼身体，使自己变得更加强壮	18.0	15.9	19.1	15.3	15.4	18.7	15.3	15.2	16.1
	提高警惕性，看到可疑人物就躲开	40.6	40.9	37.9	37.4	36.5	34.2	33.9	33.9	34.7
	尽量不去可能会有这些危险的地方	32.2	35.6	34.1	38.8	40.8	40.4	44.5	45.8	44.0
	随身携带防身器械	9.1	7.6	9.0	8.5	7.4	6.7	6.4	5.1	5.3

　　为考查中小学生周围不安全事件发生频率的年级差异，对各年级在各项不安全事件发生频率上进行平均分的差异检验。结果表明，不同年级在各项不安全事件上都存在显著性的差异，其中被偷事件（$F = 7.45$, $p < 0.001$）、被威胁事件（$F = 18.94$, $p < 0.001$）、被虐待（$F = 18.94$, $p < 0.001$）的发生频率从小学四年级开始逐渐增长，到初三时发生的频率最

高，而之后又缓慢下降；被打事件（$F = 15.18$，$p < 0.001$）发生频率在小学四年级的时候最低，而在小学五年级的时候跃至最高点，在初三之后才呈现缓慢下降趋势；被抢事件（$F = 14.73$，$p < 0.001$）的发生频率从四年级开始逐渐增长，到初三的时候发生的频率最高，而之后又缓慢下降；意外事故的发生（$F = 25.11$，$p < 0.001$）在小学四年级到初一年级的发生频率较低，而初二到高三的发生频率较高；被性侵犯（$F = 8.98$，$p < 0.001$）的频率在各年级的变化趋势上没有显著性的特征。

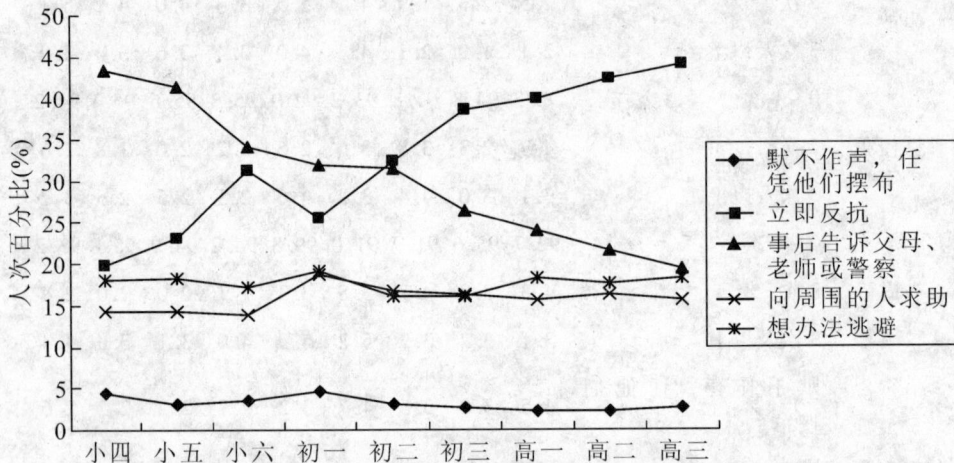

图5-21　不同年级学生不安全事件反应方式的人次百分比

通过对不安全事件反应的年级差异进行卡方检验，结果表明不同年级之间对不安全事件的反应有显著的差异（$\chi^2 = 1392.08$，$p < 0.001$）。由表5-77可以看出，总体上说，随着年级的增长，中小学生采取立即反抗的频率逐渐增加，而默不作声，任凭他们摆布、事后告诉父母、老师或警察的频率逐渐降低。从横向上看，在小学阶段，事后告诉父母、老师或警察是儿童遇到不安全事件的主要反应方式，而到了初中阶段，立即反抗逐渐取代了告诉父母、老师或警察，成为遇到不安全事件最主要采取的反应手段。

通过对不安全事件可能采取的防范措施年级差异进行卡方检验，表明不同年级之间对不安全事件可能采取的防范措施有显著性的差异（$\chi^2 = 356.20$，$p < 0.001$）。从表5-77可以看出，总体而言，随着年级的增加，中小学生在提高警惕性，看到可疑人物就躲开，随身携带防身器械这两个选项上，呈现比例逐渐下降的趋势。而在尽量不去可能会有这些危险的地方这个选项上，随着年级的增加，呈比例逐渐上升的趋势。

3. 性别、学校所在地和学校类型差异

对中小学生不安全事件发生频率进行性别差异检验，结果表明各个不安全事件都存在显著的性别差异。在被偷（$F = 13.83$，$p < 0.001$）、被抢（$F = 285.52$，$p < 0.001$）、被打（$F = 136.66$，$p < 0.001$）、被威胁（$F = 238.54$，$p < 0.001$）、发生意外事故（$F = 100.28$，$p < 0.001$）、被性侵犯（$F = 180.94$，$p < 0.001$）以及被虐待（$F = 185.68$，$p < 0.001$）各项上的男生不安全事件的发生频率都高于女生。

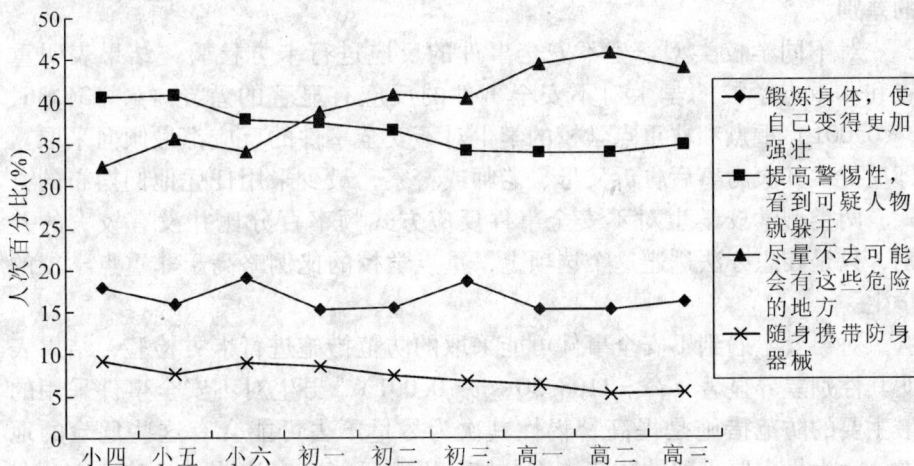

图5-22 不同年级学生对不安全事件可能采取的防范措施的人次百分比

对中小学生不安全事件发生频率进行学校所在地的差异检验，结果表明不同学校所在地各个不安全事件都存在显著差异。在被偷（$F = 54.82$，$p < 0.001$）、被抢（$F = 1.58$，$p < 0.001$）、被打（$F = 17.58$，$p < 0.001$）、被威胁（$F = 8.62$，$p < 0.001$）、发生意外事故（$F = 12.71$，$p < 0.001$）、被性侵犯（$F = 65.24$，$p < 0.001$）以及被虐待（$F = 72.16$，$p < 0.001$）各项上县城或郊区学校的不安全事件发生率都高于城市。

对中小学生不安全事件发生频率进行学校类型差异检验，结果表明，被偷（$F = 21.07$，$p < 0.001$）、发生意外事故（$F = 11.13$，$p < 0.001$）、被性侵犯（$F = 71.35$，$p < 0.001$）以及被虐待（$F = 38.85$，$p < 0.001$）这几项不安全事件发生频率存在着显著的学校类型差异，其中非重点的学校在这几项不安全事件发生频率的平均分均高于重点学校。而被抢（$F = 2.75$，$p < 0.001$）、被打（$F = 1.70$，$p < 0.001$）、被威胁（$F = 2.86$，$p < 0.001$）事件的发生频率在不同的学校类型之间并没有显著的差异。

对男女生不安全事件的反应进行卡方检验，结果其性别差异显著（$\chi^2 = 231.14$，$p < 0.001$）。男生和女生都最倾向采用立即反抗的方式，其次是事后告诉父母、老师或警察，最少采取默不作声，任凭他们摆布的方式。在遇到反应采取立即反抗的方式上，男生的比例高于女生。在向周围人求助、想办法逃脱，这两个选项上，女生的比例高于男生。

对不同学校所在地学生不安全事件的反应进行卡方检验，结果表明城市学校和县城学校学生对不安全事件的反应有显著性的差异（$\chi^2 = 67.41$，$p < 0.001$）。城市学校学生和县城学校学生都最倾向采用立即反抗的方式，其次是事后告诉父母、老师或警察，最少采取默不作声，任凭他们摆布的方式。不同学校所在地学生对不安全事件反应方式频率百分比并没有较大的差别。

对不同学校类型学生不安全事件的反应进行卡方检验，结果表明重点和非重点学校的学生对不安全事件的反应有显著的差异（$\chi^2 = 36.36$，$p < 0.001$）重点和非重点学校的学生对不安全事件的反应都最倾向采取立即反抗，其次为事后告诉父母、老师或警察，最少采用任凭他们摆布的方式。两类型学校学生对不安全事件反应方式频率百分比并没有较大的差别，只是在想办法逃避这个选项上，重点学校的比例略高于非重点学校的学生。

对男女生遇到不安全事件可能采取的防范措施进行卡方检验，结果表明其性别差异显著（$\chi^2 = 1108.50$，$p < 0.001$）。男生对不安全事件采用的最主要的防范措施是提高警惕性其次为尽量不去可能会有这些危险的地方，女生最主要采取的防范措施是尽量不去可能会有这些危险的地方，此项占到了近50%；而男生和女生最少采取的方式是随身携带防身器材，只占到了各自的9.34%和5.27%。男生采取锻炼身体使自己变得更强壮和随身携带防身器材的比例都高于女生。

通过对不同学校所在地学生遇到不安全事件时可能采取的防范措施进行卡方检验，结果表明城市学校学生和县城学校学生在遇到不安全事件时可能采取的防范措施存在显著差异（$\chi^2 = 59.91$，$p < 0.001$）。县城学校和城市学校的学生都最可能采取尽量不去可能会有这些危险的地方，其次是提高警惕性，看到可疑人物就避开，最少的是随身携带防身器械。城市学校的学生选择提高警惕性看到可疑人物就避开的比例比县城学校的学生高；而县城学校选择锻炼身体使自己变得更加强壮的比例比城市学校的学生高。

通过对不安全事件可能采取防范措施学校类型差异进行卡方检验，结果表明重点和非重点学校的学生对不安全事件可能采取的防范措施有显著性的差异（$\chi^2 = 25.73$，$p < 0.001$）。城市和县城学校的学生都最可能采取尽量不去可能会有这些危险的地方，其次是提高警惕性看到可疑人物就避开，最少的是随身携带防身器械。但重点学校的学生选择尽量不去可能会有这些危险的地方的比例比非重点学校的学生高；而非重点学校学生选择锻炼身体使自己变得更加强壮的比例比重点学校的学生高。

表 5-78　各类学生不安全事件发生频率、应对和预防方式的人次百分比（%）

		男	女	城市	县城	重点	非重点
被偷	0～1 次	79.7	81.8	82.5	78.6	81.7	80.2
	2 次	9.0	8.5	7.8	9.9	8.5	8.9
	3 次及以上	11.3	9.6	9.6	11.5	9.8	10.9
被抢	0～1 次	90.6	94.8	92.6	92.6	93.0	92.3
	2 次	4.1	2.3	3.2	3.3	3.0	3.5
	3 次及以上	5.3	2.9	4.2	4.2	4.1	4.2
被打	0～1 次	85.1	89.1	87.5	85.9	87.1	86.8
	2 次	6.7	4.8	5.3	6.4	5.7	5.9
	3 次及以上	8.2	6.2	7.2	7.7	7.2	7.4
被威胁	0～1 次	87.7	92.1	90.5	89.6	90.3	89.7
	2 次	5.3	3.8	4.3	4.9	4.3	4.9
	3 次及以上	7.0	4.1	5.3	5.5	5.5	5.5
意外事故	0～1 次	91.2	94.4	93.6	92.4	93.2	92.8
	2 次	4.5	3.3	3.6	4.0	3.9	3.8
	3 次及以上	4.2	2.3	2.9	3.5	2.9	3.5
性侵犯	0～1 次	92.7	96.1	95.3	92.6	95.1	92.5
	2 次	3.2	1.9	2.1	3.5	2.1	3.7
	3 次及以上	4.1	2.0	2.5	3.9	2.75	3.8
被虐待	0～1 次	91.5	95.4	94.5	91.1	93.7	91.8
	2 次	3.5	1.8	2.0	4.3	2.4	3.9
	3 次及以上	5.0	2.9	3.5	4.5	3.8	4.3
对不安全事件的反应	默不作声，任凭他们摆布	3.9	2.1	2.6	3.9	2.7	3.7
	立即反抗	35.4	31.1	33.3	32.5	32.8	33.8
	事后告诉父母、老师或警察	30.1	29.3	30.0	30.8	30.1	29.8
	向周围的人求助	13.9	18.5	16.5	15.1	15.9	15.9
	想办法逃避	16.7	19.0	17.7	17.8	18.5	16.8

续表

		男	女	城市	县城	重点	非重点
可能采取的防范措施	锻炼身体，使自己变得更加强壮	22.4	10.4	15.3	17.9	15.5	17.6
	提高警惕性，看到可疑人物就躲开	35.0	37.0	37.7	35.8	36.8	36.5
	尽量不去可能会有这些危险的地方	33.3	47.4	39.4	39.6	40.3	38.9
	随身携带防身器械	9.3	5.3	7.7	6.7	7.4	7.0

二、安全感

除了上述对影响中小学生安全感的外部因素之外，中小学生对社会整体安全感的主观感知也是影响安全感很重要的方面。本研究通过"你对生活在现在的社会感到安全吗"这个题目，考查中小学生对社会整体安全感主观感知状态。

1. 十省市基本情况

表5-79　各省市学生对社会整体安全感感知的人次百分比（%）

		北京	广东	浙江	黑龙江	江西	河南	四川	内蒙古	贵州	甘肃
你对生活在现在的社会感到安全吗	很安全	28.9	25.1	23.3	27.8	28.2	22.2	23.0	25.0	21.6	18.8
	一般	51.9	50.6	59.5	50.6	56.2	57.4	55.4	52.2	44.3	55.8
	不安全	19.3	24.3	17.2	21.6	15.6	20.4	21.6	22.9	34.2	25.4

对中小学生对社会整体安全感的感知分数进行省市差异检验，结果表明对社会整体安全感的感知上存在显著的省区差异（$F = 26.06$，$p < 0.001$）。对中小学生对社会整体安全感的感知的平均分进行排序，对社会整体安全感的感知最安全的是江西，其次为北京、黑龙江、浙江、广东和内蒙古、河南和四川、甘肃、贵州。

2. 年级特征

表5-80　不同年级学生对社会整体安全感感知的人次百分比（%）

		小四	小五	小六	初一	初二	初三	高一	高二	高三
你对生活在现在的社会感到安全吗	很安全	41.0	34.7	30.8	24.7	23.0	18.2	16.3	16.6	15.5
	一般	42.6	48.2	49.5	51.3	54.0	59.5	57.9	62.2	59.8
	不安全	16.4	17.1	19.7	24.1	23.0	22.4	25.8	21.2	24.7

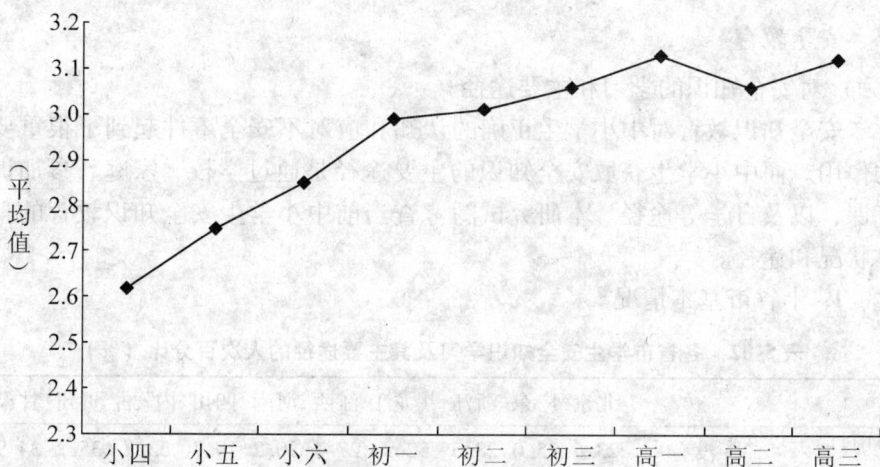

图5-23　中小学生对社会整体安全感感知的年级差异

注：平均值越高倾向于选择越不安全

为考查中小学生对社会整体安全感的感知的年级差异，对各年级对社会整体安全感的感知进行平均分检验，结果表明不同年级对社会整体安全感的感知有显著性的差异（$F = 108.39$，$p < 0.001$）。从表中可以看出，随着年级的增长，中小学生感受到社会的安全程度逐渐下降。

3. 性别、学校所在地和学校类型差异

表5-81　不同性别、学校所在地及学校类型学生
对社会整体安全感感知的人次百分比（%）

		男	女	城市	县城	重点	非重点
你对生活在现在的社会感到安全吗	很安全	25.9	20.4	22.6	26.7	23.9	24.8
	一般	52.3	57.3	54.9	52.6	54.9	53.2
	不安全	21.7	22.3	22.4	20.7	21.2	22.0

对中小学生对社会安整体全感的感知的分数进行性别差异检验，结果表明对社会整体安全感的感知存在显著的性别差异（$F = 39.09$，$p < 0.001$）。其中男生对社会整体安全感感知的平均分为2.95，女生的平均分为3.02。说明女生比男生更倾向认为社会不安全。

对不同学校所在地学生对社会整体安全感感知的分数进差异检验，结果表明对社会整体安全感的感知存在显著的学校所在地差异（$F = 45.68$，$p < 0.001$）。城市学校比县城学校更倾向认为社会不安全。

对中小学生对社会整体安全感的感知分数进行学校类型的差异检验，结果表明学生对社会整体安全感的感知不存在学校类型差异（$F = 1.61$，$p > 0.05$）。

三、安全教育

（一）对安全知识的学习和主要途径

安全知识教育对中小学生正确的认知和应对不安全事件起到了很重要的作用。而中小学生获取安全知识的主要途径是通过学校、家庭、参加训练课，以及自学等途径。本研究试图考查当前中小学生安全知识教育的整体状况和途径。

1. 十省市基本情况

表 5-82　各省市学生安全知识学习及其主要途径的人次百分比（%）

		北京	广东	浙江	黑龙江	江西	河南	四川	内蒙古	贵州	甘肃
你自己学过安全保护的知识吗	没有	23.5	25.0	28.5	32.2	27.4	30.2	19.3	33.8	35.2	34.9
	有	76.5	75.0	71.5	67.8	72.7	69.8	80.7	66.2	64.9	65.1
你参加过自我保护的训练课吗	没有	60.5	66.8	69.2	71.6	76.1	71.5	57.0	74.3	62.6	74.7
	有	39.5	33.2	30.8	28.4	23.9	28.5	43.0	25.7	37.4	25.3
学校举办过安全保护知识的讲座或课程吗	没有	23.4	30.9	29.4	38.4	41.2	31.3	24.4	41.6	47.2	38.7
	有	76.6	69.1	70.6	61.6	58.8	68.8	75.6	58.5	52.9	61.3
父母会给你讲有关自我保护的知识吗	没有	20.8	20.0	25.4	22.3	19.9	20.0	16.4	23.7	26.9	22.1
	有	79.2	80.0	74.5	77.7	80.2	80.0	83.6	76.3	73.1	77.9
你学习逃生技能最主要是通过什么途径	自学	28.1	36.6	40.6	38.0	44.6	36.0	39.1	40.9	58.0	47.3
	父母教的	20.5	22.6	24.2	21.0	21.9	18.0	21.0	20.3	16.7	23.9
	学校教的	43.3	33.9	32.2	33.6	26.5	39.2	30.5	30.8	17.3	20.8
	参加课外训练班	8.0	6.9	6.8	7.4	7.1	6.8	9.4	7.9	8.0	8.0

从表 5-82 可以看出，各省市自学过安全保护知识的学生普遍超过了50%以上，对不同省市中小学生自学安全保护知识的情况进行卡方检验，结果表明不同省市中小学生在自学安全保护知识上有显著性的差异（$\chi^2 = 385.36$，$p < 0.001$）。四川学生自学安全保护知识的比例最高，其次为北京、广东、江西、浙江、河南、黑龙江、内蒙古、甘肃、贵州。

从表 5-82 可以看出，各省市区中小学生参加自我保护训练课的比例都较低。通过对不同省市中小学生参加自我保护训练课的情况进行卡方检验，结果表明不同省市的学生在参加自我保护训练课上存在显著性的差异（$\chi^2 = 578.87$，$p < 0.001$）。中小学生参加自我保护训练课比例最高的是四川省，其次依次为北京、贵州、广东、浙江、河南、黑龙江、内蒙古、甘肃、江西。

通过对不同省市学校安全保护知识教育的情况进行卡方检验，结果表明不同省市之间学校安全保护教育存在显著性的差异（$\chi^2 = 728.53$，$p < 0.001$）。从表 5-82 可以看出，其中学校安全知识教育比例最高的是北京，其次依次为四川、浙江、广东、河南、黑龙江、甘肃、江西、内蒙古、贵州。

通过对不同省市学生的家庭自我保护教育情况进行卡方检验，结果表明省市差异显著（$\chi^2 = 170.95$，$p < 0.001$）。从表 5-82 中可以看出，四川省的家庭自我保护教育的比例最高，为 83.6%，其次依次为江西、河南、广东、北京、甘肃、黑龙江、内蒙古、浙江、贵州。

通过对不同省市学生学习逃生技能的主要途径进行卡方检验，结果表明各省市区学习逃生技能主要途径之间有显著的省市差异（$\chi^2 = 927.56$，$p < 0.001$）。从表 5-82 可以看出，通过自学途径学习逃生知识比例最高的是贵州省，其次依次为甘肃、江西、内蒙古、浙江、四川、黑龙江、广东、河南、北京。而通过学校学习比例最高的是北京，其次依次为河南、广东、四川、黑龙江、浙江、内蒙古、江西、甘肃、贵州。父母教的比例最高的为甘肃，其次依次为广东、江西、黑龙江、北京、浙江、内蒙古、四川、河南、贵州。参加课外训练比例最高的为四川省，其次依次为贵州和北京、甘肃、内蒙古、黑龙江、江西、广东、浙江、河南。

2. 年级特征

表 5-83　不同年级学生安全知识学习及其主要途径的人次百分比（%）

		小四	小五	小六	初一	初二	初三	高一	高二	高三
你自己学习过安全保护的知识吗	没有	21.0	19.9	19.2	24.9	25.0	30.4	33.2	38.1	43.1
	有	79.0	80.1	80.8	75.1	75.0	69.6	66.8	61.9	56.7
你参加过自我保护的一些训练课吗	没有	57.8	58.2	57.0	63.6	66.5	74.3	76.8	80.2	81.9
	有	42.2	41.8	43.0	36.4	33.5	25.7	23.2	19.8	18.1
你们学校有没有举办过关于安全保护知识的讲座或课程	没有	31.7	30.9	27.5	34.1	30.2	32.0	39.8	37.5	40.9
	有	68.3	69.2	72.5	65.9	69.8	68.0	60.2	62.5	59.1

续表

		小四	小五	小六	初一	初二	初三	高一	高二	高三
父母会给你讲有关自我保护的知识吗	没有	18.1	16.1	16.4	20.4	22.3	24.4	20.9	24.0	26.8
	有	81.9	83.8	83.6	79.6	77.7	75.6	79.1	76.0	73.2
你学习逃生技能最主要是通过什么途径	自学	34.7	34.9	35.6	31.9	34.8	42.6	47.6	47.8	53.3
	父母教的	26.8	27.5	24.7	22.9	20.7	16.6	17.1	14.9	16.0
	学校教的	27.9	28.0	30.9	35.8	35.9	34.2	30.0	33.4	25.4
	参加课外训练班	10.6	9.6	8.9	9.4	8.5	6.6	5.3	3.9	5.3

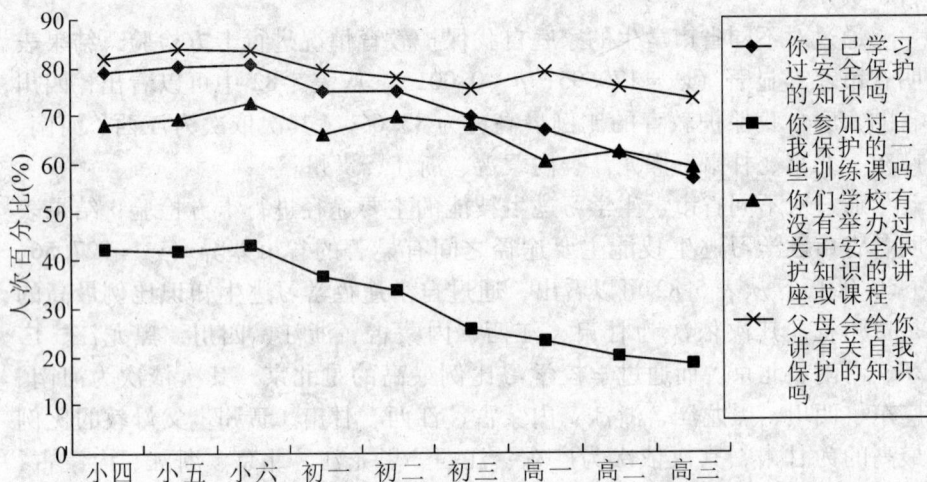

图5-24　不同年级学生安全知识学习情况的人次百分比

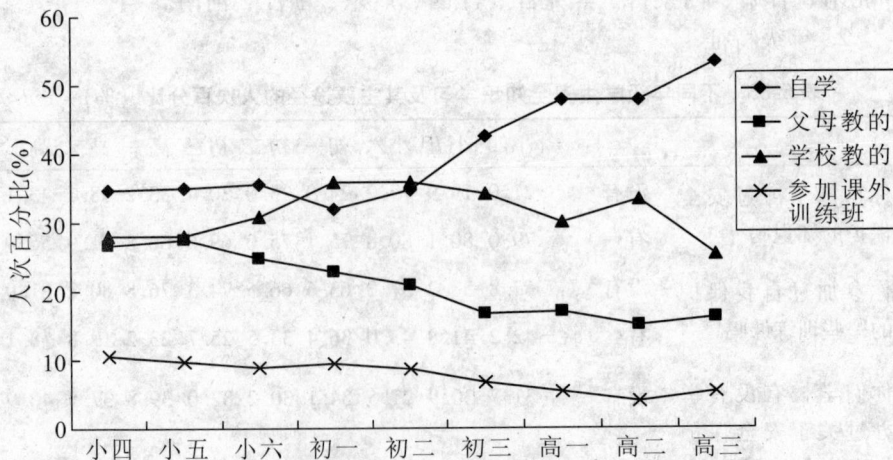

图5-25　不同年级学生学习逃生技能主要途径的人次百分比

通过对中小学生自学安全保护知识的年级差异进行卡方检验，结果表明不同年级之间中小学生存在显著性的差异（$\chi^2 = 518.82$，$p < 0.001$）。从表5-83可以看出，小学生自学安全保护知识的比例较高，而在中学随着年级的增长，中小学生自学安全保护知识的比例逐渐下降。

通过对中小学生参加自我保护训练课的年级差异进行卡方检验，结果表明不同年级之间对中小学生参加自我保护训练课之间存在显著性的差异（$\chi^2 = 1236.42$，$p < 0.001$）。从表5-83可以看出，小学生参加自我保护训练课的比例较高，达到了近50%；而中学生随着年级的增长，参加自我保护训练课的比例逐渐下降，到了高三年级只有18.10%的学生参加过自我保护训练课。

通过对学校安全保护知识的年级差异进行卡方检验，结果表明各个年级得到学校安全保护知识教育存在显著性的差异（$\chi^2 = 250.32$，$p < 0.001$）。从表5-83可以看出，总体上说，学校安全保护知识的教育随着年级的增长呈逐渐下降的趋势。其中小学和初中学生得到较多的安全保护知识教育，特别是小学六年级，达到了72.5%。而高中阶段学校安全保护知识教育比较少。

通过家庭自我保护教育的年级差异进行卡方检验，结果表明不同年级受到家庭保护的教育情况有显著性的差异（$\chi^2 = 237.44$，$p < 0.001$）。从表5-83可以看出，小学阶段的家庭保护教育有比较高的比例，达到了80%以上。而初中阶段和高中阶段，在初一和高一家庭自我保护教育比例较高，而之后都随着年级的增长呈下降的趋势。

通过对逃生技能学习主要途径的年级差异进行卡方检验，结果表明不同年级之间对逃生技能的学习主要途径有显著性的差异（$\chi^2 = 1017.69$，$p < 0.001$），从表5-83可以看出，随着年级的增加，学生学习逃生技能通过自学的比例越来越大，到高三的时候超过了50%，而通过父母教的和参加课外训练班的比例逐渐减小。

3. 性别、学校所在地和学校类型差异

通过对中小学生自学安全保护知识的性别差异进行卡方检验，结果表明男生和女生在自学安全保护知识上存在显著性的差异（$\chi^2 = 10.98$，$p < 0.05$）。而女生在自学安全保护知识的比例上略高于男生。

通过对中小学生自学安全保护知识的学校所在地差异进行卡方检验，结果表明农村和城市学校学生在自学安全保护知识上存在显著性的差异（$\chi^2 = 122.27$，$p < 0.001$）。城市学校在自学安全保护知识的比例略高于农村学校。

通过对中小学生自学安全保护知识的学校类型差异进行卡方检验，结果表明重点和非重点学校学生在自学安全保护知识上存在显著性的差异

($\chi^2 = 63.82$，$p < 0.001$)。重点学校在自学安全保护知识的比例略高于非重点学校。

表5-84 不同性别、学校所在地和学校类型
学生安全知识学习及其主要途径的人次百分比（%）

		男	女	城市	农村	重点	非重点
你自己学习过安全保护的知识吗	没有	30.1	28.2	25.8	31.3	26.6	30.9
	有	70.0	71.8	74.2	68.7	73.4	69.1
你参加过自我保护的一些训练课吗	没有	66.1	72.3	67.2	69.7	67.7	68.1
	有	33.9	27.7	32.8	30.3	32.3	31.9
你们学校有没有举办过关于安全保护知识的讲座或课程	没有	35.5	32.1	33.9	34.2	31.1	35.5
	有	64.5	67.9	66.1	65.8	68.9	64.5
父母会给你讲有关自我保护的知识吗	没有	24.6	18.6	19.1	23.6	19.7	23.6
	有	75.4	81.4	80.8	76.4	80.3	76.4
你学习逃生技能最主要是通过什么途径	自学	45.2	35.6	36.9	43.8	40.1	40.2
	父母教的	17.6	22.2	23.1	18.3	20.8	19.6
	学校教的	28.6	36.0	33.5	29.2	32.3	32.1
	参加课外训练班	8.7	6.3	6.5	8.8	6.9	8.1

通过对中小学生参加自我保护训练课的性别差异进行卡方检验，结果表明男生和女生在参加自我保护训练课上存在显著性的差异（$\chi^2 = 123.36$，$p < 0.001$)。其中男生参加自我保护训练课的比例略高于女生。

通过对中小学生参加自我保护训练课的学校所在地差异进行卡方检验，结果表明农村和城市学校的学生在是否参加过自我保护训练课上存在显著性的差异（$\chi^2 = 23.57$，$p < 0.001$)。其中城市学校学生参加自我保护训练课的比例略高于农村学校。

通过对中小学生参加自我保护训练课的学校类型差异进行卡方检验，结果表明农村和城市学校的学生在是否参加过自我保护训练课上并不存在显著性的差异（$\chi^2 = 0.63$，$p > 0.05$)。

通过对学校安全保护知识的性别差异进行卡方检验，结果表明不同性别的学生在回答学校安全保护知识教育上存在显著性的差异（$\chi^2 = 35.12$，$p < 0.001$)。其中女生回答学校安全保护知识教育比例略高于男生。

通过对学校安全保护知识的学校所在地差异进行卡方检验，结果表明

不同学校所在地的学校在学校安全保护知识教育上存在显著性的差异（$\chi^2 = 29.28$，$p < 0.001$）。其中位于城市的学校安全保护知识教育比例略高于位于农村的学校。

通过对学校安全保护知识的学校类型差异进行卡方检验，结果表明重点和非重点学校在学校安全保护知识教育上存在显著性的差异（$\chi^2 = 63.13$，$p < 0.001$）。其中重点学校开展安全保护知识的比例为68.9%，略高于非重点学校的比例64.5%。

通过对家庭自我保护教育的性别差异进行卡方检验，结果表明男生和女生在家庭自我保护教育上存在着显著性的差异（$\chi^2 = 145.75$，$p < 0.001$）。其中女生家庭自我保护教育的比例略高于男生的比例。

通过对家庭自我保护教育的学校所在地差异进行卡方检验，结果表明城市和农村学校的学生在受到家庭自我保护教育上存在着显著性的差异（$\chi^2 = 94.68$，$p < 0.001$）。城市学校学生家庭自我保护教育的比例高于农村学校。

通过对家庭自我保护教育的学校类型差异进行卡方检验，结果表明重点和非重点学校的学生在受到家庭自我保护教育上存在着显著性的差异（$\chi^2 = 65.72$，$p < 0.001$）。重点学校学生家庭自我保护教育的比例高于非重点学校。

通过中小学生学习逃生技能主要途径的性别差异进行卡方检验，结果表明男生和女生在遇到学习逃生技能的方式上存在显著的差异（$\chi^2 = 394.55$，$p < 0.001$）。男生学习逃生技能的主要方式是通过自学，而女生主要方式更倾向于在学校学习逃生技能。在自学方式和参加课外训练班上男生的比例高于女生，而在父母教和学校学习的方式上，女生的比例高于男生。

通过对学习逃生技能主要途径的学校所在地差异进行卡方检验，结果表明城市和农村学校的学生对学习逃生技能的主要途径有显著性的差异（$\chi^2 = 284.75$，$p < 0.001$）。城市学校和农村学校的学生学习逃生技能的主要途径都是通过自学，其次是在学校学习，而参加课外训练班的比例最少。而重点学校在学校学习和父母教的略高于非重点学校，而非重点学校在自学和参加课外训练班上略高于重点学校。

通过对学习逃生技能主要途径的学校类型差异进行卡方检验，结果表明重点和非重点学校的学生对学习逃生技能的主要途径有显著性的差异（$\chi^2 = 17.86$，$p < 0.001$）。重点学校和非重点学校的学生学习逃生技能的主要途径都是通过自学，其次是在学校学习，而参加课外训练班的比例最少。而城市学校在学校学习和父母教的略高于农村学校，而农村学校在自学和参加课外训练班上略高于城市学校。

（二）对安全教育的认知和掌握情况

中小学生安全知识教育的顺利开展，还依赖于学生自身对安全知识教育重要性的认知水平，以及学生实际掌握安全知识的状况。本研究通过"你认为家长和学校进行的安全保护教育重要吗？"和"你知道地震、火灾等发生后怎样逃生吗？"两个题目对以上两点进行考查。

1. 十省市基本情况

表5-85　各省市学生对安全教育认知和掌握情况的人次百分比（%）

		北京	广东	浙江	黑龙江	江西	河南	四川	内蒙古	贵州	甘肃
你认为家长和学校进行的安全保护教育重要吗	很重要	76.4	72.8	74.3	73.5	75.8	76.9	77.4	79.6	70.5	77.5
	一般重要	20.0	21.1	22.0	20.9	19.5	18.1	19.6	16.3	21.3	18.0
	不重要	3.6	6.1	3.8	5.7	4.7	5.1	3.0	4.2	8.2	4.5
你知道地震、火灾等发生后怎样逃生吗	很了解	58.7	51.5	47.8	46.1	41.5	41.6	59.8	45.4	32.2	41.1
	了解一些	32.5	32.1	40.5	37.4	37.1	40.3	30.4	39.2	43.2	38.7
	不了解	8.9	16.4	11.7	16.5	21.4	18.0	9.8	15.4	24.7	20.2

对中小学生对安全保护知识重要性认知分数进行省区差异检验，结果表明对安全保护知识重要性的认知上存在显著的省区差异（$F = 15.21$，$p < 0.001$）。对中小学生认为安全保护知识重要性的平均分进行排序，认为安全保护知识最重要的是四川省，其次为内蒙古和北京、河南和甘肃、江西、黑龙江、浙江、广东、贵州。

对中小学生对逃生知识的了解分数进行省区差异检验，结果表明对逃生知识的了解存在显著的省区差异（$F = 103.88$，$p < 0.001$）。对中小学生对逃生知识的了解的平均分进行排序，对逃生知识的了解最多的是北京，其次为四川、浙江、广东、内蒙古、黑龙江、河南、甘肃、江西、贵州。

2. 年级特征

为考查中小学生对安全保护知识重要性的年级差异，对各年级对安全保护知识的认知进行平均分检验，结果表明不同年级对安全保护知识的认知有显著性的差异（$F = 107.38$，$p < 0.001$）。从表5-86可以看出，各个年级的学生都认为安全保护知识重要性较高，平均分都在2分左右，但是随着年级的增长，学生对安全保护知识的重要性程度的认知逐渐下降。

为考查中小学生对逃生知识的了解的年级差异，对各年级对逃生知识的了解进行平均分检验，结果表明不同年级对逃生知识的了解有显著性的差异（$F = 94.13$，$p < 0.001$）。从表5-86可以看出，各个年级的学生对逃生知识有

一定的了解，而随着年级的增长，学生对逃生知识的了解逐渐下降。

表5-86　不同年级学生对安全教育认知和掌握情况的人次百分比（%）

		小四	小五	小六	初一	初二	初三	高一	高二	高三
你认为家长和学校进行的安全保护教育重要吗	很重要	82.4	84.7	77.7	78.1	75.5	72.3	72.4	68.7	69.7
	一般重要	13.4	12.4	17.6	16.6	20.4	22.9	22.3	26.5	24.4
	不重要	4.2	2.9	4.7	5.3	4.2	4.7	5.4	4.9	5.9
你知道地震、火灾等发生后怎样逃生吗	很了解	58.2	55.9	59.2	55.2	47.5	42.1	38.2	36.6	34.4
	了解一些	23.6	27.6	27.7	31.9	36.9	42.1	45.2	47.9	47.5
	不了解	18.2	16.6	13.1	13.0	15.7	15.8	16.6	15.5	18.1

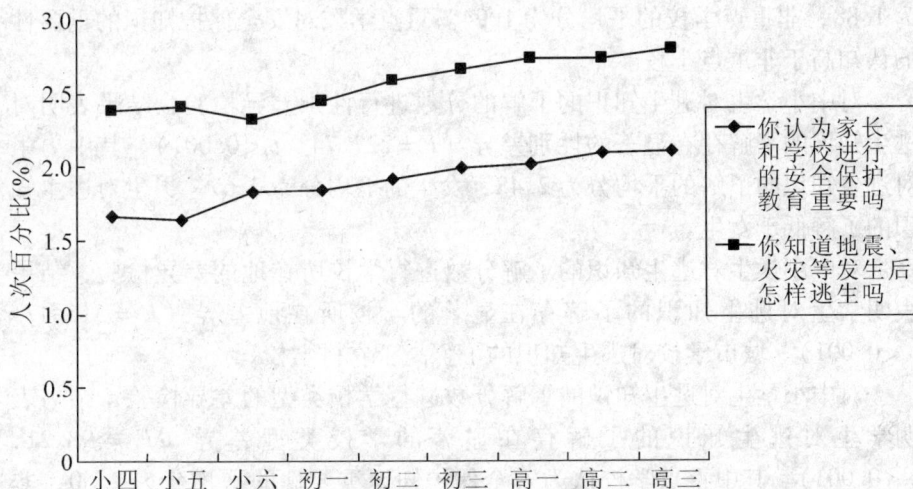

图5-26　不同年级学生对安全教育的认知和掌握情况

3. 性别、城乡和学校类型差异

表5-87　不同性别、学校所在地和学校类型
学生对安全教育认知和掌握情况的人次百分比（%）

		男	女	城市	农村	重点	非重点
你认为家长和学校进行的安全保护教育重要吗	很重要	51.0	42.5	55.0	39.0	50.5	44.3
	一般重要	35.1	40.1	33.9	39.7	35.3	38.6
	不重要	14.0	17.5	11.1	21.3	14.3	17.1
你知道地震、火灾等发生后怎样逃生吗	很了解	72.5	78.3	75.9	75.2	76.7	73.8
	了解一些	22.0	18.1	20.1	19.2	18.9	21.0
	不了解	5.6	3.6	4.0	5.7	4.5	5.2

对中小学生对安全保护知识重要性认知分数进行性别差异检验,结果表明对安全保护知识重要性的认知上存在显著的性别差异($F = 108.99$,$p < 0.001$)。其中男生认为安全保护知识重要性的平均分为1.97,女生的平均分为1.85。女生对安全保护知识的重要性的认知低于男生。

对中小学生对安全保护知识重要性认知分数进行学校所在地的差异检验,结果表明对安全保护知识重要性的认知上存在显著的学校所在地差异($F = 24.34$,$p < 0.001$)。城市学校的学生对安全保护知识的重要性的认知高于农村学校。

对中小学生对安全保护知识重要性认知分数进行学校类型的差异检验,结果表明对安全保护知识重要性的认知上存在显著的学校类型差异($F = 27.84$,$p < 0.001$)。其中重点学校认为安全保护知识重要性的平均分为1.88,非重点学校的平均分为1.94。重点学校对安全保护知识的重要性的认知高于非重点学校。

对中小学生对逃生知识的了解的分数进行性别差异检验,结果表明对逃生知识的了解存在显著的性别差异($F = 227.74$,$p < 0.001$)。其中男生对逃生知识的了解的平均分为2.48,女生的平均分为2.67。男生对逃生知识的了解低于女生。

对中小学生对逃生知识的了解分数进行学校所在地的差异检验,结果表明学生对逃生知识的了解存在显著的学校所在地差异($F = 516.47$,$p < 0.001$)。城市学校对逃生知识的了解高于农村学校。

对中小学生对逃生知识的了解分数进行学校类型的差异检验,结果表明学生对逃生知识的了解存在显著的学校类型差异($F = 98.21$,$p < 0.001$)。其中重点学校认为安全保护知识重要性的平均分为2.50,非重点学校的平均分为2.62。重点学校对逃生知识的了解高于非重点学校。

第三部分 附录

附录 1

儿童青少年心理发展调查问卷
（小学生版）

亲爱的同学：

你好！这是一项与儿童青少年身心发展有关的调查，通过调查可以帮助我们和你自己了解你各方面的情况，并为积极促进你和你的同龄人的身心健康发展提供重要依据。因此，你的参与对我们很重要。我们郑重承诺：我们会对你的回答严格保密。除我们研究人员外，其他任何人都不会接触到你的问卷。因此，请你放心填写。在开始填写问卷前，请你仔细阅读以下说明：

1. 本次调查采用答题卡的形式。请注意将基本信息部分填写（涂）完整。

2. 问卷包括单选题、填空题两种题型。单选题只有一个答案，注意不要多选。

3. 请按要求将单选题的答案填涂在答题卡上，将填空题的答案填写在问卷的相应位置上。

4. 答案无对错之分，请根据你的实际情况回答。

5. 请独立完成该问卷，不要与其他任何人商量。

6. 在填写过程中，若有问题请向问卷施测的老师提问。

谢谢你的合作与支持！

北京师范大学心理学院
学习与心理发展课题组
2004 年 12 月

第一部分

1. 课外时间，你最常做些什么？

    A. 户内娱乐活动（如进行室内体育锻炼，听歌，看电视，上网或玩电脑游戏等）

    B. 户外娱乐活动（如进行室外体育锻炼，短途旅行或郊游）

    C. 给自己增长科学知识（如学习、做作业，看课外读物等）

    D. 参加勤工俭学活动

2. 课后你学习最多的是什么？

    A. 老师布置的作业　　　　　　B. 在课堂上没有听懂的知识

    C. 自己感兴趣的课本内容　　　D. 自己感兴趣的课本之外的知识

3. （1）课后你平均每天学习多长时间？

    　　A. 1 小时以下　　　　　　　B. 1 ~ 2 小时

    　　C. 2 ~ 3 小时　　　　　　　D. 3 小时以上

    （2）其中你自己支配的学习时间占多大比例？

    　　A. 20% 以下　　　　　　　B. 20% ~ 50%

    　　C. 50% ~ 80%　　　　　　D. 80% 以上

3. 下面哪方面的家庭教师你请得最多？

    A. 文科（语文，英语，政治）

    B. 理科（数学，物理，化学）

    C. 综合科目（生物，地理，历史）

    D. 文艺方面的（音乐，美术，体育，舞蹈）

    E. 从来没有

4. 在最近一年中，你参加过什么辅导班？

    A. 没有参加　　　　　　　　　B. 学科类（如外语、数学）

    C. 书法、艺术、体育类　　　　D. 其他类

    E. B、C、D 中的任两项或三项都有

5. 假期中若参加过辅导班，辅导班是怎么报的？

    A. 自己感兴趣并且主动报的

    B. 听从于父母或家里其他人的意见报的

    C. 听从老师的建议报的

    D. 同学们都报了，所以自己也就报了

    E. 没有参加

6. 对于作业，一般情况下，你：

    A. 自己主动认真地完成　　　　B. 自己完成，但是不够认真

C. 在老师和家长的督促下完成　D. 能逃就逃，尽可能偷懒

7. 你每周用于课外阅读的时间大约有多少？

A. 几乎没有　　　　B. 1~2个小时　　　　C. 3~5个小时

D. 5~10个小时　　E. 10个小时以上

8. 你觉得自己学习首先是为了：

A. 得到父母的奖赏，避免受到惩罚

B. 得到老师的表扬和认可

C. 让同学喜欢我

D. 满足自己的求知欲，提升自己的能力

9. 对你而言，学习最终是为了将来可以：

A. 改变自己的生活质量　　　　B. 个人名利

C. 发挥自己的潜能　　　　　　D. 报效祖国，服务社会

10. 对你而言，学习是为了：

A. 证明自己的能力比别人强　　B. 提高自己的能力

11. 你更赞同下面哪一种说法？

A. 读书是改变命运的唯一出路　B. 读书是个人发展的选择之一

12. 以下的描述中，你觉得哪一项最符合你的情况？

A. 我学习时通常都尽心尽力、克服困难做到最好

B. 当我面对一项学习任务时，首先考虑的是如何才能不出错

C. 我觉得无论我如何努力都不可能学好

13. 对于学习，你：

A. 非常不喜欢　　　　　　　　B. 有些不喜欢

C. 说不上喜欢还是不喜欢　　　D. 有些喜欢

E. 非常喜欢

14. 对于学习，你：

A. 非常痛苦　　　　　　　　　B. 比较痛苦

C. 没什么感觉　　　　　　　　D. 比较愉快

E. 非常愉快

15. 你对自己的学习：

A. 完全没有信心　　　　　　　B. 没有太多信心

C. 比较有信心　　　　　　　　D. 非常有信心

16. 你是否在学习上体验过成功的感觉？

A. 从来没有过　B. 基本没有　C. 常常　　D. 总是

17. 你是否在学习中有意识地使用某种学习方法？

A. 从来没有　　B. 基本没有　C. 有时使用　D. 常常使用

E. 总是使用

18. 你的老师是否教过一些学习的方法？

    A. 是   B. 否   C. 不清楚

19. 你觉得你目前使用的学习方法是否有效？

    A. 是   B. 否   C. 不清楚

20. 你在学习中，以下学习方法的使用情况为：

    （1）老师讲，我们听：

        A. 从不使用   B. 偶尔使用

        C. 有时使用   D. 常常使用

    （2）和同学组成小组讨论：

        A. 从不使用   B. 偶尔使用

        C. 有时使用   D. 常常使用

    （3）独立学习相关材料：

        A. 从不使用   B. 偶尔使用

        C. 有时使用   D. 常常使用

    （4）在生活中发现问题，寻找答案：

        A. 从不使用   B. 偶尔使用

        C. 有时使用   D. 常常使用

    （5）和同学开展学习竞赛：

        A. 从不使用   B. 偶尔使用

        C. 有时使用   D. 常常使用

21. 下列学习方式，你喜欢的程度各为：

    （1）从老师那里接受知识：

        A. 非常不喜欢   B. 不太喜欢

        C. 比较喜欢   D. 非常喜欢

    （2）自己独立地探索、发现知识：

        A. 非常不喜欢   B. 不太喜欢

        C. 比较喜欢   D. 非常喜欢

    （3）和同学组成小组讨论：

        A. 非常不喜欢   B. 不太喜欢

        C. 比较喜欢   D. 非常喜欢

    （4）和同学开展学习竞赛，互相激励：

        A. 非常不喜欢   B. 不太喜欢

        C. 比较喜欢   D. 非常喜欢

22. 你更愿意与哪些同学在一起讨论学习？

    A. 比你成绩好的

    B. 和你成绩差不多的

C. 成绩比你差的

D. 你不愿意和任何人一起讨论学习

23. 你觉得目前你的学习压力：

    A. 太大，无法承受   B. 很大，但还可以接受

    C. 基本没有

24. 下列压力来源对你的学习压力的形成的影响情况各为：

    （1）父母对我的期望过高：

        A. 首要来源   B. 重要来源

        C. 并没有带来太多压力

    （2）学校和老师要求严厉：

        A. 首要来源   B. 重要来源

        C. 并没有带来太多压力

    （3）害怕失败：

        A. 首要来源   B. 重要来源

        C. 并没有带来太多压力

    （4）同学之间竞争太激烈：

        A. 首要来源   B. 重要来源

        C. 并没有带来太多压力

    （5）自己要求太高：

        A. 首要来源   B. 重要来源

        C. 并没有带来太多压力

25. 面对学习压力你会：

    A. 依靠自己主动解决   B. 寻找他人的支持和帮助

    C. 不管它，和往常一样学习   D. 放弃，不学了

26. 只要能不上学，干什么我都愿意：

    A. 是   B. 否

27. 你是否不想学习？

    A. 是   B. 否

> 如果选 **A**，请继续回答；如果选 **B**，请从 **30** 题继续回答

28. 你不想学习的最主要原因是：

    A. 学习负担重   B. 父母的期望过高

    C. 父母对我的学习不关心   D. 老师的教学方式不好

    E. 老师不喜欢我   F. 学习目标不明确，不会学习

    G. 周围同学或朋友都不爱学习   H. 学习没有什么实际用处

    I. 没什么原因，就是不想学

29. 你是否觉得考试有必要？

    A. 是   B. 否

30. 你认为采用何种方式能更好地评价学生学得好与不好？

    A. 只通过考试成绩

    B. 考试成绩结合平时的各项表现

31. 你认为考试成绩是否能反映你的真实水平？

    A. 是   B. 经常是   C. 有时是   D. 否

32. 以下关于考试的描述中，你觉得哪一项更符合你的情况？

    A. 如果不是因为有考试，我才不会这么努力读书

    B. 即使事先知道不需要考试，我也会认真读书

33. 你最希望考试评分采取什么方式？

    A. 老师评分   B. 学生自己给自己评分

    C. 同学之间互相评分   D. 老师评分与学生评分相结合

34. 你希望老师给你的评价的形式是：

    A. 给出具体的分数

    B. 给出优良中差的等级就可以了

    C. 针对个人的具体的评语

35. 你对学校或老师公布考试名次这一做法的态度是：

    A. 支持   B. 反对   C. 无所谓

36. 你觉得考试排名对你而言：

    A. 让我觉得压力很大   B. 对我有激励作用

    C. 无所谓

37. 下列人中，你觉得谁最在意你在考试中的排名情况？

    A. 我自己   B. 父亲

    C. 母亲   D. 同学

    E. 老师

38. 你考试不作弊，是因为：

    A. 你对考试准备充分，很有把握

    B. 你不敢作弊，担心被老师发现

    C. 如果你作弊了，你会感到很内疚

    D. 你对考试成绩并不看重，不会为此去作弊

39. 你周围如果有人作弊，你会：

    A. 制止或揭发   B. 装作不知道

    C. 跟着作弊

40. 如果考试考得不好，你认为主要原因是：

    A. 我学习不够努力   B. 题目太难

41. 如果考试考得很好，你认为主要原因是：

    A. 我学得好   B. 题目简单

42. 下面哪一种情况比较符合你的实际情况？

    A. 我更喜欢做那些有唯一正确答案的题目

    B. 我更喜欢那些有不止一种解决办法、一种解决结果的题目

43. 你认为现在书本上的知识：

    A. 永远都是正确的

    B. 可能会有进一步的补充和小的修改

    C. 可能某天会被证实是完全错误的

44. 下列科目中，你觉得最重要的科目是：

    A. 语文   B. 数学   C. 外语   D. 物理

    E. 化学   F. 生物   G. 地理   H. 历史

    I. 政治   J. 心理健康课

45. 下列科目中，你觉得最不重要的科目是：

    A. 语文   B. 数学   C. 外语   D. 物理

    E. 化学   F. 生物   G. 地理   H. 历史

    I. 政治   J. 心理健康课

46. 下列科目中，你觉得最感兴趣的科目是：

    A. 语文   B. 数学   C. 外语   D. 物理

    E. 化学   F. 生物   G. 地理   H. 历史

    I. 政治   J. 心理健康课

47. 下列科目中，你觉得最不感兴趣的科目是：

    A. 语文   B. 数学   C. 外语   D. 物理

    E. 化学   F. 生物   G. 地理   H. 历史

    I. 政治   J. 心理健康课

48. 下列科目中，你觉得最难学的科目是：

    A. 语文   B. 数学   C. 外语   D. 物理

    E. 化学   F. 生物   G. 地理   H. 历史

    I. 政治   J. 心理健康课

49. 下列科目中，你觉得最容易学的科目是：

    A. 语文   B. 数学   C. 外语   D. 物理

    E. 化学   F. 生物   G. 地理   H. 历史

    I. 政治   J. 心理健康课

50. 下列科目中，你投入精力最多的科目是：

    A. 语文   B. 数学   C. 外语   D. 物理

    E. 化学   F. 生物   G. 地理   H. 历史

I. 政治　　　　　J. 心理健康课

51. 下列科目中，你投入精力最少的科目是：

A. 语文　　　　B. 数学　　　　C. 外语　　　　D. 物理

E. 化学　　　　F. 生物　　　　G. 地理　　　　H. 历史

I. 政治　　　　　J. 心理健康课

52. 当你在学习中遇到困难的时候，你通常是：

A. 向老师请教　　　　　　B. 向其他同学请教

C. 向家长请教　　　　　　D. 不向别人请教，自己思考

如果选 D 请继续回答；不选 D 则从 55 题继续回答

53. 在学习中遇到不懂的问题时，你不愿意请教的原因是：

A. 不好意思麻烦别人　　　　B. 怕同学笑话

C. 怕被老师训　　　　　　　D. 因为别人也不知道

E. 因为他们即使知道也不会告诉我

54. 在课堂上，你们老师问的问题大部分是：

A. 有固定答案的

B. 没有固定答案，可以自由发挥的

55. 你们的老师提问的对象常常是：

A. 班上成绩好的同学　　　　B. 班上成绩差的同学

C. 班上的每个同学

56. 当老师提问时，你通常：

A. 积极举手发言

B. 把头低下，不想被老师注意到

C. 没有特别的反应

57. 学习生活使你感到非常疲倦，总觉得很累：

A. 一直如此　　　　　　　B. 有时候这样

C. 偶尔这样　　　　　　　D. 从没这样

58. 你的成绩总是上不去，你感觉你就是这样子了，也不会有多大的提高：

A. 非常肯定　　　　　　　B. 可以肯定

C. 不太肯定　　　　　　　D. 不肯定

59. 你讨厌去学校：

A. 一直如此　　　　　　　B. 有时候这样

C. 偶尔这样　　　　　　　D. 从没这样

60. 你认为学习根本不能证明你的能力，你希望能够做其他的事情而不是学习：

A. 非常同意　　　　　　　B. 比较同意

C. 不太同意 D. 完全不同意

61. 你认为学习是件单调枯燥的事情，你讨厌学习：
   A. 非常同意 B. 同意
   C. 不同意 D. 完全不同意

选择 A 或 B 请继续回答；选择 C 或 D 请从 64 题继续回答

62. 你之所以讨厌学习是因为：
   A. 学习对于我来说太简单了（或者太难了）
   B. 学习对我来说根本就没有用处
   C. 我就是不喜欢学校的环境，它不适合我
   D. 我就是不喜欢老师和家长对我的管教

63. 你在学习的时候会受到一些阻碍，使你很不顺利：
   A. 经常如此 B. 有时候这样
   C. 偶尔这样 D. 从没这样

64. 在学习中遇到挑战的时候，你就会害怕失败，为一些小事担心不已：
   A. 经常如此 B. 有时候这样
   C. 偶尔这样 D. 从没这样

65. 当有挫折的时候，你的挫折感经常会持续很长一段时间：
   A. 经常如此 B. 有时候这样
   C. 偶尔这样 D. 从没这样

66. 当在生活中遇到不如意的事情，例如考试分数很不理想，下面哪种情况最符合你？
   A. 自己生闷气 B. 向同学和朋友倾诉
   C. 与家长或老师交流 D. 和陌生人，例如网友交流

67. 你在学习中遇到挫折的时候，你最大的体会是：
   A. 否认这是个挫折
   B. 想办法把挫折中的困难转化成学习的动力
   C. 接受这项挫折
   D. 一想到这个挫折我就不舒服，老毛病就犯了

68. 面对挫折和失败的时候，下面哪种情况最符合你？
   A. 能力实在不够强 B. 根本就没有努力
   C. 自己就不适合做这种事情 D. 对这件事情根本就没有兴趣

69. 你遇到困难和失败时，下面哪种情况最符合你？
   A. 我的生活环境对我很不利
   B. 我的运气实在是不好
   C. 我周围的人真讨厌，他们妨碍了我

D. 这件事情太难了

70. 目前，你是否是学生干部？

    A. 是   B. 否

71. 你愿意当学生干部吗？

    A. 愿意   B. 不愿意

72. 你认为同学当班干部的最主要原因是：

    A. 当学生干部会受到其他同学的尊敬和羡慕

    B. 当学生干部可以更好地为同学服务

    C. 当学生干部可以锻炼自己各方面的能力

    D. 当学生干部可以获得很多特权和实惠

    E. 没什么动机，是老师要他做的

73. 你是否曾经被评为"三好学生"？

    A. 是   B. 否

74. 你是否赞同评三好生？

    A. 赞同   B. 不赞同

75. 你认为"三好学生"评奖是否具有公平性？

    A. 是   B. 否

76. 你认为现在的"三好学生"评奖：

    A. 只注重学习成绩

    B. 全面考查了学生各个方面的发展

第二部分

1. 你最喜欢下列哪一个节日？

    A. 春节   B. 元宵节

    C. 六一儿童节   D. 五一节

    E. 中秋节   F. 国庆节

    G. 情人节   H. 父亲节和母亲节

    I. 愚人节   J. 圣诞节

2. 对于电影、歌曲等，你最喜欢：

    A. 中国内地的   B. 港澳台的   C. 国外的

3. 请在下列的选项中选出你认为最重要的一项：

    A. 健康   B. 自由   C. 金钱   D. 权力

    E. 爱情   F. 亲情   G. 友情

    H. 正义和公理   I. 事业

4. 你将来最希望从事的职业有：

    A. 主要与人打交道的具有服务性质的职业（如教师，医生，警察等）

    B. 领导、支配他人的职业（如经理，领导）

    C. 主要与物打交道、动手操作能力较强的职业（如机械工程师等）

    D. 独立性较强、逻辑思维能力较高的职业（如科研人员等）

    E. 艺术类工作者（如音乐家等）

5. 助人为乐在现代社会提倡的必要性：

    A. 很大　　　　B. 较大　　　　C. 一般　　　　D. 不是很大

    E. 不大

6. 你平时看关于国内、国际大事的新闻吗？

    A. 经常看　　　　B. 有时看　　　　C. 从不看

7. 对于国内外重大政治事件，你最常使用的途径是：

    A. 报纸、杂志等　　　　　　　　B. 电视

    C. 听别人说的　　　　　　　　　D. 网上看的

    E. 其他

第三部分

1. 在遇到下面的问题时，你会找谁倾诉？

    （1）学习：

        A. 父亲　　　　　　　　　　B. 母亲

        C. 老师　　　　　　　　　　D. 朋友或同学

        E. （外）祖父母

    （2）生活琐事：

        A. 父亲　　　　　　　　　　B. 母亲

        C. 老师　　　　　　　　　　D. 朋友或同学

        E. （外）祖父母

    （3）情绪：

        A. 父亲　　　　　　　　　　B. 母亲

        C. 老师　　　　　　　　　　D. 朋友或同学

        E. （外）祖父母

    （4）交友：

        A. 父亲　　　　　　　　　　B. 母亲

        C. 老师　　　　　　　　　　D. 朋友或同学

        E. （外）祖父母

2. 如果用一个词来形容你的父亲，他更像是你的：

    A. 统治者   B. 朋友   C. 保姆

3. 如果用一个词来形容你的母亲，她更像是你的：

    A. 统治者   B. 朋友   C. 保姆

4. 你与父亲，还是与母亲更亲密？

    A. 与父亲更亲密   B. 与母亲更亲密

    C. 与父母都很亲密   D. 与父母都不亲密

5. 你与父亲发生的矛盾多，还是与母亲发生的矛盾多？

    A. 与父亲的矛盾多   B. 与母亲的矛盾多

    C. 与父母的矛盾一样多

6. 当你和父母发生矛盾后，一般都是如何解决的？

    A. 按父母的方式来解决   B. 相互协商解决

    C. 按我自己的方式来解决

7. 你认为父母在学业上对你的期望是：

    A. 过高，我根本达不到

    B. 很高，需要我很努力才可以达到

    C. 比较高，稍加努力我就可以达到

    D. 不高，我做得比他们期望的更好

    E. 父母对我没有什么期望，他们不关心我

8. 爸爸妈妈在业余时间做得最多的事情是什么？

    A. 学习：阅读书籍，报刊杂志等

    B. 娱乐：打扑克、打麻将、看电视等

    C. 运动：参加各种健身活动

    D. 和亲戚、朋友聚会

    E. 做家务、休息

9. 你与父亲谈得最多的话题是：

    A. 学习   B. 生活   C. 理想   D. 娱乐

    E. 情感   F. 国内、外大事

10. 你与母亲谈得最多的话题是：

    A. 学习   B. 生活   C. 理想   D. 娱乐

    E. 情感   F. 国内、外大事

11. 在以下方面中，你与父亲最经常发生矛盾的是：

    A. 学习   B. 日常生活   C. 交友   D. 娱乐

    E. 发型服饰   F. 花钱   G. 隐私

12. 在以下方面中，你与母亲最经常发生矛盾的是：

    A. 学习   B. 日常生活   C. 交友   D. 娱乐

E. 发型服饰　　F. 花钱　　　　G. 隐私

13. 在以下方面中，你最不满意父亲的是哪方面？

　　A. 唠叨　　　　　　　　　　B. 只关心我的学习

　　C. 什么都不会　　　　　　　D. 老拿我和别人比

　　E. 在家只看电视不管我　　　F. 总是按照他的意愿行事

　　G. 限制我和朋友交往　　　　H. 给我报很多辅导班

　　I. 只知道工作不管我　　　　J. 打听我的隐私

14. 在以下方面中，你最不满意母亲的是哪方面？

　　A. 唠叨　　　　　　　　　　B. 只关心我的学习

　　C. 什么都不会　　　　　　　D. 老拿我和别人比

　　E. 在家只看电视不管我　　　F. 总是按照她的意愿行事

　　G. 限制我和朋友交往　　　　H. 给我报很多辅导班

　　I. 只知道工作不管我　　　　J. 打听我的隐私

15. 与你有关的事情，一般都由谁来决定？

　　A. 主要由我自己决定　　　　B. 父母和我协商决定

　　C. 主要由父母决定

16. 如果用一个词来形容你的老师，他/她更像是你的：

　　A. 父母　　　　B. 知己　　　　C. 统治者　　　D. 上司

　　E. 哥们儿

17. 在你的老师中，你喜欢的老师有多少？

　　A. 都不喜欢　　B. 少数　　　C. 大约一半　　D. 大多数

　　E. 几乎都喜欢

18. 你的老师是否会关心你学习以外的事情？

　　A. 所有老师都只关心你的学习

　　B. 大多数老师只关心你的学习

　　C. 大约一半的老师只关心你的学习

　　D. 大多数老师既关心你的学习，也关心其他方面

　　E. 所有老师既关心你的学习，也关心其他方面

19. 你是否接受过老师的惩罚？

　　A. 从来没有　　B. 偶尔　　　C. 有时　　　　D. 经常

20. 你如何看待老师对学生的惩罚？

　　A. 惩罚很有效　　　　　　　B. 无所谓

　　C. 惩罚对学生造成很大伤害

21. 如果你的解答和老师的答案不一致，你会认为：

　　A. 一定是自己错了，需要马上改正

　　B. 可能是老师错了，需要进一步求证

C. 一定是老师错了

22. 在课堂或作业中你发现了与老师和大多数人不同的新思路或答案，甚至怪异的想法，你会：

    A. 受到老师的鼓励和认可

    B. 受到老师的批评和制止

23. 你认为老师的话有多少是对的？

    A. 全部　　　　　B. 大部分　　　　C. 一半　　　D. 很少

    E. 几乎没有

24. 你认为友谊的基础是什么？

    A. 友情、亲情等感情

    B. 金钱和利益

    C. 对自己的发展有帮助

    D. 互惠，双方都能从交往中获得各自所需

    E. 其他

25. 在你的朋友中：

    A. 在校的学生多于社会上的青年

    B. 在校的学生等于社会上的青年

    C. 在校的学生少于社会上的青年

26. 你和朋友在一起时最常做的事情是：

    A. 学习　　　　B. 聊天　　　　C. 抽烟喝酒　　D. 打群架

    E. 逛街　　　　F. 运动　　　　G. 旅游　　　　H. 赌博

    I. 玩电脑游戏　　J. 唱歌跳舞

27. 你们班里或学校有小帮派存在吗？

    A. 有　　　　　B. 没有　　　　C. 不知道

第四部分

1. 我对自己的生活感到很满意：

    A. 一直如此　　　　　　　　B. 有时候这样

    C. 很少有这样的想法　　　　D. 从没这样想过

2. 在很多方面，我的生活接近于我的理想状态：

    A. 一直如此　　　　　　　　B. 有时候这样

    C. 很少有这样的想法　　　　D. 从没这样想过

3. 我觉得自己精力很充沛：

    A. 一直如此　　　　　　　　B. 有时候这样

    C. 很少这样　　　　　　　　D. 从没这样

4. 现在的社会环境为我创造了良好的发展机会，为我提供很多帮助：

    A. 非常同意   B. 比较同意

    C. 不太同意   D. 完全不同意

5. 我认为自己很受人欢迎，周围的很多人都很喜欢和我在一起：

    A. 非常同意   B. 比较同意

    C. 不太同意   D. 完全不同意

6. 我觉得自己的生活中总是缺少点什么：

    A. 非常肯定   B. 可以肯定

    C. 不太肯定   D. 不肯定

7. 如果让我再选择一次自己的生活，我不会改变很多：

    A. 非常肯定   B. 可以肯定

    C. 不太肯定   D. 不肯定

8. 你的零花钱是如何使用的？

    A. 购买学习用品

    B. 自己玩乐用：打游戏，抽烟喝酒，买零食，上网、泡吧等

    C. 交际需要：请同学吃饭，送老师、朋友礼物等

    D. 不花，自己攒起来

9. 你平均每周的锻炼次数是多少？

    A. 几乎没有锻炼   B. 每周 1～2 次

    C. 每周 3～4 次   D. 每周 5 次以上

10. 你平均每次的锻炼时间是多少？

    A. 30 分钟以内   B. 30 分钟～1 小时

    C. 1～2 小时   D. 2 小时以上

11. 近半年以来，你是否服用一些有助于学习的营养品，如补脑液等？

    A. 经常   B. 有时   C. 从不

12. 近半年以来，你感觉自己的身体健康状况如何？

    A. 良好   B. 比较良好   C. 一般   D. 不是很好

    E. 不好

13. 近半年以来，你平均每天睡多长时间？

    A. 6 小时以下   B. 6～7 小时

    C. 7～8 小时   D. 8 小时以上

14. 近半年以来，你觉得自己每天的睡眠：

    A. 非常充足   B. 比较充足

    C. 一般   D. 不充足

    E. 很不充足

15. 你最常订阅或购买的书籍或报刊是：

    A. 学习类   B. 科普类

    C. 政治、军事类   D. 娱乐休闲类

    E. 其他类

16. 你最常使用何种方式和同学联系？

    A. 直接当面交流   B. 手机

    C. 电话   D. 网上聊天或发邮件

    E. 写信

17. 你最常看的电视节目有：

    A. 新闻

    B. 休闲娱乐（如电视连续剧，动画片，体育比赛等）

    C. 科普类节目

    D. 学习类节目

    E. 其他

18. 在平常上学的日子里，你一般每天会看多长时间的电视？

    A. 不看   B. 少于 1 小时

    C. 1 小时   D. 2 小时

    E. 3 小时   F. 4 小时

    G. 5 小时或更多

19. 你最经常使用的是：

    A. 收音机   B. 录音机   C. 随身听

    D. 手机   E. 个人电脑   F. 以上都没有

20. 你对自己身材的看法是：

    A. 无所谓，只要健康就行

    B. 想保持苗条的或强壮的身体，但不会对自己强求

    C. 非常在乎别人的看法，总觉得自己的身材不够好

    D. 采取一些措施使自己的身材保持苗条或强壮，有时候会对身体
       有所损害

21. 你觉得你的体重：

    A. 过瘦   B. 偏瘦   C. 正常   D. 偏胖

    E. 过胖

22. 你想过或者尝试过减轻体重吗？

    A. 经常   B. 偶尔   C. 从没有过

> **如果选 C，请从 24 题继续回答；如果选其他，请继续回答**

23. 为了减轻或保持体重，我曾采取过下列方式：

    A. 节食甚至不吃东西   B. 服用泻药或减肥茶

C. 过量运动   D. 吃完东西呕吐出来

E. 从没尝试过以上任何方式

24. 我曾在短时间内吃很多东西，直到肚皮有快要爆炸的感觉才停止：

A. 总是   B. 有时   C. 从不

25. 我的体重在一个月内最多下降：

A. 少于 2 公斤   B. 2～3 公斤   C. 4～5 公斤

D. 6～8 公斤   E. 8 公斤以上

26. 我对自己的外形（身高、体重、体形等）感到：

A. 满意   B. 不满意

27. 我希望改变自己的体重或体形：

A. 是   B. 否

> 如果选 **A**，请继续回答；如果选 **B**，请从 **29** 题继续回答

28. 你希望改变自己的体重或体形最主要的原因是：

A. 为了健康

B. 苗条的人更加漂亮，更受周围人欢迎

C. 父母希望我改变

D. 电视、杂志的广告宣传

E. 周围人（比如我的同学）都觉得苗条的体形很重要

29. 下面是你同龄的人身上可能会发生的一些事情。请根据你最近 6 个月发生这些事情的情况，在答题卡填涂相应地字母。

	从未	1 次	2 次	3 次	3 次以上
（1）打架斗殴	A	B	C	D	E
（2）考试作弊	A	B	C	D	E
（3）破坏公物	A	B	C	D	E
（4）偷东西	A	B	C	D	E
（5）离家出走	A	B	C	D	E
（6）被偷	A	B	C	D	E
（7）被抢	A	B	C	D	E
（8）被打	A	B	C	D	E
（9）被威胁	A	B	C	D	E
（10）发生意外事故（如身体伤害，车祸等）	A	B	C	D	E
（11）被性侵犯	A	B	C	D	E
（12）被虐待	A	B	C	D	E

30. 在你被偷、被抢、被打、被威胁、被性侵犯、被虐待时，你最可能会做出下列哪种反应？
    A. 默不作声，任凭他们摆布　　　B. 立即反抗
    C. 事后告诉父母、老师或警察　　D. 向周围的人求助
    E. 想办法逃避

31. 你最可能会采用以下哪种方式来防止被偷、被抢、被打、被威胁、被性侵犯或者被虐待？
    A. 锻炼身体，使自己变得更加强壮
    B. 提高警惕性，看到可疑人物就躲开
    C. 尽量不去可能会有这些危险的地方
    D. 随身携带防身器械

32. 你自己学习过安全保护的知识吗？
    A. 没有学过　　　　　　　　　　B. 学过

33. 你参加过自我保护的一些训练课吗？
    A. 没有　　　　　　　　　　　　B. 参加过

34. 你们学校有没有举办过关于安全保护知识的讲座或课程？
    A. 没有　　　　　　　　　　　　B. 有

35. 父母会给你讲有关自我保护的知识吗？
    A. 没有　　　　　　　　　　　　B. 有

36. 你认为家长和学校进行的安全保护教育重要吗？
    A. 非常重要　　　　　　　　　　B. 很重要
    C. 一般　　　　　　　　　　　　D. 不是很重要
    E. 一点也不重要

37. 你知道地震、火灾等发生后怎样逃生吗？
    A. 非常了解　　　　　　　　　　B. 比较了解
    C. 了解一些　　　　　　　　　　D. 了解很少
    E. 一无所知

38. 你学习逃生技能最主要是通过什么途径？
    A. 自学　　　　　　　　　　　　B. 父母教的
    C. 学校教的　　　　　　　　　　D. 参加课外训练班

39. 你对生活在现在的社会感到安全吗？
    A. 非常安全　　B. 很安全　　C. 一般　　D. 很不安全
    E. 非常不安全

第五部分

1. 在抽烟方面，你属于下列哪种情况？
   A. 从未抽过　　　　　　　　B. 原来抽过，现在不抽
   C. 每天抽 1 ~ 5 支　　　　　D. 每天抽 6 ~ 10 支
   E. 每天抽 11 ~ 15 支　　　　F. 每天抽 16 ~ 20 支
   G. 每天抽 20 支以上

   > 如果选 A，请从第 4 题继续回答，并且不用做填空题中的第 5 题；
   > 如果选其他则继续回答

2. 你最常在下列哪种情况下抽烟？
   A. 独自一人　　　　　　　　B. 和朋友一起
   C. 和父母一起　　　　　　　D. 和兄弟姐妹一起
   E. 和老师一起

3. 在以下几个方面，你觉得吸烟给你带来了什么影响？
   （1）学习成绩
   　　A. 更差了　　　B. 无影响　　　C. 更好了
   （2）注意力
   　　A. 更难集中了　B. 无影响　　　C. 更能集中了
   （3）同学关系
   　　A. 更差了　　　B. 无影响　　　C. 更好了
   （4）朋友
   　　A. 更少了　　　B. 无影响　　　C. 更多了
   （5）精神状态
   　　A. 更差了　　　B. 无影响　　　C. 更好了
   （6）情绪
   　　A. 更差了　　　B. 无影响　　　C. 更好了
   （7）身体状况
   　　A. 更差了　　　B. 无影响　　　C. 更好了
   （8）在成熟度方面，自我感觉：
   　　A. 更成熟了　　B. 无影响　　　C. 更幼稚了
   （9）在自信心方面，自我感觉：
   　　A. 更自信了　　B. 无影响　　　C. 更不自信了
   （10）在自我控制方面，自我感觉：
   　　A. 更难自我控制了　　　　B. 无影响
   　　C. 更能自我控制了

4. 你在吸烟方面有什么打算？
    A. 永远不抽烟　　B. 将来会抽烟　　C. 继续抽　　　D. 戒烟

5. 你估计周围的同学中抽烟的比率有多大？
    A. 一个都没有　　B. 不到30%　　　C. 30%～50%　D. 50%～70%
    E. 70%以上

6. 你喝得最多的酒是什么？
    A. 什么酒都没喝过　　　　　　　B. 喝过啤酒
    C. 喝过葡萄酒　　　　　　　　　D. 喝过烈性酒（如白酒）
    E. 三种酒喝得一样多

> 如果选 A，请从 11 题继续回答，并且不用做填空题中的第 6 题；
> 如选其他则继续回答

7. 到目前为止，你喝醉过几次？
    A. 1 次都没喝醉过 B. 1 次　　　　　C. 2 次　　　　　　D. 3 次
    E. 4 次及 4 次以上

8. 你通常是在什么情况下喝酒的？
    A. 独自一人　　　　　　　　　　B. 和朋友一起
    C. 和父母一起　　　　　　　　　D. 和兄弟姐妹一起
    E. 和老师一起

9. 你觉得喝酒给你带来了什么影响？
    （1）学习成绩
        A. 更差了　　　B. 无影响　　C. 更好了
    （2）注意力
        A. 更难集中了 B. 无影响　　C. 更能集中了
    （3）同学关系
        A. 更差了　　　B. 无影响　　C. 更好了
    （4）朋友
        A. 更少了　　　B. 无影响　　C. 更多了
    （5）精神状态
        A. 更差了　　　B. 无影响　　C. 更好了
    （6）情绪
        A. 更差了　　　B. 无影响　　C. 更好了
    （7）身体状况
        A. 更差了　　　B. 无影响　　C. 更好了
    （8）在成熟度方面，自我感觉：
        A. 更成熟了　　B. 无影响　　C. 更幼稚了

（9） 在自信心方面，自我感觉：

    A. 更自信了   B. 无影响   C. 更不自信了

（10） 在自我控制方面，自我感觉：

    A. 更难自我控制了   B. 无影响   C. 更能自我控制了

10. 你估计你周围的同学中喝酒的比率有多大？

    A. 一个都没有   B. 不到 30%

    C. 30% ~ 50%   D. 50% ~ 70%

    E. 70% 以上

11. 你是怎么看待网络的？

    A. 不熟悉，与自己无关

    B. 不熟悉，很神秘

    C. 比较熟悉，很有趣

    D. 比较熟悉，但是仅限于对像任何其他知识的认识一样，目的在于掌握一门技术

    E. 很熟悉，经常上网，有时候影响到了自己的学习和生活

12. 对于家长反对未成年人进入网吧的现象，你是什么态度？

    A. 完全理解   B. 比较理解

    C. 比较不理解   D. 非常不理解

13. 你是否上过网？

    A. 是   B. 否

> 如果选 A，请继续回答；如果选 B，请直接做第 17 题，并且不用做填空题的第 7 题

14. 通常上网的地点：

    A. 学校   B. 家里

    C. 网吧   D. 亲戚或同学家

    E. 其他

15. 你上网最经常做什么事情？

    A. 收发邮件   B. 休闲娱乐（游戏、聊天等）

    C. BBS 论坛、社区等   D. 在线学习

    E. 下载资源（软件、电影、音乐等）

16. 下面的描述是否符合您的情况？

    （1） 头脑中一直浮现和网络有关的事：

        A. 是   B. 否

    （2） 要花更多时间上网才能满足：

        A. 是   B. 否

（3）曾努力过多次想控制或停止上网，但都没有成功：

    A. 是   B. 否

（4）曾向家人、朋友或他人说谎以隐瞒自己上网的程度：

    A. 是   B. 否

（5）因上网造成学习及人际关系的问题：

    A. 是   B. 否

（6）上网比自己预期的时间还久：

    A. 是   B. 否

（7）当企图减少或停止上网时，会觉得心情低落或脾气暴躁：

    A. 是   B. 否

（8）上网是为了逃避现实、缓解焦虑：

    A. 是   B. 否

17. 你认为上网对你的学习具有：

    A. 促进作用   B. 不好不坏   C. 妨碍作用

第六部分

1. 在过去的一周内，你感觉你的心情是：

（1）焦虑

    A. 总是   B. 有时   C. 很少   D. 从来没有

（2）抑郁

    A. 总是   B. 有时   C. 很少   D. 从来没有

（3）孤独

    A. 总是   B. 有时   C. 很少   D. 从来没有

（4）愤怒

    A. 总是   B. 有时   C. 很少   D. 从来没有

（5）自卑

    A. 总是   B. 有时   C. 很少   D. 从来没有

2. 当你心情不好时，你最经常使用的方式是：

    A. 摔东西   B. 骂人   C. 和人打架   D. 找人说说

    E. 大声喊叫   F. 哭   G. 憋在心里

    H. 做一些体育锻炼   I. 逛街、购物   J. 看书排解

3. 你有过自杀的想法吗？

    A. 从来没有过   B. 以前有过

    C. 最近总在想这个问题

4. 你曾经尝试过自杀吗?

    A. 从来没有过   B. 以前有过   C. 最近有过

5. 你平时会和别人讨论自杀的问题吗?

    (1) 与同学:

        A. 经常讨论 B. 偶尔讨论   C. 从来没有过

    (2) 与老师:

        A. 经常讨论 B. 偶尔讨论   C. 从来没有过

    (3) 与父母:

        A. 经常讨论 B. 偶尔讨论   C. 从来没有过

6. 你心情不好的时候,你最希望找谁说说你难过的感受?

    A. 父亲   B. 母亲

    C. 老师   D. 同学、朋友

    E. 谁也不找

7. 你心情好的时候,你最希望找谁分享你的快乐?

    A. 父亲   B. 母亲

    C. 老师   D. 同学、朋友

    E. 谁也不找

请注意填空题还有一页

附录2

儿童青少年心理发展调查问卷
（中学生版）

亲爱的同学：

　　你好！这是一项与儿童青少年身心发展有关的调查，通过调查可以帮助我们和你自己了解你各方面的情况，并为积极促进你和你的同龄人的身心健康发展提供重要依据。因此，你的参与对我们很重要。我们郑重承诺：我们会对你的回答严格保密。除我们研究人员外，其他任何人都不会接触到你的问卷。因此，请你放心填写。在开始填写问卷前，请你仔细阅读以下说明：

　　1. 本次调查采用答题卡的形式。请注意将基本信息部分填写（涂）完整。

　　2. 问卷包括单选题、填空题两种题型。单选题只有一个答案，注意不要多选。

　　3. 请按要求将单选题的答案填涂在答题卡上，将填空题的答案填写在问卷的相应位置上。

　　4. 答案无对错之分，请根据你的实际情况回答。

　　5. 请独立完成该问卷，不要与其他任何人商量。

　　6. 在填写过程中，若有问题请向问卷施测的老师提问。

　　谢谢你的合作与支持！

北京师范大学心理学院

学习与心理发展课题组

2004 年 12 月

第一部分

1. 课外时间，你最常做的是什么？

    A. 户内娱乐活动（如进行室内体育锻炼，听歌，看电视，上网或玩电脑游戏等）

    B. 户外娱乐活动（如进行室外体育锻炼，短途旅行或郊游）

    C. 给自己增长科学知识（如学习、做作业，看课外读物等）

    D. 参加勤工俭学活动

2. 课后你学习最多的是什么？

    A. 老师布置的作业

    B. 在课堂上没有听懂的知识

    C. 自己感兴趣的课本知识

    D. 自己感兴趣的课本之外的知识

3. （1） 课后你平均每天学习多长时间？

    A. 1 小时以下   B. 1 ~ 2 小时

    C. 2 ~ 3 小时   D. 3 小时以上

   （2） 其中你自己支配的学习时间占多大比例？

    A. 20% 以下 B. 20% ~ 50%   C. 50% ~ 80% D. 80% 以上

3. 下面哪方面的家庭教师你请的最多？

    A. 文科（语文，英语，政治）

    B. 理科（数学，物理，化学）

    C. 综合科目（生物，地理，历史）

    D. 文艺方面的（音乐，美术，体育，舞蹈）

    E. 从来没有

4. 在最近一年中，你参加过什么辅导班？

    A. 没有参加   B. 学科类（如外语、数学）

    C. 书法、艺术、体育类   D. 其他类

    E. B、C、D 中的任两项或三项都有

5. 假期中若参加过辅导班，辅导班是怎么报的？

    A. 自己感兴趣并且主动报的

    B. 听从于父母或家里其他人的意见报的

    C. 听从老师的建议报的

    D. 同学们都报了，所以自己也就报了

    E. 没有参加

6. 对于作业，一般情况下，你：

    A. 自己主动认真地完成

    B. 自己完成，但是不够认真

    C. 在老师和家长的督促下完成

    D. 能逃就逃，尽可能偷懒

7. 你每周用于课外阅读的时间大约有多少？

    A. 几乎没有   B. 1～2 个小时

    C. 3～5 个小时   D. 5～10 个小时

    E. 10 个小时以上

8. 你觉得自己学习首先是为了：

    A. 得到父母的奖赏，避免受到惩罚

    B. 得到老师的表扬和认可

    C. 让同学喜欢我

    D. 满足自己的求知欲，提升自己的能力

9. 对你而言，学习最终是为了将来可以：

    A. 改变自己的生活质量   B. 个人名利

    C. 发挥自己的潜能   D. 报效祖国，服务社会

10. 对你而言，学习是为了：

    A. 证明自己的能力比别人强   B. 提高自己的能力

11. 你更赞同下面哪一种说法？

    A. 读书是改变命运的唯一出路

    B. 读书是个人发展的多种选择之一

12. 以下的描述中，你觉得哪一项最符合你的情况？

    A. 我学习时通常都尽心尽力、克服困难做到最好

    B. 当我面对一项学习任务时，首先考虑的是如何才能不出错

    C. 我觉得无论我如何努力都不可能学好

13. 对于学习，你觉得：

    A. 非常不喜欢   B. 有些不喜欢

    C. 说不上喜欢还是不喜欢   D. 有些喜欢

    E. 非常喜欢

14. 对于学习，你觉得：

    A. 非常痛苦   B. 比较痛苦

    C. 没什么感觉   D. 比较愉快

    E. 非常愉快

15. 你对自己的学习：

    A. 完全没有信心   B. 没有太多信心

C. 比较有信心　　　　　　　　　D. 非常有信心

16. 你是否在学习上体验过成功的感觉？
   A. 从来没有过　　　　　　　　　B. 基本没有
   C. 常常　　　　　　　　　　　　D. 总是

17. 你是否在学习中有意识地使用某种学习方法？
   A. 从来没有　　　　　　　　　　B. 基本没有
   C. 有时使用　　　　　　　　　　D. 常常使用
   E. 总是使用

18. 你的老师是否教过一些学习的方法？
   A. 是　　　　　B. 否　　　　　C. 不清楚

19. 你觉得你目前使用的学习方法是否有效？
   A. 是　　　　　B. 否　　　　　C. 不清楚

20. 你在学习中，以下学习方法的使用情况为：
   （1）老师讲，我们听：
      A. 从不使用　　　　　　　　　B. 偶尔使用
      C. 有时使用　　　　　　　　　D. 常常使用
   （2）和同学组成小组讨论：
      A. 从不使用　　　　　　　　　B. 偶尔使用
      C. 有时使用　　　　　　　　　D. 常常使用
   （3）独立学习相关材料：
      A. 从不使用　　　　　　　　　B. 偶尔使用
      C. 有时使用　　　　　　　　　D. 常常使用
   （4）在生活中发现问题，寻找答案：
      A. 从不使用　　　　　　　　　B. 偶尔使用
      C. 有时使用　　　　　　　　　D. 常常使用
   （5）和同学开展学习竞赛：
      A. 从不使用　　　　　　　　　B. 偶尔使用
      C. 有时使用　　　　　　　　　D. 常常使用

21. 下列学习方式，你喜欢的程度各为：
   （1）从老师那里接受知识：
      A. 非常不喜欢　　　　　　　　B. 不太喜欢
      C. 比较喜欢　　　　　　　　　D. 非常喜欢
   （2）自己独立地探索、发现知识：
      A. 非常不喜欢　　　　　　　　B. 不太喜欢
      C. 比较喜欢　　　　　　　　　D. 非常喜欢

（3）和同学组成小组讨论：

    A. 非常不喜欢   B. 不太喜欢

    C. 比较喜欢   D. 非常喜欢

（4）和同学开展学习竞赛，互相激励：

    A. 非常不喜欢   B. 不太喜欢

    C. 比较喜欢   D. 非常喜欢

22. 你更愿意与哪些同学在一起讨论学习？

    A. 比你成绩好的

    B. 和你成绩差不多的

    C. 成绩比你差的

    D. 你不愿意和任何人一起讨论学习

23. 你觉得目前你的学习压力：

    A. 太大，无法承受   B. 很大，但还可以接受

    C. 基本没有

24. 下列压力来源对你的学习压力的形成的影响情况各为：

（1）父母对我的期望过高：

    A. 首要来源   B. 重要来源

    C. 并没有带来太多压力

（2）学校和老师要求严厉：

    A. 首要来源   B. 重要来源

    C. 并没有带来太多压力

（3）害怕失败：

    A. 首要来源   B. 重要来源

    C. 并没有带来太多压力

（4）同学之间竞争太激烈：

    A. 首要来源   B. 重要来源

    C. 并没有带来太多压力

（5）自己要求太高：

    A. 首要来源   B. 重要来源

    C. 并没有带来太多压力

25. 面对学习压力你会：

    A. 依靠自己主动解决   B. 寻找他人的支持和帮助

    C. 不管它，和往常一样学习   D. 放弃，不学了

26. 只要能不上学，干什么我都愿意：

    A. 是   B. 否

27. 你是否不想学习？

A. 是　　　　　　　　　　　　B. 否

> 如果选 A，请继续回答；如果选 B，请从 30 题继续回答

28. 你不想学习的最主要原因是：

A. 学习负担重　　　　　　　　B. 父母的期望过高

C. 父母对我的学习不关心　　　D. 老师的教学方式不好

E. 老师不喜欢我　　　　　　　F. 学习目标不明确，不会学习

G. 周围同学或朋友都不爱学习　H. 学习没有什么实际用处

I. 没什么原因，就是不想学

29. 你是否觉得考试有必要？

A. 是　　　　　　　　　　　　B. 否

30. 你认为采用何种方式能更好地评价学生学得好与不好？

A. 只通过考试成绩

B. 考试成绩结合平时的各项表现

31. 你认为考试成绩是否能反映你的真实水平？

A. 是　　　　　B. 经常是　　　　C. 有时是　　　D. 否

32. 以下关于考试的描述中，你觉得哪一项更符合你的情况？

A. 如果不是因为有考试，我才不会这么努力读书

B. 即使事先知道不需要考试，我也会认真读书

33. 你最希望考试评分采取什么方式？

A. 老师评分　　　　　　　　　B. 学生自己给自己评分

C. 同学之间互相评分　　　　　D. 老师评分与学生评分相结合

34. 你希望老师给你的评价的形式是：

A. 给出具体的分数

B. 给出优良中差的等级就可以了

C. 针对个人给出具体的评语

35. 你对学校或老师公布考试名次这一做法的态度是：

A. 支持　　　　　B. 反对　　　　　C. 无所谓

36. 你觉得考试排名对你而言：

A. 让我觉得压力很大　　　　　B. 对我有激励作用

C. 无所谓

37. 下列人中，你觉得谁最在意你在考试中的排名情况？

A. 自己　　　　　B. 父亲　　　　　C. 母亲　　　　　D. 同学

E. 老师

38. 你考试不作弊，是因为：

A. 我对考试准备充分，很有把握

    B. 我不敢作弊，担心被老师发现

    C. 如果我作弊了，我会感到很内疚

    D. 我对考试成绩并不看重，不会为此去作弊

39. 你周围如果有人作弊，你会：

    A. 制止或揭发   B. 装作不知道   C. 跟着作弊

40. 如果考试考得不好，你认为主要原因是：

    A. 我学习不够努力   B. 题目太难

41. 如果考试考得很好，你认为主要原因是：

    A. 我学得好   B. 题目简单

42. 下面哪一种情况比较符合你的实际情况？

    A. 我更喜欢做那些有唯一正确答案的题目

    B. 我更喜欢那些有不止一种解决办法、一种解决结果的题目

43. 你认为现在书本上的知识：

    A. 永远都是正确的

    B. 可能会有进一步的补充和小的修改

    C. 可能某天会被证实是完全错误的

44. 下列科目中，你觉得最重要的科目是：

    A. 语文   B. 数学   C. 外语   D. 物理

    E. 化学   F. 生物   G. 地理   H. 历史

    I. 政治   J. 心理健康课

45. 下列科目中，你觉得最不重要的科目是：

    A. 语文   B. 数学   C. 外语   D. 物理

    E. 化学   F. 生物   G. 地理   H. 历史

    I. 政治   J. 心理健康课

46. 下列科目中，你觉得最感兴趣的科目是：

    A. 语文   B. 数学   C. 外语   D. 物理

    E. 化学   F. 生物   G. 地理   H. 历史

    I. 政治   J. 心理健康课

47. 下列科目中，你觉得最不感兴趣的科目是：

    A. 语文   B. 数学   C. 外语   D. 物理

    E. 化学   F. 生物   G. 地理   H. 历史

    I. 政治   J. 心理健康课

48. 下列科目中，你觉得最难学的科目是：

    A. 语文   B. 数学   C. 外语   D. 物理

    E. 化学   F. 生物   G. 地理   H. 历史

    I. 政治   J. 心理健康课

49. 下列科目中，你觉得最容易学的科目是：

    A. 语文   B. 数学   C. 外语   D. 物理

    E. 化学   F. 生物   G. 地理   H. 历史

    I. 政治   J. 心理健康课

50. 下列科目中，你投入精力最多的科目是：

    A. 语文   B. 数学   C. 外语   D. 物理

    E. 化学   F. 生物   G. 地理   H. 历史

    I. 政治   J. 心理健康课

51. 下列科目中，你投入精力最少的科目是：

    A. 语文   B. 数学   C. 外语   D. 物理

    E. 化学   F. 生物   G. 地理   H. 历史

    I. 政治   J. 心理健康课

52. 当你在学习中遇到困难的时候，你通常是：

    A. 向老师请教   B. 向其他同学请教

    C. 向家长请教   D. 不向别人请教，自己思考

如果选 D 请继续回答；不选 D 则从 55 题继续回答

53. 在学习中遇到不懂的问题时，你不愿意请教的原因是：

    A. 不好意思麻烦别人   B. 怕同学笑话

    C. 怕被老师训   D. 因为别人也不知道

    E. 因为他们即使知道也不会告诉我

54. 在课堂上，你们老师问的问题大部分是：

    A. 有固定答案的

    B. 没有固定答案，可以自由发挥的

55. 你们老师提问的对象常常是：

    A. 班上成绩好的同学   B. 班上成绩差的同学

    C. 班上的每个同学

56. 当老师提问时，你通常：

    A. 积极举手发言

    B. 把头低下，不想被老师注意到

    C. 没有特别的反应

57. 学习生活使你感到非常疲倦，总觉得很累：

    A. 一直如此   B. 有时候这样

    C. 偶尔这样   D. 从没这样

58. 你的成绩总是上不去，你感觉你就是这样子了，也不会有多大的提高：

    A. 非常肯定   B. 可以肯定

C. 不太肯定　　　　　　　　　D. 不肯定

59. 你讨厌去学校：
    A. 一直如此　　　　　　　　B. 有时候这样
    C. 偶尔这样　　　　　　　　D. 从没这样

60. 你认为学习根本不能证明你的能力，你希望能够做其他的事情而不是学习：
    A. 非常同意　　　　　　　　B. 比较同意
    C. 不太同意　　　　　　　　D. 完全不同意

61. 你认为学习是件单调枯燥的事情，你讨厌学习：
    A. 非常同意　　　　　　　　B. 同意
    C. 不同意　　　　　　　　　D. 完全不同意

> **选择 A 或 B 请继续回答；选择 C 或 D 请从 64 题继续回答**

62. 你之所以讨厌学习是因为：
    A. 学习对于你来说太简单了（或者太难了）
    B. 学习对你来说根本就没有用处
    C. 你就是不喜欢学校的环境，它不适合你
    D. 你就是不喜欢老师和家长对你的管教

63. 你在学习的时候会受到一些阻碍，使你很不顺利：
    A. 经常如此　　　　　　　　B. 有时候这样
    C. 偶尔这样　　　　　　　　D. 从没这样

64. 在学习中遇到挑战的时候，你就会害怕失败，为一些小事担心不已：
    A. 经常如此　　　　　　　　B. 有时候这样
    C. 偶尔这样　　　　　　　　D. 从没这样

65. 当有挫折的时候，你的挫折感经常会持续很长一段时间：
    A. 经常如此　　　　　　　　B. 有时候这样
    C. 偶尔这样　　　　　　　　D. 从没这样

66. 当在生活中遇到不如意的事情，例如考试分数很不理想，下面哪种情况最符合你？
    A. 自己生闷气　　　　　　　B. 向同学或朋友倾诉
    C. 与家长或老师交流　　　　D. 和陌生人，例如网友交流

67. 在学习中遇到挫折的时候，你最大的体会是：
    A. 否认这是个挫折
    B. 想办法把挫折中的困难转化成学习的动力
    C. 接受这个挫折
    D. 一想到这个挫折你就不舒服，老毛病就犯了

68. 面对挫折和失败的时候，下面哪种情况最符合你？

    A. 能力实在不够强　　　　　　　B. 根本就没有努力

    C. 自己就不适合做这种事情　　　D. 对这件事情根本就没有兴趣

69. 你遇到困难和失败时，下面哪种情况最符合你？

    A. 我的生活环境对我很不利

    B. 我的运气实在是不好

    C. 我周围的人真讨厌，他们妨碍了我

    D. 这件事情太难了

70. 目前，你是否是学生干部？

    A. 是　　　　　　　　　　　　　B. 否

71. 你愿意当学生干部吗？

    A. 愿意　　　　　　　　　　　　B. 不愿意

72. 你认为同学当班干部的最主要的原因是：

    A. 当学生干部会受到其他同学的尊敬和羡慕

    B. 当学生干部可以更好地为同学服务

    C. 当学生干部可以锻炼自己各方面的能力

    D. 当学生干部可以获得很多特权和实惠

    E. 没什么动机，是老师要他做的

73. 你是否曾经被评为"三好学生"？

    A. 是　　　　　　　　　　　　　B. 否

74. 你是否赞同评"三好生"？

    A. 赞同　　　　　　　　　　　　B. 不赞同

75. 你认为"三好学生"评奖是否具有公平性？

    A. 是　　　　　　　　　　　　　B. 否

76. 你认为现在的"三好学生"评奖：

    A. 只注重学习成绩

    B. 全面考查了学生各个方面的发展

第二部分

1. 你最喜欢下列哪一个节日？

    A. 春节　　　　　　　　　　　　B. 元宵节

    C. 五四青年节　　　　　　　　　D. 五一节

    E. 中秋节　　　　　　　　　　　F. 国庆节

    G. 情人节　　　　　　　　　　　H. 父亲节和母亲节

    I. 愚人节　　　　　　　　　　　J. 圣诞节

2. 对于电影、歌曲等，你最喜欢：
   A. 中国内地的　　B. 港澳台的　　C. 国外的

3. 请在下列的选项中选出你认为最重要的一项：
   A. 健康　　　　　B. 自由　　　　C. 金钱　　　　D. 权力
   E. 爱情　　　　　F. 亲情　　　　G. 友情
   H. 正义和公理　　I. 事业

4. 你将来最希望从事的职业是：
   A. 主要与人打交道的具有服务性质的职业（如教师，医生，警察等）
   B. 领导、支配他人的职业（如经理，领导）
   C. 主要与物打交道、动手操作能力较强的职业（如机械工程师等）
   D. 独立性较强、逻辑思维能力较高的职业（如科研人员等）
   E. 艺术类工作者（如音乐家等）

5. 助人为乐在现代社会提倡的必要性：
   A. 很大　　　　　B. 较大　　　　C. 一般　　　　D. 不是很大
   E. 不大

6. 你平时看关于国内、国际大事的新闻吗？
   A. 经常看　　　　B. 有时看　　　C. 从不看

7. 对于国内、外重大政治事件的了解，你最常使用的途径是：
   A. 报纸、杂志等　　　　　　B. 电视
   C. 听别人说的　　　　　　　D. 网上看的
   E. 其他

第三部分

1. 在遇到下面的问题时，你会找谁倾诉？
   （1）学习：
   　　A. 父亲　　　　　　　　　B. 母亲
   　　C. 老师　　　　　　　　　D. 朋友或同学
   　　E. （外）祖父母
   （2）生活琐事：
   　　A. 父亲　　　　　　　　　B. 母亲
   　　C. 老师　　　　　　　　　D. 朋友或同学
   　　E. （外）祖父母
   （3）情绪：
   　　A. 父亲　　　　　　　　　B. 母亲

C. 老师 　　　　　　　　　　D. 朋友或同学

E.（外）祖父母

（4）交友：

A. 父亲 　　　　　　　　　　B. 母亲

C. 老师 　　　　　　　　　　D. 朋友或同学

E.（外）祖父母

2. 如果用一个词来形容你的父亲，他更像是你的：

A. 统治者 　　　　B. 朋友 　　　　C. 保姆

3. 如果用一个词来形容你的母亲，她更像是你的：

A. 统治者 　　　　B. 朋友 　　　　C. 保姆

4. 你与父亲，还是与母亲更亲密？

A. 与父亲更亲密 　　　　　　B. 与母亲更亲密

C. 与父母都很亲密 　　　　　D. 与父母都不亲密

5. 你与父亲发生的矛盾多，还是与母亲发生的矛盾多？

A. 与父亲的矛盾多 　　　　　B. 与母亲的矛盾多

C. 与父母的矛盾一样多

6. 当你和父母发生矛盾后，一般都是如何解决的？

A. 按父母的方式来解决 　　　B. 相互协商解决

C. 按我自己的方式来解决

7. 你认为父母在学业上对你的期望是：

A. 过高，我根本达不到

B. 很高，需要我很努力才可以达到

C. 比较高，稍加努力我就可以达到

D. 不高，我做得比他们期望的更好

E. 父母对我没有什么期望，他们不关心我

8. 爸爸妈妈在业余时间做地最多得事情是什么？

A. 学习：阅读书籍，报刊杂志等

B. 娱乐：打扑克，打麻将，看电视等

C. 运动：参加各种健身活动

D. 和亲戚、朋友聚会

E. 做家务、休息

9. 你与父亲谈得最多的话题是：

A. 学习 　　　B. 生活 　　　C. 理想 　　　D. 娱乐

E. 情感 　　　F. 国内、外大事

10. 你与母亲谈得最多的话题是：

A. 学习 　　　B. 生活 　　　C. 理想 　　　D. 娱乐

E. 情感　　　　　F. 国内、外大事

11. 在以下方面中，你与父亲最经常发生矛盾的是：

  A. 学习　　　　　B. 日常生活　　　C. 交友　　　　D. 娱乐

  E. 发型服饰　　　F. 花钱　　　　　G. 隐私

12. 在以下方面中，你与母亲最经常发生矛盾的是：

  A. 学习　　　　　B. 日常生活　　　C. 交友　　　　D. 娱乐

  E. 发型服饰　　　F. 花钱　　　　　G. 隐私

13. 在以下方面中，你最不满意父亲的是哪方面？

  A. 唠叨　　　　　　　　　　　B. 只关心我的学习

  C. 什么都不会　　　　　　　　D. 老拿我和别人比

  E. 在家只看电视不管我　　　　F. 总是按照他的意愿行事

  G. 限制我和朋友交往　　　　　H. 给我报很多辅导班

  I. 只知道工作不管我　　　　　J. 打听我的隐私

14. 在以下方面中，你最不满意母亲的是哪方面？

  A. 唠叨　　　　　　　　　　　B. 只关心我的学习

  C. 什么都不会　　　　　　　　D. 老拿我和别人比

  E. 在家只看电视不管我　　　　F. 总是按照她的意愿行事

  G. 限制我和朋友交往　　　　　H. 给我报很多辅导班

  I. 只知道工作不管我　　　　　J. 打听我的隐私

15. 与你有关的事情，一般都由谁来决定？

  A. 主要由我自己决定　　　　　B. 父母和我协商决定

  C. 主要由父母决定

16. 如果用一个词来形容你的老师，他/她更像是你的：

  A. 父母　　　　　B. 知己　　　　　C. 统治者　　　D. 上司

  E. 哥们儿

17. 在你的老师中，你喜欢的老师有多少？

  A. 都不喜欢　　　B. 少数　　　　　C. 大约一半

  D. 大多数　　　　E. 几乎都喜欢

18. 你的老师是否会关心你学习以外的事情？

  A. 所有老师都只关心你的学习

  B. 大多数老师只关心你的学习

  C. 大约一半的老师只关心你的学习

  D. 大多数老师既关心你的学习，也关心其他方面

  E. 所有老师既关心你的学习，也关心其他方面

19. 你是否接受过老师的惩罚？

  A. 从来没有　　　B. 偶尔　　　　　C. 有时　　　　D. 经常

20. 你如何看待老师对学生的惩罚？
    A. 惩罚很有效　　　　　　　　B. 无所谓
    C. 惩罚对学生造成很大伤害

21. 如果你的解答和老师的答案不一致，你会认为：
    A. 一定是自己错了，需要马上改正
    B. 可能是老师错了，需要进一步求证
    C. 一定是老师错了

22. 在课堂或作业中你发现了与老师和大多数人不同的思路或答案，
    甚至怪异的想法，你会：
    A. 受到老师的鼓励和认可　　　B. 受到老师的批评和制止

23. 你认为老师的话有多少是对的？
    A. 全部　　　　B. 大部分　　　C. 一半　　　D. 很少
    E. 几乎没有

24. 你认为友谊的基础是什么？
    A. 友情、亲情等感情
    B. 金钱和利益
    C. 对自己的发展有帮助
    D. 互惠，双方都能从交往中获得各自所需
    E. 其他

25. 在你的朋友中：
    A. 在校的学生多于社会上的青年
    B. 在校的学生等于社会上的青年
    C. 在校的学生少于社会上的青年

26. 你和朋友在一起时最常做的事情是：
    A. 学习　　　　B. 聊天　　　　C. 抽烟喝酒　　D. 打群架
    E. 逛街　　　　F. 运动　　　　G. 旅游　　　　H. 赌博
    I. 玩电脑游戏　J. 唱歌跳舞

27. 你们班里或学校有小帮派存在吗？
    A. 有　　　　　B. 没有　　　　C. 不知道

第四部分

1. 我对自己的生活感到很满意：
   A. 一直如此　　　　　　　　　B. 有时候这样
   C. 很少有这样的想法　　　　　D. 从没这样想过

2. 在很多方面，我的生活接近于我的理想状态：
   - A. 一直如此
   - B. 有时候这样
   - C. 很少有这样的想法
   - D. 从没这样想过

3. 我觉得自己精力很充沛：
   - A. 一直如此
   - B. 有时候这样
   - C. 很少这样
   - D. 从没这样

4. 现在的社会环境为我创造了良好的发展机会，为我提供很多帮助：
   - A. 非常同意
   - B. 比较同意
   - C. 不太同意
   - D. 完全不同意

5. 我认为自己很受人欢迎，周围的很多人都很喜欢和我在一起：
   - A. 非常同意
   - B. 比较同意
   - C. 不太同意
   - D. 完全不同意

6. 我觉得自己的生活中总是缺少点什么：
   - A. 非常肯定
   - B. 可以肯定
   - C. 不太肯定
   - D. 不肯定

7. 如果让我再选择一次自己的生活，我不会改变很多：
   - A. 非常肯定　　B. 可以肯定　　C. 不太肯定　　D. 不肯定

8. 你的零花钱是如何使用的？
   - A. 购买学习用品
   - B. 自己玩乐用：打游戏，抽烟喝酒，买零食，上网、泡吧等
   - C. 交际需要：请同学吃饭，送老师、朋友礼物等
   - D. 不花，自己攒起来

9. 你平均每周的锻炼次数是多少？
   - A. 几乎没有锻炼
   - B. 每周 1～2 次
   - C. 每周 3～4 次
   - D. 每周 5 次以上

10. 你平均每次的锻炼时间是多少？
   - A. 30 分钟以内
   - B. 30 分钟～1 小时
   - C. 1～2 小时
   - D. 2 小时以上

11. 近半年以来，你是否服用一些有助于学习的营养品，如补脑液等？
   - A. 经常　　B. 有时　　C. 从不

12. 近半年以来，你感觉自己的身体健康状况如何？
   - A. 良好　　B. 比较良好　　C. 一般
   - D. 不是很好　　E. 不好

13. 近半年以来，你平均每天睡多长时间？
   - A. 6 小时以下
   - B. 6～7 小时
   - C. 7～8 小时
   - D. 8 小时以上

14. 近半年以来，你觉得自己每天的睡眠：
     A. 非常充足   B. 比较充足
     C. 一般   D. 不充足
     E. 很不充足

15. 你最常订阅或购买的书籍或报刊是：
     A. 学习类   B. 科普类
     C. 政治、军事类   D. 娱乐休闲类
     E. 其他类

16. 你最常使用何种方式和同学联系？
     A. 直接当面交流   B. 手机
     C. 电话   D. 网上聊天或发邮件
     E. 写信

17. 你最常看的电视节目有：
     A. 新闻
     B. 休闲娱乐（如电视连续剧，动画片，体育比赛等）
     C. 科普类节目
     D. 学习类节目
     E. 其他

18. 在平常上学的日子里，你一般每天会看多长时间的电视？
     A. 不看   B. 少于1小时   C. 1小时   D. 2小时
     E. 3小时   F. 4小时   G. 5小时或更多

19. 你最经常使用的是：
     A. 收音机   B. 录音机   C. 随身听
     D. 手机   E. 个人电脑   F. 以上都没有

20. 你对自己身材的看法是：
     A. 无所谓，只要健康就行
     B. 想保持苗条的或强壮的身体，但不会对自己强求
     C. 非常在乎别人的看法，总觉得自己的身材不够好
     D. 采取一些措施使自己的身材保持苗条或强壮，有时候会对身体
        有所损害

21. 你觉得你的体重：
     A. 过瘦   B. 偏瘦   C. 正常   D. 偏胖
     E. 过胖

22. 你想过或者尝试过减轻体重吗？
     A. 经常   B. 偶尔   C. 从没有过

如果选 **C**，请从 **24题**继续回答；如果选其他，请继续回答

23. 为了减轻或保持体重，我曾采取过下列方式：
    A. 节食甚至不吃东西　　　　　　B. 服用泻药或减肥茶
    C. 过量运动　　　　　　　　　　D. 吃完东西呕吐出来
    E. 从没尝试过以上任何方式

24. 我曾在短时间内吃很多东西，直到肚皮有快要爆炸的感觉才停止：
    A. 总是　　　　B. 有时　　　　C. 从不

25. 我的体重在一个月内最多下降：
    A. 少于 2 公斤　　　　　　　　　B. 2～3 公斤
    C. 4～5 公斤　　　　　　　　　　D. 6～8 公斤
    E. 8 公斤以上

26. 我对自己的外形（身高、体重、体形等）感到：
    A. 满意　　　　　　　　　　　　B. 不满意

27. 我希望改变自己的体重或体形：
    A. 是　　　　　　　　　　　　　B. 否

> 如果选 A，请继续回答；如果选 B，请从 29 题继续回答

28. 我希望改变自己的体重或体形最主要的原因是：
    A. 为了健康
    B. 苗条的人更漂亮，更受周围人欢迎
    C. 电视、杂志的广告宣传
    D. 父母希望我改变
    E. 周围人（比如我的同学）都觉得苗条的体形很重要

29. 下面是你同龄的人身上可能会发生的一些事情。请根据你最近 6 个月发生这些事情的情况，在答题卡上填涂相应地字母。

	从未	1次	2次	3次	3次以上
（1）打架斗殴	A	B	C	D	E
（2）考试作弊	A	B	C	D	E
（3）破坏公物	A	B	C	D	E
（4）偷东西	A	B	C	D	E
（5）离家出走	A	B	C	D	E
（6）被偷	A	B	C	D	E
（7）被抢	A	B	C	D	E
（8）被打	A	B	C	D	E
（9）被威胁	A	B	C	D	E

续表

	从未	1次	2次	3次	3次以上
（10）发生意外事故（如车祸等）	A	B	C	D	E
（11）被性侵犯	A	B	C	D	E
（12）被虐待	A	B	C	D	E

30. 在你被偷、被抢、被打、被威胁、被性侵犯、被虐待时，你最可能会做出下列哪种反应？

  A. 默不作声，任凭他们摆布 B. 立即反抗

  C. 事后告诉父母、老师或警察 D. 向周围的人求助

  E. 想办法逃避

31. 你最可能会采用以下哪种方式来防止被偷、被抢、被打、被威胁、被性侵犯或者被虐待？

  A. 锻炼身体，使自己变得更加强壮

  B. 提高警惕性，看到可疑人物就躲开

  C. 尽量不去可能会有这些危险的地方

  D. 随身携带防身器械

32. 你自己学习过安全保护的知识吗？

  A. 没有学过   B. 学过

33. 你参加过自我保护的一些训练课吗？

  A. 没有   B. 参加过

34. 你们学校有没有举办过关于安全保护知识的讲座或课程？

  A. 没有   B. 有

35. 父母会给你讲有关自我保护的知识吗？

  A. 没有   B. 有

36. 你认为家长和学校进行的安全保护教育重要吗？

  A. 非常重要 B. 很重要 C. 一般

  D. 不是很重要 E. 一点也不重要

37. 你知道地震、火灾等发生后怎样逃生吗？

  A. 非常了解 B. 比较了解 C. 了解一些

  D. 了解很少 E. 一无所知

38. 你学习逃生技能最主要是通过什么途径？

  A. 自学   B. 父母教的

  C. 学校教的   D. 参加课外训练班

39. 你对生活在现在的社会感到安全吗？

  A. 非常安全 B. 很安全 C. 一般

D. 很不安全　　　E. 非常不安全

第五部分

1. 在抽烟方面，你属于下列哪种情况？
   A. 从未抽过
   B. 原来抽过，现在不抽
   C. 每天抽 1～5 支
   D. 每天抽 6～10 支
   E. 每天抽 11～15 支
   F. 每天抽 16～20 支
   G. 每天抽 20 支以上

   如果选 A，请从第 4 题继续回答，并且不用做填空题中的第 5 题；如果选其他则继续回答

2. 你最常在下列哪种情况下抽烟？
   A. 独自一人　　　B. 和朋友一起　　C. 和父母一起
   D. 和兄弟姐妹一起　E. 和老师一起

3. 在以下几个方面，你觉得吸烟给你带来了什么影响？
   (1) 学习成绩
   　　A. 更差了　　　B. 无影响　　　C. 更好了
   (2) 注意力
   　　A. 更难集中了　B. 无影响　　　C. 更能集中了
   (3) 同学关系
   　　A. 更差了　　　B. 无影响　　　C. 更好了
   (4) 朋友
   　　A. 更少了　　　B. 无影响　　　C. 更多了
   (5) 精神状态
   　　A. 更差了　　　B. 无影响　　　C. 更好了
   (6) 情绪
   　　A. 更差了　　　B. 无影响　　　C. 更好了
   (7) 身体状况
   　　A. 更差了　　　B. 无影响　　　C. 更好了
   (8) 在成熟度方面，自我感觉：
   　　A. 更成熟了　　B. 无影响　　　C. 更幼稚了
   (9) 在自信心方面，自我感觉：
   　　A. 更自信了　　B. 无影响　　　C. 更不自信了
   (10) 在自我控制方面，自我感觉：
   　　A. 更难自我控制了
   　　B. 无影响

C. 更能自我控制了

4. 你在吸烟方面有什么打算?

　　A. 永远不抽烟　　　　　　　　B. 将来会抽烟

　　C. 继续抽　　　　　　　　　　D. 戒烟

5. 你估计周围的同学中抽烟的比率有多大?

　　A. 一个都没有　　　　　　　　B. 不到30%

　　C. 30%～50%　　　　　　　　D. 50%～70%

　　E. 70%以上

6. 你喝得最多的酒是什么?

　　A. 什么酒都没喝过　　　　　　B. 啤酒

　　C. 葡萄酒　　　　　　　　　　D. 烈性酒（如白酒）

　　E. 三种酒喝得一样多

> 如果选 **A**，请从 **11** 题继续回答，并且不用做填空题中的第 **6** 题;
> 如选其他则继续回答

7. 到目前为止, 你喝醉过几次?

　　A. 1 次都没喝醉过　　　　　　B. 1 次

　　C. 2 次　　　　　　　　　　　D. 3 次

　　E. 4 次及 4 次以上

8. 你通常是在什么情况下喝酒的?

　　A. 独自一人　　　　　　　　　B. 和朋友一起

　　C. 和父母一起　　　　　　　　D. 和兄弟姐妹一起

　　E. 和老师一起

9. 你觉得喝酒给你带来了什么影响?

　　(1) 学习成绩

　　　　A. 更差了　　　B. 无影响　　　C. 更好了

　　(2) 注意力

　　　　A. 更难集中了 B. 无影响　　　C. 更能集中了

　　(3) 同学关系

　　　　A. 更差了　　　B. 无影响　　　C. 更好了

　　(4) 朋友

　　　　A. 更少了　　　B. 无影响　　　C. 更多了

　　(5) 精神状态

　　　　A. 更差了　　　B. 无影响　　　C. 更好了

　　(6) 情绪

　　　　A. 更差了　　　B. 无影响　　　C. 更好了

（7）身体状况

    A. 更差了   B. 无影响   C. 更好了

（8）在成熟度方面，自我感觉

    A. 更成熟了 B. 无影响   C. 更幼稚了

（9）在自信心方面，自我感觉

    A. 更自信了 B. 无影响   C. 更不自信了

（10）在自我控制方面，自我感觉

    A. 更难自我控制了   B. 无影响

    C. 更能自我控制了

10. 你估计你周围的同学中喝酒的比率有多大？

    A. 一个都没有 B. 不到30%   C. 30%～50% D. 50%～70%

    E. 70%以上

11. 你是怎么看待网络的？

    A. 不熟悉，与自己无关

    B. 不熟悉，很神秘

    C. 比较熟悉，很有趣

    D. 比较熟悉，但是仅限于对像任何其他知识的认识一样，目的在于掌握一门技术

    E. 很熟悉，经常上网，有时候影响到了自己的学习和生活

12. 对于家长反对未成年人进入网吧的现象，你是什么态度？

    A. 完全理解   B. 比较理解

    C. 比较不理解   D. 非常不理解

13. 你是否上过网？

    A. 是   B. 否

> 如果选 A，请继续回答；如果选 B，请直接做第 17 题，并且不用做填空题的第 7 题

14. 通常上网的地点：

    A. 学校   B. 家里   C. 网吧

    D. 亲戚或同学家 E. 其他

15. 你上网最经常做什么事情？

    A. 收发邮件   B. 休闲娱乐（游戏、聊天等）

    C. BBS 论坛、社区等   D. 在线学习

    E. 下载资源（软件、电影、音乐等）

16. 下面的描述是否符合你的情况？

    （1）头脑中一直浮现和网络有关的事

        A. 是   B. 否

（2）要花更多时间上网才能满足

  A. 是   B. 否

（3）曾努力过多次想控制或停止上网，但都没有成功

  A. 是   B. 否

（4）曾向家人、朋友或他人说谎以隐瞒自己上网的程度

  A. 是   B. 否

（5）因上网造成学习及人际关系的问题

  A. 是   B. 否

（6）上网时间比自己预期的要长

  A. 是   B. 否

（7）当企图减少或停止上网时，会觉得心情低落或脾气暴躁

  A. 是   B. 否

（8）上网是为了逃避现实、缓解焦虑

  A. 是   B. 否

17. 你认为上网对你的学习具有：

  A. 促进作用 B. 不好不坏 C. 妨碍作用

第六部分

1. 在过去的一周内，你感觉你的心情：

（1）焦虑

  A. 总是 B. 有时 C. 很少 D. 从来没有

（2）抑郁

  A. 总是 B. 有时 C. 很少 D. 从来没有

（3）孤独

  A. 总是 B. 有时 C. 很少 D. 从来没有

（4）愤怒

  A. 总是 B. 有时 C. 很少 D. 从来没有

（5）自卑

  A. 总是 B. 有时 C. 很少 D. 从来没有

2. 当你心情不好时，你最经常使用的方式是：

  A. 摔东西   B. 憋在心里

  C. 和人打架   D. 找人说说

  E. 大声喊叫   F. 哭

  G. 骂人   H. 做一些体育锻炼

  I. 逛街、购物   J. 看书排解

3. 你有过自杀的想法吗?

    A. 从来没有过   B. 以前有过

    C. 最近总在想这个问题

4. 你曾经尝试过自杀吗?

    A. 从来没有过   B. 以前有过   C. 最近有过

5. 你平时会和别人讨论自杀的问题吗?

    (1)与同学:

          A. 经常讨论 B. 偶尔讨论   C. 从来没有过

    (2)与老师:

          A. 经常讨论 B. 偶尔讨论   C. 从来没有过

    (3)与父母:

          A. 经常讨论 B. 偶尔讨论   C. 从来没有过

6. 你心情不好的时候,最希望找谁来说说你难过的感受?

    A. 父亲   B. 母亲   C. 老师

    D. 同学、朋友   E. 谁也不找

7. 你心情好的时候,最希望找谁来分享你的快乐?

    A. 父亲   B. 母亲   C. 老师

    D. 同学、朋友   E. 谁也不找

第七部分

1. 你是否谈过恋爱或正在恋爱中?

    A. 是   B. 否

2. 你最想了解有关性的哪些知识?

    A. 性心理发展知识   B. 异性交往的方法

    C. 性生理知识   D. 避孕知识

    E. 性病知识

3. 你获得性知识的最主要途径是:

    A. 学校教育   B. 报刊、杂志

    C. 网络、光盘等资源   D. 朋友

    E. 父母

4. 你对身边的同龄人发生性行为的看法是:

    A. 如果有感情的话自然可以 B. 自己能够负责就可以了

    C. 不能接受

5. 你对一夜情的态度是:
   A. 不能接受   B. 无所谓   C. 可以接受
6. 你发生过下列行为吗?
   (1) 与异性接吻、拥抱:
       A. 有   B. 无
   (2) 与异性发生性行为:
       A. 有   B. 无
   (3) 手淫:
       A. 有   B. 无

请注意填空题还有一页

附录3

儿童青少年心理发展调查问卷
（父母版）

尊敬的学生家长：

您好！这是一项与儿童青少年身心发展有关的调查，通过调查可以帮助我们和您了解您的孩子各方面的情况，并为积极促进青少年的身心健康发展提供重要依据。因此，您的参与对我们很重要。我们郑重承诺：我们会对您的回答严格保密。除我们研究人员外，其他任何人都不会接触到您的问卷。因此，请您放心填写。在开始填写问卷前，请仔细阅读以下说明：

1. 本次调查采用答题卡的形式。请注意将基本信息部分填写（涂）完整。

2. 问卷包括单选题、填空题两种题型。单选题只有一个答案，注意不要多选。

3. 请按要求将单选题的答案填涂在答题卡上，将填空题的答案填在答题卡相应地位置上。

4. 答案无对错之分，请根据您的实际情况回答。

5. 请独立完成该问卷，不要与其他任何人商量。

6. 在填写过程中，若有问题请向问卷施测的老师提问。

谢谢您的合作与支持！

北京师范大学心理学院
学习与心理发展课题组
2004 年 12 月

问 卷

1. 您的家庭类型是：
   A. 单亲家庭　　　B. 再婚家庭　　C. 不属于上面两类家庭
2. 您的家庭由哪些成员组成？
   A. 核心家庭：只有父母、孩子的家庭
   B. 大家庭：由父母、孩子和祖父母组成的家庭
3. 您对孩子目前的学业状况满意吗？
   A. 非常满意　　　　　　　　B. 比较满意
   C. 一般满意　　　　　　　　D. 比较不满意
   E. 非常不满
4. 您希望孩子达到什么样的学历水平？
   A. 初中　　　　　B. 高中　　　　C. 专科　　　　D. 本科
   E. 本科以上
5. 您经常指导孩子学习吗？（包括家庭作业、学习方法等）
   A. 从来没有指导过孩子学习　　B. 每月约 1~2 次
   C. 每周约 1~2 次　　　　　　　D. 每周约 3~5 次
   E. 每天都辅导
6. 在与学校的联系中，您的情况是：
   A. 从来都是积极主动的与学校取得联系
   B. 除非参加家长会或被学校通知，一般不会和学校联系
   C. 介于前两者之间
   D. 从未与学校联系
7. 上个学期，您与学校联系次数最多的是哪一方面？
   A. 孩子的学业成绩　　　　　　B. 学校的课程设置和教学计划
   C. 孩子在学校里的行为表现　　D. 孩子在学校的课外活动
8. 您对家长会的内容满意吗？
   A. 非常满意　　　　　　　　B. 比较满意
   C. 一般满意　　　　　　　　D. 比较不满意
   E. 非常不满意
9. 就以下几个方面而言，您对孩子目前所在的学校满意吗？请根据实际情况选择
   （1）学校的学习气氛：
   　　　A. 非常满意　　　　　　B. 比较满意
   　　　C. 一般满意　　　　　　D. 比较不满意

   E. 非常不满意

 （2）教师的教学质量：

  A. 非常满意   B. 比较满意

  C. 一般满意   D. 比较不满意

  E. 非常不满意

 （3）学校的环境及教学设备情况：

  A. 非常满意   B. 比较满意

  C. 一般满意   D. 比较不满意

  E. 非常不满意

 （4）学校的文化氛围：

  A. 非常满意   B. 比较满意

  C. 一般满意   D. 比较不满意

  E. 非常不满意

 （5）学校的各项政策：

  A. 非常满意   B. 比较满意

  C. 一般满意   D. 比较不满意

  E. 非常不满意

 （6）学校的安全性：

  A. 非常满意   B. 比较满意

  C. 一般满意   D. 比较不满意

  E. 非常不满意

10. 在孩子的学习方面，您去年的花费大约是多少？

  A. 少于 1000 元   B. 1000～2000 元

  C. 2000～3000 元   D. 3000～4000 元

  E. 4000 元以上

11. 逢年过节的时候，您会给老师送礼吗？

  A. 每次都送   B. 大部分时候会送

  C. 偶尔会送   D. 从来没有送过

12. 孩子升学的时候，您最头疼的问题是什么？

  A. 为孩子选择一个适合他自身情况的学校

  B. 孩子考不上重点中学（或重点大学），会影响他以后的发展

  C. 想办法让孩子读重点中学（或重点大学）是比较麻烦的

  D. 没有什么可担心的

13. 您觉得是否有必要禁止未成年人上网？

  A. 是   B. 否   C. 不好说

14. 您或您爱人是否上网？
    A. 经常　　　　B. 有时　　　　C. 偶尔　　　　D. 从不

15. 您的孩子是否上网？
    A. 经常　　　　B. 有时　　　　C. 偶尔　　　　D. 从不

> 如果选择 D，请从 18 题继续回答；如果选择其他，请继续回答

16. 您对孩子上网是否会进行监督？
    A. 会　　　　　　　　　　　　B. 不会

17. 您的孩子在使用网络过程最常出现的问题是什么？
    A. 违背您设定的时间限制
    B. 当您干预他/她上网的时间时，他/她会发脾气
    C. 以前曾经有很喜欢的业余爱好，现在只选择上网
    D. 孩子自从上网后就变得孤僻
    E. 孩子不上网的时候，脑子还总想着上网的事情

18. 您认为您孩子的体重：
    A. 过轻　　　　B. 稍轻　　　　C. 正常　　　　D. 稍重
    E. 过重

19. 您觉得为了保持身材，您的孩子应该采取一些措施（节食、服用减肥茶等）：
    A. 赞成　　　　B. 无所谓　　　　C. 不赞成

20. 您是否知道您的孩子曾经采用过一些不利于健康的方式保持或减轻体重（服用泻药、减肥茶，过度节食等）？
    A. 知道有过　　B. 知道没有　　C. 不知道

21. 您对青少年发生性行为的接受程度是：
    A. 可以接受　　B. 无所谓　　　C. 不能接受

22. 您会与孩子讨论与性有关的话题吗？
    A. 经常会　　　B. 有时会　　　C. 从来没有

23. 您的孩子正在谈恋爱或谈过恋爱吗？
    A. 没有　　　　B. 正在谈　　　C. 谈过　　　　D. 不知道

24. 您知道自己的孩子是否有过性行为吗？
    A. 知道　　　　B. 不知道

参考文献

［1］联合国教科文组织国际教育发展委员会. 学会生存——教育世界的今天和明天. 北京：教育科学出版社，1996

［2］国家自然科学基金委员会心理学发展规划调研组. 心理学学科发展和优先领域调研报告. 2001

［3］陈会昌. 论激趣、启思、导疑. 教育科学研究，2006，9：48～51

［4］申继亮，王鑫，师保国. 青少年创造性倾向的结构与发展特点研究. 心理发展与教育，2005，(4)：28～34

［5］俞国良，曾盼盼. 论教师心理健康及其促进. 北京师范大学学报（人文社会科学版），2001，(1)：20～27

［6］张向葵. 青少年心理问题研究——当代青少年心理问题反思与回应对策. 长春：东北师范大学出版社，2004

［7］林崇德，申继亮等. 心理健康教育教程：非专业教师使用. 教育科学出版社，2004

［8］何梅，黄高贵，曹蓉，倪金昌. 419 名中小学生考试焦虑的调查分析. 中国医药导报，2006，28：145

［9］施承孙. 心理卫生与心理咨询. 吉林教育出版社，2002

［10］中国青少年网络协会. 中国青少年网瘾报告. 2005

［11］教育部. 2006 年 5 月全国教育事业发展统计公报. 2006